快乐写作

KUAILE XIEZUO

李寰英　著

暨南大学出版社
JINAN UNIVERSITY PRESS

中国·广州

图书在版编目（CIP）数据

快乐写作/李寰英著．—广州：暨南大学出版社，2012. 11
ISBN 978-7-5668-0294-1

Ⅰ. ①快… Ⅱ. ①李… Ⅲ. ①作文课—中学—教学参考资料 Ⅳ. ①G634. 343

中国版本图书馆 CIP 数据核字（2012）第 185061 号

出版发行：暨南大学出版社

地　址：中国广州暨南大学
电　话：总编室（8620）85221601
　　　　营销部（8620）85225284　85228291　85228292（邮购）
传　真：（8620）85221583（办公室）　85223774（营销部）
邮　编：510630
网　址：http：//www. jnupress. com　http：//press. jnu. edu. cn

排　版：广州市天河星辰文化发展部照排中心
印　刷：湛江日报社印刷厂

开　本：787mm×1092mm　1/16
印　张：18. 25
字　数：423 千
版　次：2012 年 11 月第 1 版
印　次：2012 年 11 月第 1 次

定　价：29. 80 元

序：建立“中学作文学”的一个有益的实验

我在很多场合都谈到：中国语文教育成败的关键，在于能否使在第一线从事语文教学工作的老师成为这场改革的真正主人，仰赖于他们的积极性与创造性能否发挥，因此，更应该倾听他们的声音。而像我这样关心语文教育改革的大学教授，所能做的仅是服务性的工作。因此，当广东省特级教师李寰英先生将他的新作《快乐写作》寄来，希望我为之作序时，我欣然接受了。因为这是他多年从事作文教学实践的经验总结，为之鼓吹，是我所说的“服务性工作”的题中应有之义。当然，也还有一个私人的原因，李寰英先生是我通信多年而没有见过面的朋友。他在我十分困难的时刻，曾给予我真诚而有力的支持与理解，这是我永远铭记在心的。因此，我也是以一个老朋友的身份来读李老师的这部著作，并发表一些读后感的。当然也只能点到即止。

李老师在自序中开宗明义谈到他的写作观，其中有几点很值得注意。一是强调写作是一种“人”的“生命运动”，而不是纯技术的操练；二是强调写作者的“主体性”，写作冲动来自内心的表达与交流的欲望，而不是被动地听从他人的指令而写作；三是强调写作的“个体性”，是写作个性与创造性的充分发挥，而不是按照社会流行的写作模式，说大话、套话与空话；四是强调写作是能够产生“生命快乐”的，绝不是痛苦的差事。正如李老师自己所说，“这是对中学生和写作爱好者进行写作指导的基本出发点”，也是全书立论的基础。而且有很强的针对性：这是每一个了解中国中学语文教育的历史与现状的人都能感受到的。在某种意义上，这里谈到的几点，是能够概括这些年来的语文教育大讨论中，包括我自己在内的一些朋友的共识的，也就不再多说。

以这样的写作观来观照中学作文教学，李老师提出了几个教学环节，即“催发写作冲动”、“发现写作材料”、“运用写作智慧”、“开拓写作文思”、“掌握写作技法”、“营构写作成品”，并以此结构全书。这使我想起前几年我与上海、南京部分中小学语文老师一起编写《新语文写作》时，也有类似的思考。我在《关于中小学写作教育的断想》（文收《语文教育门外谈》）中这样写道：“学生在学习写作的过程中，老师在指导写作时，通常遇到的其实有三个层面的问题：一是学生不愿意，甚至害怕写作，他们没有写作的欲望，把写作看作是外加的负担；二是学生觉得没有什么可写的，即写什么的问题没有解决；三是怎么写。而我们的教师往往注意的是第三个问题，作文教学变成简单的‘老师出题，学生应命而写’的过程，至于学生是否愿意写、写什么，以及怎样才能使学生进入最佳状态，则似乎不在作文指导范围内。而在我们看来，愿意写与有内容可写，这是写好文章的前提和基础。我们要抓好作文教学，就应该溯本求源，先解决好这两个问题，并在解决好这两个问题的过程中，解决怎样写的问题。”我想，这恐怕也是这些年来从事作文教学改革实验的老师们的一个共识，而且在如何催发学生的写作冲动、引导学生发现写作材料方面，已经有了许多很好的经验。李老师在本书中也有不少精彩的论述，似乎不必多说。

需要讨论的，是如何指导学生“怎样写”的问题。问题的提出，是基于这样的认识：“中小学写作教育不同于一般意义上的写作活动，具有一些不可忽视的特点”，除了“这是教师指导下的写作，又是学生群体中的写作，因此，必须重视发挥教师的指导作用与学生群体的作用，使写作成为师生互动的生命过程”以外，一个最重要也是最基本的方面，就是“中小学学生处于受教育的阶段，他们的写作其实是一种在教学大纲规定的教育目标指导下的学习与训练”（《关于中小学写作教育的断想》）。这里强调的是“学习”与“训练”是中小学作文教学的基本任务与手段。而在如何“学习”与“训练”上，是可以有不同的理念与做法的。一种是以阅读，特别是经典阅读来带动写作，强调学生在大量接触经典的、典范性的文本以后，自会有感悟。教师的责任只是引导学生领悟典范文本的文字、结构的精美与独特之处，引导学生由仿写到创造性的写作，而无须讲授具体的写作知识。这有点类似于《红楼梦》里“香菱学诗”的做法，读多了，耳濡目染、潜移默化之中，“不学诗也能吟”。这样的观念与做法当然是有针对性的，即不赞成以写作知识为中心的作文教学，认为那样会将作文教学变成纯技术、纯技巧的传授，而且也会将写作知识绝对化、简单化、狭窄化，甚至僵化，从而束缚了学生的写作。但这样的主张也同样存在某种局限，它可能更适合于悟性较高的学生。对智力中等或者中等以下的学生可能还要有必要的写作知识的传授与相应的目的性较强的训练。这也是近年许多中小学语文界的朋友在考虑的问题。

在我看来，李寰英老师所做的，也就是这方面的实验。根据我的观察，这样的实验是会遇到两个方面的困难的：一是既主张要用必要的写作知识来指导学生写作，又不愿意完全以写作知识为中心来进行作文教学，这样多少有些“折中”的主张，在观念与操作上都会遇到许多矛盾与困惑。更重要的是，要向学生传授怎样的写作知识，以及怎样训练。在这些方面，过去以写作知识为中心的教法，也存在着知识过于陈旧，将语言学的有关语法、修辞知识与写作学知识简单地搬用到中小学作文教育中这类问题，因而产生了不少弊病。由此而提出的，是如何建立适合于中小学学生作文教学所需要的写作知识体系的任务。这应该是“中学作文学”的一个重要方面。在我看来，正是在这一方面，李寰英老师的这本书显示了一种实验性。书中所提出的写作理念与知识都是从指导中学生写作实践中提升出来的，可以看作是建立中学作文教学知识体系的有益尝试。当然，正因为是一种尝试，在具有特有的价值的同时，也还有许多问题。我不是这方面的专家，也缺乏实践经验，自然提不出具体意见。不过，从我的直观感受来看，书中所提供的有些范文或片断，雕琢的痕迹过重。这背后可能也还有写作理念上的问题。鲁迅说过：“（文章）太做不行，但不做，却又不行。”（《花边文学·做文章》）在指导中学生作文时，既要教一些必要的写作技巧，又不能太过，分寸确实难以掌握。这本身就是中学作文的一个重要课题。

这里已经提出了一个“中学作文学”的概念，这背后有一个更大的思考，即要强调中学语文教育是一门学科，就要有一个学科体系（也包括知识体系）的建构问题，而“作文学”就是其中一个重要的方面。而“中学作文学”的建立，是需要从多方面去努力的，总结优秀教师的实践经验并作理论的提升，是具有可操作性的途径之一。在这方面，李寰英老师的这本书也是显示了一种意义的。

最后，还想说一点，如前所述，在如何对中小学学生进行写作教育的问题上，语文界与学术界是存在着不同意见的。在我看来，在这个问题上，似乎应该提倡一下“猫论”，即“不管白猫黑猫，逮着耗子就是好猫”。就是说，《语文课程标准》提出了对中学生写作应达到的水平的要求，这是国家教育制定的标准，是每一个语文老师的作文教学都应该努力达到的目标，这一点是必须统一的。但如何达到这样的标准与目标，则应该允许作不同尝试，走不同的途径，以写作知识为中心也好，强调在大量阅读经典过程中感悟、学习写作也好，像李寰英老师这样强调主体生命的开发，同步传授相应的写作知识、技巧也好，只要最终能够实实在在地提高学生的写作能力，达到国家课程标准就行。在实验过程中，不要轻易宣布某一种观念与方法就是最好的、唯一的，不要一窝蜂地追赶某种时髦；而且实验的结果也很难得出非此即彼的简单结论，很有可能是相互补充而又互相制约的。这样，才能真正实现作文教学的“百花齐放，百家争鸣”，才能最大限度地调动具有不同学养、不同经验、不同条件，有着不同追求的老师的积极性，而且可以根据不同的对象采取不同的教学方式，真正做到“因材施教”。我们所要努力建立的“中学作文学”也应该是多元化的。这是我读了李寰英老师的《快乐写作》以后所产生的一点希望，也算是借题发挥吧。

钱理群

2005 年 3 月 15 日

（钱理群教授系北京大学中文系博士生导师，当代著名学者、理论家）

修订版自序

暨南大学出版社对《快乐写作》进行再版，暨南大学出版社教育分社社长张仲玲老师嘱我对全书作一次修订，我欣然从命，并且十分感谢。

我作修订的出发点是，在保留初版风貌的基础上，修订出新的水准。

鉴于初版中“写作与明辨是非”跟“写作与坚持真理”有重复之嫌，“写作与交往应用”缺乏新意，因此把这两部分删除。

补进新写的“写作与多情善感”、“写作与博览群书”两节。“写作与多情善感”填补了写作学研究的空白。这一课通过娓娓道来的说理和鲜活生动的例证阐明了我的见解，课中许多名人和中学生的写作故事引人入胜。“写作与博览群书”运用众多学者、作家和中学生富有知识性、趣味性的写作实例表述我的全新理念。人们都说“读书破万卷，下笔如有神”，但是，至今还没有人写出一篇专文把为什么读书万卷就能下笔有神的道理说个明白。在这一节中，我试图就读书能促进写作这个问题作学理上的清晰论证，力求能启人心智，吸引读者进行大量阅读，促进写作水平的提高。新写的两节和全书风格是吻合的。我的种种追求能否达到，敬祈读者和专家评判。

修订版还对全书作了多处重要修订，但整体格局没有改变。

张仲玲老师对我的修订工作垂教多多，提出了重要的指导性意见，使我受益匪浅，作为一个作者，我当永志不忘。

李寰英

2012 年 3 月

初版自序

写作是写作主体用自己的心灵感光镜观照事物和表现事物的自主性个体行为，是一种充满快乐的个体生命运动。这是对中学生进行写作指导的基本出发点。本书名为《快乐写作》就是以此为依据，面向中学生学习写作的需要，给他们以生命快乐的写作指导书。

写作的生命快乐从何而来？答曰：从释放写作的个体生命能量中来。写作的个体生命能量潜藏于个体生命运动之中。每一个正常人都有一种天生的要表达的心灵活动，那就是要把自己的思想、感情、意愿倾注在人际之间的对话和沟通之中；读书识字之后，就运用自己所掌握的语言文字表情达意、进行社会交际，于是有了作文。这种伴随个体生命运动而来并在社会生活中形成的表达能力，表现了个体生命的潜质。

但是，个体生命能量的释放要有一个条件：个体的写作行为具备自主性。学者李海林先生举出的一个事实很能说明这个问题。某校有一位平时被老师认为写作较差的男生，写了一封长达2 000字的信给他喜欢的一位女孩子。这封信的言语表达、情感抒发的分寸、景物的描写都十分得体，十分周到，写得情真意切，很能打动人心，表现出较高的语言文字技巧。这封信写得如此之好，老师们看了之后都难以相信就是那位写作较差的男生写的，怀疑他是抄来的；但信中的事都是在学校里发生的，从别处抄不来，又不得不相信这封信确是那位男生写的。为什么平时写作较差的学生竟然写出了高水平的书信呢？这正是写作者的个体生命能量起的作用。那位男生写这封信时，他个体生命推动的个体写作行为发挥了自主性，他喜欢写什么就写什么，喜欢怎么写就怎么写，无人限制他的思想情感从肺腑中流出，于是个体生命能量释放出来了，他就写出了这封信。

写作个体生命能量释放出来的就是生命的快乐，就像花要开、草要长一样，是天性。这里面有探求事物奥秘的发现之乐，有欣赏大自然的审美之乐，有鼓吹真理与正义的呼喊之乐，有发出自我心声的宣泄之乐，有在人际交往中表现的爱心之乐。这种种生命的快乐是说不尽的，但又都可以集结成为一种痴恋文字、挥洒笔墨之乐。写作的个体生命能量得到释放真令个体生命运动不亦乐乎！可是，当许多写作指导书把写作看成单纯的技艺之后，写作的个体行为的自主性受到限制，导致写作的个体生命能量被禁锢，情形就大不相同了。那些书孤立地告知孩子们：写作是一种技艺操作，应该怎样开头、怎样结尾、怎样分段、怎样过渡……于是写作变成了像依据工艺流程规则教孩子进行工艺操作的一种训练。这势必使孩子们觉得：自己心灵中的所思、所悟、所感，本来就可以自然而然地通过自己所掌握的语言文字来表达的个体心灵活动，却被“异化”成为身外之物；挥笔写作不能听命于个体生命本身，而是被种种身外的写作工艺牵着鼻子走。于是个体生命的个体写作行为丧失了自主性，自己想说的不得不搁置起来，而去东拼西凑，搜索种种言不由衷的空话套进那些写作工艺的框框之中。这样一来，写作的个体生命能量怎能得以释放呢？怎能写出好文章呢？又怎能不把写作当成苦差事呢？那位写出高水平书信的男生为什么平时写作较差，就不难得到解释了。所有这一切都令人深思，都足以促使人们正视：限制个体生命的写作个体行为的自主性，禁锢写作的个体生命能量的释放，必然使“写作之乐”变成“写作之苦”，对这种严峻的情况必须采取正确的对策。

我写这本书的主旨，就是本着开头提出的中学生写作指导的基本出发点，让孩子们从“写作之苦”回归到“写作之乐”，就是在快乐中学写作，享受写作带来的生命运动的快乐。为达到此目的，书中营造了一条写作心理过程和写作运笔过程互相融合的主渠道，来导引个体写作行为自主性的张扬，诱发写作个体生命能量的释放。这条主渠道由六个环节构成：一是激起写作主体的内心诉求来催发写作冲动；二是启迪写作主体对生活产生感悟，去发现写作材料；三是引发写作主体去认识生活和描述生活而运用写作智慧；四是唤醒写作主体表现自己的生活视野和精神世界的自觉性而开拓写作文思；五是推动写作主体的主观情思和客观现实互相感应并为表现这种感应而掌握写作技法；六是在写作主体经过上面五个环节的主观精神与客观现实碰撞而不断运笔之后，水到渠成地发展为整体操练，营构写作成品。这些环节体现在本书的六章之中。

为了让这条主渠道成为孩子们的知识储备、生活储备和思想情感储备的酵母，刺激储存在他们个体生命中的种种精神原材料不断地发酵，萌生出种种感悟力、思维力、摄取力和表达力，打造出写好作文的内功和外功，我提炼出一系列精粹的写作理念，通过这条主渠道进行有机整合，并用大量生动有趣的文坛掌故、写作轶闻和写作范例来作佐证，营造出一种让读者觉得情趣盎然从而产生亲和感的文境，随之就可以进入这样的境界：在本书精粹的写作理念和丰富多彩的写作趣例的触发与感染下，伴随着心潮的涌动产生了有个性色彩的思想、情感、美感和良知，觉得到处都有可写的材料，到处都是美，到处都是诗，有情不自禁的话要说、要倾诉、要宣泄、要呼喊，想笼万物于笔端以表现自我和实现自我，从而根据表达的需要意到笔随地挥笔写作，直至构成佳篇。这就是创造的欢愉，这就是个体生命运动的快乐，这就是个体生命能量释放带来的写作快乐。由是之故，本书命名为《快乐写作》就不是偶然的了。

这篇自序讲了根据我对中学生写作指导的理解和追求而写成的这本书的思路轨迹，至于我的理解是否正确，我的追求能否达到，就要请读者和专家来检验和评判了。我期待着。

李寰英

2005 年 3 月

目录

第一章　催发写作冲动

导　语

许多学生害怕写作文，一上作文课就头痛。如果害怕那就无法写好作文，因为害怕会使得自己的整个神经都绷得紧紧的，所有的思路几乎都给堵塞了，于是只好搜索枯肠，穷于应付。在这种心境下怎能指望写出好的作文呢?

为什么许多学生害怕写作文? 主要是由于感到无话可说，我本来就没有什么话要说的，你却偏要我说，而且非要我写成文章。这怎么行呢? 那就只有搬弄现成的套话、空话来凑合凑合。这样，离好作文的要求就相差十万八千里了。

因此，要写好作文就得实现两个转变：一是由害怕作文转变为喜欢作文，二是由无话可说转变为有话可说。第一个转变取决于第二个转变。这是因为，心中积聚了千言万语，要一吐为快，就像泉水要喷出地面，势不可挡，如果有谁来压制我，那可把我憋死啦! 让我说出来以至写出来真是极大的快感呀! 这样一来不就有话可说了吗? 这样就是喜欢写作文而不是害怕写作文了。可见医治害怕写作文的毛病，首要的一条就是心里有话，不吐不快。一些作家介绍写作经验时说：写作活动最宝贵的因素是获得并体验到一种写作冲动。当我们到了心里有话，不吐不快时，写作冲动和随之而产生的写作快乐就来临了。

那么，要怎样才能做到心里有话，不吐不快呢?

这要做到三点：第一是要有讴歌真、善、美，鞭挞假、恶、丑的高尚情怀和明辨是非、坚持真理的正确观念。对于生活中各种各样的现象不能熟视无睹、麻木不仁，而要以主人翁的态度去关注，去审视，去评判。见到真诚的，善良的，美好的人、事、物、景就情不自禁地为之褒扬，为之赞颂，为之鼓与呼；而见到虚伪的、恶劣的、丑陋的现象就义不容辞的针砭之、抨击之，进行口诛笔伐。第二是要用正确的价值观不断回顾自己成长中的心路历程，审察自己前进道路上的脚印，倾诉自己的乐与苦、喜与忧、得与失，以取得更好的发展，这就自然而然地产生了一种自我宣泄的欲求。第三是要把自己融入到自己所生存的群体中，包括家庭的、班级的、学校的、社会的群体中去，明确自己在群体中的角色定位以及自己的责任与作用，学会做人，学会办事，于是便产生了一种在人际关系中交流、传播的需要，一种生活应用的需要，例如对群体的献计、建议、批评等。能够做到上述三点，就能水到渠成，达到一种境界：心里有话，一吐为快。这就大有文章可做了。

本章设计了真情实感、多情善感、博览群书、坚持真理、审美情趣、自我宣泄等内容，就是为了催发学生的写作冲动，引起其写作文的兴趣。

第一节 写作与真情实感

一、写作知识

好文章必有真情实感。“文章不是无情物”，好文章的字里行间，总是融合着作者的真情实感，奔流着作者真挚的情思和感慨。这样的文章就可以感染人、打动人、说服人，对读者起到熏陶、启迪、教化的作用。

真情实感能够催生出好文章，所以宋代文学家张戒说：“文生于情。”有的人认为，只要学到了写作方法和语言文字技巧就可以写出好文章，忽视了真情实感的重要作用。这是舍本逐末。写作方法和语言文字技巧不是不重要，但必须要有真情实感，写作方法和语言文字技巧才可以派上用场。离开了真情实感去搬弄写作方法和语言文字技巧，写出来的文章往往是一堆文字瓦砾。有了真情实感并且竭力要把真情实感表达出来，常常可以文思泉涌，把相应的写作方法和语言文字技巧带动出来，淋漓尽致地挥笔成章，产生奇效。

试举冯夏熊写悼念父亲冯雪峰的文章为例。冯雪峰是参加过二万五千里长征的杰出共产党人，著名的作家、学者，对革命事业和文学事业均作出巨大贡献，但新中国成立后受到不公正对待，在文化大革命中含冤去世。文化大革命结束后，冯夏熊写了一篇题为《父亲留给我的》的文章悼念父亲。因为文章写得很感人，发表后引起了轰动。许多人称赞这篇文章作了“精心的设计”，有“严密的布局”，因此特别打动人。后来冯夏熊又发表文章，谈《父亲留给我的》是怎样写出来的。他说，“我是学工出身，不会写文章”，“精心的设计”、“严密的布局”，“这些写文章的规矩，我一窍不通。当时我只是一门心思地想告诉大家，我的父亲是一个再好不过的人，一个规规矩矩而又充满活力的共产党员”，“我父亲受到那么多的屈辱是很不公正的，我要告诉大家在我父亲身上发现的他作为一个人的真正价值”，“我写着写着，泪水就不住地淌了下来，几乎打湿了稿纸上的每一行字，迫使我不得不常常停笔，以便止住泪水，恢复视力”，“就这样，停停写写，不吃不喝，用了不到一天的时间，没有作大的改动，就写完了这篇文章”。冯夏熊写文章的这个事例是“文生于情”的确证，是真情实感催生好文章的生动体现。真情实感之所以能够催生好文章，就是因为真情实感可以带动出相应的写作方法和语言文字技巧。当然冯夏熊是具有这方面的基本功的，如果没有就带动不出来，只不过冯夏熊没有自觉地意识到罢了。

真情实感具有三大特点。

第一是独特。所谓“独特”，就是独具的特有个性。各人的面貌不可能雷同，各人的情感决非同一个模板所铸造，都是通过自己独具的个性表现出来的。著名作家管桦先生和著名学者黄药眠先生都写了坟前祭母的文章，讲的都是他们到坟前祭母，寄托对慈亲的思念。二人表现出来的情感都很独特。管先生看见母亲坟上的一丛羽毛草，在风中抖颤，使他想到那是从母亲头上长出来的白发，好像又看见了慈母的面容。怀念使他的心绪悲痛而复杂。黄先生来到母亲坟前拜祭过之后，坐在石头上依着树干，缅怀母亲的一生，想到自己长期四处奔波，在家照顾母亲很少，留下了永久的遗憾。这时，坟上的草摇头晃脑地同他说话，劝他留下来，不要走了，平平淡淡地跟母亲一起生活。慢慢地，觉得土穴里的小蚂蚁也伸出头来和他交谈，说了同样的话。黄先生睁开了眼睛，原来自己刚才依着树干睡着了，那些都是梦中的幻觉。坟上的草、土穴的蚂蚁说的那些话都是从自己的心里说出来的，源于自己对母亲的思念，于是再向母亲的坟三鞠躬，拖着倦怠的脚步回家。管桦先生和黄药眠先生表现出来的缅怀至亲的情感，都是真情实感。只要是真情实感，就是发自内心的，因此必然是独特的。例如，同样是悲伤，有的悲声呜咽，如泣如诉；有的涕泪涟涟，疾首蹙额；有的仰天哀号，临风洒泪……同样是喜悦，有的眉开眼笑，顾盼神飞；有的喜泪横流，满脸含春；有的欢欣若狂，手舞足蹈……同样是愤怒，有的横眉瞪眼，怒发冲冠；有的火冒三丈，暴跳如雷；有的咬牙切齿，发指眦裂……凡此种种，都是真情实感的独特表现。

第二是丰富。丰富的表现，往往是多样的而不是单一的，是复合的而不是单纯的，是立体的而不是平面的。这是说，丰富的真情实感往往有相似、相对、相反、相成……诸多因素交织在一起。

20 世纪 80 年代中国女排的姑娘们取得了震惊世界的成绩，为祖国争得了荣誉。她们深知：运动员的“运动寿命”本来就很短促，因为人才辈出，长江后浪推前浪，“运动寿命”也越来越短了。为此，她们惜时如金，把精力高度集中到排球事业上。由于她们蜚声寰宇，千千万万观众的信件雪片般向她们飞来，其中有不少是痴情求爱者的信。面对着求爱信中情意缠绵的真诚话语，面对着求爱者表示情深似海的珍贵礼物，面对着一张张英俊白马王子的照片，姑娘们不禁怦然心动。但是，她们一次又一次地对天发出虔诚的祈求：“爱情啊，请你晚来一点”！好一句“爱情啊，请你晚来一点！”别看这句话很简单，别看这句话是由极普通的常用字组成的，须知这句话是从肺腑中流出的金子一般纯正的真情实感，其内涵是多么丰富啊！里面既有感受幸福爱情的甜美，也有担心爱情影响事业的忧虑；既有对建立温馨小家庭的向往，也有执着争取再创辉煌的追求；既有拒绝小伙子一片真情的惋惜，也有高举理想的大旗继续前进的坚定……千种情，万种爱，终于凝聚成为一句话：“爱情啊，请你晚来一点！”这样丰富的真情实感，令人叹为观止！

第三是厚实。既然是真情实感，当然就不是泡沫，而是厚实。如果说，真情实感的“丰富”是“横”的广度，那么，真情实感的“厚实”就是“纵”的深度。厚实，指的是密度大，有重量，意蕴深沉，耐人咀嚼。

为我国社会主义建设和科学事业作出杰出贡献的科学家蒋筑英英年早逝，举国震惊，他的妻子路长琴写了一篇题为《永存的慰藉》的文章悼念丈夫，开头的一段是：

直到今天我还弄不懂，世界上怎么会没有了筑英，我觉得，他不过是像往常一样出差去了——到北京，到上海，也许还远一点，到欧洲。而不久，也许就在今天晚上，在孩子们正在做功课，我倚在床边织毛衣的时候，他会像每次那样，臂下夹着一个大公文包，身上裹了一团冷气，突然出现在门廊里。他会变戏法似地从口袋里掏出一叠小人书和巧克力；会立刻卷起袖子冲进厨房；还会在路过我的洗衣盆的时候，顽皮地笑着，把一方脏手帕悄悄地扔进去。

这里描述了路长琴和她的丈夫日常生活的一个片段，尚未有只字正面提到丈夫的亡故，而是淡淡的一笔说及她弄不懂“世界上怎么会没有筑英”，“他不过像往常一样出差去了”。但因为是真情实感，所以看似平淡却相当厚实，密度相当大，里面有对丈夫不期而归的意外惊喜，有因丈夫为公务奔忙而足迹遍及海内外的自豪，有对丈夫以顽皮地笑的面貌出现的亲昵的欣赏，有为丈夫对孩儿的亲子之爱而体味的温馨，有为丈夫出差刚回来就立刻卷起袖子冲进厨房做家务而感受到夫妻情深的欢悦……真是一对恩爱的夫妻啊！这一整段灌注着真情实感的笔墨，是融汇着何其深刻的情感的笔墨。在这些情感密度相当大的笔墨当中蕴藏着多少感人肺腑的悲痛和悠悠不尽的哀伤啊！这么一位好党员、好干部、好丈夫、好父亲、杰出的科学家竟然壮志未酬就撒手长逝了！越是觉得“世界上怎么会没有筑英”，就越是反衬出招魂不归而催人泪下的哀戚！越是觉得“筑英不过是像往常一样出差去了”，就越是显示出这位德硕才高的英才永远不能再回来而令人肝肠寸断的悲伤！越是逼真地再现出蒋筑英夫妻恩爱相处的日常生活情景，就越是使人难以接受失去蒋筑英的残酷现实！这种真情实感的分量是多么重啊！又是多么厚实而深沉啊！

从写作实践上看，完全可以说，真情实感是文章生命力的表现。那么，在文章写作中，真情实感是怎样传导出来的呢？有三种基本方式。

第一种方式：缘事传导真情实感。

缘事传导真情实感，即在叙述事件中传导真情实感。运笔写作时要把真情实感融合于事件的叙述中进行。其要领是准确地把握所写事件的性质意义，并把它和自己对这些事件产生的真情实感相印证，然后融合于事件的叙述中。要注意的是，这种“融合”不是真情实感加事件，而是真情实感和事件的水乳交融。

台湾女作家席慕蓉的一篇散文《想您，在夏日午后》堪称典范之作。这是一篇体现母爱的真义，表达想念母亲的真情实感的散文。这种真情实感是通过想象中的事件和回忆中的事件的互相融合而传导出来的，而写想象中的事件和写回忆中的事件的每一笔，都同时传导出想念妈妈的真情实感。在想象方面，文章一开头就写身在欧洲的“我”想象夏日的一天午后，妈妈在做什么的种种情景，突出了妈妈正抬头看墙上那一张“我”在欧洲寄回去的油画，欣赏画中那一片蓝天，一朵白云。而那一朵白云又牵动了“我”的情思，那一朵白云就是家园后山坡上停着的那一朵。它十分多情，跟着“我”从台南飞到欧洲。它与蓝天一道，使“我”的心灵空间保持明朗。“我”在作画时思绪就跟那一朵白云飘着，飘着……飞到家园的后山坡上。作者把白云的“白”与蓝天的“蓝”提炼成与“我”的感情生活不可分离的特殊颜色。“我”画的画，总保留着一块蓝，那蓝是属于家园后山坡的，是和妈妈息息相关的。想象中的妈妈每次打开信封时，都希望收到女儿寄回来的蕴含着万缕情思的蓝蓝的信。在记忆方面，“白”的描写也被赋予了特殊的感情。在对婚礼的忆写中的“纯白的新娘花”，纯白的礼服的纱，纯白的珍珠……都暗暗与家园后山坡上那一朵白云联系着，同时，从“我”的婚礼联想到妈妈当年的婚礼，想到“结婚时的我仿佛是30年前的您”。通篇在事件的叙述中涌动着的真情实感，既是独特的，又是丰富而厚实的，笔笔都是写事，笔笔又都是写情，笔笔都融和着真情实感。

第二种方式：借景或托物传导真情实感。

借景或托物传导真情实感，即在描绘风景或物体的过程中传导真情实感。运笔写作时，要把真情实感渗透到风景或物体上，通过对风景或物体的描绘而传导出来，但是，所写的一定的真情实感和一定的风景或物体要有合理的联系，不能牵强附会和生拉硬扯。其要领有两项：一是要选择和自己要传导的真情实感相合拍的风景或物体进行描绘；二是要准确地把握所写风景或物体的个性特征，运用相应的笔法，或简笔，或繁笔，或渲染，或铺陈……和作者的真情实感凝聚在一起，形成鲜明的形象。下面的例子是凭借风景传导真情实感的。作者把爱美、爱创造的真情实感渗透到春天的风景里，用简笔勾勒的手法，通过四个镜头，描绘出春天的形貌、春天的色彩、春天的声音、春天的神韵，把爱美、爱创造的真情实感传导得酣畅淋漓。

1

春天在柳堤的嫩绿中漫步，在解冻的清流里游泳，在新垦的泥坯间徜徉，在翻飞的纸鸢上跳跃，在少女脸庞的酒窝中旋舞……春天是有形的。春天绽开了妩媚的笑靥，蹦着轻盈的脚步向我们走来了。

2

万物都在打扮春天。柳叶用鹅黄，桃花用粉红，江水用湛蓝，山坡用翠绿，把春天描画在大地上。春天是有色的。春天以五彩缤纷的窈窕身影在我们的面前出现了。

3

春天对人间充满了爱。岩口山泉的叮咚，檐前细雨的滴答，梁上燕子的呢喃，土里种子的呓语，不都是春天在对人间倾吐爱的衷曲么？春天是有声的。春天那爱的乐音已经引起我们心灵的和鸣了。

4

春天真是风姿绰约。湖水荡开的波纹，是她甜美的笑容；一行一行秧苗的茁长，是她抒情的诗章；蝴蝶鼓动的柔风，是她歌唱的旋律；兰花吐放的馥郁，是她呼吸的馨香……春天是有神的。她那聪慧、端秀、深情的神韵，有谁不受到感染呢？

5

春天是美的化身，我爱美就爱春天；春天是大自然的美的创造，我爱创造就爱春天！

（《从冬到春》，有改动。选自冯艺主编《中国散诗大系·湖南卷》）

作者爱美、爱创造的真情实感和美的、富于创造精神的春天风景取得了沟通，把自己的真情实感灌溉于其中，用一至四节的四个镜头描绘了个性鲜明的春天风景，于是那独特的、丰富而厚实的真情实感也就传导出来了。第五节作了点睛式的情感升华。

凭借物体传导真情实感的例子，如湛江市海石花写作学校赵颖致同学的《我喜欢百合花》一文（发表在《海石花写作》上）。这篇文章借百合花短暂但充实、美好的一生，传导出自己热爱生活，要以百合花为榜样，把日子过得有意义的真情实感。小作者运用拟人手法，从形、色、味等各方面描绘出百合花美的形象：阳台上插在瓶里的百合花，像一个美艳的姑娘，亭亭玉立于水中，她那白里透红的细长花瓣，粘着粉末的尖长的花蕊，简简单单，但散发出来的香味让人感到无比的清爽，“只要闭上眼睛，就像自己身在一个森林里，到处有花有草，有树有鸟，空气是那么新鲜”。下了一场大雨之后，百合花经过雨水的冲洗，更显得干干净净，微笑着向“我”招手，而“花瓣上有像珍珠般晶莹剔透的水珠，这使百合花更加灿烂夺目”。“尽管百合花慢慢地凋谢了，但还是尽自己的力量散发出淡淡的香味。”一枝普通的百合花，小作者写得如此细腻丰富，显现了小作者的真情实感是厚实和丰富的，也是独具个性的。小作者写道：“百合花给我做了一个好榜样，它在短暂的一生中是那么充实，那么美好；有些人在充足的时间里虚度年华，终日无所事事，连百合花也不如。我喜欢百合花，她是我的榜样，是我前进的动力。”小作者扣紧了百合花的个性特征，借百合花传导出自己奋发向上、要在人生的道路上有所作为的真情实感，是值得赞扬的。

第三种方式：直接传导真情实感。

直接传导真情实感是指作者打开心扉，把自己的真情实感直接传导出来。直接传导真情实感也可能涉及事、景、物，但既不同于以事件为主线出现的缘事传导真情实感，也不同于以风景或物体为主线出现的借景或托物传导真情实感。直接传导真情实感是以“情”为主线出现的。其要领是根据作者传导真情实感内容的需要和内容性质的区别而选择相应的传导类型。基本的传导类型有两种。第一种类型是从容舒缓，娓娓道来。如著名作家杨朔《印度情思》一文的开头就属于这种类型：

人在旅途上，夜航，最容易倦。我睡得迷迷糊糊的，忽然觉得耳朵像灌满了水，铮铮发响，知道飞机正在往下落。一睁眼，只见身边的星星，地面的灯火，密密点点的，恍惚是天上地下撒满珍珠，连成一片。飞机打着旋，我只担心：可别撞碎这些珍珠啊。

这段文字使读者产生一种异常的亲切感，仿佛觉得作者和你在灯下悠闲品茗，无拘无束地交谈，从容舒缓地娓娓诉说他随着飞机降落而萌生的迷蒙的感觉、飘逸的思绪和诗意的感受。整段文字尽管写的是飞机降落，但飞机降落并不是主线，主线是“情”，是作者在飞机降落中的感觉、思绪、感受等种种真情实感。

第二种类型是行云流水，奔腾热烈。如作家高创《风雨壶口》中的一段就属于这种类型：

……浑黄、博大、沉重、宽厚、蕴力万钧、气势磅礴的壶口瀑布，以她特有的强烈的视觉冲击力和广博深沉的内涵，使人震慑倾倒，使人激奋礼赞，使人心潮逐浪，使人忘我奋起！浑黄博大的风貌和气质，给人以多方的感触和启迪，发人深省，催人奋进。暴风骤雨中的壶口洪流，不正是我们中华民族五千年历史重大转折时期的缩影？不正是我们艰难崛起且必将赢得辉煌未来的华夏祖国的象征？

作者在形象地展现壶口瀑布的丰厚底蕴中，用长短交错、排比反问等句式将蕴藏于内心的真情实感喷发出来，有如行云流水，奔腾热烈，不可遏止。在这里，壶口瀑布只是作为崛起中的祖国的象征景物而出现于文中，不是主线，主线是礼赞推动祖国崛起的拼搏、创造、献身精神。

上面讲了传导真情实感的三种方式以及直接传导真情实感的两种类型，在写作实践中是很难把“三种方式”和“两种类型”截然分割开来的，可以是不同的方式、不同的类型同时并用或交叉运笔。当然，也可以是以某一种方式、某一种类型为主要的手法来写。

二、写作故事

西施还魂

这里讲的是西施还魂的民间传说。

西施是春秋时期越国的一位绝代佳人。家住浙江省诸暨县苎萝山下。苎萝山下的临浣江中，有一块大石。西施常到这块大石上浣纱，后人称这块大石为西施石。

西施是一位爱国女子。当时吴国在和越国的争霸中，灭了越国。越王勾践在贤臣范蠡的辅佐下，策划反吴兴越的事业，但装作对吴国很顺从的样子。他们选了西施送给吴王夫差，让她迷惑吴王，使吴王不理国事。越王勾践却暗中刻苦自励，奋发图强。西施密切配合了越王。后来越国终于消灭了吴国。吴亡之后，有人说西施跟着范蠡离开了越国，云游天下；有人说西施被吴国人推落水中淹死了。总之，西施去向不明。越国的百姓都很怀念西施。后人来有个叫郭凝素的人，天天到临浣江畔，面对西施石作诗招魂：

西施姑娘，西施姑娘，
你的爱国行动彪炳史册，千古流芳！
人民想念你，朝朝暮暮，泪水湿衣裳！
魂兮归来，魂兮归来，重返故乡！

由于这些诗只是空洞的叫喊，干巴巴的，没有感情，西施的灵魂始终没有出现。

到了唐代，又有个叫王轩的人，泛舟浣江，登上了西施石，发思古之幽情，想起一千多年前爱国女子西施的故事，禁不住在西施石上题了四句诗：

岭上千峰秀，
江边绿草春。
今逢浣纱石，
不见浣纱人。

题上了诗，王轩口中反复吟唱，其声凄婉，如泣如诉。王轩面对滔滔江水，莽莽青山，心中倍增惆怅，更加怀念当年在此浣纱的西施姑娘。于是，复吟诗曰：

佳人去千载，溪山久寂寞。
野水浮白烟，岩花开自落。
猿鸟旧清音，风月闲楼阁。
无语立斜阳，幽情荡天幕。

王轩吟罢，举目一看，一位艳丽端庄的美女出现在眼前，嫣然一笑，然后吟诗答曰：

昔自吴宫还越国，
素衣千载无人识。
当时心比金石坚，
今日为君惜不得。

原来王轩的诗感情浓郁，蕴意深厚，九天之上的西施姑娘听到了，很受感动，特来相见。王轩喜出望外。西施吟诗作答之后，便飘然而去，她移动袅娜的身躯，翠绿的玉石装饰叮当作响，那声音，久久萦绕在王轩的耳边。

这个故事只不过是一个神话，但可以说明一个道理：只要有真情实感，就可以感动人。

三、写作示例

流 星

王旭华

不追求彩虹的艳丽，不攀附太阳的光辉，不企望巨雷的轰鸣，不羡慕北斗的永恒，只求在短短的生命征途中，把光和热无私地奉献——这就是你——流星。

夜深了，大地上一片寂静，可我还独自在校园的树林里徘徊，呆望着那缀满星星的天空。清风徐来，半弦月高高地挂在树梢，如银的月光透过树叶间，流水般地泻在大地上，光影朦胧，忽隐忽现，如诗如画。但我没有心思去观赏这人间美景，想到再也不能见到日夜思念的玉君了，我心如刀绞，泪水又一次涌出了眼眶……

玉君是我最好的朋友。前年，她不顾亲友的劝阻，放弃了继续深造的机会，毅然参军，在一个离家几千里的小镇当了一名通信兵。下午我收到了玉君父母的来信，得知：半个月前，一个风雨交加的夜晚，由于一位新来的女兵接错线路，致使电路发生短路，并在电线交接处迸射出火花，那女兵的双手也被粘在电线上，眼看一起重大事故就要发生，一套价值十几万元的通信设备就要毁于一旦，20多人的生命安全难以保障。看到这种情况，玉君来不及多想，就冲上前去，用自己的双手分开了那绞在一起的电线……机器保住了，战友得救了，而年仅19岁的玉君却一句话也没留下，就匆匆告别了她无比眷恋的世界，永远地离开了她的战友和亲人……

想到这儿，我的心都要碎了，我无力地靠在树上，让泪水在脸上随意流淌着。突然，黑色的天幕上划过一道光亮闪闪的弧线。“流星！”我不禁叫了起来。为了照亮大地，照彻天空，流星在短暂的征途中，默默地燃烧着自己……

“我爱流星，”玉君昔日的话语在我的耳边萦绕着，“它的生命虽短促，但却贮满了无私的奉献精神，我愿做一颗流星……”泪水蒙住了我的眼睛，朦胧中，身着绿军装的玉君带着稚气的微笑，迈着青春的步子向我走来，我正要迎上前去拥抱她，她却如烟一般地消逝了。她化作一颗流星，在漆黑的夜里，射出了最后的光亮，照彻了整个环宇。她走了，永远地走了，带着她那高贵的灵魂，追随着那逸去的动人的歌声，袅袅地飞向了另一个金丝银缕编织成的世界，实现了她人生价值的存在。

来也匆匆，去也匆匆。啊，那令人无比依恋的流星！

（引自《散文》1992 年第 1 期。有删改）

这篇作品传导出赞美奉献精神的真情实感。这种奉献精神就是有一分热，发一分光，燃烧自己，照彻寰宇。作品传导真情实感的方式，主要是运用缘事传导，同时也结合着借景传导和直接传导。

作品对奉献精神的赞美，集中表现在“我”最好的朋友玉君一心为公、舍生忘死的事件上。既有现实中的事件，也有幻想中的事件。现实中的事件是：在一个风雨交加的夜晚，一个通信新女兵接错线路而险些导致重大事故——价值十几万元的通信设备可能毁于一旦，新女兵和 20 多人的生命安全难以保障。在这千钧一发的时刻，玉君置个人生死于度外，立刻冲上前去，用双手分开了和新女兵绞在一起的电线……设备保住了，战友得救了，可是玉君牺牲了，她的年龄只有 19 岁！幻觉中的事件是：“我”在泪眼蒙胧中看见玉君身穿绿军装，带着稚气的微笑，迈着青春的脚步走来，“我”正要迎上去拥抱她，她却像轻烟一般消逝了。这使“我”意识到她牺牲了！作品对玉君奉献精神的赞美，传导出来的真情实感是丰富而厚实的，也是独特的，是和现实中、幻觉中的事件融合在一起的。

作者的真情实感也是借夜景抒发出来的。夜来临了，它是寂静的，更是美丽的。清风徐来，繁星满天。半弦月亮挂上树梢，光影朦胧，若隐若现。如诗如画的夜景，触动了“我”对玉君的思念而使“我”怆然洒泪，玉君在如花似玉的豆蔻年华就离开了战友、亲人和令她眷恋着的世界！此刻，一道亮丽的风景出现了：黑色的天幕划过一道光亮闪闪的弧线。“我”发出了感情深沉的惊叹：流星！流星不正是玉君短暂而光辉的生命的写照吗？作品一开头就似抑实扬、寓褒于贬地歌颂流星，极尽能事的去制造“渺小”的流星和太阳、北斗、雷电这些壮伟天体的反差，正是为了凸显流星的难能可贵：形体虽小却有一分热，发一分光，甘心燃烧自己而去照彻寰宇。这就是玉君的品格啊！她一向喜爱流星，也宁愿做一颗流星，以流星的无私奉献精神自期。而今，玉君以自己年轻的生命实践了自己的意愿！

夜色中对玉君悠悠不尽的思念，变成了直抒胸臆，使“我”的真情实感进一步升华，发出了哀伤而深沉的呼喊：

她化作一颗流星，在漆黑的夜里……永远地走了，带着她那高贵的灵魂，追随着那逸去的动人的歌声，袅袅地飞向了另一个金丝银缕编织成的世界，实现了她人生价值的存在。

这些坦露胸怀而又融合着真情实感的语言，既令人痛彻肝肠、涕泪齐下，又催人振作奋起、勇往直前！

纵观全文，可以说这篇作品是由真情实感凝成的悼念挚友的一曲悲歌，也是以真情实感谱成的颂扬奉献精神的一曲赞歌！

第二节 写作与多情善感

一、写作知识

写作与多情善感有密切的关系，多情善感的人必定可以左右逢源地驱遣准确生动的清词丽句写出好文章来。

多情，指情感丰富、真实。善感是一种机敏的艺术感觉，让自己的心灵跟自然界和社会生活中的人、事、景物发生互动，有了这种艺术感觉，就能把自己的心灵和自然界以及社会生活中的人、事、景物融会贯通，无需进行分析、推导就可以认知对象的意蕴和神韵特征，萌发要把它表现出来的强烈冲动，形成个性鲜明的情思和富有新意的领悟，从而进行各种各样美的创造，或描绘媚丽的形象，或发表精辟的议论，或抒发感人的情怀，如此等等。因此，多情善感的人能把一般人不屑一顾的生活琐事进行诗化，营造出一个充满诗意的神妙境界。他可以从浩瀚的灿烂星空看到哲学的深邃，看到诗意的浪漫，看到艺术王国的缤纷画图；他可以从一丛灼灼其华的盛开桃花看到青春的风采，看到美人的笑靥，看到成功者的累累硕果；他可以从暴风雨的怒吼中看到革命力量埋葬旧世界的摧枯拉朽气势，看到否极泰来之后艳阳高照的无限风光，看到奋斗者排除千难万险、一往无前的挺进身影……

我们不妨分别从几个方面作具体的述说。

首先，多情善感的人可以把一般人习以为常、视而不见的普通事物进行陌生化的“变脸”描写。

他可以把无声的写成有声的。荷花的清香本来是不会发声的，可是多情善感的朱自清先生，闻到了荷塘里的荷花散发出来的缕缕清香，他感到那种隐隐约约朦朦胧胧的香味像是“从远处高楼传出来的渺茫的歌声”。

他可以把无色的写成有色的。水珠本来是没有颜色的，可是多情善感的作家杨星火却把藏族山村里蒙蒙春雨中的水珠写成具有各种颜色的水珠：那拔节劲长的麦苗托着一颗颗的水珠被染成绿色；迎风盛开的桃花瓣滚动着的一粒粒水珠被染成红色；初生新叶的杨柳那垂下来的一串串柳条挂着的一串串水珠被染成鹅黄色；一位藏族姑娘的发辫缀着的一缕缕水珠被染成乌黑色。这春雨中的藏族山村就像一个缀满五颜六色的珍珠宝石的人间仙境！

他可以把没有香味的写成有香味的。乐音本来没有香味，可是一位多情善感的中学生把乐音写出香味来了，他写道：“在一次文艺晚会中，我听到了一位小提琴演奏家演奏一曲《田园乐》，随着小提琴传出来的婉转轻快的旋律，在我面前展现出一幅又一幅清纯旖旎的田园风光：先是漫山遍野的翠绿映入我的眼帘，那茂盛的青草点缀着从从野花，随着微风吹来，我闻到了一缕缕的野花清香；继而我看到了郁郁葱葱的果林，挂着累累的金黄硕果，闻到了醉人的果香；接着是锦缎般的千里稻浪摄进我的视线，望着那随风滚动的金灿灿谷穗，我闻到了阵阵稻香……一曲《田园乐》奏出了一种淋浴灵魂，神清气爽的芳香啊！"

他可以把无形的事物写成有形的事物。高楼传出弹琴的声音，也算不上什么稀奇，一般人听了也就听了，顶多也只不过是空空洞洞地赞扬几句，可是多情善感的晋朝作家陆机却从琴音引发"听声美形"的心理活动。本来人们听见高楼传出琴音是看不见高楼里弹琴的人的，而陆机从幽美哀婉的琴音嗅到兰花的幽香，这幽香不就是从一位弹琴的佳人身上散发出来的吗？这就让他看到了高楼里容颜如玉的女子挥动一双纤纤素手在弹琴了，于是赋得一首《西北有高楼》："佳人抚琴瑟，纤手清且闲。芳气随风结，哀响馥若兰。玉容谁能顾，倾城在一弹。"

其次，多情善感的人可以对一般人习以为常、视而不见的普通事物发表新颖、深刻的议论。

（1）哲性议论。一棵法桐春天长叶，翠绿婆娑，风姿绰约；秋天落叶，变得光秃秃，瘦削寒碜，其貌不扬。一般人对于法桐的命运沧桑，往往会发出无可奈何的哀叹。这种感慨是肤浅的陈词滥调，而多情善感的贾平凹却发表了一番新颖的、深刻的、哲性的议论："法桐的生长，不仅是一道哲学的命题在验证"，"它年年凋落旧叶，而以此渴望着来年的新生，它才没有停滞，没有老化，而目标在天地空间里长成材了"。

（2）诗性议论。随处可见的泥土是再平凡不过的，既无华丽的色彩，也无潇洒的风姿，只不过是暗淡无光的块块粒粒罢了。一般人往往不屑看它一眼，而多情善感的蓝春雨却发表了一番情感真挚、韵味醇浓的诗性议论："泥土是绿色的摇篮，它每时每刻都在孕育着生命"，"为了大地的生机，它舍得献出自己的一切。醇香的乳汁哺育了鲜花绿草，丰富的养分滋润了树林庄稼，滴滴血液注进了香喷喷的果实，一片赤心换来了金灿灿的收获。正是这样，世界才有花香，才有草芳，才有蝶飞雀鸣，才有美丽的大自然，才有人类的生息繁衍。"

再次，多情善感的人可以对一般人习以为常、视而不见的普通事物抒发个性化的情感。有两种抒情方式，其一是借景抒情，其二是直抒胸臆。

先说借景抒情。有这样的景物：春天里流着一条江水，江水岸边长着绿树，江上飘着云彩。一阵清风吹来，一双燕子掠过上空，一尾鱼儿跃出江面发出"啪啦"一声响。这是人们常见的普通事物，无甚新奇，一般人是视而不见的。可是，一位多情善感的中学生却觉得这是很美的景色，于是借着这些景色抒发出个性化的情感：春天，一条清清的江水向着东方悠悠地流淌。天际缤纷的云霞和岸边葱茏的绿荫倒映进澄明的江水，江水就变成五彩斑斓的童话世界。风，轻轻地吹拂；云，缓缓地飘动，天地间一片清幽，一双燕子掠过辽阔的晴空向遥远的天际飞去，留下了浩渺的宁静……蓦地，"啪啦"一声，一尾鱼儿跃出水面，整条江水晃动出轻微的波浪，哗啦啦地奏响清婉的乐音。啊，春江多美啊！她的美，美在播出令人心旷神怡的幽雅天籁；她的美，美在展现充满诗情画意的境界；她的美，美在洋溢着勃勃生机、充满青春活力的生命时空！春江的美，真是内涵丰富，撩人情思的奇妙世界啊！

最后，说说直抒胸臆。雨后天边出现的一道彩虹，人们见得多了，也就不那么当回事了。可是，对于这种一般人习以为常、视而不见的事物，多情善感的作家许淇却直接抒发出胸中浓郁的情感，热烈地赞美彩虹："呵，美丽的彩虹！你以炫目的色彩和光辉的形象装点着江山；你架起一座长长的金桥，联结着过去和未来。啊，美丽的彩虹！你是新世纪的使者，吹起长弧形的喇叭，宣告暴风雨已经远遁，预示着明天美丽的朝霞和湛蓝的晴空。呵，美丽的彩虹！你是诗的灵感，你是幻想的翅膀，你是我们心中激情的异化；你正在编织一个巨大的花环，准备奉献给伟大的新时代！"

多情善感是一种气质，这种气质是先天形成的，但后天也可以培养。培养多情善感的气质，没有方法可以传授，它不像技术操作那样，把方法一、二、三、四告诉你，你按部就班地就可以掌握了。多情善感气质的培养靠的是自己修炼，最关键的是爱美之心的修炼。

人们常说："爱美之心，人皆有之。"这是真理。这句话昭示我们：因为人人都爱美，人人就都有后天培养多情善感气质的基础。后天培养多情善感气质并不神秘，人人都可以做到。但是，人们的爱美之心，有一个觉醒的问题。爱美之心没有觉醒，美的事物就在眼前也会视而不见，听而不闻。爱美之心的觉醒就是对美产生一种强烈的向往和追求，执着地热爱美，发现美，鉴赏美，创造美。这种觉醒了的爱美之心就是一颗诗心。

有了这颗诗心，就可以诗化外部世界，从芥粒微尘到巨硕顽石，从狂飙暴雨到烈日和风，从山泉滴滴到大河激流，从路边小草到参天古树，从鸡鸣狗吠到鸟叫蝉鸣……都可以通过这颗诗心观照而变得美起来，化为感人的诗章。有一位中学生，原先没有爱美之心的觉醒，对生活很冷漠，觉得天天看到的身边事物都是庸常的老套，看腻了，看厌了，懒得理它们了。后来在老师的引导下，爱美之心觉醒，再看身边的事物，处处都有亮点，举目就能见到美：他常常为一枝嫩柳的吐芽而感受到生命的跃动，从一朵野花的绽放而感受到宇宙的无限生机，为一泓小溪汩汩流淌发出的声音而感受到天籁的美妙，从一抹斜燕的剪窗而感受到画意的韵味悠长……听到滴滴沥沥的雨点打在芭蕉叶上，仿佛看到一位美丽的女琴师用她灵巧的纤纤玉指在琴键上弹奏出一曲幽雅的雨天小调；听到晚风吹拂树梢发出的沙沙音响，仿佛看到一位慈母坐在摇篮旁边，一边抚摩着亲爱的小宝宝一边哼着温馨的催眠曲……一片树叶飘落到湖面上，这只不过是芝麻大的琐碎事，一般人不以为意，可是，他看到了，这片树叶马上和他的诗心发生了感应，他想：一叶知秋，啊，是秋姑娘向人间报告：秋天来了！他看着湖面上的那片树叶变成一只小船在清冽的湖水中荡来荡去……啊，秋姑娘不正是坐在小船上吗？我看见她了，她，浅笑盈盈，张开秋波似的明眸，深情地顾盼着广袤的大地，那一望无际的田野，连绵起伏的山冈，处处展现出绚丽的秋色：菊花绽放了，桂子飘香了，枫树溢彩流丹、果园里黄澄澄的佳果挂满枝头，田野上金灿灿的稻海翻滚着起伏的波浪……凡此种种说明：无论花开花落，云卷云舒，细雨纷飞，层林叠翠，经过他的诗心的观照就转化成为诗美了。这些情况的变化，表现出这位中学生已在后天修炼出多情善感的气质了。种种事实显示，多情善感的气质，只要愿意进行追求美、热爱美、发现美、鉴赏美、创造美等方面的自我修炼，人人都是可以培养出来的。

二、写作故事

怎样写春天

兴华中学教语文的江老师，善于引导学生自我培养多情善感的气质，她要求学生勤于作多情善感的练笔，学生领悟很快，写作大有进步。做得最好的是一位叫林雨韵的女生，她天天在这方面练笔，每篇或三五百字，或一千来字，总会受到江老师的表扬。

春天里的一个假日，她和小伙伴们漫游郊野，寻找春天的诗意，要把美丽的春天写出来。她看到郊野上的湖水、杨柳、山花、蝴蝶、秧苗……处处都是生机，她动了感情，感到这些就是写出美丽春天的绝妙题材。于是她赶紧回到家里，打开电脑，开始描绘春天。

这篇练笔之作写好之后，当晚林雨韵就兴冲冲地拿给江老师看。江老师满怀喜悦地接过去，展读了她这篇作品。只见她写道：

今天是春天里的一个假日，我和班上的几位同学进行了一次郊游，去领略那大好春光。啊，春天！多么美丽的春天！郊野上处处都显现出春天的缤纷姿态。湖边的垂柳换上了浅青色的新衣裳，显现出她那娇媚的身姿，倒映进湛蓝湛蓝的湖水，湖水显得更加清澈澄明了。清风吹来，湖水泛起层层微波，被映进湖中的垂柳便随之动荡起来。连接着湖水的一片秧田，绿得发亮，直逼人眼，那勃勃的生机显示出丰收在望。紧挨着秧田的山冈，绿树婆娑，随风摇摆，平添了几分春色。盛开着的一丛丛的烂漫山花，五颜六色，争奇斗丽，引来了一群蝴蝶，上下翻飞，翩翩起舞，像是迎接春天的到来。美丽的春天多么热闹啊！美丽的春天多么醉人啊！我祝福春天，愿春天永留人间！

江老师看了林雨韵这篇练笔之作，觉得有欠缺，就循循善诱地说道："你自我培养多情善感气质的练笔，我看过好多篇，都写得很好，但这一篇问题较多。你通过对杨柳、湖水、秧田、山花等景物的描写来赞叹春天的美丽，当然是可以的，但你看到的这些景物，和一般人看到的没有什么两样，都表现为看山就是山，看水就是水。这就是说，还没有通过你的多情善感对春天的美作自己的发现和创造，只是和一般人一样，把春天里的种种景物一一复制出来，写在纸上。这样写，就导致通篇都是陈词滥调，是不可能表现春天的美的。其原因是一种习惯性的思维捆绑着你，蒙蔽了你富有个性的多情善感的心灵。这不奇怪，几乎每一个人都有这种毛病，只要一不小心，开口动笔解读客观事物时，种种现成的陈言套语就会自动源源不断地冒出来，不知不觉地落入'人云亦云'的窠臼。所以，在动笔之前要警觉地下一番'去蔽'的功夫，强化自己执着地寻找美、发现美、创造美的爱美诗心，用你的诗心去诗化客观事物，力求做到看山不是山，看水不是水，让出现在你笔下的客观事物'变形'，读者看了产生一种陌生感、新鲜感、惊奇感。当然这种'变形'不能离谱，因为山还是山，水还是水，只不过是让读者看到的山和水出现了新的风貌，不是人们常见的山和水罢了。你有很好的天赋，加上你后天的努力，今后会进步得更快的，努力吧！"

听了江老师的一番话，林雨韵有如醍醐灌顶，恍然大悟，精神振奋！“多好的江老师啊，她的这番话讲到我心坎里去了！”她想。她怀着无限感激的心情，向江老师道了谢，就匆匆赶回家去，马上按照江老师的开导，打开电脑，要用自己一颗爱美的诗心，诗化春天，写出美丽的春天！

下面是林雨韵第二次写的美丽的春天：

在一个春天的假日里，我和几位要好的同学作了一次郊游，去领略一年一度的大好春光。到了目的地，我感受到郊野上姿彩缤纷、焕然一新的山光水色，看到春姑娘浅笑盈盈，满面喜气，迈着轻快的脚步向我们走来了！啊，春姑娘！这里山光水色的绚丽，处处都显现出你窈窕的倩影哟！看，原先娉娉婷婷的一棵绿树被清爽的和风吹得婀娜地摆动着腰肢，那不是你妩媚的娇态吗？原先平静如镜的湖水被温润的熏风荡开涟漪的波纹，那不是你甜美的笑靥吗？湖边轻轻飘动的缕缕柳丝，那不是你漂亮的柔发吗？盛开着的山花吐放出醉人的芬芳，那不是你呼吸嘘气的馨香吗？山花姹紫嫣红引来了彩色的蝴蝶，它们围绕着山花翩翩起舞的飞跃，那不是你纵情歌唱的旋律吗？翠绿色的田畴一行一行的秧苗，那不是你抒情的诗行吗？啊，春姑娘！你是美的化身！你是美的天使！你是催生万物，给大地铺满锦绣的美神！

第二天晚饭后，林雨韵把描写春天的美丽的第二稿拿给江老师看。江老师看了笑逐颜开：“你的第二稿写得这么好，大大超出了我的估计。第二稿和第一稿描写的春天景物，同样是绿树、杨柳、山花、蝴蝶、秧田，这都是些简单的景物。可是，第一稿把简单的景物写到纸上仍然是简单，一一罗列出来像流水账；第二稿却从简单写出了丰富多彩。造成这种情况的原因在于：第一稿是用陈旧的形容词、修饰语套上去的原型复制；第二稿是通过想象和联想让原型变了形：郊野上春天的种种景物，分别变成了春姑娘甜美的笑靥、漂亮的柔发、嘘气的馨香、唱歌的旋律、抒情的诗行，表现出春姑娘窈窕的风姿，自然贴切、生动逼真、形象鲜明、活灵活现，给人以陌生感、新鲜感、惊奇感。归结起来，第一稿失败的原因在于写山是山，写水是水；第二稿成功的原因在于写山不是山，写水不是水。两稿都是你写的，为什么却如此大相径庭呢？这就要回到昨天我同你谈的问题了。第一稿失败的原因是惰性的思维遮蔽了你原有的多情善感的爱美诗心；第二稿成功的原因是你下了‘去蔽’的功夫，把你多情善感的爱美诗心调动起来了。我还得说一个重要问题。你的多情善感驱动你诗化你所看到的客观事物，作写山不是山、写水不是水的变形表达，但这不是唯一的表达方式，还可以进行多种方式表达。比如，在很多情况下你所看到的客观事物尽管没有变形，但可以把相关的事物作巧妙的组合，升华成诗性的氛围，也可以把风马牛不相及的种种事物作有机的凝聚，荡漾起诗性的神韵，还可以把相关或不相关的种种事物统摄起来生成出一个诗性的亮点……这种种表达方式都可以把人们熟视无睹、看到了也无动于衷的平凡事物营造出一个诗意浓郁的境界。我现在只是提出问题，以后打算安排时间就这个问题对大家进行辅导。”

听了江老师的话，林雨韵心花怒放，她想：有这样的好老师，真是我们的福气啊！于是道：“太好了，这正是我们渴望的及时雨呢！我们都很感谢老师。”

三、写作示例

春　雨

刘湛秋

从灰蒙蒙的天上，从飘动着的云层里，从轻悠悠的南风中，春雨落下来了，落下来了……

千万条银丝，荡漾在半空中，迷迷漫漫的轻纱，披在黑油油的田野上。

雨落在水库里，像滴进晶莹的玉盘，溅起了粒粒珍珠；雨落在树梢上，像给枝条梳动着柔软的长发；雨落在大地里，卷起了一阵轻烟，土地漾出了一个个微笑的酒窝……

好雨知时节，当春乃发生。这场春雨，真是一场好雨啊！

村民们望着春雨不停地飘洒，不停地流进山间的溪涧，流进广袤的田野，也流进人们的心田。人们的心头可乐了。大家都品出春雨的滋味来啦……

啊，春雨，像美酒一样香醇，像花露一样芬芳，像蜜糖一样甘甜。

村民们沉浸在春雨洒落的欢快当中。老大爷站在院心，眼睛眯成一条线，观看着一望无边的绿色的稻田，顷刻间变成了金黄的稻海，闻到沁进肺腑的千里稻香。啊，他醉了。一位年轻的姑娘，怀着和老大爷同一个心愿，顾不得淋湿自己的花衣裳，站立在雨中挥动双臂，高唱着丰收之歌，看到了雨后彩虹映衬下的丰收景象。姑娘悠扬婉转的歌声，和春雨落在大地上敲响的叮叮咚咚的迎丰收鼓点互相应和……

啊，春雨描绘出了一幅绚丽的迎丰收画卷，谱写出一部雄浑的迎丰收交响曲！

（本书作者对原文和标题作了增删改动）

这篇作品写的是春雨降落以及春雨中的景物和人物。春雨降落在大地上，树梢上，水库里，田野里，溪涧里，是人们司空见惯的。春雨给村民带来丰收的希望是人之常情。老大爷在雨中观看稻田、姑娘在雨中唱歌是平凡人做的平凡事。所写的这些景物和人物既简单又细琐，人们简直不屑一顾，如果仅仅是如实写出来，也必定枯燥干巴。可是，著名作家刘湛秋以一颗多情善感的爱美诗心，对这些简单且细琐又平凡的景物和人物进行诗化，一切便都表现出情韵悠远的诗的境界。

这篇作品有三个特点：

其一，在描绘景物的形态上进行诗化。请看，春雨落进水库，变成了滴进晶莹的玉盘，溅起粒粒珍珠；春雨洒落树梢变成给树梢梳动柔软的长发；春雨飘洒在大地上，大地漾出了一个个微笑的酒窝。人们不屑一顾的景物变成了多么秀媚的诗美啊！

其二，在揭示人物喜迎春雨的欢悦心态上进行诗化。作者没有用陈言套话对人们喜迎春雨作干瘪的叙述，而是通过人物对春雨的感受表现出来。请看，人们喜滋滋地品尝出春雨的美味：春雨，像美酒一样香醇，像花露一样芬芳，像蜜糖一样甘甜。春雨本来是什么味都没有的，因为喜迎春雨的欢悦，春雨竟变得那么香醇、芬芳、甘甜了。人们不屑一顾的事物变成了多么神妙的诗美啊！

其三，在透视人物喜迎春雨的动作举止的内蕴上进行诗化。老大爷把眼睛眯成一条线看东西，这是人们常见的，大都不予关注，但作者却透视出老大爷这一动作细节的内蕴：老大爷站立在雨中，眼睛眯成一条缝观看稻田是满怀着春雨带来的丰收希望，心中充满了迎丰收的欢乐。作者于是对这些内蕴进行诗化描绘：老大爷看到的一望无边的翠绿稻田，顷刻间变成金黄的稻海，闻到了随风送来的千里稻香，他沉醉在丰收的喜悦中了。年轻姑娘挥动双臂放声歌唱，人们时不时可以看到，但也不以为意，而作者却透视出姑娘这一动作细节特有的内蕴：姑娘是站在雨中唱歌的，春雨的降落是好雨知时节，丰收在望了，她热烈奔放的青春豪情被对丰收的期盼鼓动起来了，于是放开了她清脆的歌喉，挥臂唱着丰收之歌。作者对这些内蕴加以诗化：姑娘从自己的歌声中看到了雨后彩虹的丰收景象，随之，她的婉转悠扬的迎丰收歌声，和春雨落在大地敲响的叮叮咚咚的迎丰收鼓点互相应和。这一切构成了一幅一幅在春雨中期盼丰收的人物画，这是多么充满诗意的绘画美啊！

这篇作品告诉我们：作者多情善感的爱美诗心，把人们不屑一顾的简单细琐的事物加以诗化，变成诗美了。

第三节　写作与博览群书

一、写作知识

作家钟宽洪先生在谈及青少年时期的写作经验时说：“书看多了，我的作文写得比以往越来越好了。”钟先生的写作经验揭示出一条写作怎样才会得到提高的道路。

许多同学害怕写作，一提起笔来简直是狗咬乌龟，不知如何着手，怎样下笔，于是叫苦连天。其中有一个重要原因，就是写作道路闭塞了。随之，写作的欲望就受到压抑，就不可能产生写作冲动。

为了点燃写作的欲望，激发写作冲动，一定要把写作道路由闭塞变为畅通，变为一条写作的通道。由闭塞变为畅通是一个逆转，能否实现这个逆转？又如何实现这个逆转？因《好妈妈胜过好老师》一书而闻名于教育界的女作家尹建莉在她的书中写道：“一切都是可以逆转的，使情况发生逆转的神奇力量就是阅读。它真的像一根魔杖，越来越显示出神奇的作用。”尹建莉女士根据大量的事实作出的上述论断也和钟先生的写作经验互相印证。

尹建莉女士说的“阅读”就是博览群书。为什么博览群书能够把写作通道由闭塞逆转为顺畅呢？其道理就在于书里面的两大元素，即精神元素和写作艺术元素，给博览群书的人提供写作所必须具备的丰富养料。完全可以说，所有好文章都是由精神元素和写作艺术元素这两大元素支撑起来的。只有写作艺术元素没有精神元素的文章是丧失灵魂的行尸走肉，是没有生命的；只有精神元素而没有写作艺术元素的文章是脱离血肉之躯的孤魂发出干巴巴的号叫，也是没有生命的。只有灵与肉互为表里也即精神元素和写作艺术元素有机地融合的文章才有生命。我们所说的精神元素，包含着高洁的人格精神，诸如信仰的精神、仁爱的精神、奉献的精神、奋斗的精神、诚信的精神、追求真善美的精神等等。具有高洁人格精神的人与人格低劣的人对事物的感受是南辕北辙的。明朝的书画家郑板桥从潇潇冷雨听出了民间的疾苦，吟出“隔墙夜听潇潇雨，疑是民间疾苦声”的名句，这是吸尽民脂民膏、养得脑满肠肥的贪官污吏吟不出来的。老革命家陆定一在艰苦长征途中的一个夜晚被冻醒了，在寒气逼人、刺入肌骨，浑身打战中，包围着他的是一片寂静，伴随着其他被冻醒的同志围着火堆的小声谈话，他感觉到耳里有不可捉摸的声响，极远的又是极近的，极洪大的又是极细切的，像春蚕在咀嚼桑叶，像野马在平原上奔驰，像山泉在呜咽，像波涛在澎湃。不知什么时候他又睡着了。在如此险恶的情境中，老革命家却感受到一片浪漫的诗意，洋溢出一种革命乐观主义豪情，这对于懦夫和逃兵来说简直是不可思议的。明朝的于谦，面对着石灰，吟出了抒发他在危难面前的大无畏精神的一首绝句：“千锤万凿出深山，烈火焚烧若等闲。粉身碎骨浑不怕，要留清白在人间。”后来于谦为国献身，英勇牺牲了，这首诗正是他高洁人格的光辉写照。见利忘义、贪生怕死的无耻之徒，任凭他有多博学多才，也绝不可能写出这样的诗来。酣畅淋漓地传导出精神元素的书，能让读者的心灵受到洗礼，灵魂得到净化，精神境界得到不断的提升，随之产生感悟力，从辨别真与假、善与恶、美与丑中认识许多人生的真谛，从日常生活碰到的小事中也能悟出大道理来。但精神元素必须通过写作艺术元素表现出来。写作艺术千变万化，是说不完道不尽的，诸如用纵横捭阖的健笔去辩说真假是非，用力敌千钧的巨笔去弘扬真理正义，用锋芒凌厉的辣笔去鞭挞丑陋邪恶，用出神入化的奇笔去播映时代风云，用天机云锦的彩笔放飞想象，去刻画人间美景，去描绘江山多娇。至于笔法更是变化无穷，或波诡云谲，巧布关节；或行云流水，一泻千里；或柳暗花明，曲径通幽；或悬念不断，高潮迭起……就这样，把历史前进的沧桑巨变，人生舞台的悲欢离合，山明水秀的自然风光，一幕一幕地展现在读者的面前。

精神元素和写作艺术元素在书本中的文字符号都是看不到的，因为作者在运笔写作的过程中已经把精神元素沉淀成为丰富的意蕴，与此同时，写作艺术元素亦已“化合”到书中的字里行间。这两种情形都像盐溶解于水，从水中看不到盐一样。你要知道水的咸味，就必须亲口品尝，你要接受书中精神的熏陶，要学习书中的写作艺术，就不像亲口品尝盐水那样简单了，主要的途径是启动你的灵魂，作全身心的投入，要多读，反复地读，不断地读，运用各种方式去读，诸如口诵心惟地读，高声吟唱地读，咬文嚼字地读，浮想联翩地读，读得心动神摇，读得如醉如痴，读得想歌想哭，读出滋味，读出美感，读出境界，读到书的情景中去，谛听书发出的种种声音，诸如历史车轮前进的滚动，人世沧桑的感叹，世道不公的泣诉，奴隶抗争的怒吼，张扬正义的呐喊，儿女情长的欢笑，英雄壮举的浩歌……于是你的灵魂就可以和书的灵魂发生感应，你的生命就可以和书的生命融为一体，于是书的精神元素和写作艺术元素的各种养料就会源源不断地流进你的血液，成为你的灵与肉的有机组成部分。也许在你读过的许许多多的书中只有少数印象深刻，大部分读过之后就忘记了，讲不出书里写些什么了。这种情况是完全正常的，有谁能把读过的千卷书都全部记得一清二楚呢？即便是文坛泰斗也不能，但只要你是用上文所说的那种态度去读，你读过的书不管印象深刻也罢，读过就忘的也罢，书里的精神元素和写作艺术元素的养料实际上已经被你吸收了，积淀成为你的潜能。一旦你在写作运思中有了需要，你所读过的书，包括印象深刻和读过之后已经忘记了的书，那种种精神元素和写作艺术元素养料都会纷纷浮现于你的脑际，启导你的文思，驱动你产生神来之笔，发挥你的精神能源去发现生活、驾驭生活，那种种写作艺术也供你选择，任你驱遣去表现生活，描绘生活，随之你就能够得心应手地写出好文章来。

总之，博览群书千真万确是尹建莉女士说的一根神奇的魔杖，这根神奇的魔杖让你的写作道路由闭塞逆转为畅通，由不知道写作从何入手、怎样运笔逆转为在不断地于写作冲动中产生神来之笔，写出好文章，这真的应验了伟大诗人杜甫说的“读书破万卷，下笔如有神”！

二、写作故事

在博览群书中学写作的经验

光华中学教高一语文的杨光老师，引导学生在博览群书中学写作，学生进步很快。为了进一步催发学生的写作欲望，让学生坚持在博览群书中学写作，取得写作的更大进步，杨老师组织了一次“在博览群书中学写作”经验交流会。这次经验交流会开得很成功，许多同学作了发言，介绍自己在博览群书中学写作的心得和体会。发言的同学，以曾在刊物上发表过文章的林蕴韵、李影丽和何其乐三位同学讲得最精彩。

林蕴韵介绍的是在博览群书中提高自己的精神境界进行写作的经验。她发言的大意是：

一个人的精神境界对于写作的作用至关重要。在写作中无论是写人、写事、写景，都不是把客观的人、事、景原原本本地写进文章中来，而是经过写作者的精神过滤才写成文章的。精神境界不同的人，看到的东西简直是南辕北辙。同样面对一匹骏马，商人关注的是这匹马能驮多少货、能赚多少钱，被功利纠缠着，就看不出事物的美了；杰出画家徐悲鸿看到骏马，关注的是它如何奔驰、驻足、企望、跳跃等各种姿态，表现了徐悲鸿意气风发，狂放不羁、反抗黑暗、追求光明的精神世界，这就是美。在杨老师的指导下，我读过的好书比之前多出几倍。每读一本好书，我的灵魂都经受了一次净化，精神境界得到大大的提升，不断地产生对真善美的追求。这种追求必然体现在写作上。我从小就喜爱雪花，每次下雪，我都乐得蹦蹦跳跳的，也少不了赞美几句，但多是“雪花真美”、“雪花多可爱”这些空洞的言词，或者是“雪花多像飞絮”、“雪花真像有人把盐撒到空中”这些前人已经讲过的陈言俗语。我读了好书，提升了精神境界之后，下雪时，看到了雪花，让我惊奇的景象在面前出现了，出现的是我从来没有见过的雪花的美，文思便从我的脑际涌现出来：雪花飘飘，雪花飘飘……啊，雪花，看到你的洁白，我感到你给人间带来了宁静、安康、吉祥，瑞雪丰年，你是捎给人间预兆丰收的喜讯吗？啊，雪花！你在空中飘来飘去，让我看到一位圣女在向着大地翩翩起舞，向人间致以深情的祝福。啊，圣女！你是九霄云外的神仙派来的天使，向人间，向大地洒下深深的爱吗？此刻，我感到整个身心无限的畅快，于是赶快回到室内，伏案把我的文思记下来，写成了一篇题为《雪花赞》的文章在刊物上发表了。

李影丽介绍的是在博览群书中催生想象力进行写作的经验。她发言的主要内容如下：

杨老师指导我看了许多好书。这些书给我提供了丰富的养料，给我很大的收获，其中一个收获就是，书对于催生我的想象力起了很大的作用。书中的许多文章表现了丰富的想象力。其中有一篇文章是写黑板的。我们天天能看到的黑板，实在是平凡而又平凡，有什么好写呢，写出来有人爱看吗？可是这篇文章把黑板想象成神奇的窗户，妙极了！多么吸引人呀！文章写道："一方普通的黑板——一扇神奇的窗户，老师把这扇神奇的窗户打开，让我们在老师的板书中看到窗里展现出的海阔天空、霞飘日出。在这扇窗户里，我们走进奇妙的、无垠的知识天地，沉浸在历史的长河里，漫游琳琅满目的智慧世界，观看历史演进过程中撩动人心的悲喜剧，体验五颜六色的复杂而多彩的人生……"读了许多想象力丰富的文章，让我领悟到，写生活中的各种事物，如果事物是什么样子你就写成什么样子，那就等于把你的文思窒息了，所以必须发挥你的想象力去写。要从书中学习想象的要领，想象就是创造新的形象，把某一事物的形象创造成为与原事物迥然不同的新形象，把人们熟悉的变为陌生的，把陈俗的变为新奇的，把乏味的变为有趣的……让读者惊喜、赞赏以至拍案叫绝！

我日积月累，不断地接受着这些想象丰富的文章的熏陶，产生了用想象力进行写作的强烈欲望，于是我尝试着在写春天时进行想象。

春天年年有，但原先我不会想象，就把春天写成下面的样子：

春天来了，春雨洒遍大地。密密麻麻的丝丝春雨，把整个空间变成一片朦朦胧胧。蒙蒙春雨洒遍，起起伏伏的山峦，汩汩流淌的溪水，接受春雨的感召，便都各显风姿，青草冒出地面了，溪水哗哗欢唱了，山峦上的杨柳发芽了，桃花开放了，桃红、柳绿、草青，显得更加可爱。一望无际的麦田，承受春雨的滋养，麦苗起劲地生长，那一片苍翠映入人们的眼帘，给人们带来丰收的希望。这春天的美景，引得众多的鸟儿叽叽喳喳地鸣叫不停。啊，它们是在歌唱春天吗？

这样写春天，因为缺乏想象力，就只是把春雨、溪水、山峦、桃花、杨柳、青草、麦田、麦苗、鸟儿等等景物按照它们原来的样子复述出来，干巴巴的，令人看了味同嚼蜡。我读了许多书之后，我懂得了发挥想象力写春天，同样是写春雨、山峦、溪水、青草、杨柳、桃花、麦田、麦苗、鸟儿这些春天的景物，可写出来的春天和前一篇相比就完全不同了。下面就是我发挥想象力写出来的春天：

春天来了，春雨洒遍人间，给万物带来了华彩纷呈的新景象。

春雨是一位从天而降的仙女，她的纤纤玉指，灵巧地舞动着神奇的绣花针，绣出了桃花绽开的笑靥，绣出了杨柳换上嫩绿的新妆；她还用一根一根的丝线，编织成一张轻飘飘的薄纱，铺盖着广袤的大地，大地上生机焕发、姿彩缤纷的各种景物便呈现出一种神秘的、引人遐想的朦胧美。啊，春天的仙女可真是爱和美的化身，她对人又是如此多情，她像甘露一样滋润着溪畔、山峦、田畴，她的到来，让溪水哇哇欢唱，漾出了盈盈的笑意；青草也在地面上探出了尖尖的脑袋，头顶晶莹的水珠，好奇地东张西望。广阔田畴里的麦苗吸足了甘露，拔节劲长，显现出浓浓的苍翠，随着一阵清风的吹拂，便化成巨幅的起伏动荡的绿色锦缎……春色浓，春意闹，引得枝头上的小燕子、喜鹊、黄莺、画眉、布谷一齐振翅献艺，互相竞技，舒展歌喉，颂赞春天，合唱出一部旋律丰富、情韵悠长的春天奏鸣曲！

啊，这就是如诗如画的春之良辰美景啊！

啊，春满人间，美满人间，都是从天而降的春天的仙女所赠予啊！

何其乐介绍的经验是感悟出某些事物的特点，再联系相关事物，加以合情合理的引申、升华，发挥成为言之有据的议论。所写的事物往往是细枝末节的鸡毛蒜皮，但经过他的发挥，却显出了发人深省的见解。下面是他发言的梗概：

我在一本书中读到一位中学生的文章，写的是一个生活小故事：有一次，他正在课外兴趣小组画一幅画，上课预备铃响过好一会才停下画笔。为了避免迟到，他在登楼梯时（他的课室在三楼）一步跨越两级楼梯，一个趔趄摔倒了，幸好只是感到膝盖有点痛，不算受伤，便爬起来摩擦一下痛处再往上登，但赶到课室时已经迟到了两分钟。他计算了一下，如果不盲目赶速度，一级一级地登楼梯，应该是不会迟到的。由此他悟出了两个道理：第一，无论是学习或做事，都要妥善地安排好时间，按部就班地进行，不能打乱仗，不能发慌地临时抱佛脚，这样才可以提高效率；第二，学习和登楼梯一样，要循序渐进，不能盲目跨越，这样才可以由不知到知，由知之不多到知之较多。做事也是同样的道理，要井然有序地做好一件事再做另一件事，不能把要做的事统统揽过来一起做，才能把事情做好。我读了这篇文章简直如梦初醒，类似的情形我也经历过，为什么我就悟不出这些道理来呢？于是我明白了，要学会感悟，学会联系，学会在感悟和联系中升华出理性的认知，就可以生发精彩的议论写成文章。此后，我做关注生活的有心人，凡是自己亲历的事情，自己所见、所闻、所感的种种东西，哪怕是平凡的，微不足道的，都不轻易放过，而要动脑筋思考，发掘事物的底蕴，寻觅自己的真知灼见。

有一次，我在公园里漫步，思考着我的一篇作文如何结构，信步走到树荫底下时，不经意被露出地面的树根绊倒了，我抚摩了几下摔痛的膝盖，火冒三丈，正要大骂该死的树根时，蓦地抬头看到这是一棵绿叶婆娑，树冠像一把大罗伞一样的参天古树，庇荫着许多来到这里休憩的人们纳凉、聊天。于是我悟到，没有树根，哪有罗伞一样的树冠呀！哪有这么棒的让人们休憩的好去处呀！我再举目四顾，看到公园里嘉树葱茏、枝秀叶茂构成的绿色世界的幽雅景色，思路又进一步延伸。可不是吗？那香飘千里的似锦繁花，那挂满枝头的累累硕果，那保护生态的茫茫林海，不都是树根支撑起来的吗？我刚才碰到的树根，只不过是露出地面的树根，更多的树根是在泥土底下默默无闻地潜行，在地层深处日夜不息地奋斗，吸足了土壤的养料，源源不断地输送给树干、树枝、树冠，让树长得欣欣向荣，显出勃勃生机，把人间打扮得多姿多彩。尽管人们来到这里只是欣赏树上的绿叶繁花，树上的姹紫嫣红，没有人赞赏树根，但树根毫无怨言，一如既往地甘居寂寞，作出奉献。这是一种多么高尚的品格！要骂它，岂不是用野蛮去亵渎文明吗？被树根绊倒，是树根的错吗？它一不要阴谋，二不放暗箭，只是光明正大长在地面上，它招惹谁了？你为什么要碰它？想到了这许许多多，我悟到了：如果以个人的遭际形成的偏见去看待事物，必定会导致混淆是非，颠倒真理和谬误。判别是非和正误，应当以真善美为标准，不能以个人的偏见为标准，对待树根是这样，对待世间一切事物也是这样。我应当记取这深刻的教训啊！后来我把这些经历和体会写成文章在刊物上发表了。

三位同学的经验介绍，博得了满堂喝彩，在热烈的气氛中响起了雷鸣般的掌声。

最后，杨老师作了总结发言。他说："三位同学分别从不同的角度介绍了博览群书促进写作进步的经验，讲得有理有据，说服力强，既实在又生动，棒极了！林同学讲的是博览群书能陶冶出人格精神写出好文章，李同学讲的是博览群书能培养出想象力写出好文章，何同学讲的是博览群书能培养出感悟力写出好文章。这三方面是提高写作能力的根本所在，很有价值！"

这次经验交流会同学们反响强烈，纷纷要求杨老师多组织这样的经验交流会。

三、写作示例

写作的"酵母"

叶文玲

我的故园是浙东南的鱼米之乡。50年代初，解放了的家乡天地明媚，但那时的物质文明，绝比不上现在。我这个处于海角小镇的毛丫头，也不可能领略现代少年的精神文化生活。

我的欢悦，就在于那时我已初识文字，且酷爱读书，一旦接触了书籍——这个人类精神文明的"长生果"，我只觉得自己无知而空荡的脑瓜就日益充盈起来。

我最早的读物是被孩子们叫做"香烟人"的小画片。这是一种正面印画、背面印文字，比火柴盒略大的小画片，是每盒香烟中的随赠物。遇到大人让孩子买烟时，我就想方设法弄到这些小画片。后来这些小画片积累成一大叠。这一大叠印着"水浒"、"三国"、"七侠五义"故事的小画片，就是我最早看到的"连环画"。

开始我看得津津有味，时长日久，就感到不过瘾了。

后来，我看到了几本真正的连环画——小学校的一个老师是美术爱好者，他个人所有的几套连环画，教我看得痴迷而动情；《七色花》引得我想入非非，《血泪仇》又教我泪落如珠。后来，我也终于有了几册哥哥的朋友们送我的小书了：《刘胡兰小传》、《卓娅和舒拉的故事》、《古丽雅的道路》……就是因为对阅读酷爱到了连一片带字的纸头都不放过的地步，才使我对文学产生了越来越浓的兴趣。

莎士比亚说："书籍是全世界的营养品。"对我这样如饥似渴阅读的少年，它的功用更是无可言喻。醉心阅读使我得到了报偿——从小学三年级开始学作文起，我便常常跃居全班之冠；而阅读也大大扩展了我的想象能力，在家对着一面花纹驳杂的石墙，我会待上半天，构想着种种神话传说；路上遇到一个残疾人，我会黯然神伤，编织他（她）的悲惨身世……

记得小学有次作文，题目是《秋天来了》。当老师照例援引一段"范文"，大多数同学千篇一律地开始写"秋天来了，树叶黄了，一片一片地飘到了地上"的时候，我忽然掠过了不安分的一念；大家都这样写多没意思！我要用自己的眼睛去看秋天，用自己的感受去写秋天！

原文的词句我记不全了，我只记得，我把秋天比作一个穿着金色裙袍的仙女，她那轻盈的衣袖拂去了太阳的焦热，却将明亮和清爽撒给大地；她用宽大的衣衫遮挡着风寒，却捧起沉甸甸的谷物和果实奉献人间。人们都爱秋天，爱她的日丽气爽，爱她的天高云淡，爱她的香飘四野。秋天，使农民的笑容格外灿烂……

于是，我得了个“甲优”，老师在文中又圈又点，接着又将它作为“范文”在班上朗读。

这些小小的荣光，使我省悟了一点道理；作文首先从构思开始就要别出心裁；落笔，也要有点与众不同的“鲜味”才好。自然，这些省悟和小聪明，都是课外读物的馈赠。

上初中后，我又不满足只看一般的故事小书了，学校图书馆那显然丰富得多的图书又像磁石吸引了我，那些古今中外的大部头小说，使我如痴如醉，我把所有课余时间都花在借阅图书上。这时，我也养成了做笔记的习惯；记书中优美的词语，记描写精彩的段落……做笔记锻炼了我的记忆，也增强了我的理解力。

在又一次写命题作文《一件不愉快的往事》时，我的情绪分外激动，我觉得我得到了一个大显身手的好机会；小时候受过一次委屈，平常看的那些描写人在苦恼烦闷心境中的词汇，全像“酵母”那样发挥了作用。于是，我从一个清冷的黄昏开写，以环境的凄凉，以月亮的美丽皎洁和周围人的嬉笑，来反衬这个受委屈的小女孩的孤独和寂寞……写着写着，我禁不住眼泪哗哗……当然这篇完全发自真情实感的作文，也得到了好评，被用大字抄写出来贴在教室后墙上。可是，当老师用红笔着重圈出我写月亮“像一轮玉盘嵌在蓝色的天幕中”这段文字，说这个“嵌”字用得特别清醒时，我脸红了，我不能心安理得地接受这个赞誉——因为这一句描写，这个“特别清醒”的“嵌”字，是我看了巴金先生的《家》后念念不忘的段落和词句。

于是，我又省悟出了一点道理：写作，要动真情，要写真情实感；作文练习，开始离不开借鉴和模仿，但是，真正打动人心的东西，应该是自己呕心沥血的创造。

我终于开始学着“创造”了——那是在上初中二年级时，我写了一篇800字的小小说《夫妻间的小风波》，投寄刚创办的县报，终在一星期后得以刊登。看着文字变成了铅字，看到作文被标成了“小说”，我说不出的高兴，这也许应该算是我当学生时期写的最成功的一篇“作文”。

我深深明白：假如不是读过几百部真正的“小说”我绝不可能写出那800个字。

至今，我仍在努力作文，我仍盼天天能“扎进头”去醉心读书，只可惜光阴紧迫，事务冗繁，而社会——人生，这部深奥绵长而无页码的大书，我何时才能读得尽啊！

女作家叶文玲的这篇文章介绍了博览群书让她在写作上取得了巨大成功，成为一位著作等身、风格独特、蜚声中外的女作家。

这篇文章告诉我们，叶文玲的成功经验最突出的有三点。

第一，酷爱读书进而对读书有情感的投入。叶文玲初识文字开始就酷爱读书，体会到书籍是人类文明的“长生果”，读书让自己的脑瓜不断得到充实，因此觉得书像磁石一样吸引着自己，便如饥若渴地读，读得醉心，读得痴迷，读得动情，便自然而然地投入自己的情感，以至有的书读得泪落如珠。正因为这样，她能把自己的灵魂化入到书中去，和书中的精神融为一体，这就更容易从书中吸取养料，并让它变成自己的血肉。她这样读书，在小学时就得到报偿，作文常得到“甲优”，有的作文居全班之冠。

第二，叶文玲在读书的感动中自然而然地接受书的写作艺术熏陶。比如，阅读大大地扩展了她的想象力，并且大大地丰富了她的情感，面对着花纹驳杂的石墙会呆上半天，构想成为神话传说；遇到一个残疾人会悲天悯人，黯然神伤，编织一个悲惨的故事。作文也去尽陈言套话，写秋天不像一般人千篇一律地写落叶，而把秋天写成一个穿着金色裙袍，拂去太阳焦热的仙女。在写作中她也动了真感情，有时写得眼泪直流。

第三，在读书的同时不断进行写作实践。叶文玲不断地读书，读了许多许多书，激发了她的写作冲动。她碰到打动人心的东西，就觉得应该进行呕心沥血的创造。在上初中二年级时，就开始学着“创造”了，写了一篇 800 字的小小说《夫妻间的小风波》在县报发表。这篇作品被标上了“小说”的品类，真是让她有说不出的高兴。她写出这篇作品，绝不是偶然的成功，而是她读过几百部小说催生出来的。

博览群书，让叶文玲在写作的道路上突飞猛进、快速成长。当初的一棵小树苗，随着她年龄的成长，成为一棵参天大树，她光荣地成为一位有全国影响以至世界影响的大作家。她写出了多部长篇小说、中篇小说以及短篇小说集、散文集，受到读者的广泛喜爱，并且多次获得国家级大奖。她的作品“笔触细致入微，格调清新明丽，善于捕捉不同地域、不同环境中的风物人情，描绘出具有地方色彩的风景画和风俗画，尤其擅长人物心灵世界的探索，形成了委婉细腻而又深情的艺术风格。近年所作力图容纳更为丰厚的时代内涵，艺术境界日益开阔”。(见《新中国文学词典》)

叶文玲的经验说明了一个道理：读书是催发写作冲动，提高写作能力的“酵母”。

第四节　写作与坚持真理

一、写作知识

真理是什么？真理就是从实践中总结出来，反映自然界、人类社会发展规律，经得起实践检验并能指导实践的思想、原则、言论和学说。与真理相对立的是谬误。写作要坚持真理指的就是挥笔作文要维护真理、张扬真理，揭露谬误、批判谬误。

坚持真理可以给写作带来两大好处。

第一，写作能够做到坚持真理，就可以使写作主体形成一种精神能源，给文章注入许多活力，从而文章就可以充满理性的力量，面对种种谬误摧枯拉朽，所向无敌。1985 年 9 月 24 日，我国领导人邓小平同志和英国首相撒切尔夫人在北京人民大会堂就香港回归中国问题进行谈判，原先撒切尔夫人的殖民主义立场很强硬，要以清政府和英国签订的不平等条约为谈判的基础，并威胁说：“如果中国收回香港，将给香港带来灾难性影响。”邓小平面带微笑，平静地说：“如果真是这样，我们要勇敢地面对灾难，作出决策！”撒切尔夫人是国际公认的铁腕政治家，这次是有备而来，中方的态度她早就一清二楚，她是预设了“一套东西”来对付中方的，可是听了邓小平的一番话后如雷轰顶，当步出人民大会堂时，这位一举手、一投足都极有风度，不知经历了多少大世面的“铁娘子”竟然一个踉跄，几乎跌倒！邓小平的语言，都是由很普通的词语组成的，为什么会产生这样大的威力呢？就是因为邓小平坚持真理，坚持维护国家主权的原则，使他的话准确、坚定而有气势，散发出理性的力量，显示了思想的棱角，响当当的掷地有声。也正因为如此，中英双方尽管分歧很大，但谈判双方还是达成了共识。由此可见，胸中藏着真理，为文坚持真理，就可以产生一种力量，一种气势。理直方能气壮，理屈必然词穷，此之谓也。

第二，坚持真理可以使写作主体产生许多写作智慧。坚持真理就不会人云亦云、随波逐流。无论对哪一种思想观点、哪一种言论主张，以至一本书、一门学问都要以真理作准绳去审察，辨别它属于真理还是属于谬误。这就必须通过思索。思索可以萌生智慧。思索是一架锋利的犁铧，依靠它才可以开拓思想的沃土；思索是一把闪光的金钥匙，掌握它才可以打开知识的门扉。大千世界，纷繁复杂，要透过现象看本质，要解剖问题的症结，要产生对事物的独立见解，莫不通过思索。要而言之，思索是坚持真理的必由之路，在这条路上必然开出写作智慧之花，结出写作智慧之果。有一位中学生读了一位著名作家的散文，通过思索，认为这篇散文提出的“丑到极处便是美到极处”这个观点有片面性。这篇散文说的是有一块石头，人们不堪其丑，没有把它派上用场，因十分讨厌它，就叫它“丑石”。后来，来了几位地质学家发现它是天上掉下来的陨石，是很有科学研究价值的奇宝。因之，这块丑石就成了一块美石，于是得出了“丑得极处便是美到极处”的结论。那位中学生指出这个结论不是真理而是谬误：这块丑石是表面现象的丑，其内在的美一般人看不出来，是科学家发现的。丑石是不是具有“内在美”暂置勿论，就算它具有“内在美”吧，它本身丑的一面和内在美的一面是原先固有的而且是同时存在的，既不是丑转化为美，也不是丑到极处成为美到极处的原因。世界上的事物十分复杂，有的内在和外表都美，有的内在和外表都丑，有的内在是丑而外表是美的，有的内在是美而外表是丑的，岂能一概说成是“丑到极处便是美到极处”！假如那块丑石的外表不是极丑而是极美，难道它的内在美就不存在了吗？难道那块丑石只有丑到极处才能美到极处吗？这里必须指出最重要的一点，丑石真的有“内在美”吗？否！丑石原来是一块陨石，具有科学研究价值，众所周知，科学研究价值是一种实用价值，不能和美学价值混为一谈，丑石又何来“内在美”？又何从“美到极处”？小作者把这些见解写成文章在刊物上发表了。小作者竟然敢于批评一位著名作家的散文在观点上违反事物发展规律的谬误，言之成理且有深度，笔锋也十分犀利，就是由于坚持真理产生写作智慧的明证。

写作应当怎样坚持真理呢?

首先要做到观点鲜明。观点鲜明是指对事物的正误、真假、善恶、美丑要有准确的判断，要斩钉截铁地肯定什么，否定什么，赞扬什么，贬斥什么，绝不吞吞吐吐、模棱两可，使读者得到一种痛快淋漓的感受和鲜明强烈的印象。例如有一篇文章提出这样的一个问题：真理是有力量的，真理的力量表现在哪里呢？作者是这样回答的：真理是一座巍巍铁塔，任凭狂风暴雨的袭击，它都岿然不动，那种种歪理、谬说、谣诼愈是恶毒地攻击它，愈是疯狂地反对它，就愈显示出它的光辉，愈表现出它所向无敌的力量。应该说，这样来表述真理的力量，是符合观点鲜明的要求的。

其次，要做到抓准要害。这里说的“要害”即评判某一种思想言论是非界线的集中点。要害抓得准，说理才站得住脚，也才可以顺理成章地深入剖析。否则就等于“隔靴搔痒”，写起文章来容易变成脱缰的野马，瞎撞乱跑，写不到点子上。试举一例。俄国杰出科学家罗蒙诺索夫为了科学上的问题和舒雅诺夫伯爵在科学院里发生了一场激烈争论。舒雅诺夫的见解谬误百出，被罗蒙诺索夫驳得体无完肤，但舒雅诺夫强词夺理，死不认输，更野蛮地宣称：“你若再嘴硬，我就把你开除出科学院！”此时，罗蒙诺索夫掂量对方，抓准了要害：舒雅诺夫自以为官大、权大就代表真理，就可以扼杀科学，扼杀真理？办不到！便绵里藏针地回击：“你开除我出科学院，请便吧，但你绝不可能把科学从我身上开除出去！”这句话隐含着的意思是：“你尽管官大、权大，但并不意味着在科学真理面前你是胜利者，你官大、权大就可以剥夺科学真理吗？笑话！任凭你官大、权大、神通广大，你永远不能把我身上拥有的科学真理开除出去，更不能把我身上拥有的真理剥夺过去！在科学真理面前，你的官衔、权势是一钱不值的！”横蛮的舒雅诺夫伯爵万万想不到对方竟会说出这样一番话来，一时噤若寒蝉，在众目睽睽之下，舒雅诺夫狼狈万分，恨无地洞可钻，宽敞的科学院大厅出现了一片死寂，宣告了坚持真理的胜利！

最后，要针锋相对。针锋相对就是针尖对麦芒，以横扫千军的凌厉气势，使违反真理的对方陷于全盘崩溃的境地，取得坚持真理的胜利。有一个例证很能说明问题。著名作家王朝柱先生为纪念辛亥革命写了电影剧本《第一大总统》。剧本一出，就有位名气很大的英国导演找上门来，希望接拍这部电影。“洋导”和王朝柱先生一见面就发表高论：“应该提倡和平主义，不要把孙中山写成一个暴力主义者，最好把孙中山写成一个和平主义者。”王朝柱先生毫不客气地当面反驳：“孙中山先生的革命历史能篡改吗？孙中山只是进行暴力革命，革命就必须使用暴力，使用暴力进行革命不等于暴力主义，我也没有把孙中山写成暴力主义者。但孙中山绝不是一个和平主义者，这是历史事实。我也决不能把孙中山写成一个和平主义者。如果孙中山是一个和平主义者，那么，八国联军可能至今还在北京城里横行无忌，你们还可以在中国制造火烧圆明园一类的灾难，中国人民还要遭殃，你们英国的战舰可能还要向中国输出鸦片，你们还要继续加害中国人民！”“洋导”尴尬万分，无地自容，道不同不相为谋，最终合作告吹。王朝柱先生针锋相对的胆识和气魄取得了坚持真理的胜利！

二、写作故事

两堂不寻常的语文课

这是两堂不寻常的语文课，是两堂师生对话论理的语文课。

两堂语文课要教的是两则寓言。一则寓言说的是鹿和老虎的故事：一只鹿很喜欢自己头上一对漂亮的角，而不喜欢自己瘦长的四条腿，它总是为自己的角而自豪，为自己的腿而苦恼。有一天，老虎来了，鹿赶快逃命，它就是凭着那四条瘦长的腿才能跑得很快，正当它就要逃逸时，前面的丛林挡住了去路，鹿不顾一切地往前冲。不幸的事发生了，它那一对漂亮的角被树枝挂住，冲不过去了！刹那间，老虎追上来，把鹿吃掉了。另一则寓言说的是大公鸡和老黄牛的故事：一只大公鸡长着一身美丽的羽毛，特别是它的尾巴色泽鲜艳，令人羡慕，大公鸡也引以为荣，它想跟同伴们谈谈自己的羽毛怎么美丽，让大家都来欣赏。可是，老黄牛告诫它说："美丽有什么用呢？为大家做好事才有用。"于是大公鸡赶紧夹起尾巴，取消了原来的打算，天天都恪守司晨之职。

开始上课了。朱老师先让同学们自读课文。这时，一向爱生疑、爱发问的孙颖同学举手要求发言。得到老师允许之后，她说："可以批评语文课本吗？"此言一出，语惊四座，全班同学都把目光投向她，好像在说：你的胆子是不是大了一点？你来到世界上才有多少天？现在竟然要批评课本？你知不知道课本是专家编的？只见朱老师笑吟吟地回答："当然可以。你有什么意见尽管讲出来，不过，语文课本是专家们经过许多研究才编出来的，你要批评课本的什么呀？"

孙颖说："我要批评的是，今天所学的两则寓言有严重错误！"她这样说，全班同学益发惊讶，于是全神贯注地望着她。不过同学们此刻的目光似乎跟先前大不相同了，好像在说：孙颖今天倒是底气十足呀，是不是她有什么根据呢？这小姑娘生性好辩，平时她跟人家辩都是她胜出的呀。大家就在这样的心情中倾听她的发言："这两则寓言宣扬了一种有害的、狭隘的实用主义，它要警告人们：美的东西是没有用的，爱美只能导致死亡。爱美的人赶快回头是岸，夹起尾巴做人吧！这是什么话呢？把这样的东西塞给我们青少年，要把我们引到什么地方去？"对孙颖的发言，全班同学都觉得十分新鲜。有人发出小声议论：别看她是个文质彬彬的柔弱小姑娘，可她发言常常是斩钉截铁，掷地有声！而朱老师呢，更是暗暗惊喜：孙颖果然厉害！这两则寓言问题的严重性，自己原先并没有认识到，现在她说了出来，使自己的灵魂受到极大的震撼！他马上意识到：这是弥足珍贵，具有正面意义的课堂"突发"事件，该如何应对呢？是笼笼统统地称赞她几句然后给予表扬一番就了事吗？那就扼杀了这闪耀着智慧光芒的精彩一幕；是组织大家讨论吗？孙颖提出的见解蕴含丰富，是非不容易辨清，讨论起来吵吵嚷嚷，恐怕没有理想的结果。朱老师运用他的教学机智当机立断：把这堂语文课上成爱美问题答辩课！就像当年他在自己的导师面前进行硕士论文答辩那样，他充当答辩导师，提出若干关键性问题让孙颖犯难，要求她答辩。此举既可以诱发她的潜能，让她充分发挥聪明才智，也可以让全班同学在爱美问题上廓清真理与谬误的界线。如能达到此目的，这样做就是一个最佳的策略；万一走了样也不要紧，他可以自问自答，让孙颖和大家受到爱美问题的教育。拿定了主意，朱老师开腔了："孙颖同学发表的见解，具有坚持真理的价值，但我有一系列问题要提出和孙同学商榷，若能逐一驳倒，你的见解就站得住脚了。你同意我这样做吗？"只见孙颖平时略带羞涩的面容，此刻展现出灿烂的微笑，她充满自信地回答："好，老师尽管提出问题吧。"这时全班同学又一次把视线集中到孙颖身上，表现出更大的惊异，心中思忖：孙颖果然好辩，平时她跟我们辩论，现在竟然跟老师辩论起来了，她辩得过老师吗？我们且看看她的能耐吧！大家回过神来，听见了朱老师的声音："这就开始我们的对话吧。首先我要说的是，课本上两则寓言的问题，未必有你说的那么严重，这两则寓言无非是强调凡事要讲实用，不要搞过多的花架子。那只鹿正是偏爱漂亮的双角才导致死亡的。而公鸡只要天天在黎明来临之际报晓就可以了，至于羽毛美丽不美丽和大局又有多少关系呢？这两则寓言这样写没有什么可非议的吧！”对于朱老师的言说，孙颖从容地回答：“鹿的悲剧完全是寓言的作者强加给它的。鹿的每一个生理器官都是自然进化、自然选择的结果，都是适者生存、适应环境的产物，寓言中的鹿轻视实用的器官而偏爱美丽的器官是作者把鹿的真实性格扭曲了。退一步说，即便发生过鹿的遭难这样的事件，也只是一个特例，岂能以偏概全，岂能凭此而否定鹿美丽的双角！美不能和花架子画等号。大公鸡天天报晓，为什么一定要夹起尾巴去报晓？它抖起美丽的羽毛，振作豪迈的雄风去报晓不是给人间增添更多的亮色吗？不是更能创造出催人奋发的氛围吗？实用的东西固然应当重视，但寓言的作者把实用和美完全对立起来就大错特错了！”朱老师接着又说：“可是‘实用’和美比较起来总是‘实用’更重要一些吧？绣花枕头，美则美矣，可它仅仅是外表美，它的内在却是大草包！”孙颖哈哈地笑了起来：“朱老师，绣花枕头的冤案早就应该平反了！绣花枕头正是实用和美高度统一的典型，人们应当为它唱赞歌而不应当对它加以嘲笑！草包充当枕头，体现了实用价值，而充当枕头又绣上了花，正体现了对美的追求，棒极了！人们把草包变成枕头，已经很实用了，为什么还要在上面绣花呢？就是因为绣上了花可以使居室更美一点，使居者的心情更愉悦一点，当然，觉也可以睡得更香一点呀。只允许事物存在实用价值而排斥事物的审美价值岂不是笨伯吗？我看两则寓言的作者正是这样的笨伯！”朱老师又反问道：“实用和美相比，总有一个更为重要吧？你说呢？”孙颖又侃侃而谈：“‘实用’重要还是‘美’重要，提这样的问题就等于问：鼻子重要还是嘴巴重要？我们既要鼻子也要嘴巴，难道要鼻子就不能要嘴巴，要嘴巴就不能要鼻子吗？两则寓言正是持这种横蛮的逻辑，强调实用而扼杀美。这是会导致严重而可怕的后果的。”朱老师看了看手表，还差两分钟就下课。他觉得自己设计的目的已经达到了，便说道：“看来孙颖同学还有很多话要说，这堂语文课没有时间让她继续说了。下一堂语文课就请孙颖同学给大家作一个爱美问题的读书报告吧，让她把自己爱美问题的见解充分发表出来。我来出一个题目：《谈实用与美——评两则寓言》，大家说好不好？”全班同学热烈鼓掌，孙颖开心地笑了。

下一堂课在同学们兴致勃勃的等待中开始了。

朱老师首先讲话：“这堂课是爱美问题读书报告会，报告人是孙颖同学，报告题目是上一堂课我出的题目。孙颖同学对课本中两则寓言的严重错误提出击中要害的批评是一种坚持真理的精神，敢于面对面和老师论辩更是一种坚持真理的精神。‘教学相长’这一至理名言在我们的语文课中得到了生动的体现。正是她的坚持真理精神，发现我还没有发现的两则寓言的问题，教育了我，并且给我以灵感，我在感到极大欣慰的同时，顺势把语文课上成爱美问题答辩课，这样的答辩课实质是别开生面的启发式教学。我特意设计似是而非的商榷意见让孙颖同学犯难，锻炼她的聪明才智。令人心花怒放的是，她没有被难倒。她对我的商榷的回应，敏锐灵动，对答如流，充满智慧，讲得有理有据，头头是道，彰显出她的读书智慧和她发表的见解的真正价值，难能可贵啊！”朱老师的讲话不时为掌声打断，不少同学向孙颖和朱老师竖起大拇指。随着朱老师请孙颖作读书报告的话语，又是一阵雷鸣般的掌声，孙颖在热烈氛围中从容地开始她的报告。

孙颖的报告，言辞如行云流水，滔滔不绝，引古证今，有板有眼，亮点很多，师生们认为最精彩而加以赞赏的是以下这段：

美，是宇宙的灵慧之花，是天地的精气荟萃，是文明世界的创造之源。有没有对美的追求，是人和禽兽的区别，能不能对美进行欣赏，是文明人和野蛮人的区别。爱美，是人的精神生命，是人建设物质文明、精神文明和政治文明的强大动力。片面强调“实用”而排斥“美”，就是绞杀人的精神生命，而丧失了精神生命的人，就会背离文明而成为蝇营狗苟，见利忘义、单纯追逐“实用”的物质、利益的行尸走肉，这是人生的最大悲哀！两则寓言对爱美的人提出的荒唐警告正是要导致这样的后果，我们不能不百倍警惕！

这两堂语文课之后，朱老师的育人有方和孙颖的坚持真理在全校传为美谈。正好，省里一个文学刊物在中小学生中发起以“让爱和美的文明之花开遍大地”为范围的征文。孙颖在朱老师的指导下，写成了题为《爱美是人的精神生命——评〈两则寓言〉》的议论文应征。评奖揭晓，孙颖获一等奖。喜讯传来，全校师生欢欣鼓舞，全校师生一致认为，这是在读书中坚持真理的一个硕果，当然，也是老师育人的成功。

三、写作示例

论减负
——“书包重”的剖视

毕华开

面对着学生的课业负担重问题，人们往往孤立地向“书包重”算账，于是千方百计、费尽心机要减轻学生的书包。遗憾得很，尽管人们费了九牛二虎之力，学生的书包照样重，学生的负担也照样重。

症结在哪里呢？就在能否对症下药。这就要廓清真理和谬误的界线。绕不开的一个问题是：要对学生的“负担重”作出科学的界定。笔者认为，学生负担重有两个标志：一是教师占领了学生全部的思维空间和活动空间；二是教师占领了学生全部的课内时间和课外时间。这两个标志的实质是使学生感到沉重的精神压力而背上沉重的精神包袱。说到底，学生的负担重就是“两个占领”加给学生精神压力所致的。没有认清这两个标志，只对学生的书包重量耿耿于怀，就不能对症下药了。

对症下药，要把视点投向课内和课外。

先看课内。如果每一堂课的始终，教师全都是作滔滔不绝的注入式灌输，或者没完没了地满堂提问，或者把题山题海一股脑儿向学生猛压过来，要学生进行无休止的训练。这样，学生的脑袋就全被占领，变成了教师的跑马场，学生连喘息的机会也没有。脑袋被占领了，思维空间和活动空间也就被禁锢了，当然谈不上独立思考、自由想象了。在这种沉重的精神压力下，学生的书包即使重量等于零，其负担仍然是很重的。

再看课外，如果教师没有让学生在课堂上领会、消化教学内容，而把很多尾巴拖到课外；或者，教师布置过多的加码训练题让学生在课外完成，这样，学生必然穷于应付，把课外的全部时间都搭上而不能动弹了。面临这样的精神压力，无论学生的书包重或不重，学生的负担都是很重的。当然，学生在这种情况下，书包一般是很重的。

对症下药，要有的放矢地根据课内外的弊端采取两项对策：第一，解放被禁锢的学生的思维空间和活动空间；第二，把学生在课内外的学习主动权还给学生，把课外时间和课内必须由学生自由支配的时间还给学生。这两项对策的精义在于解除学生的精神压力，让学生学得轻松愉快，自由自在，发展学生的健康个性。

只要对症下药，就可以认识到：不能孤立地以学生的书包重不重来判断学生的负担重不重。

假如有些学生以某门功课跟不上去，得多花些时间去用功，书包里多装了一些有关的读物或必要的练习本，造成书包重了一些，这是理所当然的。

假如有些学生对某些知识和活动，比如对文学、书画或科技制作兴趣浓厚，课外时间乐此不疲，觉得全身心的投入是一种灵魂的游历，精神的解放，可以进行种种推理和思考，进行自由的想象和幻想，大大发展了聪明才智，因此书包里装了不少有关图书而变得较重了。

以上两种“重”又岂能叫做“负担重”？假如有谁横蛮地把这些较重的书包强行掏空而使之变轻，势必使学生的心灵受到重大创伤，而产生精神压力，这就制造了不折不扣的“负担重”。请看，学生原来的书包较重而不能叫“负担重”，学生的书包被掏空倒是不折不扣的负担重，说怪也不怪，须知学生的负担实质上是一种沉重的精神压力。在同样多的时间里，是强迫学生进行令人生厌的机械重复的满堂灌、满堂问和题海训练，还是让学生进行曲径通幽、柳暗花明的求知活动，体现了学生负担重不重的巨大反差。前者等于逼学生套着枷锁去从事苦役，确是一种沉重的精神压力，名之为“负担重”不会冤枉；后者是在风光无限的知识大观园中遨游，拓展新领域，追求新进展，于不断提升人格和智性的境界中获得美妙的精神享受，这是和“负担重”不搭界的。试想，学生较重的书包里都是些有助于学生进行正确的拓展和追求的珍品，学生视之如同至宝，把它掏空了，不是另一种形式的对学生脑袋的禁锢和占领吗？不是一种精神绞杀吗？这不导致“负担重”才怪呢！

书包重并不都是坏事。众所周知，郭沫若、茅盾等文化名人，少年时代就饱读诗书，为以后成为学富五车、著作等身的学界泰斗准备了条件（他们没有透支健康，都享高寿）。如果他们当年把所读过的书都装进书包里，无疑，他们的书包都是相当重的。如果当年有谁向他们的书包重算账而狠心把他们的书包掏空，他们后来还能成为学界泰斗吗？

书包不重并不都是好事。书包不重了，对大量的课外时间，学生怎样利用不是个小问题。有的学生不知道课外时间做什么好而成了扑克迷、网吧迷。据报载，有一个学生迷上了网吧中不健康的东西，连续6小时忘记吃饭，回到家里既饿又困，狼吞虎咽地把肚子撑得饱饱的就倒头大睡，未及消化的食物倒流于食道和喉咙以致窒息死亡。这个悲剧当然是一个极端的例子，但书包轻了，时间多了，学生不善安排而影响身心健康的现象是很普遍的。

由此可知，一定要认清书包轻重究竟为谁所主宰。如果教师全部占领了学生的脑袋和时间因而主宰了学生的书包，书包里面装的全是烦琐的题海，学生觉得学习是苦差事，受到沉重的精神压力，那么，无论书包重或轻都是错的；如果教师因材施教地发展学生个性，指导学生正确地主宰书包，书包里面装的是有利于学生健康成长的精神食粮，学生是在轻松愉快中学习，毫无精神压力，那么，无论书包重或轻都是对的。当然，只要坚持对症下药的对策和原则，书包再怎么重也重不到哪里去。不能不加分辨地把真理和谬误“一锅煮”。

我们再回过头来看现实的情况：当下学生的负担重之所以表现为书包重，就是教师完全占领了学生的脑袋和时间从而主宰了学生的书包，加重学生精神压力所致。假若孤立地对书包重量斤斤计较，而不解决谁主宰书包等问题，就算把书包的重量减到最低限度，学生的负担肯定依然如故，所谓“减负”仍然是一句空话。

结论：用对症下药的态度对待“书包重”问题，一切减负中的死结都会迎刃而解。

（此文是毕先生应本书作者之约，为本书所写）

《论减负》这篇文章从坚持真理的态度出发，以“书包重”为切入点，在减负问题上廓清了真理和谬误的界线，观点鲜明，有理有据，入情入理，发人深省。

减负，无疑是十分正确的，但是，减什么？怎样减？许多人稀里糊涂，只来一个简单的减法，一刀切地砍去学生若干要读的书和要做的练习，具体表现在孤立的向“书包重”算账。全国都发出了同一个声音：学生的书包太重了！言下之意是把学生书包里的东西剔除一部分就是减负了。这样的思维方式，陷入了只问数量不问质量、只看形式不看内容的谬误，背离真理十万八千里。《论减负》的作者本着坚持真理的态度，观点鲜明地提出两个标尺来衡量学生的负担重还是不重，剖视书包的形式和内容、数量和质量，在减负问题上批评了谬误，张扬了真理。

作者提出的两个标尺即教师是否占领了学生全部的思维空间、活动空间和全部的课内外学习时间。用这两个标尺来衡量学生负担重不重和只用书包重量来衡量学生负担重不重是针锋相对的。持“书包重”论者一看到学生的书包胀鼓鼓的而不问其胀鼓鼓的来由是什么，就认定学生的负担必重，这就是只看形式不看内容；一看到学生书包中的学习资料数量很多而不问其质量的情况也同样作出学生负担必重的判断，这就是只问数量不问质量。而用两个标尺去审察，就不是光看书包的胀鼓鼓和里面的学习资料数量很多，更要看其胀鼓鼓和学习资料的数量，是教师占领了学生的思维空间和学习时间强加给学生因而造成学生沉重的精神压力的学习资料，还是在教师正确指导下学生主动求知、主动探索而乐在其中所需的学习资料。如果是前者就是负担重，是后者就不能算负担重。这样，人们对于真理和谬误就认识得清清楚楚了。在这样的正确认识的指导下，对待减负就不会稀里糊涂地不问青红皂白向“书包重”开刀，而是具体问题具体分析、处理，如文章所指出的：“解放被禁锢的学生的思维空间和活动空间，把课内外的学习主动权还给学生”，把“必须由学生自由支配的学习时间还给学生”。这就张扬了真理，纠正了谬误，就能够真正减轻学生负担，就不必一概地为学生的“书包重”痛心疾首。

作者在“书包重”的问题上坚持真理，批评谬误是有理有据、入情入理的。例如在论述书包重是不是坏事时指出：造成学生沉重精神压力即负担重而导致的书包重当然是坏事，但并非所有的书包重都是坏事，郭沫若、茅盾少年时代就主动地饱读诗书，为以后成为学界泰斗准备好条件。如果把他们读过的书都装进书包，书包一定很重；如果有谁把他们的书包掏空，不让他们读那么多书，他们的书包不重了，但中国也没有郭沫若、茅盾了。书包不重也并非都是好事，因为书包不重了，学生不一定善于安排课余时间，有的成了扑克迷，有的成了网吧迷，影响了功课，损害了身心健康，这就是坏事了。这样论述问题，是用事实来证明的，是有理有据地分析的，因而就是入情入理的。据此，作者得出了令人信服的结论："用对症下药的态度对待'书包重'的问题。"这个结论就是坚持真理、纠正谬误，正确地解决减负问题的结论。

第五节　写作与审美情趣

一、写作知识

审美就是对美的事物的欣赏、赞叹。审美情趣即欣赏、赞叹美的事物的情感和趣味。审美情趣可以产生写作冲动。人们在审美中，面对着美的事物、美的形态、美的神韵、美的魅力，受到了感染，受到了熏陶，受到了启迪，有如醍醐灌顶，心旷神怡，以至如醉如痴，欣喜若狂。这时，审美主体就恨不得把自己的审美感受告诉自己的亲戚朋友以及所有爱美的人，让大家共享。最好的办法就是写成文章，广为传播，因此就产生了写作冲动。这种写作冲动，可以把文章写得更漂亮。

但是，审美情趣并非凭空而来，要经过长期的培养。这就得修炼自己热爱美、发现美、表现美和歌颂美的功夫。有如下两条基本途径：

第一，在自然景观美的浸染中培养审美情趣。自然景观充盈着精彩纷呈、千姿百态的美：蓝天白云、碧海银浪、红日紫霞、绿水青山，那是色彩的美；屹立的奇峰、蜿蜒的河流、平坦的原野、圆圆的露珠，那是状貌的美；淙淙的山泉、潺潺的溪水、鸣啭的夜莺、呼啸的海涛，那是音响的美。只要审美主体全身心地浸染于自然景观美的境界，就可以感受到自然景观那神奇宏富的瑰丽美，那静谧清幽的深邃美，那跌宕起伏的节奏美……就可以品味出其中的丰富内涵，逐步培养出对自然景观的审美情趣。具有这样的审美情趣，对于自然界司空见惯的一草一木也可以写出美来。一棵普通的杏花，如果没有审美情趣，写出来的就只能是干巴巴的杏花："杏花是一种落叶乔木，叶子宽，卵形，花单性，有白色的，有粉红色的。"这种文笔是多么的枯燥乏味。如果具有审美情趣地去写杏花就不同了，一位富于审美情趣的作者是这样写杏花的："杏花，顶着寒霜开放了，她披着浅绿而缀满花朵的新衣，散着清纯的幽香。她用自己窈窕的风采，装扮着春天的秀姿；用自己淡雅的色彩加浓了春天的情韵。在杏花美的形象的感召下，杨柳发芽了，蒲公英绽开花苞了，原先一片枯黄的草地变得绿茵茵了，整个大地是一个充满生机的世界!"请看，这就是审美情趣带来的表达效果。

第二，在人文景观美的熏陶中培养审美情趣。人文景观遍布着勤劳的人们创造出来的文明之花和文明之果，表现出扣人心弦、耀人眼目的美：广袤辽阔的大地列车飞驰，寥廓无垠的蓝天银鹰展翅，汹涌澎湃的大海巨轮起航，那是一种高歌猛进的创造之美；为支援边疆建设而日日夜夜在风雪高原上出没的矫健身影，为增产更多的矿石而往高高的钻塔奋力攀登的勇猛雄姿，为确证一个科学定理而废寝忘食地在实验室里孜孜以求的燃烧的心，那是一种舍己为公的奉献之美；人民公仆风尘仆仆地深入社区慰问特困户，少先队员利用课余时间到福利院帮助残障儿童学文化，青年志愿者跋山涉水在荒野上考察生态环境，那是一种闪耀着爱心之光的人性之美。只要审美主体全身心融入于人文景观美的氛围，就可以感受到人文景观那足以净化人的灵魂的情操美，那适宜充当人们思想养料的品格美，那跳动着历史前进脉搏的时代精神美……就可以领悟到其中厚实的意蕴，逐步培养出对人文景观的审美情趣。具有这样的审美情趣，面对习以为常的社会生活现象也可以写出美来。城市的早晨差不多每天都是同样的喧闹，如果缺乏审美情趣，写出来的只能是单调乏味的生活实录："又一天早晨开始了，马路上车辆浩浩荡荡往来不息，有公交车，有出租车，有旅游车。笑语声喧的人群涌到马路上来了，有骑摩托车的上班一族，有背着书包脚步匆匆的学生，有提着菜篮上街买菜的小保姆。人太多了，车也太多了，幸亏警察叔叔们尽职尽责地维持交通秩序……"这种流水账怎么能表现出城市早晨的美呢！具有审美情趣的一位作者这样写道："清晨抖开一身斑斓夺目的彩衣，荡起了阵阵清风，赶走了黑夜，驱散了沉寂，于是城市醒来了。马路热闹了，各式各样车辆的轮子又开始滚滚向前飞驰；在港口，巨大的货轮，随着声声汽笛长鸣，冲开滚滚白浪，向着海洋的远方奔驰而去；在大街小巷，紧紧地关闭了一整夜的大门打开了，千家万户响起了人们走出来的脚步声，千万张充满新一天希望的笑脸，向着朝阳迎接着新一天的任务。啊，喧闹的城市又开始了新一天的进军，繁荣的祖国又开始了新一天的辉煌！"这里，也写了各种车辆、人群的各种活动、喧闹，但是，和前文所述的描写城市早晨的文笔就不可同日而语了：这里写的车辆有声音、有动态、有状貌，不同于前文所述的孤立地就车辆写车辆；这里写的人群，写出了人的精神面貌，写出了人的风姿，不同于前文所述的只是列出一张人的分类清单；这里写的各种活动和谐而有节奏，不同于前文所述的一团杂乱；这里写的城市喧闹充满了乐感，不同于前文所述的充满噪音。总之，对城市早晨的描写，是照录生活现象，还是对生活现象进行艺术提炼和艺术升华，其本质差别就在于有无审美情趣。这也就说明只有具备了审美情趣才能写出城市早晨的人文景观美。

为了表现自己对美的事物的审美情趣，要掌握两项运笔要领。

第一，表现美的事物的"形"。"形"指形貌。表现美的事物的"形"，必须表现这种"形"的可视、可触、可感的形体、模样。要写出丰富，避免单调；要写出变化，避免呆板；要写出新颖，避免老套。这样，就可以使美的事物成为一幅充满灵动生机的图画呈现在读者面前，使人如临其境，如睹其形。以写梅花来说，应当怎样写才符合上述要求呢？有人写道："在严寒的日子里，梅花盛开了。我们几个青年人便到山上去踏雪寻梅。看那迎风斗雪的梅花，多么高洁，又是多么美丽呀！风雪越是猖狂，她开得越是起劲。千朵万朵的梅花，压满枝头，白皑皑一片，看过去，就像一个雪白的海洋呢！她放出的清香，扑鼻而来，沁人肺腑，真是让人得到一种超级的享受！"这种文笔，自然是不可取的，写了那么多篇幅，说来说去无非是说梅花在严冬里的风雪中开放，呈白色，像雪一样，很香，也很多，仅此如已！这种文笔单调而且呆板，全是陈词滥调构成的套话，人们读了，看不到梅花具体的"形"。这是不可能表现出梅花的美的。与上述写法截然不同，有一位作者是这样写梅花的：

冬天里，几个青年人到山上去踏雪寻梅。走着走着，快要到山脚了，感到阵阵异香扑面而来。大家都意识到，这是梅花的香味，前面就是梅花山了，便不约而同地抬头望。突然，小张叫起来："怎么啦，从山顶到山脚全被白云覆盖着，看不见有梅花，莫非香气是白云放出来的?"小王接着说："是呀，这山很高，但平时也只是山顶有白云，怎么现在整个山都是白云了!"小陈心中有数，笑着说："别嚷嚷了，再往前走一段路便知分晓了。"于是大家都加快脚步往前奔。蓦地，大家一齐惊呼起来："哎呀，好大一个白茫茫的梅花海呀!"说得也真妙，这里的的确确是一个梅花的海。看吧，梅花树那横斜挺拔的枝条，撑起了一簇簇、一丛丛的梅花，有高有低，有起有伏，不正是梅花海的波浪吗?啊，这排天拍地的梅花的巨浪，向上，它冲天而起，与白云相接；往下，它沿地而流，与雪原相汇。怪不得先前在远处观看，满山全是白云，见不到梅花呢。原来洁白的云，洁白的雪与洁白的梅花融成一体，幻化成为满山的白云了。这梅花的海真是壮观极了，吸引着大家跨起阔步迈向前方。大家进入了梅花的海，顿时感受到了一种宁静、幽雅、柔曼的气氛，一边深深地吸吮着梅花的清香，一边细细品赏着梅花的姿容。那千朵万朵的梅花，朵朵冰清玉洁，像是晶莹的宝石雕成，花瓣润泽透明，微微颤动，别具韵致，惹人爱怜。在这个梅花的海的浸染中，个个兴致淋漓，流连忘返，谁也不愿离去。这时，不知是谁吟诵着明代诗人高启的诗句："入山无处不花枝，近远高低路不知，贪爱下风香气息，离花三尺立多时。"这首诗正好表现出大家对梅花依依不舍的心情。

这里，写出了丰富：梅花与白云、白雪融为一体，一簇簇、一丝丝，高低起伏，形成梅花的海，朵朵冰清玉洁，润泽透明；写出了变化：远景中的梅花像满山的云，中景中的梅花表现为横斜挺拔的枝条撑起千簇万簇的梅花，近景中的梅花像是美丽的宝石雕成。用新颖、多角度、多侧面的手法描写梅花，给人耳目一新之感。基于此，梅花的美的形貌被表现得活灵活现、栩栩如生，一幅踏雪寻梅的美的自然景观就像一幅图画呈现在读者面前了。

第二，要写出美的事物的"神"。"神"就是神韵，即精神风采。写出美的事物的"神"，必须表现出这种"神"的内在的丰富蕴藏。而这种内在的丰富蕴藏是意味浓郁、发人深省、引人遐想，越加咀嚼就越有情韵的。表现出这种内在的丰富蕴藏，美的事物的精神风采也就显现出来了。但这种美的事物的"神"必须通过美的事物的"形"来表现，因为"神"不是赤裸裸的存在，而是有"形"的"神"。为此，就要以"形"传"神"，写"神"要与写"形"同时进行。举例来说吧，"林区里的几位少女在野外进行晨读"，这当然是美的事物，那么，怎样表现这美的事物的"神"呢?著名作家孔森一篇写少女晨读的散文《晨曦》，就是营造一幅以少女晨读为中心的晨曦图作为"形"来表现少女晨读的"神"：

林区的早晨，清爽、幽静、活泼，像刚刚睡醒的小姑娘，用她那温柔的手，徐徐地拉开乳色的纱帐。

初升的太阳，透过茂密的叶隙，射进林中的光波，像姑娘刚刚梳洗过的缕缕长发，轻柔地拂荡着清新的空气。

林区内的清水池塘，清澈透明，像姑娘炯炯多情的明眸，岸边的垂柳是长长的睫毛，笼罩着涟漪。

一阵鸟语，漫过整个林区。是你在歌唱么，晨曦？我听不懂，只感到婉转动听，悦耳清新。闻声而去，在草坪的尽头，在一棵鞭榕树下，坐着几位晨读的少女。听不清朗读的内容，声律如同鸟语，但从她们的脸上、声色、感情里，我看到人生的晨曦！

作者运笔的匠心是巧妙的。先是推出三个镜头。第一个镜头：晨光拉开乳色的纱帐，宣示林区早晨的开始；第二个镜头：初升太阳的光波射进林中，渲染出林区早晨的温柔、祥和；第三个镜头：早晨阳光映照下的清水池塘微波轻荡，表现出林区早晨的清爽、澄明。这三个镜头营造出林区晨曦的氛围，充当了少女晨读的背景。林区晨曦的氛围以其美的丰富蕴藏而引人遐想，从而展现出少女晨读的精神风采。林区晨曦的天籁式美景和天真无邪的少女互相映衬，和谐、协调，暗示着晨读的少女一个心眼、聚精会神为建设林区学好文化业务；林区晨曦正当红日初升，象征着晨读少女的金色理想辉煌灿烂，发展前景万丈光芒。可不是吗？文章在推出那三个镜头之后，用鸟语——晨曦的歌唱，巧设悬念并比拟少女晨读的声音，点出了从少女的声色、感情“看到人生的晨曦!”就这样，文章营造的晨曦图作为“形”，传导出少女晨读的“神”，显示其美的丰富蕴藏，使读者在不断的咀嚼中品味其浓郁的情韵，表现出少女晨读这一美的事物的精神风采。

第六节　写作与自我宣泄

一、写作知识

自我宣泄就是把自己蕴藏于内心的种种思绪自说自道地抒遣出来，常常是通过日记、生活随感录和不准备发出去的书信来表达的。自我宣泄是一个人成长历程中一个侧面的内容，和写作有着密切的关系。

一个人在自己的学习、工作和生活中，接触各种各样的人，经历各种各样的事，不断地积聚着诸多学习心得、工作方法、生活品位和人生体验：有成功的，也有失败的；有令人庆幸的，也有令人懊丧的；有引以为荣的，也有引以为憾的……交织着酸、甜、苦、辣和喜、怒、哀、乐的思绪。这些思绪当然可以在适当的场合，通过口头或书面的形式得体地表达出来。但是，自己的思绪不是在任何情况下都可以信口开河的。比如，当自己觉得受到了委屈，但还没有准确地把握自己的是与非的时候；当自己有某种要求和愿望，但难以为他人理解，甚至有可能被误会为自己“出格”的时候；当自己做错了事，内心十分痛苦，但还没有想好怎样对长辈和伙伴讲出来进行自我批评的时候。如此等等的许多思绪都不想大肆张扬，这就需要自我宣泄了。还有其他一些情况也适宜自我宣泄。这并非不可对人言的内心秘密，但就是不愿讲出来。比如自己在前进的道路上取得了好成绩，或是取得了一项科技成果，或是发表了一部文艺作品，或是在大赛中获奖，自己兴奋得心潮激荡，喜滋滋地自我激励、自我欣赏、自我回味；又如在某一个令自己赏心悦目的情景中，牵动自己的神思，引起自己对美好往事的追忆，对光辉前程的憧憬，对远方亲人的怀念……所有这一切都使自己青春的情愫，泛起阵阵涟漪，觉得需要用最美丽的诗一样的语言抒发出来，这就必然以进行自我宣泄为快事。

本节开头说自我宣泄和写作有密切的关系，这是怎么回事呢？

宣泄是人的本能。人群中的个体是离不开群体的，是要和群体结合才能生存和发展的，因此就要和群体交往和对话，这就自然而然地形成一种宣泄的本能。个体在和群体的交往和对话中产生的种种思绪，在上文所述的诸多情况下，未便当众表达，于是就要自我宣泄。如果有了自我宣泄的需要，却被人为地强行制止，或消极地让它自生自灭，就不利于思维的活跃。特别是如果强行制止，势必会造成人性的压抑。这种情况对于写作来说是致命伤，因为人性的压抑一定会带来对心理健康的戕害，随之，写作的文思也就被窒息了。进行正常的自我宣泄可以使心情舒畅和放松，大脑神经细胞才能得以正常地运作。于是，在不断的自我宣泄中，会不断地激活写作文思，不断地产生对客观事物的丰富的感觉和敏锐的感受，并且增强了要表达出来的欲望。写作中的神来之笔，往往就是伴随这种情况出现的。

写作中的自我宣泄要掌握三大要求。

首先是要确立正确的价值观，在自我宣泄中以发展自我的健全人格和健康个性为价值取向。这种自我宣泄，等于对自己的思想、学习、工作、生活进行回顾和梳理，把发展自我的健全人格和健康个性作为衡量自己的所思、所想、所作、所为的正确与否的准绳。凡是正确的就坚持、发扬，凡是不正确的就克服、纠正。与此同时要找出原因，总结经验教训，前事不忘，后事之师，可使自己在成长的道路上不断前进，不断发展。基于此，在自我宣泄中千万不要在个人的私利中纠缠，千万不要发个人恩怨的牢骚，千万不要作无病呻吟，更不能在自我宣泄中攻击他人、辱骂他人。能够坚持这样的价值观，自我宣泄就可以形成站得住脚的、有教育意义的作品，许多自我宣泄的日记、书信得以发表出来往往就是这个道理。

再就是要善于捕捉触发自己神思的各种契机去进行自我宣泄。一个人在所见、所闻、所作、所为、所感当中积聚着有待自我宣泄的思绪，并非随时随地都要抒发出来，在多数情况下是处于朦胧的沉睡状态，一旦遇到契机，就会产生一种自我宣泄的强烈欲望。这就是触发自己神思的契机。捕捉住这种契机进行自我宣泄就有可能出现神来之笔，写出平时写不出的好文章。若失去契机，那种有待自我宣泄的思绪又归于朦胧的沉睡状态，是十分可惜的。那么，哪些是可以触发自己神思进行自我宣泄而要善于捕捉的契机呢？

其一，实物或景物触发的契机。某些实物记录了自己的生活历程，触物可以生情，成为进行自我宣泄的契机。大自然那些充满诗情画意的美好景物往往会对人起到一种勾魂摄魄的作用，使你把整个身心都融汇进去，并且从某一景物中想到自己的某种经历、心事，于是成为触发你进行自我宣泄的契机。有一位女学生在一个春日的黄昏时光到湖畔散步。清清的湖水映照出岸边垂柳依依的倩影，晚风阵阵吹来，垂柳婀娜地左右摇摆。面对着这样的良辰美景，女学生轻轻地吟诵着白居易咏柳的名句：“一树春风万万枝，嫩于金色软于丝。”随之，女学生不觉心动神驰，在不知不觉间，思绪被牵引回到童年时代外婆的家乡。此刻，女学生追忆童年的往事，作了尽情的自我宣泄：那是多么令人神往的情景啊！她和外祖母邻居家的小男孩虎哥常常两小无猜地到山上采蘑菇，到溪水里捉鱼虾。也是在一个春日的傍晚，他们两人来到溪边的柳林嬉戏。蓦地，虎哥跃上了一株大柳树，折了一枝翠柳，摘下柳叶，灵巧的双手轻轻旋拧，削摘修制，转眼间，一支碧绿玲珑的柳笛已含在他的口中。“嘟，嘟，嘟……”的笛声婉转悠扬，随着晚风悠悠然四散飘荡……“嘿，慧妹，接住！”虎哥向她抛下了他很快地制作出来的另一支柳笛，要她学着吹。可她总是吹不响。虎哥看到她因吹不响而憋起的满面红晕，哈哈大笑起来，说道：“看你急成什么样子，脸都涨红了。”于是她干脆扔掉柳笛，不好意思地吃吃笑着……这时，女学生自言自语道：“我已多年不到外婆家了，我们也多年不见了，小虎哥，你好吗？我祝福你！”这位女学生就是这样善于捕捉景物触发的契机进行自我宣泄的。她把这些都记上《生活随感录》了。

其二，事件或情境触发的契机。生活中有些看似平凡的小事和习以为常的情境，如果漫不经意地对待，就会因熟视无睹地让它滑了过去；如果做有心人去感受生活，思考生活，就会发现那些生活小事和自己有直接或间接的联系，从而触发自己的思绪，成为进行自我宣泄的契机。有一位学生就深刻地体验过这些道理。一天，他的伯母从市场回来，怒气冲冲地对家人说：“还成什么世道！我买到五斤鳊鱼，放在地上付钱，一转身，没影了！”大家听了，愤然骂道：“该死的小偷……现在的人哪！”这位学生听了这些话，心中为之一震，当天晚上他躺在床上，翻来覆去，难以成眠。朦胧中，一位穿着淡蓝色连衣裙，散发着青春朝气的美貌姑娘对着自己露出友善的微笑，蓦地，她一变脸，吼道：“你这个小偷！”这位学生从梦中惊醒，出了一身冷汗，再也睡不着了，便走到书桌前，打开日记本，进行了一番自我宣泄，开头就写了下面两句：“我是小偷吗？我存心做小偷吗？”接着他不能自已地宣泄出事情的原委：事情是这样的，这位学生是老师们公认的品学兼优的好学生。他勤奋好学，爱书如命。一天他在书店里看到一本久已渴望得到的《爱的教育》，却被一位穿着淡蓝色连衣裙的美貌姑娘先了一步买去，而书店里又只有这么一本“孤本”，于是便向那位姑娘借来看。看着看着，简直是爱不释手，便把心一横，拿着书溜出了书店。回到家里，满以为可以美滋滋地看这本书。谁知打开书本，总也看不下去，眼前不断地出现那位友善的姑娘微笑着把书借给自己的情景。姑娘越是微笑，自己越是觉得有一根无形的鞭子在抽打自己的心。他后悔了，怎么能干这种损人利己的事！真是聪明一世，糊涂一时啊！明天一定要把书送还给人家。他在日记本中写了上面的话，就安然睡着了。第二天他拿着书赶到书店，可哪有姑娘的踪影呢！这段时间，他几乎每天的日记都对自己有关“偷”书的事作自我宣泄。他每天晚上都梦见姑娘微笑着借书给他，他每天都带着书到书店寻找姑娘，每天都失望而归！“怎么办？我该怎么办呢？难道我要欠一辈子良心债吗？”可幸天无绝人之路，他有救了。他怎么得救的呢？他在日记里又作了如下的自我宣泄：“假日里，我和表姐乘轮渡到外婆家。一踏进船舱，我就看到前边闪着一个穿着淡蓝色连衣裙的苗条身影。那不正是她吗？我下意识地按了按书包，那本书就在里面，正想冲上去把书还她，突然想到：表姐在身边，知道了这件事，往后我怎么做人哪！但是，机不可失，时不再来，我顾不得许多了。正要把书送上去时，她先发现我了，就像在书店里巧遇的那样，也像在梦中见到的那样，她又露出了友善的微笑，好像什么事也没有发生过。蓦地，我从书包里掏出那本书上前说道："大姐姐，真对不起，这本书……还给你！"大姐姐毫不介意地说："这本书你就留着看吧，算是送给你了。我也是一个爱书人，最了解爱书人的心境。其实，那天我是看见你走出书店的，我也想赶上去告诉你把这本书送给你，只是你的脚步太快了，我追不上，也不想叫起来……"此刻，羞愧和感激之情一齐涌上心头，我支支吾吾地说："这……这……叫我怎么感谢你才好！"回过身来，表姐早已站在一旁，知道了一切，她惊讶得张大了嘴："有这样的事情吗？你这小家伙……"我醒悟了，好险哪！人生无论大事和小事都要走正道。如果遇到的不是一位善良的好姐姐，我跳进黄河也洗不清"小偷"这个恶名呀！或者我在那以后永远都见不到这位善良的好姐姐，我可要内疚一生呀！后来，这位学生把他关于这件事前前后后的自我宣泄的日记主动交给表姐看，表姐甚为赞赏，说很有教育意义，他便整理出来投稿，在刊物上发表了。

其三，诗文触发的契机。读了好的诗文，自己的心灵会被隐藏于诗文中的作者的心灵所打动，产生"心有灵犀一点通"的效应，觉得自己的心灵有很多思绪要向作者倾诉。这就成为进行自我宣泄的契机。有一位学生反复朗诵李白的《静夜思》后就有这种体会。经过反复朗诵，他的眼前展现出了诗的意境：诗人羁旅他乡，夜难成眠，在辗转反侧的短梦初回中，睁开蒙眬的睡眼，不知身在何处，竟把床前的月光疑作白霜了。触景生情，引起对故乡的思念。诗人于是走到窗前，举头远望，想看到故乡的明月。明月在天，故乡却不可见，诗人无奈地低下头来，思念故乡之情，不能自已。故乡的亲人，故乡的一草一木，故乡的山山水水萦回于诗人的脑际……此情此景催发了这位学生对家乡的月夜宣泄、赞美、眷恋的情怀。那是多么令人陶醉的家乡的月夜啊！皓月当空，晶莹皎洁得像刚揩拭过的一轮白玉盘挂在高高的天幕，大地万物都沐浴着她的清辉，一幢幢的房舍在她的银光普照下，幻化成琼楼玉宇；一丛丛的绿树，经过月光的抚摩，像披上了一层透明的轻纱；微风送来了野花的缕缕清香和昆虫小夜曲似的吟唱，更使月夜变得如诗如梦，如画如歌。于是，小伙伴们诗兴大发，举行了赛诗会，比赛谁背出古今诗人吟诵明月的诗句最多，在一旁欣赏的老奶奶不断地颔首微笑。这时，我们又把目标转向老人家，围在她的膝下，央求她给我们讲有关月亮的古老神话和传说……这一切，是多么令人神往啊！

上述种种事例说明，能捕捉住触发自我宣泄的契机，就可以驱使很多神笔妙辞从自己的肺腑中流出来。这种创造的快感，用著名作家冯骥才的话来说就是："把最深刻的生命——心灵，有姿有态、活喷喷地呈现出来。"这个过程"是倾诉，是絮语，是呼喊，又是多么快意的创造"！写作上的自我宣泄，对于提高写作水平的作用是不可低估的。

第三就是在进行自我宣泄中要梳理出一条思想情绪的主线，用这条主线来选择材料、组织材料，把有关的人物、事件、情境等等各方面的材料统摄进来，做到有条有理，不能杂乱无章。在行文上可以叙事、议论、抒情相结合，也可以单一地叙事，寓议论、抒情于叙事之中（本文有一个例子参考了华燕的《微微的笑意》）。

二、写作故事

感受父爱

这里要说的是，一个女孩子写了一封不准备发出的给爸爸的信的经过。

初冬的夜，静悄悄的，大地沉浸在甜蜜的梦中。

刚上初三的林燕聚精会神地在灯下做作业多时了，功课把她压得太累了，她便把台灯关掉，伏在书桌上闭目养神。待她睁开眼睛时，月光已经从窗外照进来，洒满一地。林燕伸了伸腰肢，还打不起精神，便干脆走到窗前，欣赏窗外的月色。林燕与悬挂在蔚蓝色天空的一轮清辉仰面相对，此刻，月色的光洁、轻柔和隔壁传来爸爸安详均匀的鼾声一齐走进她的心灵，她的思绪被牵回到两年前的一个夜晚。

那是多么刻骨铭心的一幕！

那是一个初冬的夜晚，也是月光普照的夜晚。晚自修刚刚下课，林燕背起书包走出校门口时，远远就看到爸爸拄着拐杖一瘸一拐地赶来，林燕忙不迭迎上前去动情地说："爸，你工伤受创的脚还未完全康复，刚能下床练习走路，怎么就来了？"爸爸说："今夜北风很大，爸怕你受凉，给你送毛衣来了。"林燕看到爸爸在月光映照下饱含父爱的双眸和脸上那记录着过度操劳的条条皱纹，眼眶湿润了，便扑到爸爸怀里，说道："女儿一点也不冷，爸要照顾好自己呀！"也许是父女情深感动了上苍，月光更加明亮了，把那脉脉清辉洒照在这一对父女身上，布施对人间的慈悲。

这刻骨铭心的一幕，唤醒了林燕的良知，她觉得愧对父亲。原来林燕上了初中以后，很多同学的家长是政府官员、总经理、工程师，或是大学校长、教授，而自己的爸爸只是一名普通的工人，她因此而产生自卑感，心里埋怨爸爸为什么不是白领阶层，使自己脸上无光，在同学们中矮了一截。这刻骨铭心的一幕启发她打开回忆的大门，那一桩桩的往事，那浓浓的的父爱，不时袭上她的心头，不时谴责着她。她痛苦极了！她认为必须向爸爸忏悔，必须向爸爸谢罪！她多次想对父亲说："爸，女儿对不起您，女儿曾经嫌弃您是工人……"这样的话，曾多次想冲出喉咙，都被强行咽了下去。这样的话怎么说得出口呀！那是多么的荒唐和可鄙呀！然而正是这种荒唐和可鄙使林燕背负了沉重的良心债，对慈祥的父亲的良心债！

林燕伫立窗前良久，思绪随着柔和的月光散发飘荡，心里乱极了。此刻，爸爸的鼾声一起一落又从隔壁传了过来。她再也关不住思想情感潮水的闸门了，她冲出自己的房间，推开爸爸房间虚掩着的门，一头扑到爸爸身上，正想说什么，却"哇"地一声哭起来，滚滚的热泪落在爸爸的被衾上。爸爸被惊醒了，关切地抚摸女儿的头发："燕子，燕子，你怎么啦？身体哪里不舒服呀？"林燕正待把早已准备好的那一番话对爸爸说，可话刚到口时，忽然不由自主地改变了腔调："爸，女儿刚才看了一篇小说，有一位慈爱的父亲，千辛万苦地抚育自己的独生女儿成长，那位父亲多像爸爸您呀，便过来想看看爸爸睡着的面容，不知怎地，一看见爸爸我的眼泪就跑出来了，就伏在爸爸身上哭了。爸，天气变了，你盖好被子吗？冷不冷？"爸爸听了女儿的这些话，悬着的心放下了，对女儿的温存孝顺感到无限的宽慰："原来是这样，爸很好，爸不冷，有女儿在身边，爸暖烘烘的。时间不早了，你回去休息吧。"

林燕回到自己的房间里，心潮起伏动荡不已。她要向爸爸倾诉心里的话语，鼓起最大的勇气也还是说不出口。"怎么办？怎么办？我该怎么办哪？"蓦地，她想到了一个好主意，给爸爸写一封信！把自己的心路历程都写在里面，请求爸爸的原谅吧。这封信，当然不能交给爸爸，也不能投进邮箱，如果是那样，不也同样难为情吗，不也同样令人尴尬吗？那就把写这封信作为自我宣泄吧，宣泄出来，等于自己承认并愿意改正错误，也等于立此存照：女儿已经忏悔了，已经向爸爸谢罪了，也总算是对自己有个交代了。主意想定，她马上铺开纸，拿起笔来写。她文思如泉涌，一口气写出了不准备发出的给爸爸的一封信。下面就是其中的主要片段：

爸，您为女儿付出的真是太多了。妈在女儿四岁时就去世了，您至今一直未再娶。一位邻居告诉我："你爸为了避免再娶后可能给你带来麻烦，就不再娶了。有多少人来向你爸提亲，谁不喜欢你爸为人淳朴、忠厚、善良呢？可都被你爸婉拒了。这全都是为了你啊！"就这样，您一直为女儿负起了当爸爸的责任，又负起了当妈妈的责任，里里外外一把手，操持我们这个家。爸，您辛苦了！

爸，女儿就是在您这充满了爱的呵护中长大的。女儿从小失去珍贵的母爱，但得到了同样珍贵的父爱补偿。女儿失去母爱是不幸的，而得到这种父爱却是幸运的。那无私的倾注在女儿身上的父爱，永远铭刻在女儿的生命史上。那永恒的、博大的父爱令人难忘啊！

忘不了，女儿小时候每天晚上睡觉，您都陪伴在女儿身边，哼着自编的儿歌，让女儿听着听着就安然入睡。那儿歌至今我还记得："风别号，树别摇；小燕子，快睡觉。今晚睡得好，明天飞得高！"

忘不了，女儿早晨上学，您都叮嘱女儿路上小心，并倚门目送，一直到望不见女儿的身影才返身进屋。

忘不了，有次上学没带雨具，放学时，天上落下倾盆大雨。女儿正在焦急当中，您给女儿送伞来了。为了女儿不受雨淋，您却被淋得满身湿透。

忘不了，您常常打开女儿的作业本和成绩册，次次看到女儿的好成绩，您那过早布满皱纹的脸庞次次都笑开了花。

忘不了啊忘不了，千回万回、千件万件的父爱忘不了，永恒的、博大的父爱忘不了！

可女儿怎么样？女儿愧对恩重如山的慈父呀！我竟然曾经认为爸爸是工人这一点令女儿脸上无光。女儿虽然还没有做过出格的事，但在灵魂里隐藏着污点。最近我看到一本书，书里写的一位科学家说："我发现了多项科学定理，多次得过国际金奖，但我举目四顾，我衣食住行的全部生活用品，没有一件是我自己制作的。离开了工人、农民，我一天也活不下去！"这是充满哲理的真言啊！当工人的爸爸是光荣的，工人爸爸的女儿脸上是充满光彩的。女儿要忏悔，女儿要向爸爸谢罪！爸，祈求您原谅这个不孝的女儿吧！女儿一定悔改！女儿要用永恒、博大、无私的父爱冲刷自己灵魂中的污点，要用永恒、博大、无私的父爱滋养自己发展成才！我想，这也算得上对恩重如山的慈父应有的回报吧。

写好了信，如释重负。她把信放进书包，然后就寝。这一夜，她睡得很少，但睡得很安稳。

第二天是星期天，林燕上市图书馆查找资料去了。她出门以后，她的一个同班同学因病缺课便让其表妹来借林燕的听课笔记看，借到以后就匆匆地走了。林燕的爸爸代找听课笔记时，在书包里发现了林燕写的那封信，便拿起来看。看着看着，豆大的泪珠直往下掉，自言自语地说："多好的闺女呀！"正在这时，林燕回家了。啊，爸爸不是在看那封信吗？她扑到爸爸怀里呜呜咽咽地抽泣，说道："爸，女儿不孝，原谅女儿吧！"爸爸拍打着女儿的肩膀，亲昵地说："我是在帮你的同学找你的听课笔记时看到这封信的。爸什么都知道了，爸不怪你，爸很安慰，爸为有你这样一个好女儿而骄傲！"

三、写作示例

举头望月想到的

杨　阳

秋夜，一轮巨大的满月，高悬中天，光华四射。我举头望月，想到许多许多。

月，不是什么时候都是满月。月是多变的，苏轼的名作《水调歌头》有一名句："月有阴晴圆缺"。但是，令我好生奇怪：月，无论怎么变，都是美的，圆月像个大金盘，固然美，而弯月，像把镀金的镰刀，不也美吗？万里晴空的月，显出一种皎洁美，而浮云遮掩的月，又产生一种含蓄美。月，真是淡妆浓抹总相宜啊！月变来变去都美，这是得到所有的人认可的。

人就不同了，人的变，会不会产生美呢？公众的看法会怎么样呢？这就难说了。近来，我就遭遇到变的困惑，种种往事涌上我的心头。

说实在的，从小到大，我似乎从未改变过自己的形象：永远梳着学生头，蹦蹦跳跳的，快乐不知愁，在爱我的人群中恣意地成长着……

"哎呀，热死了，我可受不了。"刚上完体育课的我，一进家门就直冲向冰箱，半路上"杀退"一张挡道的板凳，打开冰箱时身后却传来妈妈的话语："你这丫头，整天疯疯癫癫的，没有一点儿女孩样！"我不在意地笑笑，三下五下的，雪糕下肚了，妈妈的话却在耳边回荡，挥之不去。

上课时，老师提出一个问题，话音刚落，我已在座位上叽里呱啦地说起答案来了。老师皱皱眉，似乎有些不悦地对我说："以后举手才能发言。"我吐了吐舌头，不吭声了。师命不可违，老师的话深深地印入了我的脑海。

放学回家，和同学一起"吹牛"，天南地北，什么我都能扯上一大段。每次我的长篇大论都会让她们无话可说，好友经常说："别人与你在一块，只能做听众。"我闻之一惊，是真的么？

一天，我忽然好苦恼。妈妈的责备，老师的批评，同学的微词，不断在我耳边响起。我百思不解：为什么现在的我竟使那么多人不满意呢？我是否应该做一个乖女孩呢？哦，是的，我应该改变一下自己的形象，使自己的形象美一点了。对，明天就变！

又是一堂体育课，从学校放学回家，我简直忍受不住浑身的汗水，可是我克制着自己，慢慢走向冰箱，半路绕过那张小板凳。当我文静地坐在椅子上小口小口地吃雪糕时，身后却传来了妈妈的一声“咦?”

上课了，老师提问，我本能地张开嘴，却又马上闭上。老师将目光投向我，目光中带有询问和惊奇。我在心中说：“老师，您认为现在的‘我’怎么样？一定合您心意了吧!”

放学了，还是走在那条小径上。今天却再也找不着我的声音了，同学们交谈着，我则默默无言地走着，好友诧异地望着我说了声：“你怎么啦?”我向她无言地笑笑，心里激动地说：“我正在变呢!”

日子在我的沉寂中悄然滑过，忽然有一天妈妈说：“你最近怎么啦？是否有不顺心的事?”我摇了摇头，妈妈又说：“没有什么事，你怎么变得死气沉沉的，以前的活泼样哪去了?”怎么，现在的“我”不好么？

下课了，老师找到我，微笑着问：“这几天你怎么变得不爱发言了？是身体不好？还是题目太难?”我摇头再摇头。老师又说：“以后要积极发言啊!”我突然奇怪，还要恢复我的叽里呱啦吗？好友问我：“你怎么变了，一句话也懒得说，往日的那个口若悬河的你哪儿去了?”我没有回答，却在心中打了个问号。

我对着天上的明月反复思考：为什么我的“变”又令那么多的人不满意呢？为什么他们都认为我的形象不是一个美的形象呢？我是否应该再变一次，变回原来的那个“我”呢？哦，原来“变”也不容易。我究竟应该变成一个怎么样的，大家都满意的女孩呢？我究竟应该有一个怎么样的美的形象呢？明天，我是不是还要变呢？我真是百思不得其解呀！如果我是一个月亮，怎么变怎么美就好了。

这是一篇中学生的作品。小作者捕捉住举头望月这一情景的契机，进行了一番关于“变”的自我宣泄。

小作者的自我宣泄有几个特点。

第一，绕着一个中心进行自我宣泄。这个中心就是“变”。小作者“变”之前的形象，大人们认为不美，小作者按照大人们的意向“变”了，但“变”了之后的形象，大人们同样认为不美，怎么变都受到指责。这个“变”的中心揭示出一个哲理：强行扭曲的“变”是不美的，只有符合生命发展规律的“变”，只有展现真性、顺乎自然的“变”才是美的，因为只有这样因势利导的“变”才可以培养出健康的、美的个性。

第二，善于联系触发自我宣泄的情景——举头望月进行发挥。围绕着“变”这个中心，从月亮的“变”说到人的“变”，从月亮怎么“变”、怎么美说到人的“变”不一定就美。这一笔含有深意，因为月亮的“变”不是强行扭曲的，而是符合规律、顺乎自然的。人的“变”也不能强行扭曲，而应该合乎生命的规律。

第三，运用对比手法进行自我宣泄。这里面有蹦蹦跳跳、天真烂漫的小姑娘形象与强装文静、默默无言、自我克制的小姑娘形象的对比，有快乐不知愁，“在爱我的人群中恣意地成长着”的小姑娘形象与受到压抑的死气沉沉、小老太式的小姑娘形象的对比。这些对比手法，形象地批判了扭曲儿童天性的教育思想的弊端。

第二章　发现写作材料

导　语

俗话说：巧妇难为无米之炊。没有米哪能煮成饭？就算你心灵手巧又怎么样？与此相类似的是，写作文必须有写作材料。即使是文章大家，离开材料也休想写出文章。

许多同学为找不到写作材料而烦恼，他们往往会说：我们的生活平凡而又寻常，无非是从家庭到学校，两点一线，天天如此，月月如此，年年如此，既没有什么火热的斗争，也谈不上什么风起云涌，周围都是平淡无奇的事，都是普普通通的人，怎能找到写作材料呢？如果硬把这些充当写作材料而写到作文里去，那可令人讨厌死了，说不定还有人会说：“尽炒生活的冷饭，谁要看你这样的东西！”

错了，这只能说你不会发现写作材料！

发现写作材料的“秘诀”在于让自己有一双明亮的眼睛。的确，处于求学、成长时期的青少年，极少有机会投入火热的社会生活，经历涌动的风云，过的是“两点一线”的普通生活。但是“两点一线”的普通生活也有不少亮点，就看你有没有一双明亮的眼睛去发现罢了。著名诗人何其芳先生在一首诗里写道：“哪里有生活，哪里就有丰富的宝藏！”“宝藏”就是等待你去发现的亮点。可不是吗？一片绿叶是最普通不过的了，可是从里面能发现大地的蓬勃生机；一粒种子是最平凡不过的了，可是从里面能发现春天孕育出来的万紫千红；一只贝壳又有什么新异可言呢？可是从里面能发现大海的丰富、深邃、神奇。在规定的时间里，同学们天天都在课室，天天都看着黑板。司空见惯的黑板好像没有什么好写，可是一位同学却发现了它的亮点：黑板是一扇神奇的窗户，在老师的板书中，这扇窗户展现了知识天地的广阔无垠，从中能窥见琳琅满目的科学珍宝，于是睁大了明亮的眼睛，内心点燃了求知的火苗……有了这种种发现就等于有了写作材料，就可以从中下笔去写出好作文来。因此，本章设计了如下六节：从简单表现丰富、从熟悉表现新鲜、从普通表现奇特、从平静表现波澜、从纯净表现色彩、从平凡表现诗意，目的就是为了帮助同学们正确地去发现写作材料。

第一节　从简单表现丰富

一、写作知识

在日常生活中，我们所接触到的事物，大都是看起来十分简单的，因此很多人觉得，写作文很难找到有价值的写作材料。因此，写好作文的基本功之一是：善于从简单发现丰富。“发现”是为了“表现”，“表现”必须要学会“发现”，两者是统一的，只要我们把视点放在“表现”上，就能产生一种灵锐的触角，得以从简单发现丰富，进而从简单表现丰富。

有这样一件文坛逸事，杰出学者闻一多先生有一次问他的学生：二加五等于几？学生大惑不解，不敢回答。闻先生于是说：“二加五可以等于一万。”学生更加糊涂了，心里想道：“不可能，先生是不是搞错了？”这时，闻先生拿出一幅画来。这是一幅题为《万里驰骋》的国画，画面上突出画了两匹奔马，在两匹奔马后面，又错落有致、大小不一地画了五匹马，再后面，就是许多影影绰绰的墨点了。闻一多先生解释道：“从整个画面的形象看，前面是两匹马，后面是五匹马，一共是七匹马，然而，这幅画却使人感到这里有万马奔腾。这难道不是二加五等于一万吗？”学生听了，茅塞顿开，一齐鼓起掌来。“二加五”当然很简单，但是闻一多先生从这样的简单里面发现了丰富：万马奔腾。画家也正是从二匹马加五匹马的简单中表现“万马奔腾”的丰富的。生活中有大量的事物乍一看很简单，但里面却包含着无限的丰富，就看你会不会去发现和表现了。比如一粒种子，够简单的吧？可一粒种子，里面有一个丰富的世界！作家秋原根据他对种子的发现，把一粒种子表现成为一幅美妙的图画，一首动听的歌曲，因为他看到里面有：“那红花，那绿叶，那招蜂的芳香，那雨中的颤抖，那风中的摇曳，那跌落的花瓣的叹息，那清晨枝叶上亮闪闪的露珠，更有那吸引着孩子们的各种香甜的果实！”那是多么丰富的美啊！

从简单表现丰富，有如下三种方法。

第一是从时空的流动去表现。有许多事物，如果只看到其静止的状态，可能是很简单的，但是，如果看到其随着时空流动的状态就丰富了。所谓“时空流动”的状态，指的是在时间的推移和地点的转换中呈现出来的状态。伴随着时间的推移和地点的转换，必然不断地出现各种新的条件，必然会对原来静止的事物产生层出不穷的影响，于是看似简单的事物就变得异常丰富了。比如说，村里一位姑娘的两条长辫子，在静止的情况下，看起来不是很简单吗？但如果从时空流动中去表现，却可以变得很丰富。有一位作者写她姐姐的长辫很长很黑，很光、很亮，显得很一般，因为太简单了，但这位作者继续写下去时从时空流动中去表现就显出另一种情景：姐姐的长辫垂在河面，像春风吹拂的柳条儿一样柔美、清新，映衬着倒映在河水里的姐姐的秀丽的面容，焕发出青春的魅力，多美呀！姐姐到城里去看戏时，她的长辫子引起了不少同龄少女的艳羡，更有几位热情的城市姑娘走来和她拉家常，对她的长辫子夸不绝口。还有人愿意以高价买她的长辫子，被她婉言拒绝。

姐姐同邻村的春牛哥走在一起时，她的长辫总是扎上蝴蝶结，走起路来，更显出青春的风采了。写到结尾，作者赞叹道："姐姐啊，你的长辫是淳朴的民风哺育的，是田野间的雨露催长的，是劳动的汗水洗亮的……"请看，在时空流动中把看似简单的姑娘的两条长辫表现得多么丰富呀！

第二是从相关因素的摄取中去表现。一切事物都不是孤立的存在，而是有许多相关因素联系着。写某一事物，如果只是孤立地写，就有很大的局限，即使是丰富的事物也会变简单的；如果从相关因素的摄取中去表现，乍一看很简单的事物，也会变得很丰富。一条小河，简单不简单呢？如果孤立地写，就只是写小河没日没夜地流，发出淙淙的声响，或者再添加一两笔："河水清澈见底，可以看到游鱼历历"之类，这不是很简单吗？但是，如果善于把相关的因素摄取到小河里，就可以把小河表现得很丰富。比如说，你可以这样写："小河为什么变成一幅画呀？原来是岸边的桃红柳绿、野草闲花倒映在河水里和清波一起流动了"。你还可以这样写："小河怎么流动着色彩斑斓的云霞呢？那是一群洗衣的女娃排列在岸边，她们那美的笑脸，她们那鲜亮亮的衣裙和花艳艳的头巾都映到河水里了"。你更可以这样写："小河刚才还只是清清的涟漪，为什么忽然激起浪花朵朵呢？那是在岸上寻找春光的一群姑娘欢乐的笑声掉进河里去了……"请看，一条简单的小河，摄进了相关的因素之后，表现得多么丰富啊！

不只是对小河等自然风景摄取了相关因素就可以把简单变成丰富，就是人的各种思绪也可以联想相关因素而使简单变得丰富起来。比如说，久别家乡而又即将回到家乡，见到家乡和亲人的那一刻产生兴奋激动的思绪，很多人都经历过，看起来也好像很简单，但不会写的人也只能写出简单：家乡啊，我就要见到您了，我的心好像要跳出来呀！这类文字，因为太简单而令人生厌。然而，只要善于摄取相关因素，情形就大不相同了。请看著名诗人徐志摩的一首写久别家乡而又回到家乡的诗：

匆匆匆！催催催！
一卷烟，一片心，几点云影，
一道水，一条桥，一支橹声，
一丛松，一丛竹，红叶纷纷。
……

这首诗写了诗人乘火车回到久别的家乡、即将见到亲人时欣喜若狂的思绪。诗人把相关的因素摄取进诗人此刻的思绪中来，把原来看似很简单的思绪表现得异常丰富，令人叹为观止！开头一行"匆匆匆！催催催！"传达出了一种急促的节奏，使人感到既是火车飞驰、车轮滚滚、车声隆隆的真实情景，又是诗人回乡之际归心似箭，催促时光加速行进的激荡心情的生动写照。在这种伴随着火车匆匆行驶的乡情、亲情以及思念之情互相交织的思绪当中，诗人把在车上飞快一瞥所见到的种种景物，都一一摄进来了，无论是山光、水色、橹声、桥影，无论是炊烟、云霞、苍松、翠竹、红叶，都丝丝入扣地渗透着诗人对家乡、对亲人的一往情深、无限眷念。那缕缕情思，绵绵不尽，令人为之动容！更使读者感到奇怪的是，那些山、水、橹、桥，那些烟、云、松、竹、叶，本来是极为寻常之物，写进诗文里很容易变成大杂烩、流水账的，但在诗人表现出来的情景中，竟是那样浑然一体、完美和谐的诗情画意！这是因为，诗人在摄取的过程中，把恋乡、思亲的情感的玉液琼浆融注进去，于是便升华成为一幅艺术画面了。可不是吗？普通人有过的看似简单的思绪，一经过摄取进相关的因素，却表现得多么丰富啊！

第三是从多侧面去表现。现实生活中的各种事物不能一眼就能看清其全貌，因为其全貌是在各个侧面呈现出来的。这里说的“全貌”，既指外形的全貌，也指特质的全貌、功能的全貌等等。这就告诉我们：我们看到现实生活中的某一事物，好像很简单，其实并不简单，原由就在于我们只看到一个侧面，还有好多个侧面我们没有看到。据此可知，一定要把视点投向多侧面，才可以从简单中发现和表现丰富。山泉一点一点地滴下水潭，发出叮咚、叮咚的响声，你说简单还是不简单？如果从一个侧面看，当然是简单了，要写起来也肯定脱离不了简单的，就算你加了很多形容词，什么“光洁”呀，“透明”呀，“珍珠似的”、“水银似的”、“美玉似的”，也仍然很简单！可是，诗人董耀章从三个侧面表现山泉的形貌和氛围，就显得丰富极了！第一个侧面：山泉的水珠，透明洁净，圆润玲珑，滴下水潭，风摇银铃，水荡波纹，发出“叮咚，叮咚”的响声，烘托出一片寂静的境界，连花瓣落在地上的声音也听得见，这种清幽和能够透出水底石纹的清粼粼的潭水十分协调；第二个侧面：山泉的水珠，明晰晶莹，斑斓璀璨，滴下水潭，轻波荡漾，亮晶晶地映照出日月的光华，发出“叮咚、叮咚”的响声，这幅有声的图画，秀丽得像少女的披巾；第三个侧面：山泉的水珠，喷吐碎玉，甘洌澄明，滴下水潭，发出“叮咚，叮咚”的响声，霞霓飘游，波纹闪动，交织成一块奇妙的轻纱，轻悠悠的像仙姑的衣裙。这样的作品，充分地证明了对事物作多侧面的发现和表现，看似简单的事物就会显出丰富来。山泉的水珠发出叮咚、叮咚的响声滴下水潭，这么简单的事物，却在诗人笔下展现出一个丰富的世界！

二、写作故事

怎样表现小溪的丰富世界

港城中学的田老师给他的学生们上了一堂别开生面的作文课，他把这样的作文课称为“写生作文课”。

一天上午，田老师带领他的学生们到野外去进行一次“写生作文”。出发之前，他对“写生作文”的要求作了如下的说明：

同学们，美术课有写生，那是对着实景画画；作文课也有写生，就是对着实景写作。作文课的写生和美术课的写生有一个共同的特点，都要求对要描写的实景作观察和感受，了解、熟悉其形神的特点，然后融汇于胸中，通过自己的思想感情的发酵，进行梳理营构，再用笔描写出来，栩栩如生地表现出实景的状貌风情。所不同的是，美术课的写生是用画笔醮着颜料，在画板上的白纸涂抹挥洒，构成画面；作文课的写生是用钢笔，在作文本上写成文字，构成篇章。具体做法到了野外再说吧。对了，要记住把作文本放进书包里。

听了田老师的一番话，同学们觉得非常新鲜，并且兴高采烈的，对于“写生作文”跃跃欲试。

师生们的目的地是一个苍翠的山冈。但见遍野都是绿树葱茏，翠竹掩映，草色凄迷，开着红、黄、蓝、紫的各色山花点缀其间，一条清清的小溪从山下流过。来到这样一个风景优美的地方，同学们犹如进入了一个童话世界，无比兴奋，有的欢叫起来，有的互相追逐，有的放声歌唱，有的张开两臂像是要和大地拥抱，有的一边采摘野花一边哼着小调……

在同学们尽情地玩闹了一会儿之后，田老师把大家召集起来，说道：“现在我们开始上写生作文课了。这次作文写生，就写山下的那条小溪吧，好不好？”“好！”在一片欣喜雀跃的气氛中，大家一齐回答。但是，有一位同学提出异议：“小溪太简单了，有什么好写的呢？写来写去无非是写小溪弯弯曲曲流过山下，溪水清澈透明，发出淙淙的流动声响，几句话就打发完了，倒不如写山上的绿树翠竹，山花野草更热闹一些吧？”田老师接着话茬说：“是这样吗？你的话恰恰证明我的题目出对了。我的意图正是要让大家写‘简单’，从简单表现出丰富来。小溪简单吗？如果就小溪写小溪，可能是简单的，但如果放开视野去发现，就可以从时空的流动中去表现小溪，从相关因素的摄取中去表现小溪，从多侧面去表现小溪，那么，小溪肯定不是简单的而是丰富的了。平日我教大家学过多篇这类文章，可以模仿和借鉴这类文章去写，同时也要在对小溪的实地观察和感受的基础上去写。这次作文既然是写生作文，现在就安排一段时间让大家先对小溪作自由观察和感受。不过不要忘记出发前我提出的原则：观察和感受的目的是熟悉小溪的‘形’‘神’特点，然后融汇于胸中，再进行思想感情的发酵才写出来。好吧，现在大家就去自由观赏小溪，作一番观察和感受吧。”听了田老师的说明，包括那位提出异议的同学在内的全体同学都恍然大悟，于是兴致勃勃地分头活动去了。有的纵目四望，要饱览小溪两岸的景色；有的沿溪漫步，像是探究小溪的源头和流向；有的若有所感，侧耳细听溪水流动发出琮琮琤琤的音响；有的伫立溪边，时而低头沉思，时而对着溪水发出会心的微笑；有的把鞋袜都脱掉，踏进小溪，用双手把水底的鹅卵石掏起来……

约莫过了45分钟光景，田老师把大家集中起来，说道：“刚才大家的活动都很有收获吧，下面的时间就要让同学们动笔写作了。现在请大家把作文本拿出来，用半个小时的时间写一篇800字左右的文章，要求就是从某一角度，即从我提出的三个原则中选择一个原则去写，表现出小溪的丰富。大家开始写吧。”于是同学们就地坐在绿茸茸的山坡上，从书包拿出作文本垫在膝盖上挥笔疾书，把刚才在对小溪观察、感受的过程中打下的腹稿写下来。

田老师在同学们中间来回巡视，发现了许多表现了小溪的丰富的佳作，脸上露出欣慰的微笑。

半小时很快就过去了，同学们全都按时把作文交上来。田老师根据刚才的发现，让三位同学把自己作文中最精彩的语段向大家朗读。

杜梦同学朗诵的语段是：

一条蜿蜒曲折、跌宕多姿的小溪从山脚下流过。

早晨，喷薄而出的朝阳，涌现在东方的天际，把胭脂一般的光束投射到小溪身上，小溪变成了液化的红玛瑙的涟漪，轻轻地荡漾。

正午，太阳悬挂在中天，像一盏硕大的聚光灯，照耀在小溪身上，小溪映照出日光的七色，变成一条色彩缤纷的彩带，纵情飘舞。

入夜，一轮白玉盘似的明月升上碧空，放射出梦幻一般的清辉，倾注到小溪身上，小溪变成了亮莹莹的水晶的流泉，琮琤作响，那金腔玉韵的天籁，又多像一位纯情少女，在弹奏着声如贯珠，抑扬悦耳的小夜曲啊！

在同学们一阵热烈的掌声之后，田老师赞扬道："小溪不简单，随着一天的时间的流动，小溪呈现出不同的景色，展现出一个丰富的世界。"

接着是路慧思同学朗读自己的精彩语段：

山脚下，一条小溪不息地奔流。

冬天，溪水湍急清浅，冲击着水底的鹅卵石和各种石块，激起浪花朵朵，唱出哗哗啦啦的欢歌，和岸边枝头候鸟的鸣啭互相应和，听着这天然的美妙乐音，令人陶然欲醉。

春天来了。小溪岸边开遍烂漫的山花，红得像一片朝霞，和一丛丛茂密的茸茸绿草，相映成趣，倒映水中，小溪变成了一幅长长的起伏晃动的锦缎。

到了夏天，小溪两岸的各种树木，长出了浓密的树冠，像一簇一簇的绿云把小溪覆盖了，溪水被映照成绿色的酒浆，叮叮咚咚地流淌。

秋天降临人间，小溪两岸又呈现出了另一种风景。挂在枝头的累累野果成熟了，金黄金黄的，倒映在溪水里。人们到此一游，往往就掬起溪水来喝，津津有味地品尝溪水中野果的香甜。

"太棒了！"同学们发出了一片喝彩声。田老师加以点评道："谁说小溪简单呢？作者随着季节的转换，把相关因素摄取到小溪中，表现出小溪的多姿多彩，小溪真是丰富极了！"

接下来，林静同学向大家朗读自己的精彩语段：

山下有一条小溪。请不要以为小溪是简单的，小溪的性格可丰富呢！她给人生提供了许多有益的启示。

小溪有明确的奋斗目标：东归大海。小溪离大海虽然遥远，但是它向往大海，追求大海。它深知大海的博大，大海不会嫌弃它；自己虽然"渺小"，但大海不择细流，从来就欢迎这许许多多的"渺小"参与组成一个汪洋无际的大家庭。因此小溪昼夜不息地奔流，那哗哗的流水声，就是它唱的永远前进的希望之歌。

小溪有坚强的毅力。它矢志不移，永远向前，既不贪图一时的享乐，也不惧怕困难的阻挡。野花对它微笑，垂柳对它招手，小鸟对它歌唱，都留不住它的匆匆脚步；山崖的嵯峨，峭壁的险阻，怪石的恫吓，都不能动摇它的坚强决心。它辞谢了红雨青山的繁华、笑着扑向千难万险，经历了百转千回，摧坚破阵，永不回头。

小溪有正确的生命价值观：永远奉献。它日日夜夜都在欢蹦跳跃地斗折蛇行，汩汩流淌，度过了无数春夏秋冬，经历过万千严寒酷暑，体验过无数斗换星移，终于投入了大海的怀抱，把自己的汩汩细流融入滔滔巨浪，致力于为人类培育蟹肥鱼壮、鲜贝活虾的丰美海洋资源，营构浩瀚无垠、碧波万倾的壮丽海洋景观，承载着艘艘万吨巨轮，乘风破浪，长驱前进。

“好漂亮啊，好漂亮的文章啊！”伴随着同学们热烈的赞扬，又响起了噼噼啪啪的掌声，田老师笑得合不拢嘴。他评价道：“从三个侧面表现小溪的丰富，有景、有情、有理、有文采，不可多得！真是漂亮的文章！”

这时，那位对田老师提出异议的同学说道：“我以为小溪很简单，没啥可写，原来小溪是这样的丰富！我曾主张写山花绿树，如果与小溪相比，山花绿树可简单了。”田老师听了，立刻加以纠正：“山花绿树同样不简单，关键是要善于表现。即使是简单的事物，也是可以表现丰富的。今天同学们受到很好的训练，今后一定可以百尺竿头，更进一步！”

三、写作示例

山 泉

高 砚

山泉，埋在我心中的歌。日夜喷涌是我的追求，永远奉献是我的思索。

——题记

山泉，甜丝丝，亮晶晶……你是蕴藏于地心深处的来客，你喷涌出地面，特意为装点大好河山，携来了甜润清醇的酒浆。

你汩汩奔流，昼夜不停。你流过的地方，生命都承受你的恩泽。

你流过草地，小草喝了，美滋滋醉成绿茵一片。

你流过山冈，山林喝了，晕乎乎，醉后起舞，卷起连天的绿浪。

你流过稻田，青蛙——醉心于你的绿色使者，敲起声声蛙鼓欢迎你，敲绿了千里稻田，敲出了千里稻香。

啊，山泉！是不是你在火热的地心里酝酿得太久而积聚了太多的宝藏？若不然，为什么一经问世，你就给人间带来如许的无限风光，如许的美妙希望？

滴水泉

管用和

一滴，一道闪光；一滴，一声叮咚。

有人看你像泪，那是一双感动的眼睛；

有人看你像酒，那是一双陶醉的眼睛；

有人看你像珠玑，那是一双爱美的眼睛；

有人看你像星星，那是一双充满幻想的眼睛。

而我，看你像一个战斗的音符，凝聚着炽热的激情；不安于寂寞的平静，渴求奔波的歌唱。

一滴，一个坚强的意念；一滴，一个高尚的情感；一滴，一个纯洁的灵魂。

啊！一滴，一滴，一滴……一串串清脆的撞击之声韵，一曲曲珠落玉盘之乐音；一声声荡气回肠之天籁！让我们在这种氛围的熏陶之中，去求索前面的道路，去通过曲折与不平，去汇入小河，流向大江，趋归大海，在巨浪奔腾的交响乐里，歌唱着，献出自己奋进的人生！

一滴，一道闪光；一滴，一声叮咚……

（两文均有改动）

这两篇散文诗写的都是山间的泉，写得各有千秋，但有一个共同点，就是从简单表现丰富。

泉，人们是司空见惯的事物，看起来也很简单。写泉若不得法，往往用几句话，诸如透明光亮啦，清澈甘洌啦，晶莹可爱啦，就写完了。这样写，连构成一篇文章的要求也不能达到，又何谈生动丰富呢？究其原因，是就泉写泉，把自己的写作思路堵死了。

泉，我们可以承认它简单，但不能停留于简单。简单，只是泉的表层，承认也无妨；可要知道，泉表层的简单却蕴含着深层的丰富，所以我们不能把泉停留于表层的简单上。这就是说，要从简单表现出丰富来，这两篇散文诗为我们提供了范例。

《山泉》通过时空的流动，从山泉延伸到各种景物，同时引起各种景物的变化，于是山泉表层的简单就展示出深层的丰富了。在作者笔下，山泉是绿色的酒浆，山泉流过的地方都受到酒浆的滋润，都呈现出一片蓬蓬勃勃的生机。草地，因喝了酒浆变得绿茵似缎；山林，因喝了酒浆而碧涛翻滚；青蛙，因喝了酒浆而击鼓声声；稻田，因喝了酒浆而绿浪起伏，稻香千里。山泉，貌似简单，实不简单。作者从简单表现出：山泉是一个丰富的宝藏，山泉是一个丰富的世界，山泉的丰富给人间带来了无限的风光和美妙的希望！

《滴水泉》从不同个性的人的眼睛的反应，多侧面地表现了滴水泉的丰富。滴水泉，一点一点地从山间滴下来，一目了然，从表层来看再简单不过了，但它的深层有着丰富的蕴含，正因为这样，才可以使各具个性的各种眼睛从中找到和自己心灵相通的契合点，从而产生不同的感受，作出不同的反应来。作者敏锐地触摸到其中奥秘，多侧面地从简单表现出丰富。在作者笔下，滴水泉的每一个侧面都是一个生动的镜头。

第一个镜头：一双感动的眼睛，基于内心情感的充沛，眼里常含泪水，因为我们的时代，值得感动的事情太多了。可不是吗？日新月异的改革成就，经济腾飞的频频捷报，可歌可泣的英雄壮举，都足以让情感充沛的人感动得热泪盈眶，于是，滴水泉“叮咚、叮咚”地滴下来的水珠，在一双感动的眼睛看来像泪，就是很自然的事了。

第二个镜头：一双陶醉的眼睛，源于内心感受到现实生活的甘醇。在我们的国度里，令人感到甘醇而陶醉的因素是说不完的。中国是东方巨龙，作为中国人的自豪感，是令人陶醉的；随着改革开放的深入，大家在丰衣足食的同时又得以享受高雅多彩的文化生活，是令人陶醉的；由于精神文明的提高，在祖国的大家庭里，随时随地都感受到人间的爱，是令人陶醉的……这一切是多么甘醇啊！怎能不陶醉呢？于是，滴水泉“叮咚，叮咚”地滴下来的水珠，在一双陶醉的眼睛看来像酒，就是十分可信的了。

第三个镜头：一双爱美的眼睛是现实生活中琳琅满目的美熏陶出来的，反过来又特别钟爱各种形态的美，诸如见义勇为的高尚风格、诗情画意的田园风光、灯光辉煌的工地夜景、出神入化的艺术创作等等诸多的社会美、自然美和艺术美，都足以引起爱美者的倾心。于是，滴水泉“叮咚，叮咚”地滴下来的水珠，在一双爱美的眼睛看来像珠玑，就是合乎逻辑的了。

第四个镜头：一双充满幻想的眼睛被创造精神培育出来。振兴中华的召唤，催生了许多有志者的创造精神。幻想是创造的发动机，有创造精神的人必然爱幻想，必然有一双充满幻想的眼睛。在一双充满幻想的眼睛里，从一片秋叶的脱落看到传播丰收喜讯的捷报，从一声汽笛长鸣看到时代的列车滚滚飞驰，从一只贝壳看到浩瀚的大海，看到大海上巨轮起航，千帆齐发……基于此，滴水泉“叮咚，叮咚”地滴下来的水珠，在一双充满幻想的眼睛看来像星星，就是顺理成章的事情了。

第五个镜头：滴山泉面前还有一个“我”，“我”用一双更为独特的眼睛去看“叮咚、叮咚”地滴下来的水珠。这是一双渴求的、激情的眼睛，是一双充满奋斗精神的眼睛。有了这种渴求的激情，有了这种奋斗的精神，他就要去充当改革与发展大潮中的弄潮儿，要做在奔波中冲破惊涛骇浪抵达彼岸的顽强的水手，不做带着白手套站在岸上观潮的鉴赏家，因为他的奋斗哲学是：雄心锻造的宝剑，能够斩榛莽，砍乱石，劈开光明的大道；壮志编成的飞舟，可以闯激流，越险滩，高唱胜利的凯歌。用这样一双眼睛把滴水泉的滴水看作战斗的音符就是题中之意了。

上述五个镜头从五个侧面展现了各具个性的眼睛，看到滴水泉“叮咚，叮咚”的水珠的亮丽风景，滴水泉是多么不简单，多么丰富啊！

《山泉》、《滴水泉》这两篇散文诗，避免了孤立地写事物，而从事物的时空流动中，从事物的各个侧面进行描述，做到了从简单表现丰富。

第二节 从熟悉表现新鲜

一、写作知识

人们读一篇文章，都期待着一种新鲜感，谁也不愿意读那些味同嚼蜡的老一套东西。只有读出了新鲜，才会有新的感悟、新的收获、新的享受。新鲜，对于一篇文章实在是太重要了。

然而要写出新鲜，又谈何容易！人们写作，当然是写自己熟悉的事物才可能写得好，自己熟悉的事物就是自己日常生活中周围的事物，而这些事物又是大家都熟悉的事物，把这些东西写出来，人们读起来不是觉得习以为常了吗？又如何产生新鲜感呢？要写出新鲜，难呀！

这向我们的写作提出一个重要课题：要从熟悉中发现新鲜，要从熟悉中表现新鲜！为此，写作主体要在自己的心灵中培育出一面生活显光镜去光照生活，寻找生活的亮点。所谓“亮点”，就是价值的集中点。“价值”指教育价值、认知价值、审美价值和娱乐价值等。有许多事物，人们很熟悉，但看不出其亮点，所以没有在意；用心灵中的生活显光镜去光照这些事物，它的亮点就能显现出来，让人觉得眼前一亮，产生一种顿悟：啊，这些事物原来是这样的啊！于是，熟悉的变成新鲜的了。这就是从熟悉中发现新鲜。只有从熟悉发现新鲜，才可以从熟悉表现新鲜。

从熟悉表现新鲜有四项要领：

第一，用事物的亮点发掘事物的内蕴。“内蕴”即事物内在蕴藏着的能够感染人、启迪人的种种因素。对于大家都熟悉的事物的内蕴，人们不是一眼就能看到的，因而习以为常，无动于衷，一经用亮点去发掘其内蕴，这些人们熟悉的事物就以异于往常的面貌出现，人们就觉得十分新鲜。比方说水，这种东西人们太熟悉了，水是没有固定形状的液体，更是人们烂熟的常识。因此，人们对于水一点也不觉得新鲜。但是，用心灵中的生活显光镜去光照就可以发现水的一个亮点：易变、多变。抓住这个亮点就可以把水的内蕴发掘出来：水的易变、多变，原因在于它是一种没有固定形状的液体；水因为易变、多变，所以能够变出许多新异的景象来。根据这个道理，一位作者用水的亮点发掘出了水的内蕴：“飘成云朵很洁白，抽成雨丝很缠绵，笑出眼眶很兴奋，滴上草叶很晶莹，跳进江河滚滚流，跃入大海波涛涌。”（蒋爱群《水》，有改动）这些通过亮点加以发散的描述，表现出水的易变、多变的具体状貌，真是花样翻新、层出不穷，人们熟悉的水，竟然表现得这么新鲜。

还可以举出一例：根。根，到处都有，极为常见，人们是最熟悉不过的。根，就是植物干茎最下端吸收养分的部分，多生在土里。这是人们熟悉的 ABC 一类的知识了。怎样从人们熟悉的根发现和表现出新鲜来呢？有一位作者用心灵中的生活显光镜去发现根的亮点：强大的生命力。再用这个亮点，发掘出根的各种内蕴：

根，是了不起的强者，因为它有强大的生命力。

根，在地层中奋斗，勇敢地冲破阻力，顽强地超越障碍，在板土下潜行，在岩石间挺进。隆起的骨拐，是冲刺的纪录，虬动的身躯，是拼搏的确证。根，日日夜夜、分分秒秒都在不息地运作，无论是脉搏的跳动、血液的流淌……一切的努力，都是为了滋养大地，把人间装扮得多姿多彩。

谁说根的劳动是默默无闻的？谁说根的贡献是无人知晓的？请看我们的世界吧！

啊，根！你强大的生命力在广袤的空间延伸了、扩展了；茫茫林海，是你生命的升华；林涛呼啸，是你心灵的呐喊；鲜花盛开，是你嫣然的笑靥；果香浓郁，是你嘘气的芬芳；一把把罗伞似的翠绿的树冠，是你梦境的实现！一座座绿化城市的兴起，一座座绿化的崇山峻岭的增多，是你强大的生命力的丰碑！

（据曾信禄《树根赋》改写）

请看，对人们非常熟悉的根，作者发现了亮点，用亮点发散有关根的能够感染人、启迪人的因素，根就以一种新鲜的面貌出现在读者面前。这就是从熟悉表现新鲜。

第二，用事物的亮点揭示出事物产生的各种效应，使原来的事物以一种新的面貌出现，成为人们感到很陌生的事物，这就可以从熟悉表现新鲜了。举例来说，蝴蝶，恐怕谁都见过，谁都很熟悉。写蝴蝶，怎样使它以新的面貌出现，使人们觉得新鲜呢？作家石祥发现了蝴蝶的亮点：采花。随之揭示出蝴蝶的这个亮点产生的效应就是：蝴蝶所到之处都是春花。于是，翩翩飞翔的蝴蝶变成了春天的彩帆，彩帆驰向哪里，哪里就是盛开着百花的乐园；于是，翩翩起舞的蝴蝶变成了春天的衣衫，衣衫呈现出来的是姹紫嫣红、五彩斑斓；于是，翩翩遨游的蝴蝶变成了春天的梦幻，梦见了花儿吐艳，喜笑开颜……通过这些揭示，在作家笔下，蝴蝶不再只是蝴蝶，变成了与春花有联系的春天的彩帆、春天的衣衫、春天的梦幻！就这样，人们熟悉的蝴蝶变成了人们觉得新鲜的蝴蝶，达到从熟悉表现新鲜的艺术效果。

再举作家石祥从熟悉表现新鲜的另外一个例子。他发现丝丝小雨的亮点是哺育天地，于是揭示了小雨哺育大地的效应：

大地咂着乳汁般的丝丝小雨，呈现出一片生机。幼芽舔着鲜美的雨滴，高兴了，伸出了舌头儿；花苞吸着鲜美的雨滴，胖了，滚动着晶莹的眼球；柳枝吮着鲜美的雨滴，醉了，摇动着俊俏的腰肢；小溪喝着鲜美的雨滴，乐了，脸上泛起了酒窝儿，荡起了笑的涟漪……

啊！丝丝小雨，你是向大地洒遍乳汁的千千万万头奶牛吗？

作家通过这些描述，揭示了丝丝细雨产生的效应，合情合理地把丝丝细雨写成了千千万万头奶牛滴下来的奶汁，于是熟悉的也就变成新鲜的了。

第三，用事物的亮点去进行幻化，使它变异成为另外一种事物。幻化即在幻觉中的变化。用事物的亮点去进行幻化，也就是事物的美的集中点、价值的集中点刺激自己的大脑神经，从而产生一种幻觉，使该事物变异成或相似、或相关、或相连的另外的事物。这样的幻化，可以使人们对于原来司空见惯的事物变得很新鲜。比如，在课堂上，老师提问，许多学生举起手来争着回答。这样的事物，差不多每一堂课都会出现，人们已经非常熟悉，谁也不会认为很新鲜了。但有的作者用心灵中的生活显光镜发现了其中的亮点：老师提问，学生踊跃举手，抢先回答，这就是园丁培育新苗。这个亮点刺激作者的大脑神经，于是眼前的事物产生幻化，变异成为另外的事物。作者写道：“课堂上，老师发出充满智慧的提问，传播出佳妙的声符，那是甘美的丝丝雨露在向新苗浇洒。我看到一排高高举起的要求回答的稚嫩小手。啊，那不就是充满生机的一排小树苗吗？小树苗呀，在甘美的雨露的滋润中，你们必将茁壮成长为拔地参天的栋梁之材！”这些文笔，描述由亮点生发出来的幻化，把人们熟悉的课堂提问表现得很新鲜。

再举一例。养鹅人在郊外放养鹅群，对于这样一个人们熟悉的事物，能表现出新鲜来吗？能！有一位作者为了从这样为人们所熟悉的事物中表现出新鲜来，通过心灵中的生活显光镜发现了一个亮点：养鹅人的竹竿。正是这根竹竿，体现了人的本质力量，发挥了养鹅人的创造性。在郊外放养的一群鹅，经过养鹅人挥动竹竿的牵引，变出了各种不同的造型：一忽儿拉成一线，一忽儿聚成一团，一忽儿铺成一片……作者的视线追随着养鹅人挥动竹竿的“指挥艺术”，眼前的鹅群幻化成洁白的云彩。作者写道：

一片洁白的云彩，柔曼地飘浮着，活泼地翻滚着。

白云沿着笔直的田塍飘着。

白云顺着弯曲的山路滚着。

白云滑下一条开满野花的小坡，跃进了一条跳着浪花的小溪。

溪水流着，白云也流着，流进了一个大水库……

白云哟，是山风吹来的吗?

不，是养鹅人用竹竿挑起来的。

（少鸿《鹅群》。有改动）

作者在文章的结尾画龙点睛地指出：白云是养鹅人用竹竿挑起来的。

看到这样的从熟悉表现新鲜的文章，真是令人拍案叫绝：妙极了！文章从熟悉表现新鲜之妙，就是通过心灵中的生活显光镜，用事物的亮点进行幻化，使原来的事物幻化成为相似的另一种事物的表达效果。

第四，用事物的亮点去凸显事物在瞬间展示出来的巨大容量。有许多事物，人们司空见惯，耳熟能详，不会觉得有什么新鲜感。但是如果能够用心灵中的生活显光镜，捕捉事物的亮点去突显事物在瞬间展示出来的巨大容量，就可使人大为惊异：啊，真新鲜！可不是吗？一朵野花，长在原野上，在仓促的瞬间开了又落，对于这类事物，人们见得多也听得多，熟悉得不能再熟悉，怎么说都谈不上新鲜了。可是，中国现代著名诗人陈梦家先生在他的诗作《一朵野花》里，却可以使人赞叹不已：真是新鲜极了！其奥秘就在于用心灵中的显光镜捕捉一朵野花的亮点，凸显它在瞬间展示出来的巨大容量。在陈梦家先生笔下，“向着太阳发笑”就是一朵野花的亮点。是怎样通过这个亮点去突显一朵野花在瞬间展示的巨大容量的呢？作品中的“开了又落了”，这五个字展示出这朵野花的生命只是短暂的瞬间，是一个微不足道的渺小生命的瞬间。但是这个瞬间，有了“向着太阳发笑”这个亮点的光照，其大容量就凸显出来了。从作品的描述我们可以看到：野花扎根在贫瘠的荒原，享受不到公园里的沃土；野花是孤单的一朵，无法跻身于公园里的群芳之列；野花寂寞地听惯了山野里风的温柔、风的怒吼，无福接受公园里如云游客的青睐……然而，正是这样的野花，在开了又落了的一刹那生命中“向着太阳发笑”！这就凸显了野花在瞬间展示的巨大容量：野花尽管清苦、孤单、寂寞，但仍然毫不气馁，而且一个劲地盛开，展示不屈的生命的韧性，展示坚强的生命的辉煌！这朵野花，就是生命的绝唱，生命的赞歌，给人生提供了丰富而深刻的启示：人生，不要怕困难，不要怕曲折；人生，要拼搏，要奋进！陈梦家先生作品中的一朵野花，生命只不过是一瞬间的短暂，却展示了如此巨大的容量，难道还不新鲜吗？

从上述成功的写作实践来看，掌握好上述四项要领，对于日常生活中大家都熟悉的事物，信手拈来，都是可以写出新鲜的。

二、写作故事

赏月作文

立人中学绿地文学社在学校的通告栏上贴出了一张通知：

我社定于本周星期六晚上7时半在本校运动场主席台举行赏月作文活动，特聘我市作家协会副主席金波光先生担任辅导老师。请全体社员依时参加。

绿地文学社

2010年10月5日

看到这张通知，文学社的同学们感到很新奇，因为从来没有听说过有什么赏月作文，大家都被这样的新奇事吸引住了，个个都盼望着星期六早一点来临，个个都抱着兴高采烈的心情踊跃参加。

星期六晚上终于到来了。运动场主席台坐满了人。除了文学社的同学，还有不少社外的同学也来旁听。文学社社长林丽妮同学致辞后，金波光先生在热烈的掌声中开始上辅导课。

金波光先生说："绿地文学社社长林丽妮同学要我来给大家上作文辅导课。她出的题目很好：怎样从熟悉中写出新鲜。因为时间所限，今天晚上只能解决这个题目中的一点：通过对事物的幻化，把熟悉的写成新鲜的。"

听了金波光先生的这些话，许多同学心中嘀咕着："怎么金波光先生讲的文不对题？通知不是说赏月作文吗？"正觉得扫兴，想举手提意见，只听得金波光先生又往下说："对于这个问题，同学们可能很生疏，这就不能光讲理论了。我们还是从赏月入手吧。"

听到这里，好些同学又产生疑问了：赏月？赏月和写熟悉、写新鲜有啥关系？且看金先生的花样儿吧。

金先生又继续说："今晚的月亮是上弦月，是新月，不是满月。满月固然很美，而新月也同样有欣赏价值，让我们大家都来欣赏新月吧。刚才我说了，对事物进行幻化，可以把熟悉的写成新鲜的。那么，我们就在对新月的幻化中欣赏新月吧。"

不少同学心里又出现闷葫芦："赏月就是赏月嘛，怎么来一个幻化？幻化是什么东西？"

金先生好像知道同学们心里想些什么似的，接着道："有些同学可能还没有接触过'幻化'这个词。幻化，就是事物发生虚幻、新异从而变成了另一种事物的变化。我们要对事物作幻化，必先对事物产生幻觉。幻觉就是对事物虚幻的、新异的感觉。你对面前的事物有了幻觉，面前的事就自然而然地幻化了。我这样说，同学们觉得抽象吗？那就再讲具体一点吧：幻觉源于对事物作海阔天空的幻想。爱幻想的人就容易产生幻觉，随之就使你面前的事物发生幻化。你面前的事物往往在幻觉中变化成为另外的事物，成为世界上虽然存在但却变得十分奇异的事物，或者成为世界上从来没有出现过而且根本不可能出现的事物。这些事物可以是千奇百怪、神妙无穷的，在形状、质地、时空……各个方面不受任何限制，可以是你眼下的事物，也可以是几千年前的古代以至遥远将来的事物，可以是高山大海、飞禽走兽、奇花异草、神仙妖怪、天堂地狱、异国他乡……不过，要注意十分重要的一条：你面前的事物在幻觉中幻化成为另外的事物，两者要有联系，或相似，或相关，或相连。离开了联系就是胡思乱想了，那是要戒绝的。”

同学们听到这里，觉得金先生的述说娓娓动人，有趣得很，全场为之活跃，发出了小声的议论：“真新鲜！真新鲜！”

金先生向大家提问：“我上面说过，由于对事物产生幻觉，就可以使事物发生幻化。其实，同学们在课内外读过的文章，有许多就是写通过幻觉造成事物的幻化的，有谁可以举出例子来？”

金先生的提问点燃了同学们热烈的情绪，大家你一言，我一语，唧唧喳喳地议论开了。经过金先生的允许，艾野同学站起来发言，介绍他读过的一篇散文，对故乡田野的爱幻化得十分神妙：

小时候，我跟随父亲耕耘故乡的田野。因为爱得深，我在田野里播下我的心的种子。

长大了，我离别故乡和亲人，飞越太平洋，到异国求学。

我的心的种子在故乡的田野发芽、茁长，花繁果硕，万里飘香，飘过千山万水，飘过太平洋彼岸，熏陶我，感染我，召唤我的灵魂飞返故乡，回到亲人身边。

“真是神妙极了！这就是幻化，在幻觉中对故乡田野的爱进行幻化。”金先生对艾野举的例子大加赞赏。接着他又继续提问：“有谁能够举出对月亮进行幻化的例子？不要忘记今天晚上我们要赏月呀！”

“我要举一个例子！”池清涟同学抢着回答，于是他站起来朗诵：

小时不识月，呼作白玉盘。
又疑瑶台镜，飞在青云端。
……

金先生喜笑颜开，表扬了池同学举的例子好。他说：“这是李白《古朗月行》中的名句。在幻觉中把月亮幻化成为天上的白玉盘，飞到青云端的瑶台镜，多么奇幻啊！”

这时，新月的清辉照到运动场的主席台上，照到同学们欢愉的脸上。金波光先生指着天上的新月说道：“还是让我们来赏月吧。可是，今天晚上我们赏的不是李白笔下的白玉盘、瑶台镜一样的圆月，而是一弯新月。同学们认为应该怎么赏呀？”

“那我们就学习李白，对新月作一番幻化吧！”文学社社长林丽妮带头作倡议。

“好！”大家发出了热烈的应和。

金波光先生接着说：“我先前说了，幻化是在幻觉中产生的，而幻觉又源于爱幻想，那大家就要在幻想中去感受新月。大家尝试下在大胆的幻想中感觉新月像什么。”

听了金先生的话，同学们陷入了沉思。

蓝娟娟同学的发言打破了沉寂，她说："我觉得天上的新月就像一把黄金铸造的镰刀！"全场响起了一阵阵热烈的掌声，把大家的情绪推向新的高潮，于是争着发言的景象出现了。

"像挂在天上的弯弯的玉钩！"

"像一把银弓悬挂高空！"

"像蓝天上一盏弧形的天灯！"

"像姐姐大眼睛上面弯弯的眉毛！"

"像一瓣金黄色的橘子！"

……

看到同学们在赏月中闪耀着的智慧火花，金波光先生心花怒放。他说道："同学们在幻觉中对新月的幻化十分精彩！新月本来是人们常见的一种天体，熟悉得很，一经同学们的种种幻化就非常新鲜了。这不就是从熟悉中表现新鲜吗？你们文学社的这次活动既然是赏月作文，就要写出作文来。请大家把各自对新月的幻化继续发展下去，构成一篇文章吧。"

林丽妮接着话茬说："请文学社社员在三天内把文章交上来。"

三天后，绿地文学社把文章都收齐了，好文章很多。金波光先生把其中最好的两篇推荐给市作协的文学刊物《椰风》发表。有一篇是高天宇同学写的，主要片段如下：

一弯新月高高地挂在澄碧的夜空，向大地投下明亮温柔的清光。

我翘首望新月，心中思故乡。弯弯的新月，变成了一张轻悠悠的小船在浩渺的烟波中晃荡。那载舟的江水，催发我涌动起阵阵的乡恋。面对小船，我心中默默地呼叫着："小船呀小船，你能不能带我回故乡？"好哟，小船真善解人意，慢慢地靠近岸边了。我一跃而上，拿起船篙一撑，小船很快地离开江岸。我又拿起船桨，摇呀摇的，小船就朝着我的故乡前行。岸上婆娑的树林，影影绰绰，缓慢地从我的小船旁边掠过，习习的夜风夹着野花的幽香扑面而来，沁人肺腑；唧唧的虫鸣和浩荡的江声互相应和，组合成夜的奏鸣曲……啊，美丽的夜，诗一样的夜，真令我心旷神怡，我抬头纵目眺望，远处高高的椰树冲天而立，告诉我故乡就快到了。啊！故乡，我亲爱的故乡，你欢迎你的负笈远走他乡求学的游子归来么？可是，夜深了，故乡已经睡着了，我故乡的亲人也睡着了。啊，亲人，我久别的亲人，也许你在酣梦中来到这里，伫立江岸，盼望着您的孩子归来吧？

高天宇等两位同学的文章发表后，金波光先生给绿地文学社寄来了一摞《椰风》文学月刊，还附了一封短柬，称：看到了文学社的同学在赏月作文中写出的佳作，很感欣慰。他特别赞扬文学社做的工作很有意义。信里还有下面一段：

你们做了很有意义的工作。你们组织的各项活动，可以培养出许多文学新苗，现在就看得出他们的文学才气，比如高天宇同学写《新月》一文，通过自己心灵中的显光镜去发现新月的亮点是普照大地，随之就找到了新月和小船的"弯弯"的共同特征，把一个在天上、一个在水上而距离遥远的两个物体结合起来，幻化成为一张小船，"我"却乘了这张小船回到故乡，取得了从熟悉表现新鲜的艺术效果。

金波光先生的来信和赠刊给绿地文学社的同学以巨大的鼓舞。

（本文参考了沙鸥的诗作《新月》）

三、写作示例

我爱校园的小路

陆小芹

我爱校园的小路。

迈着兴奋得几乎打战的步子，我跨进了一所闻名遐迩的学府的大门，走在校园的一条小路上，去参加开学典礼。凭直觉，从一开始我就爱上了校园的小路。

我走在小路上发出“蹬、蹬、蹬”的脚步声，我的心灵感受到小路对我发出亲切的呼唤：“新同学，热烈地欢迎您！往后我们是一家人了。往后的日子，您可以跟随我的导引，走向校园的新生活，走向学习的新天地！”

啊，小路，多么友善的小路！它向我敞开了一颗炽热的心，让我和它心心相印。往后我们就成了天天不离的好朋友了。

我爱校园的小路，是因为它特别漂亮吗？不。它没有宽阔的、魁梧的体魄，身边也没有鳞次栉比的高楼、琳琅满目的商品。和平坦、宽广的马路相比，它实在太渺小、太普通了。但是，它纤巧，显得温柔；它细长，显得情深；它洁净，显得素雅。护在它两旁的垂柳，就像两条飘然的裙边显出了文雅洒脱。校园的小路，焕发着朴素的美、娴静的美，这些都成为我爱校园小路的因由。

我爱校园的小路，还因为它导引着我走进一个新的群体，走进一个新的学习阶段。

沿着小路的导引，我找到一个来自五湖四海的大家庭。原来彼此素不相识的人，却一见如故，济济一堂，充满欢声笑语；声声问候，好像兄弟姐妹。多么开心啊，是小路把我们连在一起的。

沿着小路的导引，我找到了我们的教室。新漆的课桌、明亮的窗户，使人心旷神怡。我体验到，从这里可以走向知识的海洋，支持我们怀着的一腔抱负和夙有的理想。在这儿聆听严师的谆谆教诲，可以燃起求知欲望的火苗。多么幸运啊，是小路带我求师问学，向科学的高峰攀登。

沿着小路的导引，我找到了知识的宝库——图书馆。从这里可以窥见学海书山的一角。一排排书架，是我们登上学问殿堂的阶梯；一叠叠索书的卡片，是指点我们通往知识王国的雷达。走进这里，犹如进入风光无限的文化大观园，目不暇接，流连忘返。多么造化啊，小路送我到知识的汪洋大海寻珠探宝。

我爱校园的小路，更因为它导引着我享受数不尽的读书生活的良辰美景，哺育我天天成长。

早晨，它导引我来到一片绿茵茵的草坪。这儿是一个幽静的天地，我似乎感触到清新的空气在缓缓颤动。早醒的小鸟们在枝头传播出婉转清脆的音乐，伴着我晨读的琅琅书声，融入了校园晨曲的旋律。绿树丛中送来阵阵花香和着微风吹动的树梢沙沙作响，大自然的天籁是那样的和谐，那样的新鲜，那样的清丽。我捧着书，在松软、湿润的草地上一边来回踱步，一边轻轻吟诵，体味书中的醇香。此情此景，令我陶然欲醉。

傍晚，小路导引我随意漫步，观赏西沉的落日和天边的晚霞。校园的景物披上了橘红色的彩衣，呈现出暮霭的秀丽风景。这种美的氛围触发我的灵感，我不禁化用谢灵运的诗句，口中吟道："校园笼暮色，彩霞映夕菲。"胸中的诗情，眼中的画境，把我一天的疲劳驱散得无影无踪了。

入夜，小路导引我在漫步中仰望夜空。高不可测的夜空，是墨蓝的、静谧的，可又多么浩渺、多么神秘啊！月亮出来了，把清亮的银光洒向人间，洒向我们的校园；月亮隐去了，那些躲躲闪闪的星星，又眨巴着眼互相拥挤着、追逐着、闹着、玩着，欢乐无比。看来，夜空并不寂寞，可真热闹！从夜空我想到宇宙，从宇宙我又想到人生。宇宙和人生都是丰富无比而又奥妙无穷，青年人应当施展抱负，去追求，去探个究竟！

蓦地，我忽然悟到：校园的小路就是走向未来、走向创造、走向发展的通道。于是在我的面前展现了一片璀璨的光华。啊，校园的小路是一条通往明天、通往新的境界的金光大道！

注：谢灵运的原句为："林壑敛暝色，云霞收夕霏。"

（选自《少女喜爱的散文》。有改动）

怎样把人们极其熟悉的校园的一条小路写得新鲜呢？这篇散文带给我们许多启示。

如果就小路写小路是无法写出新鲜来的，比如写这条路是石子铺的还是水泥铺的，写这条路有多宽多长，写这条路的两旁种了些什么花草树木……写这些，读者是不会感到新鲜的。因为人们对这些东西早已熟悉得不能再熟悉了，如果还把这些东西塞给读者，读者是会因生厌而拒绝的。

《我爱校园的小路》的高明之处，就是避开人们熟悉的东西，用心灵中的生活显光镜显示出小路的亮点：通往明天，通往新的境界。然后揭示出小路的亮点产生的种种效应，从而把校园里的一条平平常常的小路，写成通往明天、通往新境界的金光大道。这样，就从熟悉的写出新鲜的。

在作者笔下，校园里的这条小路是一个有灵性的生命，她向"我"发出亲切的呼唤："热烈地欢迎您！往后我们就是一家人了。往后的日子，您可以沿着我的导引，走向校园的新生活，走向学习的新天地！"

小路对"我"的导引，就是小路的亮点产生的种种效应，于是，其乐无穷的促进学子身心健康的亮丽风景出现了。

小路导引"我"走进新的群体，浸润于情同骨肉的同窗学友济济一堂的欢声笑语之中；

小路导引"我"走进知识的海洋，循循善诱的严师的教诲，点燃了"我"求知欲望的火苗；

清晨，小路导引“我”到草坪上晨读，“我”的琅琅书声，随着小鸟的鸣啭的伴奏，融入了校园晨曲的旋律；

傍晚，小路导引“我”随意漫步，观赏西沉的落日和天边的晚霞，产生种种美好的幻想；

入夜，小路导引“我”仰视蔚蓝的夜空，分享躲躲闪闪的星星们互相戏逐的欢乐，或者舒心地沐浴着月亮的光华。于是，“我”萌发出对宇宙和人生的感悟。

作者揭示出了校园的小路的亮点所产生的一系列的效应之后，用点睛之笔收束全文：

蓦地，我忽然悟到：校园的小路就是走向未来、走向创造、走向发展的通道。于是在我的面前展现了一片璀璨的光华。啊，校园的小路是一条通往明天、通往新的境界的金光大道！

请看，把一条平凡的校园的小路写成走向明天、走向新的境界的金光大道，真是令人耳目一新！令人读了就享受到新鲜的喜悦！

第二节　从普通表现奇特

一、写作知识

好奇是人的天性，一篇文章能否吸引读者，这个“奇”字作用甚大。读者读一篇文章，如果觉得惊奇，就会被吸引住而爱不释手，读得津津有味、废寝忘食。

然而，有人提出问题来了：我们在日常生活中接触的多是普普通通的事物，把这些写成文章能令读者感到惊奇吗？回答是肯定的。当然，这并非随随便便就可以做到，必须具备从普通表现奇特的硬功夫。

从普通表现奇特的要求是：掌握一定的条件，把要表现的普通事物衍变成为大异其趣的事物。通过这样的衍变，普通的事物就以一种异样的形态出现在读者面前，让其惊讶不已，于是普通就表现为奇特了。

下面分而述之。

第一，从普通表现奇特，要用中介物作条件。要写某事物，如果仅仅停留在从某事物本身来写，是很难写出大异其趣的东西来的，这就要借助于中介物。就以写“风”来说吧。风，是人们天天都能感受到的气象变化现象，当然是很普通的，如果只限于写风本身，无非是写诸如急风、狂风、暴风、清风、和风、呼啸的风、旋转的风、刺骨的风、湿润的风、温柔的风等等。对于变幻莫测的风，尽管你用很多辞藻去形容，人们都觉得没有超过普通的范围，因为已经被人们这样写过千百遍，读起来毫无奇特之感。著名作家耿林莽借助中介物来写风。他在一篇题为《风呵》的散文中，写变幻莫测的风在春日的湖边吹起“一排排啮着草岸窃窃私语的浪花”，那是“风的洁白的牙齿”；在翠绿的山林，吹得高高的白杨树，枝叶卷动，那是风披散着的一头浓发。作家赞叹：“风呵，变幻莫测的风呵，是一个温柔的少女。”接着，又写风鼓起披肩“扬起了马蹄边呼啸的烟尘；奔腾突进的火车头上，有一条追踪它的喷吐不尽的白烟”。这时，作家又赞叹变幻莫测的风是一个威风凛凛的骑士。请看，风，竟然时而变成温柔的少女，时而变成威风凛凛的骑士，这是多么的奇特！作家运笔之妙，就在于借助中介物：借助浪花、白杨作为中介物，把风写成温柔的少女；借助马蹄扬起的烟尘，火车喷吐出的白烟作为中介物，把风写成威风凛凛的骑士。因为借助了中介物，风变成少女，变成骑士，从普通表现出奇特，就显得自然而然、顺理成章，让读者惊叹不已！

作家刘湛秋也善于借助中介物，从普通表现奇特。阳春三月，桃花片片落进河水里，这原是无甚新奇的普通事物，然而在作家笔下，普通的变成奇特的了：

三月的桃花水，是春天的竖琴。

每一条波纹，都是一根根轻柔的弦；那细白的浪花汩汩地滚动，是竖琴有节奏的旋律；那忽大忽小的水波声是竖琴发出的乐音，应和着田野上拖拉机的鸣响……

（选自《三月桃花》。有改动）

普通的桃花水，由于有波纹、浪花、水波声作中介物就变成春天的竖琴了。把波纹喻为竖琴的琴弦，把浪花的汩汩喻为竖琴的节奏和旋律，把水波声喻为竖琴的乐音，多么生动、多么贴切、多么丝丝入扣啊！

第二，从普通表现奇特，要把有关联的事物编织进要描述的事物中去。一种普通的事物，编织进有关联的事物之后，就比原来繁复、丰富了，于是衍变出另一种景象。人们对于普通的事物习以为常，见多不怪，一旦看到衍变成的样子，就会感到惊奇。这就做到了从普通表现奇特。请看作家李长廷是如何把有关联的事物编织进人们常见的普通浪花，从而把浪花表现得十分奇特的：

浪花是有颜色的。

晴日的早晨，它是霞红，如火般热烈；温柔的月夜，它是银白，如雪般皎洁。丛林繁茂的春天，它是翠绿翠绿的；瓜黄果熟的秋天，它是金灿灿的。

浪花是有香味的。

流过山谷，是杜鹃花、山茶花的幽香；流过田野，是草籽花、豌豆花的清香。它的芬芳，萦绕着水鸟的梦，水鸟醒来了，便热烈地扑向它；它的娇媚，吸引着蝴蝶的心，蝴蝶看到了，便急忙飞向它。

浪花是有果实的。

你看那个持钓竿的老者，把一根钓竿的长线向浪花抛去。看到了动静，老者把钓竿提起来，老者笑了，老者收获劳动果实了。

啊，浪花！你日日夜夜地喷溅激荡，你给人间带来多少诗情画意！

（选自《浪花》。有改动）

普通的浪花，编织进早霞、月光、山谷、田野、花卉、水鸟、蝴蝶、瓜果以及垂钓的老者等等有关联的事物之后，就变成有色、有香、有果，令人赏心悦目的人间美景！

第三，从普通表现奇特，要找到所写事物的切入点，然后依据这个切入点，淋漓尽致地展示出这个事物的能量，即这个事物能够产生影响或作用的力量，随之，这个事物就呈现出平时人们所没有看到的奇观。这就从普通表现出奇特来了。比如，火是人们打交道最多的东西，无疑是很普通的，而著名诗人杜运燮在诗作《火》中，却能把普通的火表现为奇特的火。他找准了火的切入点：燃烧。这种燃烧就是生命能量的爆发。诗人从火燃烧的火花看到自然界的花和蓓蕾，看到花和蓓蕾的生命能量的爆发，于是就赋予了火以生命。奇观出现了，世界是充满生命的，有生命就有燃烧，因之到处都有生命能量的爆发，到处都充满了火一般的生命的燃烧，诸如：树木的生命在燃烧，不断地生长着新的枝条，展示无数新旗帜；小草的生命在燃烧，不断地萌发新的绿叶，那是箭一般的火苗；飞鸟的生命在燃烧，它把纯真的乐声揉着朝阳，洒遍林间；鱼的生命在燃烧，它是为了使水更柔和，使河海有更醇厚的感情；人的生命在燃烧，诗人自己的生命也在点燃，有时觉得像是一座火山。燃烧是有目标的：燃烧，是为了举起冲天照射的火把，烧毁旧的楼厦；燃烧是为了把世界烧得明丽辉煌。这就是火的生命的千姿百态，这就是生命在燃烧的世界。抓准了火的切入点，展示了火的生命能量，人们看到的就不是普通的火而是奇特的火了。

著名作家刘白羽在一篇题为《红》的散文中也提供了一个抓住切入点，展示事物能量，从普通表现奇特的范例。红这种颜色是到处都有、随时可见的颜色，算不上什么奇特，而刘白羽先生抓住了红的切入点：红。红，是马克思最喜欢的颜色；红，是最激动人心的颜色。从这个切入点出发，充分展示出红的能量，把红衍生出来的事物表现得淋漓尽致。诸如：红是生命的颜色，是鲜血的颜色，鲜血红得很浓，很艳，流溢着活跃的生命；红是太阳的颜色，太阳在破晓时分，呐喊着，打开黑沉沉的宇宙大门，让树叶从沉睡中扬起头，水波从宁静中张开眼，带着露珠的花朵迎着阳光显得鲜艳可爱；红是火炬的颜色，在浓墨般的黑夜，火炬的红光冲破黑暗，照明天地，而高举在革命战士手中的火炬，能将旧世界的黑暗与肮脏烧尽，更加神圣、美丽、庄严，而这种神圣、美丽、庄严又催生出光明、美好的明天。通过切入点进行的一系列展示，红就呈现出一个无比繁富、无比绚丽的世界；于是，红就从普通的颜色衍生出激动人心的种种景观，成为充满魅力的、奇特的异彩。

第四，从普通表现奇特，要揭示出所写事物在一定的条件下发生变化而引起反差。大多数事物在处于常态的时候，是没有什么奇特之处的，但在一定条件下而发生变化、引起反差之后，能产生强烈的对比作用，出现奇特的景象。请看著名作家林希的一首题为《土》的短诗：

附在大地上
你是土壤
沉浮在空间里
你是尘埃

土，人人都可以见到，但又有谁理会过它呢？又有谁把它写成文学作品呢？因为它太普通了。而林希先生独具慧眼，揭示出土由于空气干燥而被风刮起来，离开大地，在空间沉浮，发生了变化：土壤变成尘埃。于是反差出现，一种奇特的风光展示在读者面前。尘埃与土壤形成了强烈的对比：土壤是深厚、丰富的，可以育出苍翠的丛林、艳丽的花朵、参天的巨树、喷香的佳果，还有品种繁多、饱人口福的五谷杂粮、瓜豆蔬菜，乃至无数的生态物种，而尘埃呢？只不过是在空气中飘来飘去的微粒罢了。这种反差揭示出的两种截然不同的价值取向给予人生的启示何等深刻！尘埃离开土壤就无所作为，个人离开群体必一事无成。

从上述可知，只要掌握好必要的条件，就能够把日常生活中的普通事物表现得十分奇特。

二、写作故事

在老作家的书房里

老作家程钧先生的书房里来了三位客人。

这三位客人都是青年作者，他们来拜访老作家的目的，是请教老作家怎样从普通写出奇特。程先生对他们的到来表示热情的欢迎，让他们把创作上碰到的问题提出来大家一起讨论。

这三位青年作者都曾经在程先生任所长的文学青年讲习所学习过，他们和程先生早就是师生关系了。看到程先生还是像往日那样平易近人，和蔼可亲，心里很是高兴。

先发言的是徐稚茜。她说：“程先生，我们都是您作品的忠实读者，您每出一本书，每发表一篇佳作，我们都如饥似渴地阅读过。我们都体会到您的作品有一个很大的特点，就是善于把日常生活中普通的东西写得十分奇特，令我们惊讶不已。我们也曾经学着写，但就是不行。您教给我们一些妙法好吗？”

程先生笑着说：“妙法？妙法我倒是没有。不过我可以告诉大家，写作，说到底，是对生活的心灵感悟和体验。生活是千变万化的，与之相适应，运笔也要千变万化，用某种妙法是套不住的。这就需要心灵感悟和体验指挥你的笔头。当然写作方法也很重要，不能不学，但要用心灵去感悟生活、体验生活，写作方法才可以派上用场。”

三位青年作者微微颔首，心中若有所悟。

程先生继续侃侃而谈：“今天，你们既然诚意前来，我又岂能让你们空手回去？不过，我不打算跟你们空谈理论，那很容易不着边际。这样吧，是不是由你们进行一次写作实践，就在我的书房里写一篇文章试一试好吗？”

青年作者们听了，精神为之振奋，有老作家耳提面命，现场指导写作，实为难得！他们正在等待程先生命题，只见程先生环视书房四周，然后说：“刚才我看见好些蜜蜂飞进我的书房，倒使我想到一个好题材，就写我的书房吧。写书房的几样东西：书桌上的一本

《中华诗歌经典》、摆设在书桌上的一瓶绢花、靠墙的一排书橱，还有就是飞进来的一群蜜蜂和我。这些东西都是普普通通的东西，我也是一个普普通通的人，现在就请你们施展才华，把普通的写成奇特的，好不好？”

“好！”三位青年作者一齐应道。他们觉得既新鲜又兴奋，更庆幸有这么一次学习写作的好机会，于是很快地从公文包里拿出笔记本，奋笔疾书。

程先生又作了一些补充说明：刚才说的书房里普通的人和物，要以一种为主，其他的均作相关因素，要求一小时内写好，篇幅长短不限。他在书房里看书等他们交卷。

时间一分钟一分钟地过去，青年作者们一行一行地写着。

时间将到，三个青年作者陆续交卷了。

程先生逐篇进行审读。

程先生首先审读的是小伙子周兆吉的文章。文章的大意是：一群蜜蜂飞进老作家程先生的书房。程先生正坐在沙发上看书，听到“嗡嗡”的叫声，不禁抬起头来，看到蜜蜂飞个不停，飞过靠墙的一排书橱，又飞到书桌上打开着的一本《中华诗歌经典》，好像要从这本诗集中寻找什么，然后聚集到书桌上的一瓶绢花上了。它们也许要采花粉吧？但是它们很快就发现，绢花没有香味，干巴巴的，知道上当了。于是蜜蜂们异口同声地对绢花骂不绝口，说它是冒牌货，继而就悻悻然飞出窗口了。程先生看到此，抚掌大笑。

接着，程先生审读另一个叫齐贤的小伙子的文章。他的文章的基本思路是：一群蜜蜂飞来飞去，寻找鲜花，采花酿蜜。也许是迷了路吧，竟飞进了程先生的书房。蜜蜂们在书房里寻找采花的目标，飞过靠墙的一排书橱，又飞到书桌上，对打开了的一本《中华诗歌经典》“嗡嗡”地叫了一会儿，然后围着绢花转圈子。蜜蜂们你一言我一语，热情地赞扬绢花，称它美奂绝伦，和大自然的鲜花一模一样，说道：“连我们这些天天和鲜花打交道的几乎都以假当真了。”蜜蜂们采不到花粉，匆匆地飞了出去。原来坐在沙发上看书的程先生抬头看到这一切，心中若有所思，然后又继续看书了。

当审读到徐稚茜的文章时，程先生露出了欣慰的笑意，由于压抑不住心头的喜悦，不由得说了一句：“这才是好文章！”

徐稚茜听见程先生表扬自己，很是激动，周、齐二位羡慕不已。

下面就是徐稚茜作品的全文：

一群蜜蜂飞进老作家的书房了。

蜜蜂的天职是采花酿蜜，它们飞到老作家的书房要干什么？

哦，是了。老作家的书房藏书万卷，书香四溢，蜜蜂们准是嗅到了，兴许它们把这里当作鲜花盛开的地方吧？瞧，蜜蜂们扇动着轻盈的小翅膀，在芬芳若兰的书香中纵情歌唱，得意飞舞，它们是不是在享受书香的乐陶陶中寻踪采花呢？

蜜蜂们悠悠然然地飞着，飞着，飞到靠墙的一排书橱面前，往来徘徊，不忍离去。因为隔了一层玻璃，始终无法接触里面的书，就只好依依不舍地飞往别处。

蜜蜂们飞到老作家的书桌上面，对摆在那里的一瓶绢花连睬也没睬一眼，很快就聚集到那本打开了的《中华诗歌经典》上面，你挤我拥地爬着，“嗡嗡，嗡嗡”地唱着。

一直躺在沙发上闭目遐想的老作家，正在他构思的一篇散文的意境中神游。此刻，蜜蜂们“嗡嗡”的声音惊动了他，让他回到现实中来。他抬起头来，眼前一亮，书桌上为什么有那么多蜜蜂呢？哦，是不是有束鲜花把蜜蜂都招引来了？兴许是小孙女买回来，准备今晚在这里为她开生日晚会的吧？他走到书桌前一看，天哪，原来“鲜花”就是一本《中华诗歌经典》，这倒是名副其实的一束“鲜花”啊！他想起来了：今天刚收到编撰者寄赠的这本诗集，随即打开来品赏，觉得这些诗香如花，美如酒，愈读愈有滋味，愈读愈令人心醉，因此激发了他的灵感，便躺到沙发上驰骋想象，构思新作了。

老作家面对着书桌上的一本诗集和一群蜜蜂，发出由衷的赞叹：“哦，中华诗歌，中华国宝；千古奇葩，异香扑面。连蜜蜂们也都钟情于你啦！”

逐篇审读了青年作者的文章后，程先生按捺不住兴奋的心情说道：“你们的文学功力都不错，但小周和小齐离要求还有差距，最成功的就是小徐的作品。她成功的地方在哪里呢？就是依凭一定的条件，以蜜蜂作中介，把充当主体角色的诗集写成一束鲜花，这就很奇特了。而且写得又是那么自然，意蕴又那么深厚，尤为难得！小周、小齐的差距就在于所写的事物，原来是什么就是什么，没有运用中介条件把所写事物成为新异的形象或景观，这就无奇特可言了。写作嘛，成败都是常事，重要的是不懈地努力。你们应当互相学习，共同提高。”

听了程先生的谆谆教诲，三位青年作者获益匪浅。他们怀着无限感激的心情辞别了程先生。

三、写作示例

雪之思

草千里

一场大雪过后，被践踏的雪花，在马路上凝结成一层冰。

载重车车轮打滑啦，公共汽车放慢了速度，少数勇敢者小心翼翼蹬着自行车，多数人改换步行。

“哎哟！”“哎呀！”“啊……”

“哈哈哈！”“哈哈……”

摔倒的伏地挣扎，观景的前俯后仰。

爬起来，看看脚下清凉凉的冰路，谁心中不产生一种畏怯之感！连欢笑者也睁大了眼睛！

雪，初飘时是多么柔弱呵！薄薄的，轻轻的，没有金的辉煌，没有银的光泽。风，可以肆虐地四处抛撒它，甚至人的一口气，就可以把它化为水沫！雪，飘在道上，由人踏，似乎无力抗争，只发出微弱的“吱吱”的呻吟声。就是一只鸡，一只鸭，都会在它洁白的躯体上，高视阔步，趟来迈去！狗、狼的践踏更是任随其意了！践踏者，多么毫无顾忌！多么得意哟！

然而，一夜之间，被践踏的雪花，在马路上凝成一层冰！清凉凉的，像是透明的泪水结成的，还闪着凄苦寂寞的青光。

载重车车轮打滑啦，公共汽车放慢了速度，少数勇敢者小心翼翼蹬着自行车赶路，多数人改换步行。

“哎呀！”“哎哟！”“啊！……”

一个连着一个。它，冷冷地无动于衷！这是弱者的反抗吗？这是被践踏者的震怒吗？冰，雪泪凝成的冰道，静静的，无言无语。

“哈哈！……”又一个践踏者跌倒啦，路旁掀起一阵哄笑。这是身为弱者的雪，借行人之口发出的称心的呼号！它，多么冷酷哟，没有一丝热气，甚至幸灾乐祸！可路旁没被践踏过的雪地，却是行人的安全区！偶尔你倒在它怀里，也会感到一种多么惬意的情趣呵。一种扶托力，使你的身体摔得不是很疼！

弱者，单柔；强者，峥嵘。人们多么崇慕强者啊！

可那雪，柔弱的雪，可以封门，可以填壑。它不嫌弃宫楼殿阁，也拥抱竹林茅舍！高山，巨大巍峨，雪，可以足立其顶，封其面额，使青山变成冰峰雪岭，使其永不见阳光和皎月！

雪，多么柔弱呵！

一场大雪之后，被践踏的雪花，在马路上凝成一层冰……

（选自《当代美文百篇》）

雪花飘落在地上，谁都可以随便践踏，人尽皆知，普通得很。

雪花飘落在地上之后结成又硬又滑的冰，这可不能随随便便地践踏了，稍一不慎，就出洋相，这也不是什么秘闻，普通得很。

然而普通得很的现象一经揭示其反差，强化反差的两极特点，造成鲜明、强烈的对比，就变得很奇特了。

《雪之思》就是一篇揭示雪结成冰的前后反差，从普通表现奇特的上乘之作。

作者描述地上的雪遭受践踏，淋漓尽致地展现了它作为弱者的命运，作为弱者的被损害、被侮辱的处境。薄薄的，轻轻的，毫无抗争之力的雪，谁都可以欺负它，谁都没有把它放在眼里。对于一切压迫，雪只能无奈地发出微弱的“吱、吱”的呻吟声。可有朝一日，雪的命运改变了，软弱的雪变成坚硬的冰了，谁都不敢随便对它胡来了！

作者描述雪的命运的改变，酣畅地挥洒笔墨，显现出它凛然不可侵犯的气概。遭遇着路面的坚硬的冰，以庞然大物姿态出现的载重汽车打滑啦，公共汽车也不得不放慢速度行车，蹬自行车的多数人只好改换步行，少数勇敢者蹬车也变得乖乖的，小心翼翼的。走路的人一不留神就跌个倒栽葱，伏地挣扎好一阵才狼狈地爬起来，引得观景者前俯后仰的“哈哈，哈哈”的哄笑……面对着种种乱糟糟的失态，路上的坚冰，静静的，冷冷的，默然无语，显得那样威严，真是此时无声胜有声。

作者通过一系列描述，把雪的命运从任人践踏到凝成冰后让人畏惧的反差揭示出来了，于是一种很不普通的新异形象呈现在读者面前：受尽欺凌的弱者转化成君临一切的强者。这种鲜明、强烈的对比产生出了巨大的震撼力。这就是奇特，这就是从普通表现奇特的表达效果。

第四节 从平静表现波澜

一、写作知识

古人说："文似看山不喜平。"这是很有道理的。人们读一篇文章，喜欢像看山岳而不是像看平地，因为平地一览无余，没有看头，山岳才有峰回路转的无限风光。

把文章写得有波澜，就可以让读者阅读时有如看山一样。所谓波澜是指文章里面有波涛起伏动荡，浪潮忽涨忽落。读这样的文章，就像作山里游，时而看到山坡平缓，时而看到异峰崛起，时而看到绝壁插天，那是多么引人入胜啊！

许多人认为：我们都是平平静静地过着正常的日子，哪有什么波澜可写呢？这种看法不对。其实平静里面也包含着波澜，只要我们具备对生活的透视力，就可以从平静中发现波澜，从平静中表现波澜。

从平静表现波澜有四项要领。

第一，从平静中表现事物跨越障碍而引起的波澜。世界上的许多事物，平静是相对的，其中往往隐藏着这样、那样的障碍和其被跨越的波澜，只是人们没有留意而觉得很平静罢了。运笔时，揭示出这些现象，平静中就表现出波澜来了。比如，在凉风习习的夏夜，一群孩子在大院里仰望夜空，欣赏天上的星星、月亮、云彩。这种情景是很平静的，有一位作者却能从平静中表现出波澜来，他写道：

夏夜，月亮慢慢地从东边的天际升起，被茂密的树梢托住了，后来高高地悬挂在墨蓝色的天幕，银色的光辉洒遍了大地。一群在大院乘凉的孩子对着月亮欢叫着，跳跃着。有的孩子说道："漂亮的月儿姐姐，我们欢迎你，你下来和我们一起玩好吗？"

清爽的晚风，阵阵吹拂，夜空的云彩，徐徐浮荡，渐渐地向月亮靠近，慢慢地把月亮遮住了，整个大地笼罩在一片朦朦胧胧的烟雾中。不见了月亮，孩子们失望了。有一个孩子叫道："月儿姐姐，你为什么不下来？你害羞了吗？你用面纱蒙住美丽的脸庞不让我们看吗？"

这边天的月亮藏起来，那边天的群星亮起来了，一闪一闪的，像调皮的小童在向大院里的孩子们眨巴着眼睛。

群星的光芒把大院里的孩子吸引过去，孩子们一齐向着星星呼唤："星星小弟弟，月儿姐姐不要我们了，你们下来和我们做伴，和我们一起做游戏好吗？"

又一阵晚风劲吹，把云彩甩得远远的，月亮重新展现了芳容，像一个妩媚的少女，伫立在高高的天宇，光彩照彻夜空。群星自知不如，躲起来了。

承受着月华的光照，大院里的孩子们欣喜地转身回来对着月亮欢呼："好啊，月儿姐姐，你不嫌弃我们吗？你又和我们在一起了吗？刚才你是跟我们捉迷藏，闹着玩吗？"

请看，随着云彩的浮荡，星月的光辉交替地时隐时现；随着星月光辉的时隐时现，孩子们的情绪欢悦地时起时落。这不就像江河里的浪涛一起一伏吗？这不是在平静的夏夜中表现出了波澜吗？而这种平静中的波澜正是描述云彩造成对月亮、星星的障碍以及借助于晚风，月亮、星星跨越了这种障碍而表现出来的。

第二，从平静中表现作者的思想情感陡然转折引起的波澜。客观事物一进入作者笔下，就不是纯客观的事物而是注入了作者的思想情感的事物了。作者的思想情感如果发生陡然转折，所写的事物原本是平静的，在这种情况下就必然表现出波澜来了。现以现代著名诗人戴望舒的《雨》为例：

雨停止了，檐溜还是叮叮地响着，给梦拍着柔和的拍子，好像在江南的一只乌篷船中一样。“春水碧如天，画船听雨眠”，韦庄的词句又浮到脑中来了。奇迹也许突然发生了吧，也许我已被魔法移到苕溪或是西湖的小船中了吧……

然而突然，香港的大雨又降下来了。

这篇作品是戴望舒在抗日战争期间，避居香港时写的。作品写了夜雨停了又下的景象，这种景象是常见的，也是平静的，由于注入了诗人的思想感情，而诗人的思想感情又发生陡然转折，平静的雨景便表现出波澜了。诗人在香港过着颠簸的流亡生活，日本侵略者制造的国难家仇在作者心中引起无限悲苦，偏又遭逢阴雨天气，真是苦雨凄风啊！这种悲苦的环境和诗人心头的隐痛发生了和鸣，故国的命运，家园的遭际，亲人的境况使诗人梦绕魂牵！于是，雨停了之后，檐溜叮叮地响着的滴水，便成了诗人梦里依稀怀故乡的柔和的节拍。这节拍伴送着诗人魂游乡梓，重温江南乌篷船中“春水碧如天，画船听雨眠”的佳境，给诗人百结的愁肠以无限的慰藉！然而，梦幻终归是梦幻，“突然，香港的大雨又降下来了”，无情地把诗人从美丽的梦幻之境拉回到残酷的现实中来，这种含蓄的笔墨，把诗人的满腔乡愁，满腔对故国家园的怀念，推到高峰！有国难回、有家难归的大悲大苦给诗人心灵的撞击，真可谓摧人肺肝啊！作品中从雨停之后带来的片刻梦幻中的祥和温馨，到大雨又倾盆而降引起现实中的刻骨创痛，真乃一个轩然大波！诗人描述出这种思想情感的陡然转折，就从平静的夜雨中表现出波澜了。

第三，从平静中表现对事物进行抑扬而引起的波澜。作者写客观事物，无论是叙述、描写、抒情、说理，都或隐或显地体现出作者对事物的评价，而抑扬就是一种重要的评价手段。抑，就是贬抑；扬，就是褒扬。扬，对事物起到抬高的作用；抑，对事物起到压低的作用。扬，能把事物抬到高山；抑，能把事物压到谷底。因此，对同一事物时而抑，时而扬，就可形成强烈的互相背离，引起巨大的跌宕起伏。这时，原来处于平静状态的事物，就表现出波澜了。

有一位老太太，年届八十大寿。举行寿宴的那天，嘉宾毕至，高朋满座。席间，众嘉宾举杯对老寿星祝酒，齐夸老寿星儿孙绕膝，福寿双全，气氛吉祥和谐，乐也融融，场面显得十分平静。这时，有位嘉宾提议：“我们今天在这里欢饮寿酒，不可无诗。难得著名诗人唐先生光临，现在请唐先生即席作一首祝寿诗助兴好不好？”全场热烈鼓掌表示赞成。但见唐先生起立拱手向大家致意，说道：“今天欣逢老寿星盛筵，不胜荣幸！某虽不才，既承蒙诸位雅意，那就不计工拙，在这里献丑了。”于是他清了清喉咙，庄重地吟出了第一句：

堂上寿星不是人

首句一出，满座皆惊！老寿星的儿孙更是勃然大怒，心中骂道：“如此恶毒诽谤，真是岂有此理!”正待要下逐客令把诗人轰出去的时候，诗人不动声色地吟出了第二句：

九天仙女下凡尘

诗人的美辞引起满座欢声雷动，众嘉宾一齐赞道：“佳句！佳句!”老寿星的儿孙则是喜出望外，心中乐开了花：“啊，不是人，原来是神仙！神仙长生不老，大吉之兆，大吉之兆!”正当大家欢庆的情绪不能自已的时候，诗人已是胸有成竹，又吟出了第三句：

儿孙个个都是贼

众嘉宾听到诗人口吐恶言，无不愕然失色！个个都心里想道：“怎么回事？诗人发疯了吗?”老寿星的儿孙面对诗人如此放肆辱骂，顿时怒火烧胸，睁目切齿，正待挥拳教训他时，诗人却激情满腔，双手向老寿星一扬，吟出了第四句：

偷得蟠桃奉至亲

伴随着诗人向老寿星深深的一个鞠躬，全场不约而同地欢叫：“千古奇诗！千古奇诗!”老寿星的儿孙快速走过来，欣喜欲狂地把诗人抱着，又高高地抬起来，齐声呼唤：“多谢唐先生的好诗！多谢唐先生的好诗!”诗人短短的四句诗，28 个字，却对老寿星和她的一家人的评价在褒贬上拉开了强烈背离，把满堂的情绪调动得大起大落，这就是抑扬艺术的表达效果，其过程可以作如下概括：

抑：老寿星不是人（落）——扬：是九天仙女（起）——抑：儿孙是贼（落）——扬：偷蟠桃奉至亲（起）

由此可见，评价事物时恰当运用抑扬的艺术手段是可以从平静中表现波澜的。

第四，从平静中表现由于设置悬念而引起的波澜。悬念，指在描述某些事物的过程中，没有把结果一语道破，没有把原委一下子交代得清清楚楚，而是设下一个一个的卡子，使读者产生一个一个的疑问，引起寻根究底的阅读期待，随着卡子的不断出现和不断解决，事物发展过程就出现时而紧张时而舒缓的情境，读者的心情也就随之动荡起伏。紧张和舒缓的交替出现，就使原本平静的事物出现了波澜。

有这么一件事：一位慕贤者到深山去寻访一位清高的隐者，去到松林中的草庐——隐者的住处，问站在那里的一位童子："你师父在家吗?" 童子答道："师父大清早就到这座山的白云深处采药去了。深山里云遮雾障，很难见到他的踪影，找不到他了。" 这样的事件，这样的情境，是平静而又平静的。可是，如果设置一个一个的卡子造成悬念，就可以从平静中表现出波澜的。请看唐代诗人贾岛的名作《寻隐者不遇》：

松下问童子，
言师采药去。
只在此山中，
云深不知处。

这首诗通过寓答于问的手法写了本来很平静的一件事，由于一而再地设了卡子，造成悬念，就使很平静的一件事波澜迭起。一位慕贤者到深山去寻访隐者，来到松林下隐者的住处，正准备叩见隐者的时候，见到站在松林下的一位童子。此刻，因为已经到达目的地，慕贤者的心情是畅快的，松林下的氛围也是宽松舒缓的。但是，很快就情境有变，童子回答慕贤者说："我师父不在家，采药去了。" 慕贤者不惮跋涉之劳，兴冲冲而来，听说隐者不在家，心中一沉，显得很失望，氛围变得压抑紧张了。于是，慕贤者再问："到什么地方采药去了?" 童子回答："就在这个山里呀。" 这个回答，使慕贤者的心头升起了希望，在这个山里就好办了。这时，氛围又变得轻松舒缓。慕贤者继续问："在山里的什么地方呢?" 童子应声回答："哎，这个山呀，层峦叠嶂，深潭绝壁，到处都是彩霞缭绕，烟云浩瀚，往哪里去找师父呀?" 顿时，慕贤者心头又为之一沉，满腔惆怅，闷闷不乐，松林下又是一片压抑紧张的氛围。全诗只有短短的 20 个字，就因为连续地设置下卡子，不断造成悬念，波澜就随之不断出现。先是不直截了当地道明师父已经进入无法寻找的地方而只言"采药去"，设置第一个关子，造成第一个悬念，然后又是不点破师父行踪难觅而仅仅说在此山中采药，设置第二个卡子，造成第二个悬念。悬念的不断解决和不断出现，就使本来平静的事物表现出动荡起伏的波澜。

二、写作故事

夕阳·彩霞·晚风

新风中学举行了一次带有创新性的作文竞赛。既然是创新，那么"新"在哪里呢? 新就新在要写实景，而且是在规定作文材料和作文手法的范围内写出一篇作文。

一天傍晚，该校语文教研组组长文老师率领参赛的同学到郊外观赏夕阳下山的晚景。

到达目的地之后，同学们置身在暮色笼罩山野的美妙风光当中，呼吸着野草散发出来的清新气息，不觉心旷神怡，一天紧张学习带来的疲劳涤荡而尽。

"你们都感觉到了什么? 观赏到了什么?" 文老师向大家发问。

"我看到夕阳徐徐下山"，有的说。

"我看到夕阳的余晖照红了半个天空"，有的说。

“我看到夕阳给远处的山峦披上晚霞的彩衣”，有的说。

“我看到那边牛乳般洁白的云朵忽然变得火一般的鲜红了”，有的说。

“我感觉到晚风拂面，精神格外清爽”，有的说。

同学们七嘴八舌，兴致勃勃地说了好多好多。

对于同学们说出的种种感受，文老师甚表赞赏。他因势利导地归纳出这次作文竞赛的要求，说道：“同学们对山野晚景的感受，都很精彩！大家谈到的景物，有夕阳、彩霞、晚风等等。现在，就规定以这三种景物作为这次作文竞赛的写作题材。我提出三点要求：一是必须写到这三种景物，当然也允许写有关景物；二是必须写出这三种景物的相互关系，并构成一幅画面；三是要从平静中写出波澜。篇幅不限。同学们就根据这些要求继续观赏和感受山野晚景吧，半小时后回去。作文要在明天晚自修下课前完成，由各班学习委员按班收齐，交到我的办公室。”

同学们认为这次作文竞赛非常有趣，都下决心把这次作文写好。第二天晚自修下课时，各班参赛同学准时把作文交到了文老师那里。

参赛作文由语文教研组老师集体评卷。老师们认为，这次作文竞赛是作文教学的一次大丰收，同学们写出了这么多好文章，实在出人意料。当然也有一部分不符合要求的，这些文章主要的问题是未能从平静中写出波澜，例如有的写风儿把天空中的云彩吹得飘来飘去，因而夕阳有时躲进云彩里，有时又露出脸来，有的写夕阳的余晖映照出云彩的变幻，忽儿变成这种颜色，又忽儿变成那种颜色，后来一阵晚风劲吹，云彩被吹得无影无踪，天空变成一片绯红，如此等等。这样写，只能说是写出了变化，却不能说是写出了波澜。写得最好的是池清涟同学的那一篇，主要片段如下：

夕阳姑娘对大地是如此多情，当她和大地依依惜别，即将隐没的时候，慷慨地把她的绯红色的披肩赠予翠绿的山冈。

这时，伶俐活泼的风儿小弟弟飞快地奔跑过来，起劲地对披肩一吹，披肩卷到天上去了。

披肩变成了满天彩霞，放射出异样的光彩，把大地映照得分外绚丽。

这篇文章的成功之处在于：通过描述障碍的出现和被跨越，使原本平静的事物出现了波澜。对大地如此多情的夕阳姑娘把她绯红色的披肩赠予翠绿的山冈，这些情境是很平静的。忽然风儿小弟弟飞速赶来刮走了披肩，障碍出现了，读者读到这里，很自然地以为风儿是恶作剧，与夕阳作对，因而讨厌风儿。但是立即就出现一个陡转，风儿是把披肩刮到天上去，变成满天彩霞，把大地映照得分外绚丽，于是跨越了障碍，风儿并非与夕阳作对，而是帮了夕阳的忙，帮她把大地打扮得漂漂亮亮。这时我们就不是讨厌风儿，而是觉得风儿很可爱了。太阳下山这样常见的平平静静的事物被表现得波澜起伏，十分难得！

三、写作示例

鸟的王国

王小鹰

这儿的海是蔚蓝色的，蓝得没有一点儿杂质，几乎已经透明了。

与海衔接的是沙滩，这儿的沙滩几乎是纯白色的，白得像银子般发出迷人的光华。

与沙滩衔接的是抗风桐林，它的树干粗矮而壮实，树身上疮疤累累，印满了深浅不一的沟痕，记载着它与海上风景长期而不屈的搏斗。它的叶是那么大，那么厚，那么多，色泽是鲜亮而浓烈的绿。

大海、沙滩、树林；蔚蓝、银白、浓绿。大自然以最强烈而又最和谐的色彩呈现出它无与伦比的美。

钻进抗风桐林，藤与干盘屈缠绕，叶与枝交错重叠，没有路，脚下是枯枝烂叶和鸟兽的粪便。我们不停地相互问答，用力地把脚踩出咔嚓的响声，可是，深邃而神秘的寂静仍像雾一般地笼罩着我们。

我们一步步地往树林深处走去，愈来愈感觉到有谁的目光投在自己的背脊上。可是，小战士肯定地回答说："这岛上是没有任何居民的。"

心里发憷，每走一步都四周张望着，突然，在那密匝匝叶的缝隙中，有人发现了一双黑亮的逼视着的眼睛，不由得惊骇地大叫一声："有人！"此刻，大家简直是毛发直竖，但谁都没有声张，而是心里七上八下地猜测：是人？是鬼？是海盗？是山贼？抑或是藏匿在这里的逃犯？

"那不是人，是鸟，你们看清楚呀。"小战士说。

果然是鸟！那大大的眼睛中间嵌着一只长长的喙。

大家不禁哈哈大笑起来。

"鸟！"

"这儿也有一只！"

"这儿有一窝呢！"

我们在林间奔跑着，欢呼着，原来，我们闯入了鸟的王国。几乎每棵抗风桐上都筑着三四个鸟窝，因为被宽大稠密的树叶遮挡着，很难让人发觉。鸟儿听见我们的脚步声，并不声张，只是悄悄地从窝里探出脑袋，透过枝叶的间隙警惕地注视着这群突然闯入它们家园的不速之客。

我们中有人兴奋地捡起石块朝密叶中的鸟窝掷去……

"别惊动它们！"小战士惊呼起来，可是已经迟了。

刷拉拉啦……扑喇喇喇喇……满林子的鸟儿一起振翅飞向天空。啊，竟然是一式的白色鸟儿，一瞬间，我们惊呆了，仰着脖子不眨眼地望着那一天奇景。

鸟儿在空中盘旋了半天，发觉我们并无侵害之意，便又一只只地返回窝中，林子又恢复了宁静和墨绿，使人感受到一种不可侵犯的庄重气氛。

没有人再掷石块去惊动鸟儿，我们默默地行走着，尽量放轻脚步。鸟儿也默默地看着我们，那眼光渐渐地变得温和而好奇。

（节选自王小鹰的散文《鸟魂》，题目为本书著者所加，有改动。原载《当代美文百篇》）

这是著名女作家王小鹰的一篇散文的节选，堪称从平静表现波澜的典范之作。作品写的是毗连海滩的丛林中的鸟的王国。这里风景优美，一切都是很平静的，但由于作者设了一个卡子，造成悬念，就从平静中表现出波澜来了。为了给这个悬念做好铺垫，作者极尽渲染之能事，烘托出丛林深邃神秘的气氛。作者一行人来到这里，目睹林木中藤与干盘屈缠绕，叶与枝交错重叠，感受到一种神奇。没有路，脚下是枯枝烂叶和鸟兽的粪便，这种情景使大家觉得这里肯定没有居民，但愈往树林深处走去，就愈感觉到有谁的目光投到自己的背脊上。在这样的环境中，大家都心里发毛，因此，走路时不停地互相问答，用力把脚踩出咔嚓咔嚓的响声，这无疑是为自己壮胆。突然，在那密匝匝叶的缝隙中有人发现了一双黑亮逼视的眼睛，一位同伴不由得惊骇地大叫一声："有人!"从认定这里没有居民而又愈来愈感觉到有人把目光盯在自己的背脊上，到发现一双黑亮的逼视的眼睛而惊骇地大叫"有人"，这就把悬念推出来了：瞪着那一双黑亮眼睛的是谁？是人？是鬼？是海盗？是山贼？抑或是藏匿在这里的逃犯？于是，使原来就有心理戒备的作者一行人的心弦绷得紧紧的，气氛紧张到了顶点。这无异于汩汩奔流的河水，陡然掀起一个浪峰。小战士指出，那一双黑亮的眼睛，不是人的眼睛，而是一只长喙鸟的大眼睛。原来如此！大家紧张的心情一下子放松了，犹如从危乎高哉的险峰回到安全的平地，又都欢快起来，大家在鸟的王国奔跑着，欢呼着……

作品从幽林的平静中表现出一起一落的巨大波澜，就是因为设置了卡子造成悬念。当大家张望着林中的动静时，作者没有挑明林中有一只瞪着大眼睛的长喙鸟，而是让它的大眼睛先被发现而导致人们误以为这里有人，随之引起了令人毛发直竖的猜测。这就是卡子。如果没有这个卡子，就没有悬念，一切都风平浪静，波澜就无从掀起了。而这正是作者的"狡猾"，正是作者从平静表现波澜的艺术匠心。

第五节　从纯净表现色彩

一、写作知识

从纯净写出色彩追求的是，使所描述的事物呈现出一种色彩美，让读者得到一种愉悦的审美享受。

从纯净写出色彩，要求把原本是单纯洁净的事物变异出各种各样的色彩来，以一种人们闻所未闻，见所未见，具有斑斓色彩的面貌呈现在读者面前。读者读了这类作品，必然会产生惊喜，于是迫不及待地读下去，读了之后还要反复回味，觉得甜美舒畅，有如享受了一顿精神美食。

将原本是单纯洁净的事物写出各种各样的色彩，并非是机械地把诸多的颜料涂抹上去，而是通过得法的描述，让两种以上的事物互相影响、互相作用而显现出来的。这样就可以让某种单纯洁净的事物展示出斑斓的色彩。有如下两种笔法。

第一，写出某事物对它周围事物的作用，然后，周围的事物再反作用于该事物，从而演绎出该事物的缤纷色彩。比如淅淅沥沥地下着的春雨，无论它似牛毛般也好，银丝般也好，白练般也好，都是一种纯净的透明体，没有任何颜色。要写出这种纯净的透明体的色彩来，光盯住春雨本身是不行的，必须写出它对周围事物的作用以及周围事物对它的反作用。请看作家田成的作品《春雨》：

淅淅沥沥，昨夜，下了一场春雨。早晨，已是天气晴朗。我去寻觅，春雨在哪里？她的模样儿，又是怎么样的？

小草告诉我——春雨在这里，她是绿色的。

桃花告诉我——春雨在这里，她是红色的。

李花告诉我——春雨在这里，她是白色的。

油菜花告诉我——春雨在这里，她是金色的。

马兰花告诉我——春雨在这里，她是蓝色的。

我看见草叶上，花瓣上，春雨凝成晶莹的珍珠，五光十色的，熠熠闪亮。

啊，春雨！滋润大地，滋养万物，使我的家乡，变得更美丽；使我们的生活，变得更丰富多彩！

（选自《潮音集》）

这篇作品正是通过写出春雨对小草、桃花、李花、油菜花和马兰花等事物的作用以及这些事物对春雨的反作用而显现春雨的缤纷色彩的。春雨滋养小草，小草绿茵茵了；春雨滋养桃花，桃花红艳艳了；春雨滋养李花，李花白皑皑了；春雨滋养油菜花，油菜花金灿灿了；春雨滋养马兰花，马兰花蓝澄澄了。随着，小草、桃花、李花、油菜花、马兰花又都根据各自对春雨的感受，给春雨染上相应的色彩，于是原本洁净透明的春雨，变异成绿、红、白、金、蓝各种颜色一应俱备的粒粒珍珠，点缀在种种花草的叶子上、花瓣上，熠熠闪光，异彩纷呈。

第二，写出某事物接受它周围事物的影响，随之衍生出各种各样的色彩来。例如，晴朗的天空上的簇簇云霞，原本也是单纯洁净的，怎样才可以写出它的多种色彩呢？不能单纯地着眼于云霞来写，而应该通过云霞接受阳光和气流的影响来写。请看一位小作者的佳作：

夏天，我和小伙伴们来到了北戴河海滨。在一个傍晚，我们躺在松软的沙滩上仰看云起。

云，悠悠地浮荡在湛蓝湛蓝的天空，洁净洁净的，显得宁静而单纯。由于阳光和气流的作用，后来它不断变幻出各种形态和色彩来了。看，这些涌动着的一簇一簇的云霞，被阳光照得一派殷红，就像燃烧起来的熊熊烈焰。哎，它又化妆出各种姿态了。这一簇，像一头雄赳赳的金色狮子；那一簇，像一头笨重的灰色大象；还有一簇，像一头黄色的小猫蹦起来作捕鼠状呢……啊呀，这些变化多端的云霞像是被太阳的光线吸引，集结起来，浩浩荡荡地向西涌去，然后，变成一张周围镶着金边的暗红色帷幕，把太阳遮盖住了。

很快地，帷幕拉开了，太阳又露出脸来。帷幕分解成一朵一朵亮丽的大红花朝着太阳欢笑。蓦地，这些大红花又簇拥出一只高贵的天鹅来，瞧，翘起头来的天鹅像是在仰天高唱，它的翅膀在圣洁的白色周边亮出轮廓分明的绯红，轻轻地扇动着，显得十分端庄文雅。

啊，美丽的云霞，色彩纷呈的云霞，真是宇宙中的奇观！

（节选自王玉玲《海滨晚霞》，有改动。原载《中学生作文组合大观》）

在小作者笔下，原本单纯洁净的云霞，却随着它的各种形态的变幻，呈现出纷繁艳丽的色彩，这是接受阳光和气流的影响而衍生出来的。如果是单一地写云，就没有这种艺术效果了。

还有一种情况：有些事物本身是具有某种色彩的，但这种色彩是单一的纯色，故亦可称为纯净，只要接受了周围事物的影响，就可以表现出多种色彩。例如，大海通常是蔚蓝的，蔚蓝是单纯洁净的色彩。蔚蓝的大海能否表现出多种色彩来呢？请看一位小作者是怎样写的吧：

星期天我常常喜欢到海边的沙滩活动。我喜欢赤着双足，迎着微带腥味的海风在柔软的沙滩上奔跑，我喜欢泡在海水里让海水亲吻着我的脚，我更喜欢伫立海边，观赏蔚蓝的海水发生的各种变幻。

清晨，海边上飘着薄雾，大海披上了一件乳白的轻纱，于是蔚蓝色的大海变成了淡蓝色的大海；一轮红日从海面冉冉升起，阳光照耀之处，大海就被镀上了一层金黄；太阳不断升高，海面上乳白色的轻纱不见了，而射出了万道金光。到了正午，太阳已变成烈日中天，在太阳强光的映照下，海面上出现白花花的浪涛在起伏涌动。黄昏，天空中的晚霞出现了道道紫红，大海给染上了暗红色。时间继续推移，太阳全落山了，海面上艘艘夜航船亮起了灯，站在海边望去，海面已经变成缀上一颗颗璀璨珍珠的一张巨大的黑色地毯了。

大海，不断地变幻着色彩的大海，你给人间增添了多少奇丽的风光啊！

（节选自杜雪虎《大海素描》，有改动。原载《文章100美》）

小作者写出了大海在一天里的色彩变化。由于大海接受太阳和云彩的影响，就使原本是纯净的大海展现出多样的瑰丽色彩来了。

写作实践说明，要表现出某一事物从原来的纯净变成色彩缤纷，就得将目光投到与某一事物发生直接关系的两种以上的事物上，写出其互相接受影响。

二、写作故事

《美的姑娘》是怎样写出来的

汇文中学的江老师在一次作文训练中，要求同学们在对某一事物的描述中从纯净表现出色彩。题材不限，题目自拟。

通过批改作文，江老师发现这次作文训练存在的主要问题是，有部分同学不善于发现纯净中的色彩，没有掌握好从纯净表现色彩的笔法，在描述某一原来是纯净的事物时，不断地给它施以“添加剂”，使它出现各种各样的色彩，例如：有的同学写一幅白布，原来是纯净的，一个画家挥动画笔在上面画上红花绿叶，于是出现多种色彩了；有的同学写一位姑娘，原来穿的是纯净的白色连衣裙，后来改穿花花绿绿的时装，于是这位姑娘在花枝招展中显现出五颜六色了；还有的同学写自己家里的客厅，客厅原本是纯净的，四周的墙壁很洁白，地板铺的是淡淡的纯色瓷砖，陈设着素雅的茶几和沙发。后来，摆进几盆盛开着各种颜色的鲜花，墙壁上又挂上几幅山水花鸟画，这样，纯净的客厅就变得色彩缤纷了。这些写法都不符合要求，因为都是人为机械地改变事物原本的纯净状态，而不是表现某一客观事物本身在纯净中蕴含着可以转化出色彩的内在因素，再通过与其他事物的互相作用、互相影响，自然而然地演变出各种色彩来。

在这次作文中，也有不少同学写出了符合要求的佳作，尤其是李灼华同学写的《美的姑娘》。为了有针对性地解决同学们在这次作文中存在的问题，江老师就将李灼华的这篇作文推荐给全班同学，同时还在作文讲评课上安排他介绍这篇作文的写作经验。

作文讲评课开始了。江老师作了一个简短的开场白之后，就请李灼华同学以《〈美的姑娘〉是怎样写出来的》为题，介绍他的写作经验。

李灼华说，这篇文章写的是一个纺织车间，他对这里很熟悉，也很有感情，因为他和班上的同学几次到这里进行过参观。他觉得伴随着紧张的生产节奏，这里也呈现出一种和谐、纯净，特别是车间里洁白的纱与布的河流，给他留下美好而深刻的印象。他决心要从这种纯净中表现出色彩来。

怎样表现呢？李灼华继续说：“我原先的一个构想是：这里一切都很单纯洁净，后来挂上了许多奖旗和彩带，就表现出多种色彩来了。但这个构想很快被否定了，因为这是人为机械地添加出色彩来，不可取。于是我就以车间的整体美为背景，突出写洁白的纱与布的河流，通过纱与布对社会生活的作用而表现出五彩缤纷的色彩。”最后，李灼华朗读了《美的姑娘》的全文：

这是一个美的空间。

这里有美的风景，有美的智慧和美的劳动创造，更有美的空间的主角——美的姑娘。

完全可以说，这个美的空间就是美的荟萃！

这里有一片美的天空，看，星云璀璨，光华照耀，是一片明朗的天空！

在明朗的天空下，车轮飞动，机声嗒嗒，那是美的乐曲。

在明朗的天空下，花繁锦艳，春光旖旎，那是美的诗章。

在明朗的天空下，经纱纬纱缠绕着锭子，运转出万千图案，那是美的绘画。

在明朗的天空下，美的姑娘忙个不停，那是美的青春姿采——

小圆帽把姑娘的秀发护着，围裙在姑娘的腰间裹着，姑娘轻盈的脚步来回走着，姑娘的大眼睛忽闪忽闪地巡视着。

姑娘把自己的生命智慧和生命激情融合于根根丝缕之中，汇成了与明朗天空的璀璨星云互相辉映的纱与布的河流。

这是一条绵绵不尽的河流，一条风光无限的河流，映衬着姑娘甜蜜的笑靥，编织出姑娘心中妩媚的春色，演绎出姑娘彩色的梦境——

桅杆顶迎风飘扬的旗帜，火红火红的。

大海中破浪前进的风帆，洁白洁白的。

剧院里翩翩起舞的少女的长裙，色彩缤纷的。

大街上，商厦里，熙熙攘攘的男孩子、女孩子，展现出青春焕发的身影，他们都用时尚的服装打扮出风华正茂，赤橙黄绿青蓝紫的。

啊，多么美的五彩斑斓的世界！

我要礼赞这么美的五彩斑斓的世界，我更要礼赞美的姑娘和美的空间！在这个美的空间里，美的姑娘运用美的智慧进行美的劳动创造，催生出了一个多么美的五彩斑斓的世界！这就是美的姑娘彩色梦境里的世界，也是一个多么幸福的现实世界！

李灼华朗读完毕之后，全班同学报以热烈的掌声。

江老师在总结发言中指出：李灼华同学的写作经验是可贵的，他能够在人们习见的纺织车间发现了美，而且在美的空间的背景中表现了纺织女工用智慧和劳动创造出来的纱与布的河流作用于社会生活的各个方面，因而从纯净表现出斑斓的色彩。他的经验值得大家学习和借鉴。

三、写作示例

渔 歌

那家伦

春汛到了。洱海渔歌响起来了。

从火热胸膛里淌出来的渔歌，伴着糖汁迸出来的渔歌，用火焰般炽热的感情陶冶过的渔歌，在阳光的经线和纬线编织的波涛里，响起来了……

这像火一样热烈的歌，把云彩都烧红了；

这像浪一样有力的歌，把大地都淹没成白茫茫一片了。

呵，白族儿女的歌呵，是感情的海洋。在姑娘们唱起的歌声里，浮沉的是小伙子一颗颗的心，闪烁的是姑娘一双双的眼睛，放射出来的是白族儿女甜蜜爱情的红玫瑰色彩。

这千心万口唱出来的歌呵，是千姿百态的，是像奇花异卉一样五彩斑斓的。

那歌唱爱情的歌，是幸福的颜色，红艳艳的，粉莹莹的；它是从白族少女温馨的心灵里飞出来的，它是被心灵的朝霞陶醉过的……

那歌唱春天的歌，是水绿色的，是嫩蓝蓝的，是青油油的；它是从渔家小伙沉醉的心灵的琼浆浸润出来的，它是被带露的春风吹拂过的。

那歌唱时代的歌，是银闪闪的，是金晃晃的，是亮鲜鲜的，是光华灿烂的；它是每一个旋律都在热烈的心海里熔冶过的，它的每一个音符都是从激情的波涛上飞溅起来的……

春汛到了。洱海渔歌响起来了。歌卷起浪，浪涌着歌。洱海，成为一个歌的海，每朵浪花，都是一串绚丽的歌！

（选自《中华百年经典散文诗》。有改动）

这是著名作家那家伦先生一篇赞美渔歌的作品。实际上，这篇作品本身就是一首歌，一首颂歌，一首歌唱爱情、歌唱春天、歌唱时代的颂歌。

这篇作品的艺术魅力集中表现在把只有声波没有色彩的渔歌写成了既有乐音又具有斑斓色彩的渔歌。这样描写渔歌，也就是从纯净表现出色彩。

作品是怎样把本身没有色彩的渔歌写出斑斓色彩来的呢？主要艺术手段就是用浓墨涂抹出渔歌对周围事物的作用，引起周围事物的生动变化从而表现出渔歌的斑斓色彩。

渔歌有这样的力量吗？有。为了表现渔歌的这种力量，作品赋予渔歌以巨大的生活容量和思想容量，写出了渔歌内涵的丰富性：渔歌是从火热的胸膛淌出来的，是伴着糖汁迸出来的，是火焰般炽热的感情陶冶过的，是白族少女心灵的朝霞陶醉过的，是白族小伙的心灵的琼浆浸润过的，是从白族儿女激情的波涛上飞溅起来的。这样的渔歌当然有力量，有感染周围事物的力量，有为它的周围事物绘上五彩斑斓的色彩的力量！请看：

渔歌飘扬到的地方，把云彩都烧红了，把大地淹没成白茫茫一片了；

渔歌的声波振动到的地方，幸福的爱情之花开放了，呈现出玫瑰的颜色，红艳艳的，粉莹莹的；

渔歌的音符飞到的地方，春天来了，到处是水绿色的，青油油的，嫩蓝蓝的；

渔歌的旋律传到的地方，时代前进了，那繁荣富足的局面，银闪闪的，金晃晃的，亮鲜鲜的，一片光华灿烂。

……

渔歌的色彩是多么亮丽缤纷啊！这就是作者用艺术的调色板，表现出渔歌作用于它的周围事物的艺术效果。

这就是从纯净表现色彩。

第六节 从平凡表现诗意

一、写作知识

平凡，并非平庸、浅薄，而是现实生活中大量出现的常见的人物，常见的事件，常见的景观，常见的种种现象。因为太常见了，人们对于平凡总是满不在乎，熟视无睹。

然而，决不可小看平凡，平凡中有大学问。平凡无处不在，说明它与人们的社会生活关系密切，谁也离不开它。如果谁要脱离平凡，就等于要脱尽人间烟火气，去当神仙妖怪了。

据此，我们完全可以说：平凡中有许多美好的东西，平凡中有诗！我们要从平凡中表现诗意！

要从平凡中表现诗意，就必须善于提炼。诗意，指的是写作主体把自己的人生理想、审美情趣融合到客观事物中去，创造出情、景、理互相渗透而韵味悠远，令人回味不尽的美的艺术境界。照抄常见的生活现象不能产生诗意，但诗意可以从平凡中提炼出来。

怎样从平凡中提炼诗意呢？总的来说，就是发现平凡事物中的美，表现成为美的诗境。表现方式可以用一个审美视点阐发某些事物的内在意蕴，或者把相对应的事物统摄起来，凝聚成为一个和谐的整体，这都可以构成美的艺术境界。这也就是诗境，或为诗的画境，或为诗的情境，或为诗的理境。

先说诗的画境。诗的画境是一种具有诗意的可视形象的艺术境界。诗的画境的构成是用一个审美视点把相对应的事物统摄起来，凝聚成为一个栩栩如生，使人如见其形、如临其境，从而心灵受到感染的艺术画面。诗的画境有两种，一是人物画境，二是风景画境。

首先，人物画境。人物画境是以人物为主体而具有诗意的艺术画面，可以有风景作背景，也可以没有。请看一位作者题为《涨潮》的作品：

夕阳。一弯苍白的月牙儿。

灰色的小蟛蜞从泥洞里爬出来，攀上墨绿的芦秆——涨潮了。

沙滩上，系着红兜兜的孩子，光着脚丫，伸展着小手，摇摇晃晃地奔跑着。

孩子，是在追逐风么？

是在追逐浪花飞起的泡沫？

岸边渔民的小屋，袅袅的炊烟在竹尖尖上缭绕，年迈的祖母站在低矮的屋檐下，用昏花的眼寻着她稚嫩的孙儿。

“三儿哎——”

呵，涨潮了，孩子拿着芦笛儿，坐在坝上吹奏童年无调的歌。

“三儿哎……”

（选自《全国大学生抒情散文选》）

完全可以把本文看作一幅淡淡的水墨画。作品写到的人、物、景都是极平凡的，有十六七种之多。这些普通的人、物、景如果孤立来看，是微不足道的，比如小蟛蜞、泥洞、芦秆、浪花飞起的泡沫，小屋升起的炊烟……这些东西算什么？鸡毛蒜皮罢了。那个光着脚丫的小孩、那个老眼昏花的祖母也极不显眼，因为生活中随处可见，难以引起注意。可是，由于作者把握了表现渔村生活的人情美这一审美视点，把种种看似微不足道的平凡事物统摄起来，情形就大不相同了。我们在作品中可看到在海边沙滩的背景中，一个系着红兜兜的小孩光着脚丫，伸展着小手，在习习海风中追逐浪花；看到小孩天真烂漫、活泼欢快的脸庞，闻出习习海风扑面而来的盐味……在这样的情景中，老祖母感觉到要涨潮了，怕有危险，便出来找孙儿，于是我们听到了在炊烟袅袅的屋檐下，老祖母把眼睛眯成一条缝，发出悠扬的寻找"三儿"的叫唤。那充满亲情的声音，让我们感受到一位慈祥老人的爱心。而那"三儿"机灵得很呢，早已跑到安全地带，无忧无虑地坐在坝上吹起无调的歌……这一切，洋溢着浓浓的生活情趣，而融合于其中的正是浓厚的人情味！作者准确地把握渔村人情美这一审美视点，把相对应的事物统摄起来，凝聚成为一幅淡淡的水墨画。这不正是从平凡中提炼的诗的画境吗？这样的画境是那么和谐地散发出悠悠然的诗的韵味而耐人咀嚼！

其次，风景画境。风景画境是以自然风光为主体的画境，花鸟虫鱼、山水木石、日月星辰、风云雷电……都可充当题材。请看作家卞卡的一篇作品：

那是一塘多么清澈的水哟！

春之神姗姗来到了人间，暖融融的风儿吹啊，吹啊，吹皱了一池春水；水面上轻轻飘起了涟漪，一层又一层，一圈儿又一圈儿，从池塘的边缘涌向池塘的中心，又从池塘的中心悄然向池塘的边沿铺展开来……

正是从这个时候开始，也正是在这清澈的池塘内，数不清的、粗壮的芦根复苏了，在墨墨的淤泥中萌动了。它们贪婪地吮吸着养分，自由自在地伸展着自己的腰肢。它们长啊，长啊，终于长出了嫩芽芽儿，淡淡的，黄黄的。嫩芽芽儿露出了水面，多么像一束束闪光的箭镞呵，神气百倍地立在水面上。它们见到了阳光，不知从哪个时辰起变成了青黛色。这，就是芦苇。芦苇抽出了一节节茎，长出了细长细长的叶子，或在水面摇曳，或在风中起舞，神态自若而又婀娜多姿！

这是芦乡的骄傲，这是芦乡的风采！

风，仍在吹着；阳光，仍在照着。茂密的芦苇长起来了，粗壮，挺秀，郁郁葱葱，青翠欲滴。绿色的芦苇像天然的帏幔，把池塘周围的一座座农舍遮掩得隐约可见。每当丽日清晨，晨曦尚未退去之前，总有那么一缕缕淡蓝色的雾霭，在芦苇的枝头轻纱般地飘游着，缠绕着，和那水面腾起的轻烟似的水气糅合在一起，使那清凌凌的水，那墨翠的芦苇，那深褐色的茅舍，都仿佛置于一种扑朔迷离之中……

这是画吗？是的，这是芦乡中最朴实、最恬然的画！

（节选自《芦乡散记》）

这篇作品写了芦乡之春的独特风光，但都是取材于平凡的东西，如风儿、池塘、芦根、嫩芽、雾霭……作者正是从这些平凡的东西中提炼出诗意来。其运笔之妙就在于把握了一个审美视点——芦乡春色美，并且用这个审美视点把相对应的景物凝聚成为一幅芦乡春色图。这幅图以池塘春水和村野农舍为背景，凸显了神态自若、秀雅婀娜的丛丛芦苇的风采，让芦乡之春的美丽风光呈现在读者面前：春天来了，暖风吹皱了一池春水。粗壮的芦根，在墨黑的淤泥中萌动了，由淡黄到青黛，由长出嫩芽到抽成细长的叶子，生机勃勃，苍翠欲滴，在轻风吹拂的一片清波涟漪之上摇曳起舞。它以郁郁葱葱的风貌组成一张天然帐幔，让周围一座座农舍在绿色的世界里隐约可见，在缕缕淡蓝色的雾霭的笼罩下，又显得扑朔迷离……多有韵味的芦乡春色图啊！这就是表现芦乡春色美的风景画境，就是诗意浓郁、生动逼真，令人如临其境、赏心悦目的风景画境！

再说诗的情境。诗的情境是一种富有诗意，回荡着醇浓情感的艺术境界。诗的情境是用一个审美视点把相对应的事物统摄进所要抒发的情感中去，形成一种令读者荡气回肠的艺术形象。

诗的情境有两种基本类型。

一种类型表现为委婉缠绵。请看著名作家刘湛秋的《黎明，蒙蒙的细雨……》：

黎明，蒙蒙的细雨……

灰色的天空和大地在飘动，在各种车轮带起的水滴中，在最后熄灭的街灯上，在一张张快乐面孔的酒窝里。

黎明，蒙蒙的细雨……

给大地镶上无数面小镜子，把马路上的灰尘冲得无影无踪，也把笑语和喧声洗得更清丽了。

黎明，蒙蒙的细雨……

织成了锦丝的薄纱，罩住了整个城市，罩住了商厦馆舍，罩住了住宅庭园，擦亮了窗口，看清了更多欢悦的眼睛。

我喜爱细雨，请让我的心船，在细雨中飘荡吧，让我的柔情和雨丝一样纯洁而又绵绵悠长吧，我的缕缕情思要和细雨融合在一起，拥抱整个人间……

啊，黎明的细雨，你是春天的酒浆，你催发了大地的生机，你滋润了众生万物，你培育出人间一簇簇幸福的鲜花！

（选自《黎明散文诗丛书合集》。有改动）

黎明的蒙蒙细雨，是极为常见的平凡现象，而作者把握住一个审美视点——黎明的细雨培育出人间一簇簇幸福的鲜花，同时用这个视点，把街灯、车轮、马路、商厦、馆舍、住宅、窗口……这许许多多常见之物统摄起来，凝聚成为一个和谐的黎明细雨境界，让人们看到这个境界中的快乐面孔的酒涡，看到洗得更清丽的笑语喧声，看到更多的欢悦的眼睛……而这个境界也就是作者的情感世界，因为这个境界表达了作者要和细雨一起造福社会、拥抱人间的宽广襟怀。作者的情感是委婉缠绵的。作者在反复咏叹中，对黎明细雨泽及众生万物，给社会增添数不尽的幸福欢乐的亮色娓娓称道。作者委婉缠绵的缕缕思绪最后凝成了一句话：黎明的细雨“培育出人间一簇簇幸福的鲜花！”

另一种类型表现为热烈奔放。请看著名作家那家伦的《果园小记》：

一只只船，都到洱海岸边的果园去；一只只船，都从洱海岸边的果园来。

一只船，载着鲜绿鲜绿的雪梨；另一只船也载着鲜绿鲜绿的雪梨。甜甜的，嫩嫩的，脆脆的，果汁多多的雪梨，把洱海的波浪变甜了，把荡桨行船的姑娘的心也变甜了。

洱海呵，一海的梨儿，一海的新绿，一海的甜蜜。

梨、绿、蜜，交汇成洱海的秋色秋景，山翠水绿，金拥玉围……

飘满洱海的是甜甜的色，甜甜的光，甜甜的味。

汇满洱海的，是甜甜的心灵，甜甜的青春，甜甜的笑声……

甜甜的笑声洒落甜甜的雨露，甜甜的青春催开甜甜的花卉，甜甜的心灵结出甜甜的果实。

洱海岸边啊，到处都是丰盛的果园，到处都是茂密的果树，到处都是丰硕的果实。那果园中的一棵棵果树不真的是从这里肥沃的土地生长出来的么？那果树上挂满枝头的果实不全是蜜么？它们不正是把香甜的蜜汁尽情淌到洱海里，洱海的白族女儿才笑出飘荡在整个洱海的甜美么？

寻觅着那美丽的身影，追赶那动人的歌声，到果园的林子里去吧——

春天时节，这里，是一片无边的馨香，迷漫的花的海洋；真难分哪是花苞，哪是姑娘的笑脸。

当此金秋，是千座万座的香甜无涯的果的山岭；每一个甜透蜜透的美果都像姑娘的笑脸。

春天啊，那一朵一朵妍丽的鲜花都在姑娘的梦中开放；

秋天啊，这一颗一颗美好的果实都在姑娘的心上成熟。

洱海的花，梦中的花；

洱海的果，心上的果。

洱海的白族姑娘啊，从明丽的心上把甜美献给金秋，从劲吹的馨风把甜美的理想装入心中……

（选自《中国当代散文诗选》。有删改）

果园和果园里的姑娘是常见的平凡事物，但这篇作品把握住了一个审美视点——白族姑娘把心上的甜美呈献给金秋，把甜美的理想装入心中。然后根据这个审美视点，用一个“甜”字，把洱海的色、光、味，把洱海的雨、露、山、水，把洱海果园里的香花美果和姑娘的青春风采统摄起来，凝聚成为一个果园飘香、姑娘美艳的和谐境界。这个境界是作者热烈奔放的情感孕育出来的。作者的审美视点激发自己用热烈奔放的情感，赞美洱海果园的妍丽风光，褒扬果园里白族姑娘的智慧、劳动和创造。我们在这个境界里感受到的一切，都是经过作者热烈奔放的情感泡浸过的。无论那山翠水绿的秀美秋色，那鲜绿嫩脆的甜美硕果，还是姑娘俏丽的身影，姑娘甜甜的笑声，姑娘美丽的心和梦……都有作者热烈奔放情感的闪亮，都有作者热烈奔放情感节奏的乐音。

上述两种类型的情感都是通过一定的审美视点把相对应的事物统摄起来，凝聚成为一个和谐的整体而表达出来，从而表现为令人荡气回肠的诗的情境。

还要说的就是诗的理境。诗的理境就是哲理构成的诗境。什么是哲理？哲理就是穷究宇宙奥秘、诠释人生真谛，以思想的力度启迪人们心扉的一种智慧。这种智慧足以净化人的灵魂，涤荡人的胸襟，引人遐想，催人奋进，因此就是一种美。诗的理境也可以通过平凡的事物来表现，要领是：用一个审美视点，发现某些事物内在的哲理意蕴，然后阐发出来，表现为哲理美的诗境。举例来说，日历这种平凡之物可不可以表现出诗的理境来呢？当然可以！请看著名作家岑桑先生在一篇作品中对日历的描述：

案头上的日历，只剩下那么孤零零的两三片了；新买回来的那一个，却还被玻璃纸罩住，原封未动。一旧一新，摆在一起，引起我的沉思。

年年临近岁尾，把新日历买到手，或者从什么地方弄到一个喜气迎人的挂历的时候，都不免从心中慨然而叹：时间啊，你真是溜得快啊！

时间，时间，时间……然而时间究竟是什么东西呢？

答案有一百种之多。

夫子对曰："时间乃古往今来终至于无限者也。"

有个好酒的古诗人摇头晃脑地吟诵："光阴者，乃百代之过客。"

一位哲学家喃喃而语，似乎答非所问：

"你要测量那不可量、不能量的时间。你要按照时辰与季候来调节你的举止，引导你的精神。你要把时光当作一条河，你要坐在岸旁，看它流逝……"

夫子说得抽象，诗人说得糊涂。而哲学家呢？——哲学家说了倒不如不说。我疑心他自己对这问题也实在不大了了。

那么，时间究竟是什么东西呢？回想那遥远的过去，不知经过了多少年头，我曾为寻找一个真实的答案而不可得。

当然不可得！如果不是终于成为革命队伍里头的一个兵，如果不是终于皈依了革命真理，谁能说真能懂得时间的确切含义呢？

革命给我启蒙，使我慢慢有所领悟：时间不是虚无缥缈的不可捉摸的东西。对于每一个革命战士来说，时间就是为了要攻夺一个又一个高地而准备、部署、出击、冲刺，以至占领的无限过程。回顾革命的历史——从世纪飞过了的时间，不就是千百万革命者从战斗到战斗，从胜利到胜利，以至对无数战略高地从发动攻击到高奏凯歌的一段漫漫征途么？

我想，正是应该如此理解我们的时间的含义的。

时间滔滔而流，一去不复回了，而革命者使它留下不灭的光辉。

时间滔滔而过，谁也牵不住，而革命者使它物化为劳动人民的整体胜利。

新的一年又将开始。面对案前一个原封未动的新日历。我想那上面记载着的不纯然是未来的时间，它还预告着即将来临的一个个战役，预示着崎岖曲折的征途，和前面等待我们逐一攻占的高地。在那中间的每一页都将留下战斗的光辉，都将记录住我们整体的胜利！

（选自《当你还是一朵花》）

日历本来是标志时间的自然程序的一种符号，是极为平凡的日用品，但作者把握了一个哲理性的审美视点——革命者所理解的时间的含义，同时用这个审美视点去阐明日历的哲理意蕴，就表现出了一个哲理诗境。

作者面对摆在一起的一旧一新的日历沉思，首先想到的是时间溜得快，然后延伸到“时间究竟是什么”的问题，举出夫子、诗人、哲学家对这个问题的三种回答，但这些回答不是抽象就是糊涂，不能解惑。于是又回想到自己多年来苦苦地追求这个问题的答案而不可得。后来，由于接受革命的启蒙，领悟到时间的真正含义：“时间就是为了要攻夺一个又一个高地而准备、部署、出击、冲刺，以至占领的无限过程。”作者正是寻找到了这个切入点，才发掘出日历所包含的哲理意蕴。

一个平凡的日历，人们往往视而不见，根本不放在心上。可是只要把握审美视点，阐发其内在的哲理意蕴，就展现出一个诗的理境来了。岑桑先生揭示出日历的哲理意蕴可以说是一首战斗者的诗，是一个风光绮丽的诗的境界，里面有征战的烟尘，有勇敢的进军，有艰险的考验，有胜利的欢乐，有夺取战果的光耀，有建造丰碑的永恒……这就是诗的理境，就是充满诗意的哲理境界！而这种境界，正是对一切建设幸福生活的战斗者的激励和召唤，也是对那些视时间如粪土，过着醉生梦死生活的行尸走肉们的警告和鞭挞！这种心灵的净化剂放射出的熠熠异彩，显示了诗思的力度，呈现着智慧的美、哲理的美。

上面说了从平凡表现诗意的三个方面：诗的画境、情境和理境。必须指出的是，这三个方面的划分是根据其基本倾向来定的，不能截然分割开来，这三个方面往往是互相渗透、互相交叉的。画境中常有情味和哲思，情境中常有画面和理趣，理境中常有画意和情韵。这是要注意的。

二、写作故事

绿的和白的

H省作家协会举办一次青年作家散文比赛，要求所属各市作家协会推选一名青年作家到省里来参赛。比赛规定了散文写作的要旨：从平凡写出诗意。

S市作家协会根据省里的要求着手进行推选工作。为了争取拿到名次，该市作家协会组织了五名最有希望的优秀青年作家去体验平凡事物，在体验中发现平凡事物的诗意，并写成散文，把平凡事物的诗意表现出来。

S市是一个热带城市，橡胶树和其他热带作物特别多，随处可见。这都是大家眼中的平凡之物。因此，市作家协会领导让那五位优秀青年作家到建新橡胶场去体验生活。

进了橡胶场，青年作家受到热情接待，在该园工作人员的带领下，在园内四处参观。大家首先感觉到一片逼入眼帘的浓得化不开的绿色，不禁为之心旷神怡。这里的绿色作物很多，到处呈现着葱茏的绿色。除了绿色的橡胶树像一簇簇凝固的绿云之外，这边的一片剑麻，那边的一片甘蔗，也都是绿色的。大家正在兴致勃勃地谈论的时候，场长从省里开会回来了，刚放下行李就赶来看他们，请他们到会客室里喝茶。场长姓杨，在这里工作18年，是位老场长了。论年龄他还算中年人，可已经满头白发。场长是从本省一所农业大学园艺系毕业的，知识很渊博，对场里的生产情况谈得头头是道，关于场里各农作物的生长规律更有许多在实践中探索出来的新发现。在他领导下，这个胶场的生产年年飙升，对国家贡献很大，连年被评为全国农垦系统的先进单位。大家听了，深受感动。

五位青年作家辞别场长，走出胶场。在归途中，大家互相交换意见，谈论参观的体验，都说留在脑海里最鲜明的形象有两个，一是胶场的景色很绿，一是场长的头发很白。

回到单位以后的一天上午，五位青年作家之一的江澄明把一份公文草拟好了，就顺手拿起一张报纸随意浏览，忽然眼睛一亮，这张报纸上有场长先进事迹的报道，便迫不及待地看下去，看着看着，蓦地，江澄明把手掌往桌上一拍："有了！"这突然的声响惊得办公室的同事一齐用眼睛瞪着他。江澄明抱歉地笑了笑，又低着头把那篇报道看完。

当天下午，江澄明急匆匆地专程赶往橡胶场访问场长。到了场长办公室，场长不在，后来在橡胶林里找到了他。他正和工人们一起割胶。江澄明看到一桶桶的白胶乳摆得到处都是，知道这里的生产正忙，但还是说明了来意。随和的场长放下手中的活，他们就在橡胶林中开始了对谈。场长一一回答了江澄明的询问。谈了整整一个下午，江澄明辞谢了场长，心满意足地回去了。

通过一个下午的访问，江澄明了解到关于场长的许多故事。场长来到这里整整18年，由于敬业爱岗，做出斐然的成绩，有的创造发明得过国家级大奖，很快就从技术员破格晋升为高级农艺师，之后又任场长。他经营有方，事业发展很快。这个场原来只是100多亩地的小场，现在已经成为2 000多亩地的大场，还办有配套的加工制造厂。这里的橡胶制品、剑麻制品以及甘蔗加工制造的白糖、纸张，每年都远销东南亚和欧美各国，创汇颇丰。由于他一心扑在工作上，没日没夜，风里来雨里去，没几年，头发全白了。原本他还是一位头发黑得发亮的英俊男子呢。他的一个突出的特点是常和工人在一起，活跃在生产第一线。大清早，工人们刚上班，老远就可以看到浓密的绿色丛林中有一个白头发的身影在活动了。那就是场长！场长和工人心连心，工人都很敬爱他，特别称颂他的一头白发，因为白发是他为橡胶场献出青春的标志。

这些生动的素材，催发了江澄明的写作冲动。他立即开始了构思，以场长的奉献精神作为审美视点，把留在他脑海里两个最鲜明的形象——橡胶场绿的景色和老场长的白头发统摄起来，阐发其中丰厚的内蕴，构成一个诗的理境。丰富的素材被浓缩成为一篇1 500字的散文。作品以赞美场长的白发开头：

> 建新橡胶场有一位老场长。
>
> 人们都视老场长是一个美的形象，美在哪里呢？美在他的一头白发。
>
> 他的一头白发记录了他为橡胶场献出青春的生活道路，记录了他为建设橡胶场风风雨雨的奋斗历程。
>
> 工人们都说，老场长的一头白发，就是一把白热化的火炬。正是这把火炬燃烧起他自己的劳动热情，也燃起工人们的劳动热情；正是这样的劳动热情使我们的橡胶场由小变大，创造了辉煌。

散文中间的一段是用几个典型画面，精炼地刻画出场长的奉献精神，描述了老场长带领全场员工建设橡胶场的业绩。作品又以颂扬场长的白发结尾，写得最为精彩：

有一天，一个外省的参观团到建新橡胶场来取经。参观团的团长看到这里到处都呈现着一片绿色，而老场长的头发却是白色，感触颇深，于是有下面的对话：

“老场长呀，这里的胶林是绿的，这里的剑麻是绿的，这里的甘蔗也是绿的，为什么就你的头发偏是白的呢？”

“团长先生呀，说起我这里的作物，橡胶树的乳液是白的，剑麻的纤维是白的，用甘蔗加工制造的白糖和纸张也是白的，那么，我的头发自然也就是白的啰！”

（根据洪三泰的诗作《绿的·白的》扩写）

S市作家协会的领导看到江澄明的这篇散文，不禁拍案叫好。全文从头到尾都充满诗意，表现出一个诗的理境，揭示出奉献必须付出辛劳，付出辛劳必有创造的人生哲理。真是从平凡表现诗意的佳作呢！于是一致同意把这篇散文推荐到省里参加青年作家散文比赛。后来评选揭晓，此文获特等奖。

三、写作示例

黎明的眼睛

端木蕻良

三月清晨，把窗子推开，第一片阳光便飞到人们的全身。对着阳光带进来的新鲜空气，任谁都要深吸一口，说：春天来了！

就这样，春天从窗口走近了我们。

但是，可不要忘记，不是从有房子那天起，我们就有窗子的呢！

我们的兄弟，爱斯基摩人用冰块建筑的房子，像个白玉的钟罩一般，是没有什么窗子的。过去的鄂伦春兄弟们住的“神仙柱”，因为没有屋顶，在屋里，到晚上可以看到头上的月亮和星光，也就无须开窗子了。

最早的人类——山顶洞人走下山来，不知住过多少代，才懂得造个窝儿的时候，他们也只会模仿岩洞，把地挖个半截篷，上面再搭上个顶篷。至于窗子，就谈不上了。

房墙上开窗子是后来的事。随着窗子的开凿和扩大，人类文明的曙光也随着扩大。

窗子，自从它出现的那天起，就成为阳光的眼睛，空气的港口，成了自然和社会的纽带。

随着时间流逝，楼层的加多，窗子也越来越多了。看到高层的建筑，就会惊叹窗子是房屋最鲜明的象征。没有窗子的房子，几乎也就没法把它唤作屋子了。

有谁未曾享受过开窗的喜悦呢？打开窗子，突然见到青山闯了进来，打开窗子，看到柳色的清新，小燕的飞来……

窗子开了，用不着打招呼，新的空气就会猛扑进来。

当然，随之而来的，也有风沙飞入屋中。还有，眼睛看不到的微尘，还有很难发觉的细菌，有的是出面拜访，有的是偷偷地混了进来……

从古到今多少诗人赞美过窗子，多少歌手歌唱过窗子，多少情人的眼睛凝望过窗子……

窗子的变化，是值得人们考察一番的。小小的窗子，几乎可以说，是文明的眼睛。在今后的日子里，窗子的变化会更加多种多样了。

窗子的玻璃会随着时钟，自动调节射进室内的光线，窗子会随着明暗变换颜色，窗框上装有循环水，它可以为居室的主人带走很多他发觉不到的天敌，又可以送进来他需要而又不易得到的芳香和养分……

有的窗子不需开合，便能做到通风透光，它还可以把你不愿听到的声音关到外边，但是悦耳的琴声，它是不会阻拦的……

打开窗子吧！现在开窗子就不光是为了迎进阳光、空气，或者远眺青山的青、新柳的绿、燕子飞来的掠影……而是迎接一个新的世纪！

（选自《榕树文学丛刊》）

本文写的是常见的平凡之物：窗子。作者以窗子是黎明的眼睛为审美视点，阐发窗子的美的内在意蕴，营构出诗的理境。

在作者笔下，窗子的美的内在意蕴集中表现为窗子反映了人类文明的发展，给人类的生活增添了美的色彩。在这样的基础上，文章发出了哲理性的呼唤：“打开窗子吧！”这是一种推进文明的声音，除旧布新的声音，迎接一个新的世纪的声音。

作者为了展现出窗子的诗的理境，把窗子放到人类文明发展史中去认识，揭示出窗子的出现、窗子的每一变迁都是人类文明进步的标志。人类在野蛮时期是没有窗子的，无论在中国和外国，屋子都不开窗。窗子是阳光的眼睛，空气的港口，是自然和社会的纽带。窗子的开凿和扩大，使人们敏锐地感受到春天到来的信息，享受阳光带进新鲜的空气，观赏青山献绿、柳色吐翠、燕子展翅而获得充满喜悦的美感。随着窗子的改革和发展，日后窗子的变化会更加多种多样；窗子可自动调节室内光线，阻隔天敌而放进芬芳和养分，隔断噪音却可以通过琴声，于是悦耳代替了烦躁……作者的巧妙阐发，把人类的文明进步和历史发展联系起来，大大加重了窗子的美的含蕴的哲理感。

第三章　运用写作智慧

导　语

发现了写作材料，还要依据这些材料基于其内在含义而产生的特点进行艺术加工。但是，写作材料基于内在含义而产生的特点不是一眼就可以看出来的，而要通过感受、观察、想象等一系列心智活动去把握。这就是运用写作智慧的问题。

许多学生在写作中常常碰到一个难题：写出来的东西总让人觉得老套，诸如写草地就是“绿油油的”，写太阳就是“红艳艳的”，写树林就是“郁郁葱葱的”。当然，不是说要禁绝这样的写法，可大家都这样写就变成千腔一调、千人一面了。西方有一句名言：第一个用花来形容美人是天才，第二个用花来形容美人是蠢材。“蠢材”的得名就在于描写事物时用陈词滥调来描述事物的特点。

发掘事物的内蕴从而表现出其特点是需要写作智慧的。就以写一片落叶来说吧，如果仅仅看到落叶由变黄开始，继而脱离母体从树枝上掉下，然后被风卷起在空中晃荡……仅仅把这些写出来就是缺乏写作智慧而显得平庸、肤浅了，只有通过感受、观察、想象等一系列写作智慧的活动，才能发掘落叶的内在含义而表现其特点。作家蔡宗周写了如下一段文字：

落叶脱离了树枝随风翻飞。那一片一片的落叶要飞到哪里去呢？哦，我知道了，那一片一片的落叶就是秋天写给人们的一页页多情的信笺，它用最欢快的话语通知田野上的劳动者：收获的季节已经到来，于是收割机轰隆轰隆地响起来了；它用最甜蜜的悄悄话告诉果园里的姑娘：成熟的季节已经到来，于是果园里喧闹起来，欢乐的人群在一片欢声笑语中采果忙碌；它用最喜乐的言辞发话给正在用新米煮饭的家庭主妇：喷香的季节已经到来，家庭主妇用心中的歌回应道：是啊，我的新米饭煮熟了，新米饭喷香！这是秋天在喷香，是丰收在喷香……啊，落叶，落叶，你是秋之神派来的多情使者，你是传播丰收喜讯的多情使者，你是把幸福带来人间的多情使者！

请看，运用写作智慧不是把落叶的内在含义表现得丰富而有趣了吗？本章的感受、观察、想象、联想、移情、运思六节内容，就是基于上述要求而设计出来的。

第一节 敏锐的感受

一、写作知识

感受是什么？感受就是作者面对纷繁复杂的生活现象，发现其中的精粹，心灵被触动，产生要把它表现出来的强烈欲望。敏锐的感受要求我们对各种生活现象的反应是灵敏的、快速的。

能不能发现各种生活现象所蕴含的精粹，有没有敏锐的感受能力起着决定作用。没有敏锐感受能力的人，即使是蕴含丰富、足以扣人心弦的事物出现在自己的面前，也会视而不见，听而不闻，无动于衷。一个作者只要具备敏锐的感受能力，哪怕是司空见惯、微不足道的一片绿叶、一缕炊烟、一滴清泉、一阵欢声笑语，也会给予热情的关注，把握其内在价值。需要注意的是，这些习以为常的绿叶、炊烟、清泉、欢声笑语通过作者的感受而出现于笔下之后，就不再只具有原来的属性和功能，而是融入作者的人生理想、信念情操、美学追求，升华成为意蕴深厚的艺术形象。敏锐的感受有两大特征：

第一个特征是具有认识生活现象的穿透性。这就是说，面对生活现象，不停留在表面的浅层认识上，而能够从表面穿透进去，看到其中精粹的内核。比如说，一队骆驼驮着杨柳树苗赶路，这样的事情是平常的。假若停留于表面的浅层认识，即使是费尽心机，搬弄五光十色的辞藻和技巧来描写骆驼驮着杨柳树苗赶路的情景，也没有什么价值，当然也无法打动读者。著名诗人公刘先生在一首题为《运杨柳的骆驼》的诗作中，以穿透性的力度，发掘出其中精粹的内核："骆驼背上驮的青绿青绿的杨柳条儿"，"要把春天插遍沙漠"。诗人预见到：来年骆驼再从这条大路通过，这里将是一个空气澄明、柳絮馨香的春天，是一个没有风沙、没有苦涩气味的境界。诗人以充满乐观主义的声音欢唱："跟着它走，准能把春天追着。"骆驼队驮运杨柳树苗这样普通的事件被表现成为意境深邃、韵味悠远的艺术境界，这就是认识生活现象的穿透性之功。

第二个特征是以自己独具个性的眼光对生活现象作独特的发现，表现出生活现象的独特性。比如说写春天，怎样发现春天呢？又怎样表现春天呢？许多人是这样下笔的：熏风荡荡，碧水盈盈；翠柳如丝，绿草如茵；百花争艳，万紫千红；燕雀呢喃，悠扬婉转……这样写是重复别人的老调，没有表现春天的独特性，著名诗人王宜振先生以自己独具个性的眼光去表现春天的独特性，他在一首题为《寻找春天》的诗作中表现春天的独特风貌：

春天，是一片片绿叶，像一只只绿色的眼睛在小树上结着；春天，是一朵朵花苞，像一顶顶小花帽儿在小花树的头上戴着；春天，是一架钢琴弹奏出很美很美的声音，在小溪流怀里抱着……

请看，诗中写了绿叶、花苞、溪流，这些都是春天常见的景物，但通过诗人独具个性的眼睛的过滤，就豁现出春天的独特性了。这是新颖而美妙的独具个性的春天，也是作者认识生活现象的独特性的表现。

那么，应当怎样对各种生活现象作敏锐的感受呢？有三项要领：

第一，用真挚的情思去感受。所谓真挚的情思就是发自内心的真诚而浓郁的情感和思绪。有了这种真挚的情思，对各种生活现象就会产生敏捷而快速的反应，能触景生情，找到生活现象与自己心灵沟通的共振点，从而获得认识生活现象的穿透性，随之对生活现象产生独特性的感受。

举例来说，有这么一件小事：冬夜里，小妹妹在夜读的间歇中打了一个盹，妈妈轻轻地把大衣盖在她的背上。这样的小事，无甚新奇，一般人看了不一定会放在心上。然而，一位作者却能由此感受到母爱的真挚，挥笔写出了下面的文字：

小妹妹从书本和大人们的话语得知，拥有广阔的空间才算得上博大。浩瀚的太空是博大的，是因为有广阔的空间；无边的海洋是博大的，也是因为有广阔的空间；广袤的大地是博大的，还是因为有广阔的空间。

小妹妹在一次夜读中忽然悟到：细微的东西也可以是博大的。

那是一个寒冷的冬夜，小妹妹在夜读的间歇中打了一个盹，在朦朦胧胧中感觉到妈妈轻轻地把她的大衣盖在自己的背上。妈妈知道她有一个习惯：夜读有劳有逸，觉得困倦就闭目养神一会儿，做做眼操，然后又继续阅读。妈妈生怕惊扰她，给她披大衣时，动作很轻很轻。

于细微处见精神。妈妈的细微动作折射出来的母爱之光是多么博大啊！妈妈的细微之处，展现出妈妈的胸襟因为有了母爱，也是一个博大的空间。

小妹妹于是又进一步认识到：书本和大人们的话语是对的，拥有广阔的空间才算得上博大。

寒夜中，妈妈给夜读的女儿轻轻地盖大衣，这种生活小事在作者笔下却显现出深厚的意蕴。这是由于作者以真挚的情思感受到它和自己心灵的共振点，以一种穿透性的力度发掘它的精粹内核——母爱之光，于是展示出了一幅内涵丰富、耐人寻味的具有独特个性的女孩夜读的艺术画面。

第二，用审美的雅趣去感受。审美的雅趣指的是欣赏生活现象中蕴含着的美的高雅意趣。有了这种审美的雅趣，就能发现一般人觉得平淡无奇的事物中包含着的美，通过自己心灵的共鸣，作出敏锐而灵动的反应，以穿透性的力度去表现它的精粹内核，展示出它的美的独特风采。

比如说，春天的丝丝细雨，每年都会出现，因而人们都习以为常。如果写起来，很多人都是用“绵绵不断的”、“轻烟般的”、“牛毛般的”来形容它。可是，有一位作者却能发现春天丝丝细雨的独特之美，在他的笔下，春天的丝丝细雨别是一番情景：

春天的丝丝细雨轻轻地、密密地飘洒，它把那甘美的液汁化作温馨的情和炽热的爱，奉献给大地的众生。

在春天的丝丝细雨的滋润下，原野上的小草从沉睡中苏醒了，泥土里的种子萌动了，柳条上的芽苞显露出嫩绿了，丛林的枝头上的蓓蕾欣欣然地绽开了，山间的竹笋发出拔节茁长的咯吱咯吱的籁音了……

一群小燕子哼着欢快的呢喃小调在丝丝细雨中来回翻飞。它们是在雨中洗澡吗？它们是在咏赞细雨给大地带来生机吗？不，不仅仅是这样！它们还要充当一把一把的机梭，把一丝一丝的细雨织成一幅一幅的轻纱，化作蓝、白、绿、红等多种色彩的帏幔垂帘，分别融合到大海、风帆、椰林、木棉中去，让大海更加蔚蓝，让风帆更加洁白，让椰林更加翠绿，让木棉更加火红！

啊，春天的丝丝细雨弥漫着的大地真是无限风光！

每年都有的春天细雨，在一般人的眼里只是千篇一律的密密麻麻的雨丝罢了，然而上文的作者以审美的雅趣，通过自己独具个性的眼睛和富于穿透力的视点，感受到春雨独特的美的风采，经过作者的发掘，显示出春天细雨的美的内核："把甘美的液汁化作温馨的情和炽热的爱，奉献给大地的众生"，大地于是展现出一派蓬勃的生机。经过作者审美雅趣的折射，春天的细雨不再是千篇一律的密密麻麻的雨丝，而呈现出绮丽多彩的景色。

第三，用哲性的追寻去感受。哲性，指一种智慧的意味。在自然界、社会和人生的许多事物中，往往蕴含着丰富的智慧意味，而这种智慧的意味又可以体现出深刻的社会理想和人生追求。对于各种生活现象如能用哲性的追寻去感受，就可以独具慧眼，作出灵敏而快速的反应，以富于个性风格的识见和穿透力，发掘其内核，由此内核出发，铺陈出思想内涵深厚、艺术画面鲜明的精彩华章。如果缺乏哲性的追寻，无论怎么舞文弄墨、雕辞琢句，写出来的东西，都会流于肤浅和俗气。

我们来品赏著名诗人牛汉先生的诗作《根》，可以从其中得到许多启迪：

我是根，
一生一世在地下
默默地生长，
向下，向下……
我相信
地心有一个太阳。

听不见枝头鸟鸣，
感觉不到柔软的微风，
但我坦然
并不觉得委屈烦闷。
开花的季节，
我跟枝叶同样幸福，
秋天，沉甸甸的果实，
注满了我的全部心血。

（选自《北方文学》1980 年第 7 期）

诗人以哲性的追寻，形成了一双富有个性的慧眼，围绕着根的生长特点进行穿透，追寻出这些特点蕴藏着的内核。根的最突出的生长特点是什么呢？“向下，向下……”根要深扎泥土吸收养分，这是很多人都知道的，但诗人却特地发掘其精粹的内核：“我相信地心有一个太阳。”正是因为具备“地心有一个太阳”这样的信念，才给予根无穷的力量，在“向下，向下……”生长的过程中，一生一世在地下作默默的奉献，尽管享受不到承受微风吹拂的惬意，谛听枝头小鸟歌唱的欢愉，也坦然地浇洒自己的心血，向秋天捧出沉甸甸的果实。请看，诗人在写作中用哲性的追寻去感受生活现象，把根的独特风采表现得多么形象生动和感人肺腑啊！

综上所述，对各种生活现象进行敏锐的感受，对于写出思想性和艺术性兼备的好文章来，是至关重要的。

二、写作故事

用自己的头脑和眼睛去感受事物

W市兴华中学一个课外写作小组的十几位同学读了《写作漫话》这本书。在周末的小组活动中，他们对这本书展开议论。

叶凝香最先提出质疑：“这本书有一个观点，说用自己的头脑和眼睛去感受事物，文章就写得好。这种说法简直是废话！谁都有自己的头脑和眼睛，这么说来，谁都能通过感受就写出好文章了。”此语一出，大家都感到惊讶。

岳伟立即反驳：“你是不是搞错了？谈写作的书从来就是这么说的，几乎成了定论，你现在来加以否定，有什么根据？”

冯向仁起来附和：“是呀，叶凝香你是不是太缺乏自知之明了？凭你读这几本书就敢否定这个权威说法？我认为，要用自己的头脑和眼睛去感受事物，这非但不是废话，简直是说得太精彩了！这个说法道出了感受事物的诀窍，因为感受事物最重要的就是感受到事物的独特性，这就要求不人云亦云，不炒冷饭，不跟着别人的屁股走，不要别人说什么自己也说什么，这就太需要用自己的头脑和眼睛了！”

叶凝香听到反驳，答辩道：“我太有自知之明了！我当然知道我自己有一个头脑和一双眼睛，我也知道我很注意用自己的头脑和眼睛去感受事物，可我写出来的文章却常常跳不出别人写过的老套套。这是为什么呀？这不恰好证明用自己的头脑和眼睛去感受事物也会人云亦云，跟着别人炒冷饭吗？”

冯向仁继续反驳：“叶凝香说的只是她个人的体会罢了，没有什么代表性。我就是随时随地都用自己的头脑和眼睛去感受事物的，因此作文进步较快，常常拿到好成绩，老师也多次表扬我。”

叶凝香马上针锋相对：“你说的不就是你的个人体会吗？难道你就是当然的代表性？”

冯向仁立即拱起双手，弯腰鞠躬：“你牙尖嘴利，我斗不过你，算了，算了。”

二人一来一往的舌战，逗得大家哈哈大笑。

反驳和答辩的争论，引起同学们的强烈兴趣，大家都抢着发表意见，有的用自己的体会支持叶凝香，反对冯向仁，有的用自己的体会支持冯向仁，反对叶凝香，气氛真是热烈。

在场的指导老师孔金铎老师听了同学们的争论，感到很欣慰。同学们求知欲如此旺盛，发表了那么多真知灼见，多么难能可贵！尽管不是每一种见解都对，但也做到持之有据，言之成理。于是他不失时机地说道："同学们争论的问题很有价值，这是我们写文章绕不开的一个重大问题。大家发表的意见各有各的道理，但谁也说服不了谁。为了让争论深化下去，我建议：大家去进行一次感受的实践，然后在这个基础上再来深入讨论。这样可能更有利于解决问题。明天是星期天，你们何不打铁趁热，到郊外去对某一景物进行感受。要注意：大家都必须用自己的头脑和眼睛去感受，而且不妨把自己感受中最精彩的片断写成文字，回来再交流切磋，共同提高。"

第二天大清早，课外写作小组的全部同学都按时到达集合地点，大家兴高采烈地往郊外进发。

到达目的地后，大家觉得心旷神怡。这是W市的一个著名风景区，美丽的景点很多。经过议论，大家都同意以一座石峰的流泉作为感受实践的对象。

石峰流泉的景色是多姿多彩的。一座嶙峋怪险的石峰陡立在一泓盈盈的湖水上，流泉源源不断，既有汩汩细流的潺缓，也有飞溅喷涌的湍急；既有迂回婉曲的萦绕，也有奔泻直下的汹涌；既可以听到叮叮咚咚的乐音，也可以看到穿梭戏浪的游鱼……面对着山石流泉，同学们个个都静默于心，凝神遐想，思潮翻滚，向山石流泉撷取与自己心灵相通的东西。

当天晚上，课外写作小组的同学回到学校，在小组的读书室集中。孔老师来了，让大家把写好的感受片断拿出来互相交流。

第一个朗读的是岳伟。

石峰上的泉水奔泻直下，水花一串接着一串四散喷射，多像散珠碎玉呀！

接着，冯向仁抑扬顿挫地朗读自己的作品：

那石峰上流淌着的山泉，真是美不胜收，伴随着琮琮峥峥的乐音，有的表现为一串串晶莹的钻石，有的表现为一条白色的飘带，有的表现为一丛梨花带春雨，而那四散飞溅的水花，不就是一串山泉奏鸣曲的音符吗？

叶凝香继而用她甜润清脆、婉转悠扬的嗓音读了起来：

石峰上的山泉，从顶巅流泻下来，撞击着各种奇形怪状的石块，幻变出千姿百态的艺术造型，有的像仙女秀发上装饰着的朵朵白花，有的像姑娘最喜爱的珍珠项链，有的像舞蹈演员披在身上的雪白的纱巾……我真希望她们把这些饰物都赠送给我，让我把自己打扮得更亮丽呀！

任时进以充满感情的声调接着朗读：

石峰上的流泉，源源不断，水花四散。这水花呀，不就是多情的泪珠吗？它看到我们这么多人对着它大加赞赏，是多么的开心呀，它感动得喜泪奔流啊！

最后是丁琪同学朗读：

石峰的泉水，很清很清；从高处往下流，激起的水花，很白很白；还发出阵阵的响声，十分动听。石峰的泉水真是美极了！

同学们逐一朗读完了之后，孔老师有重点地进行了点评：

同学们这次写作活动很精彩！大部分同学都能在实地感受的基础上，写出自己眼中的石峰流泉独特的美。我要特别提到叶凝香同学、任时进同学、冯向仁同学，他们把石峰流泉的美和自己心灵中的审美情趣沟通起来，用自己的心灵感受创造出别人眼中看不出来的，而且是各不相同的石峰流泉独特的美，尤其是叶凝香同学写得最好！她表现出了石峰流泉美的形态的丰富性，并能将其与自己喜爱的事物融为一体，因此特别显得有血有肉。其他同学也写得好，例如冯向仁同学从形、声、色和动感等方面，对石峰流泉的美作了艺术的再创造，有自己的真实而独特的感受。当然，有的同学的文笔是需要琢磨和改进的。岳伟同学的文笔很清新，但有落进老套之嫌。丁琪同学的文笔思路清晰，文字通顺，但只能说是石峰流泉的简单复制，没有自己的真切感受……

听了孔老师的评论，同学们受到巨大的鼓舞，情不自禁地你一言我一语，围绕着孔老师的讲话发表自己的见解。有人问叶凝香："你说过尽管你有自己的头脑和眼睛，但写的往往是老套，为什么现在却写得这么好？"叶凝香笑着回答："与时俱进嘛！过去我有的是凡俗的头脑和眼睛，所以老写不好，经过不断学习和磨炼，逐步长出有自己独特个性的头脑和眼睛，写东西就有点进步了。"孔老师继续说道："刚才同学们的议论，我都听到了。这些议论，实际上已经回答了大家昨天争论的问题。要写出有自己独特感受的文章，需要的不是一般的自己的头脑和眼睛，而是有自己的富于独特个性的头脑和眼睛，同学们这次感受实践的写作就是明证。大家的写作经验的可贵之处就是通过自己独具个性的头脑和眼睛对客观事物进行再创造而不是复制，把自己的思想情感、审美趣味融入到客观事物中去，这样写出来的客观事物就有独特的风貌而不会老套和重复。可不是吗？同样是写石峰流泉，冯向仁、叶凝香、任时进写出来却各有千秋。冯向仁爱好音乐，就把石峰流泉飞溅的水花写成山泉奏鸣曲的音符；叶凝香爱美，喜欢扮靓，就把石峰流泉各种形态的水花写成仙女和姑娘的饰品，并且希望她们把这些东西赠送给自己；任时进是一个情感丰富的足球迷，曾因为他的偶像球星踢进一个漂亮的球而喜极流泪。所有这些说明石峰流泉的水花变成音符、饰品、泪水都是独具个性的头脑和眼睛的产物……"

三、写作示例

夕阳颂

袁　超

黄昏，我走在回家的路上，忽然发现身旁的树木、高楼以至每个行人都被镀上了一层金红色，自己也被笼罩在这一片红光之中了。我抬头望去，一轮火红的夕阳正挂在西方的天际，在猩红的晚霞的陪衬下，熠熠发光。她给西天映上了金色的光泽，她为大地披上了玫瑰色的晚衣。这，真是一个奇观！

灰蓝色的天幕上，有几朵薄薄的云彩，忽而现出橘黄色，转而又是朱红色了，边缘上还镶嵌着一道金边；一瞬间，云彩又化作了几条长长的烟云横亘在天边。夕阳，如同一团燃烧着的火，越烧越旺，把西天烧成了血红色；夕阳，仿佛一颗跳动着的心，正在同黑暗作着顽强的斗争。她，正喷发出自己全部的光和热。

夕阳，她已战斗了一天，不像早晨的太阳那样兴奋，也不像午时的太阳那样炽烈，她即将离去。然而，她却没有丝毫忧伤，而是坦然挂在西天，还在尽着最大的努力，放射出全部的余晖……

啊！夕阳，她渐渐地向着远处的苍茫群山隐去，一片片的晚霞也变成了紫红色——暮色浓重了。我仰望苍天，几颗早起的星星已经一闪一闪地跃了出来，一弯淡淡的新月也依稀出现了——可夕阳还要用自己的光辉去照亮那初起的月牙儿，帮助它为大地撒上一缕缕银辉……

夕阳，伟大而正直，光明磊落，襟怀坦荡！她并不因即将消逝而沮丧，也不要求人们对她有任何报答。她，甘愿做一名默默的战士；她，应当得到人们最高的赞誉！

我不禁想起了叶帅的诗句：“老夫喜作黄昏颂，满目青山夕照明。”多少老一辈革命家、科学家和教育家，他们都曾为开创和建设我们的伟大新中国，为培养造就祖国的栋梁，奋斗了大半生，奉献了自己所有的心血。迟暮之年，他们仍以火一样的激情继续为人民工作，不居功自傲，不养尊处优；身体不行了，主动让贤，去帮助新一辈人。他们不正是永生的夕阳吗?

夕阳献出了最后一丝余晖，微笑着逝去了。明天早晨，一轮红日又将从地平线上冉冉升起，去照亮整个大地……

（选自《作文大观》）

夕　阳

齐　凡

夕阳总是在海天连接的地方和广漠的草原用斑斓的变化和无穷的美丽色彩吸引着我。令我觉得它是向人间播送爱和美的天使。

我喜欢在傍晚的时候到海滨去散步，有时独自伫立海滨向茫茫的大海眺望。这时我的心境是舒展的。我大口大口地吸着潮润而又清新的空气，甚至要忍不住引吭向辽阔的海洋呼喊。

海面像是一面明镜，它把正在晚妆的夕阳的脸庞映照得更加红艳可爱，夕阳也每每因为从这面明镜中看到自己的美丽，喜悦得微微战栗起来，羞涩地隐没下去。

夕阳有时却像一个豪情横溢、任意挥洒的画师，凭着天空这块洁净的调色板，在海面的画幅上不断地创造着新的意境：当夕阳在天际染上浓烈的晚霞的时候，动荡的海面就像一面巨幅的飘拂着的红旗，突然一种热烈的崇高的感情充满着我的心间；有时夕阳的余晖金光四射，映得海面像是万顷麦田，又使我隐约感到丰收的喜悦。

夕阳还常常赐予渔帆以金色的翅膀，让它满载着渔歌和欢笑翩翩归来。在渔船归来的时候，海滩上一片喧腾。渔家姑娘们忙碌着、嬉闹着。她们头顶上盘着的红绒绳编成的发环在夕阳中闪耀着光辉（厦门渔女的打扮），也仿佛是夕阳为了酬答她们的辛劳，增添她们的美丽，用鲜艳的彩霞给她们编织了这样悦目的花冠。

离开了南海之滨来到了东北，广漠的草原也使我寄予无限的深情。它每每使我联想到海洋。我常把起伏迷离的草原看作是万顷波涛，把奔驰在原野上的拖拉机当作破浪前进的航船。尤其是夜晚，散落在天际，星星点点的拖拉机的灯光又多像是闪烁明灭的灯火呵！除却这些，能与海滨生活比美的要算是对夕阳的观赏了。也只有像海洋般无边无际的大草原，才能充分地显出夕阳的壮观。

在草原上，夕阳端庄而又朴素，可是它从不吝啬用蕴藏着的光源去打扮周围的云彩，让人感到总是有一只展着美丽羽翼的孔雀低低掠过草原，紧紧地追随它；夕阳有时还像一把临风高擎的火炬，烈焰满天。

多么娇娆，多么姣好的夕阳啊！海滨的夕阳和草原的夕阳这两个画面组合起来，使人觉得夕阳就是一位向人间播送爱和美的天使。夕阳的出现是一天中的黄金时刻，是人们享受爱和美的时刻。

（选自《人民日报》1961 年 8 月 25 日。有删改）

夕阳，在树梢

李　耕

只是一瞬吗？

树梢的叶染红了，归鹊的翅染红了，天边的几颗小星星染红了。夕阳，在树梢上，燃亮了一簇簇火焰！

只是一瞬啊！

树叶把火焰藏进心里！

归鹊把火焰藏进了翅里！

只有星星的火光在照亮着夜行人的路。

不是一瞬间啊！朋友！

当星星用火光点亮黎明的时刻，树的叶点亮了它的火焰；鹊的翅，点亮了它的火焰，并飞翔着将这光送遍大地。

（选自《古今中外散文诗鉴赏辞典》）

上面三篇文章都是写夕阳，因为三位作者都是用自己独具个性的头脑和眼睛去感受夕阳，所以写出来的夕阳都各有风采。

《夕阳颂》的作者面对夕阳，激发起缅怀老一辈革命家、科学家和教育家的情思，想起了叶剑英元帅“老夫喜作黄昏颂，满目青山夕照明”的诗句，发挥自己独具个性的头脑和眼睛的穿透力，发现夕阳的精粹内核：献出最后一丝余晖“微笑逝去”，却迎来次日早晨“一轮红日又将从地平线上冉冉升起”。于是把夕阳和老一辈革命家、科学家、教育家联系起来，酣畅淋漓地把自己真挚的情感抒发出来，热情地赞颂老一辈的元勋们。

《夕阳》的作者面对夕阳，感受到的又是什么呢？作者怀着独特的审美雅趣，用自己独具个性的头脑和眼睛的穿透力，发现夕阳的精粹内核：“用斑斓的变化和无穷的美丽色彩吸引着我，令我觉得它是向人间播送爱和美的天使。”作者首先用海滨作背景，在海天相接的地方烘托出夕阳变化无穷的斑斓色彩：它时而对镜晚妆，展现艳态浓情的俏丽脸庞，娇羞之状可掬；时而像一个豪情奔放、健笔纵横的画师，把动荡的海面画成一面飘拂着的巨幅红旗和万顷金黄麦田。它对劳动者又是如此慷慨无私，赐给渔帆以金黄色的翅膀，投赠渔家姑娘以彩霞编织的花冠。接着，作者以草原为背景烘托，夕阳更是变幻无穷，神奇壮观，它用自己的光源把满天云彩打扮成展翅飞翔的孔雀，又如同辉煌灿烂的烈焰。这两个画面的组合，使作者感受到夕阳是向人间播送爱和美的天使，夕阳的出现是人们一天中享受爱和美的黄金时刻。

《夕阳，在树梢》的作者面对夕阳却是另一番独特感受，他把树叶、鸟鹊、星星在三种不同的时空中映照夕阳的不同景观组接起来，在辽阔的画面中，摄取它的生命力的精髓，赋予它深邃的哲理：夕阳以它的余光、余热，染红了树叶，染红了鹊翅，染红了天边的小星星。这样的夕阳，在树梢上燃亮了一簇簇的火焰！这短暂的辉煌，即将化为夜色的灰烬，但它播下了光明的种子，留下生生不息的生命基因，足以点亮黎明，光照大地。于是，夕阳又变成永恒的光辉！这种哲理，催人奋发，启迪人们认识生命的意义。

上述三篇文章的作者对夕阳的感受，都体现了认识生活现象的穿透性和认识生活现象的独特性。因为他们各自具有独具个性的头脑和眼睛，所以同一个夕阳在他们笔下就呈现出不同的风貌：《夕阳颂》中的夕阳成为老一辈元勋为了我们的事业而放出生命全部光和热的真实写照；《夕阳》中的夕阳是向人间播送爱和美的天使；《夕阳，在树梢》中的夕阳，以短暂的辉煌播下点亮黎明、光照大地的种子，产生出启迪人们认识生命的意义的哲理光辉。

第二节　求真的观察

一、写作知识

观察，指的是运用眼、耳、鼻等感觉器官对各种各样的事物进行仔细的感觉和察看。求真的观察即求取反映客观事物逼真状貌的观察。

观察的目的在于捕捉事物的特征，这也是求真所要求的。所谓特征，就是一事物与其他事物相互区别开来的独特禀赋、质地和状貌。大千世界的各种事物没有完全相同的，例如一棵树的众多叶子，乍一看大体相同，其实各有各的独特状貌，这就要进行观察了。

为了实现捕捉事物特征的观察目的，必须作整体的和细致的观察。整体的观察是按照作者的写作意图而在一定范围内作反映事物整体状貌的观察，细致的观察是于细微处作具体的观察。

首先说整体的观察。整体的观察的要领是进行有层次的观察，或者是时间推移的层次，或者是空间转换的层次。无论是时间推移的层次还是空间转换的层次，都可以选择固定一个观察点作定点观察或选择移动观察点作移点观察。试看下面一例：

一天下午，我到黄河的河滩去割牛草，突然间，遥远的地平线处有一条弯弯曲曲的枯黄色彩带，不时地闪烁着粼粼波光，从大地尽头逶迤飘来。我纵目向西方远处眺，立即惊得目瞪口呆，啊，黄河落日！

我把眼睛睁到大得不能再大，欣赏这大地的奇观。只见黄河的上空，那浩渺深邃的天际，有一颗通红的巨大火球在慢慢地下降，而在黄河水中，也有一颗同样大的通红火球在缓缓地滚动。两个火球并肩运行，一个把白云变成满天赤霞，一个把河水染成万丈红锦。天上地下，顿时一片红光闪耀，熠熠生辉！我再看那巨型的红日，真是惊人地大，又是出奇地圆，而那火红的色彩是多么地艳丽啊！既像白鹤的丹顶，又像东海的珊瑚，也像海南的木棉花，更像印度的红宝石。这是跃着伟大生命力的红！

时间在前进，天际的落日和水中的落日越来越靠近了。它们似乎互相吸引，越来越亲热。看啊，近了，近了，蓦地，两颗红日连在一起，互相拥抱。此时，天上的红霞红得更艳了，河里的红波红得更浓了，在这神异的色彩当中，我真觉得自己是置身于童话中的华贵的殿堂。刹那间，我好像听到轰然一声巨响，伴随而来的就是天际的太阳一头扎进水中。

于是，大地只剩下太阳的余晖，除了看到像条巨大的银链似的长河横贯广袤的原野之外，什么也看不见了。

（毋军锋《黄河看落日》。有改动）

上文作者观察黄河落日的奇观，描绘出一幅瑰丽的黄河落日图。作者的观察是有层次的。作者首先观察到黄河源远流长、奔腾浩瀚的特征："遥远的地平线处有一条弯弯曲曲的橘黄色彩带，不时地闪着粼粼波光"，"从大地尽头逶迤飘来"，这是第一个层次的观察，表现出了黄河落日的背景。接着，作者又作第二个层次的观察，从落日和天宇、黄河水的关系去表现落日在运动变化中的色彩、形态的特征：深邃的天际和壮阔的黄河水同时有一个火球缓慢地滚动。继而，结合自身的感受，作者作第三个层次的观察，表现落日的特征：天宇上的落日和河水中的落日拥抱在一起时，红霞更艳，红波更浓，使作者犹如置身于童话中的殿堂；当落日一头扎入水中时，因其硕大无比而使作者好像听到一声轰然巨响。作者对黄河落日的观察，以一个目标为观察对象，随着时间的推移，观察出对象的不同特征。这是作者固定在一个观察点上按时间层次进行的观察，即定点观察。

让我们再看下面一例：

一天，我来到张家界游览。

起初只看到沿途的小山丘。一到"水绕四门"，忽见万山拔地而起，宛如一座千姿百态的屏障矗立在你的眼前。

我继续前行了，金鞭溪远远地从山林中奔来，若隐若现，似有似无，时而直脱脱驰骋，汩汩潺潺；时而舔着崖壁，静静流淌；时而又急急忙忙，冲出一个漩涡，飞转几圈，然后向前驰去……溪两旁的高山，或如攥拳击天，或如狂魔出世，或如斜塔劲削，或如古堡雄峙，吸天地之灵气，显宇宙之神姿，层层叠叠，浓浓淡淡，深深浅浅，高大而险峻，需仰视才可及顶峰。那千丈绝壁上挂满了青松古藤，铜壳般的糙皮，龙爪样的虬枝，仿佛一件件天然奇巧的盆景。几丛野竹在山脚下扭着轻巧的腰肢，款款而舞。一枝枝蓝莹莹、黄灿灿的花儿开得正欢；一只只蓝色、黄色的蜻蜓在花丛里戏耍，分不清哪是蜻蜓，哪是野花，只是一片五彩斑斓。艳阳从对峙的山缝中透过一丝一缕的霞光，于是峻峭的峰顶被镶上了金边。

走在峡谷之间的青石板路上，伴着鸟儿虫儿啾啾唧唧，采一枝山花插在帽檐，捉一只蜻蜓任它歇在肩上，不时低头听溪水潺潺，又抬头看山岚阵起，紫气氤氲。真是好一份幽雅，好一份闲情。

纵目望去，那峰峦忽儿挤挤挨挨，忽而遥遥相望，分而又合，合而又分，分时豁然开朗，合时一线天色。走着走着，便见"千里相会"的景观。两座人形而立的山峰偎依在一起。一对情意缠绵、梦绕魂牵地盼望团圆的人儿终于相会了，他们高兴得紧紧拥抱着相视而笑，如诗如梦，如痴如醉。

再往前行。眼前，从平地里赫然抖起一座柱形的山峰，腰缠绿，头顶翠，青衣侠士般岿然傲立，横看如大纛，侧望似长鞭。近处，又一座山峰像威风凛凛、栩栩如生的苍鹰一样，忠实守卫在长鞭旁，好个"神鹰护鞭"。

我们游一游，停一停，来到紫草潭边。躬下身，掬一捧碧莹莹蓝幽幽的清水，任它从手指缝间欢畅地滚落，又看着它和潭水聚拢，顺着紫赤色的石板，一冲一扑，溅散开去。和高山相映衬的潭水，有一种晶莹、清澈、透明的纯洁美，她像一节深邃的诗，一个清新的故事。周围一切的一切都悄无声息，静立不语。

面对着这高山深潭，我不复存在，我是一粒土，一滴水，溶进这山水之间，去寻觅永恒。

（胡蝶《记张家界》。有改动）

上文的作者对张家界的景色作了有层次的观察。第一个层次，总体风貌：万山拔地而起，像一座千姿百态的屏障。第二个层次，金鞭溪的多变景色：时而急速驰骋，时而缓缓流淌。第三个层次，金鞭溪两旁的高山多姿多彩：险峻奇特，巍峨耸立；青松古藤，挂满绝壁；野竹黄花，点缀其中。第四个层次，青石板路上的幽雅图景：近处，花香鸟语，虫声唧唧；远望，群峰气象万千，或互相挨挤，或遥遥相望，忽而豁然开朗，忽而一线天色。第五个层次，各种山峰的雄奇：眼前的柱形山峰在平地赫然抖起，横看侧望，各具风采；稍远，苍鹰似的山峰像卫士似的威武。第六个层次，紫草潭的深邃清新，晶莹清澈，莹碧可爱；映衬高山，分外妩媚。这六个层次是作者随着自己的游踪转换方位，不断地移动观察点，在不同的空间观察到的景色。这就是移点观察。

其次说细致观察。细致观察的要领是作细心精确的观察，着眼于一发一毛之细，一沙一石之微，以发现事物的隐蔽和细微之处。以观察景物来说，要观察出它的形态、色彩、声音、情味和氛围等特征；以观察人物来说，要观察其神态、音容、动作、衣饰等特征。在景物观察方面，请看姚昌忠先生笔下的细雨杏花：

细雨迷蒙，山色转青。转过岗峦，就见杏花烂漫，把长城脚下的这条沟谷渲染成一片粉白。

沿谷底小径曲折前行，不久就走进杏树花丛。初时只是三株两棵，星星点点。走不多时，浅素嫩白渐趋稠密，大枝小枝簇簇团团，有时闪避不及，花枝擦身掠过，衣上就留下一抹暗香，一道水痕。

细雨断断续续地飘了半天，杏花在细雨中浸润已久，花托、花萼、花瓣、花蕊，以至整朵花蕾，全都缀满了晶莹的水珠，颗颗粒粒都在蒙蒙的天光水影中闪动，悬滴欲堕。再看那朵朵带雨杏花，真像刚刚来到世间的孩童，相互推搡着、偎靠着露出一张张天真的小脸，贪看这山坳里的早春风光——叫人不忍心去碰碰她！

再往里走，花色更浓、更重，更加密不可分，渐渐叫人再也分不清哪是细雨，哪是杏花，只是一味沉迷于无穷尽的茫茫花香水色之中，使人心荡神摇，只觉身体飘浮，不知深浅，恍恍然如在梦里，不知究竟是人行花中还是花潮在身边涌动。

雨分明还在下，空中似有千条万缕被揉碎的丝，身边花树丛中簌簌不断，轻轻的，轻轻的。但伸出手去，却又摸它不着，给人一种缥缈空灵的感觉。这就是北国早春的雨么？竟也同江南一般，如此细微缠绵，如此恍惚迷离。也许，怕搅乱杏花的梦么？

继续前进，便觉身前身后枝杈纵横，梢桠错杂，迈不开步了。原来花阵乱眼，我已走离小径，陷进花树丛中的漩涡里了。只觉千朵万朵压枝杏花，如涛似浪，朝我涌来，让我立脚不住。花下，湿漉漉的树干根杈又把我的双脚盘绕，身体稍一移动，便有一阵明珠跌落，一层素馨飘零。

这细雨杏花，要留下我，来跟她们一起看守这长城脚下早来的春光么？

低头，忽见一串素白的锦绣伸在我的眼前。梢头，一颗亮晶晶的大珍珠，珠体中颤巍巍地包裹着一朵才睁眼的小蕾。细看珠面上似有我的面影，那花蕾好像也要张口说话的样子，不觉把脸凑过去——珠子不见了，鼻头碰着冰凉的一滴水。再看那苞蕾，却羞怯怯地颤动着扭转脸去了。

（选自《人民日报》1991年4月16日。有改动）

作者对细雨杏花的观察很细致，从细雨中杏花的色彩、形貌、气味、静态、动态以及氛围等方面观察它表现出来的风姿和神韵。作者以一双审美的眼睛，观察到杏花把一条沟谷染成一片粉白，而且在稠密当中显露浅素嫩白的淡雅；而它们的形貌又是一派清纯，大枝小枝、团团簇簇的带雨杏花在天光水影中互相推搡着、偎靠着，像是刚刚来到世间而露出的一张张小脸，花蕾却像要张口说话的样子。杏花是多么善解人意啊！千朵万朵压枝杏花如涛似浪，朝“我”涌来，令“我”立脚不住，枝杆根杈又把“我”的双脚盘绕，它们是要“我”留下来看守这早来的春光啊！杏花吐放出来的芬芳真使人感到惬意舒畅，只要花枝擦身掠过，衣上就留下一抹暗香。置身于这样的杏花世界，沉迷于茫茫花香水色之中，使人心荡神摇，在空灵缥缈中只觉身体飘浮，恍恍然的，这是置身于诗的氛围，梦的佳境，多么美的享受！所有这一切，就是细致观察产生的魅力。

在人物观察方面，再看看杰出女作家丁玲笔下的彭德怀元帅吧：

（彭德怀同志）穿的是最普通的红军装束，但在灰色的布的表面上，薄薄浮着一层黄的泥灰和黑色的油，显得很旧，而日不大适宜，不过他似乎从来都没有感觉到。脸色是看不清的，因为常常有许多被寒风所摧裂的小口布满着，但在这不算漂亮的脸上有两个黑的、活泼的眼珠转动，看得见有在成人脸上找不到的天真和顽皮。还有一张颇大的嘴，充分表示着顽强，这是属于革命的无产阶级的顽强的神情。每一遇到一些年轻的干部或是什么下级同志的时候，看得出那些昂昂的心都在他的那种最自然诚恳的握手里温柔起来了。他有时也同这些人开玩笑，说着一些粗鲁无伤的笑话，但更多的时候是耐烦地向他们解释许多政治上工作上的问题，恳切地显着对一个同志的勉励。这些听着的人便望着他，心在那些话里沉静了起来，然而同时又更奋起了。但一当他不说话沉思着什么的时候，周围便安静了，谁都唯恐惊扰了他。有些时候他的确使人怕的，因为他对工作是严格的，虽说在生活上是马马虎虎；不过这些受了严厉批评的同志却会更爱他的。

（节选自《彭德怀速写》）

作者对彭德怀同志的服饰、面容、神态作了细致的观察，表现出这位老革命家的性格特征。他的普通红军装束是很简朴的，在灰色的布的表面上，薄薄浮着一层黄的泥灰和黑色的油，显得很旧，而且不大适宜，就是说这和一位指挥千军万马、威名远播、战功显赫的统帅的身份不相配，但他却从来没有感觉到。这正显示出他经历了长期的驰骋疆场、戎马倥偬的艰苦征战生活，尽管劳苦功高却又以普通士兵自居。他的不算漂亮的脸上有两个黑的活泼的眼珠转动，显示出在成人的脸上看不到的天真和顽皮，蕴藏着超人的智慧。他的一张颇大的嘴则表示革命的顽强精神及憨厚质朴的本色。这就是我们的元帅，颇具英雄传奇色彩的元帅。这样的表达效果就是细致观察的结果。

综上所述，整体观察对观察的程序作了导向，细致观察对观察的着眼点作了导向，二者结合起来就可以做到求真的观察。

二、写作故事

观察老虎

《水浒传》中景阳冈武松打虎的故事家喻户晓。这个故事充满传奇性，因为它的笔法非常逼真，所以使人相信确有那么一回事。这种逼真的笔法就得力于作者施耐庵对老虎的观察。

让我们先看一下施耐庵在《水浒传》中是怎样写老虎的吧。

为了显示出武松的英雄本色，绝不能把老虎写成草包，一拳就让它毙命，而必须写出一只真实的老虎，一只活生生的老虎，一只发怒逞威要吃人的老虎。武松必须能够战胜这样一只老虎，才算得上一个英雄。施耐庵不愧是大手笔，写得实在神妙。正当武松酒性发作躺倒在大青石上要睡觉时，只见一阵狂风刮起，乱树背后扑地一声巨响，跑出一只吊睛白额虎来，武松虽然勇武，也不由得失声叫道："啊呀!"老虎来势凶猛，表现出疯狂的要吃人的动作：把两支爪在地下略按一按，就一跃而起，直往武松的身上扑，从半空里撺将下来。这是一扑。老虎见扑人不着，便把前爪搭在地上，向着武松把腰胯一掀，直冲过去。这是一掀。老虎见掀人不着，大吼一声，就像半空里起个霹雳，震得地动山摇。随着这种威势，老虎便把铁棒似的虎尾倒竖起来只一剪，直要武松的命。这是一剪。一扑、一掀、一剪，的确把虎神、虎威、虎气写足了，这真是一只吃人的怒虎啊！武松与这样一只老虎较量，先是连闪几下躲开老虎的进攻，瞅空抡起哨棒尽全身之力劈去，却劈在枯树上，哨棒折断了，于是武松赤手空拳与老虎格斗，最后战而胜之，把老虎打死了。武松的英雄本色也就展现出来了。读着这些对于老虎威猛凶恶的逼真描写，真令读者替武松捏一把汗，心都吊起来了。我国清代著名小说点评家金圣叹，极其赞赏施耐庵力重千钧的笔墨。他读到这里时，像是身临其境，目睹人与虎之战而感觉到一种惊险气氛，叹道："神妙之笔。灯下读之，火光如豆，变成绿色!"金圣叹在阅读中进入了境界，灯光变小了，变得阴森了，原先的亮堂堂逐渐变成了幽暗的绿色了。这位金先生确实感到了老虎的可怕啊！金圣叹只不过是夜间读书罢了，并没有老虎在面前，为什么会产生这种惊恐呢？这就是施耐庵作品的艺术魅力了。

施耐庵写虎的神妙之笔并不是凭空产生的，而是需要通过观察的。

为了写好老虎，不能不熟悉老虎，这就得观察老虎。因此，施耐庵翻山越岭，历尽跋涉之苦，访问猎户，倾听老虎怎样捕食，怎样跟别的野兽搏斗以及关于吃人的种种描述。一天，他冒着生命危险到有老虎出没的深山密林中去，爬上大树，蹲在枝杆上，等待老虎的出现。忽然，一阵轻风吹过，树叶发出簌簌的声响，随着一声雷鸣般的狂啸，一只皮毛斑斓的老虎窜了出来，他屏住呼吸，凝神注目，捕捉老虎的细微特征，观察老虎的外貌、颜色和动作。原来，老虎正在追捕一只逃跑的小鹿，它如箭一般向小鹿扑去，未等施耐庵回过神来，老虎已将小鹿扯得皮开肉绽，生吞活剥地填进肚里去了。密林中刹那间发生的情形，让施耐庵看得目瞪口呆，怦然心惊。等到老虎走远了，他才从树上下来，赶快离开。由于实地观察，有了生活的积累，老虎的形象就活在他的心目中。老虎的奔突、跳跃、狂啸……种种凶猛，对施耐庵来说，已经是胸有成竹的了。因此，他笔下的老虎就有那种生猛威势，以致金圣叹先生夜读《水浒传》时产生老虎就在眼前的惊恐，这就不足为奇了。

三、写作示例

迷人的海滨

翟晓彦

暑假里，我来到了向往已久的避暑胜地——北戴河海滨。

早晨，天空是阴沉沉的，一层浓浓的雾气笼罩了海滨。我迎着海风站在柔软的沙滩上，举目望去，只见远处灰蓝一片，简直分不清哪是天，哪是海。海风卷起滚滚的浪涛，一浪高一浪地扑来，猛烈地拍打着礁石，发出松涛般的轰鸣，气势磅礴。这就是大海给我的第一印象：奔腾、咆哮——一种刚毅、顽强的象征。

回顾身后，那隽秀婀娜的丘陵，似醒似眠。丘顶纱雾空蒙，一座座玲珑、幽雅的别墅就坐落在这高低起伏的山峦上，掩映在升腾的云雾之中，显示出一种朦胧美。

大海就像是一张娃娃脸，变化很快。刚才还是阴沉沉的，转眼间就放晴了。在大海的东方，隐隐约约地出现了一个红彤彤的影子。这时，厚厚的雾霭渐渐消散了，大海和天空的灰蓝色变成了橘红色。太阳升起来了，光灿灿、红艳艳，大海开始变得驯服了，美丽了，似乎在羞涩地朝我微笑。海风也变得越发温柔了。山上的亭台楼榭、草木繁花慢慢地显出了清晰的轮廓，远方的莲蓬山也显得更高了。人们纷纷走出别墅，深深地呼吸着新鲜空气。不远处，一个胖胖的小男孩用力挣脱了妈妈的怀抱，向前摇摇摆摆地跑着。呈现在我面前的是一派旭日东升、生机勃勃的美景——充满着希望，蕴蓄着力量。

中午，北戴河海滨别有一番景致：蔚蓝的天空中，飘浮着几朵淡淡的彩云。碧波荡漾的大海，在丽日下闪着白光，变得更加娇艳了。远处，白帆点点；近处，穿着各色游泳衣的人们在大海温暖的怀抱里尽情地游乐；沙滩上是无数的“花蘑菇”和进行日光浴的人们。大家说笑着、嬉戏着，整个海滨，到处都洋溢着欢乐。

翠树林立的山坡上，增添了许多白色的、彩色的小点，噢！这是戴着太阳帽、打着花伞的人们在登莲蓬山呢。他们给这璀璨的图画又增添了一种绮丽的色彩。

傍晚，夕阳的余晖洒满了整个海滨。我们兴致不减，穿过松柏树林，顺着曲曲的山路，登上了莲蓬山的峰顶——望海亭。翘首远望：群山绵延起伏，大海一望无际，从远到近，由灰色逐渐变成红色，和谐地融为一体，泛动着层层涟漪，粼粼发光，像一位美丽的仙女，露出一种文静、端庄的美。

远眺秦皇岛，莽莽苍苍，烟波浩渺；近瞰脚下的山岭，绿毡铺地，繁花似锦。再配上这红霞烂漫的天空，好一幅迷人的景致！此时，我才真正体会到了“不畏浮云遮望眼，只缘身在最高层”的意境。

夜幕降临，喧闹了一整天的北戴河海滨，变得宁静了。我贪婪地望着繁星点点的天空和披着夜幕的大海，惬意极了，真像是在欣赏一首优美的乐曲。这时，那股深深的情意已经在我的心灵深处滋长、成熟了。

（选自《文艺作品写作技巧》。有改动）

这篇文章向读者展示了一幅北戴河海滨清晨、日出、中午、薄暮和夜晚的绮丽画面。

作者的观察很有层次，也很细致。开头点明观察对象：海滨景色。以下就一层一层地进行细致的观察。先是作者在柔软的沙滩上，从形态、色彩、声音等方面观察出早晨的天空、海浪、海风的特征，继而作者回顾身后，观察到云雾之中，显示出一种朦胧美。太阳出来后，作者又把太阳中的大海、雾霭、天空、山峦摄进自己的视野，在广阔的图景中观察大海的变化和山峦的风姿。这时，太阳跃出海之东方，在浩瀚的波涛上涌现出红彤彤的影子。太阳逐渐升高，雾霭消散，天空和海面呈现了一片橘红色的光华。时间进入了中午，作者又观察到天空、大海、沙滩、山坡的另一番景象。日渐暝了，作者从沙滩走到了莲蓬山峰顶的望海亭，翘首远眺，低头近瞰，观察出了随着时间推移而显示的群山和大海富于魅力的变幻美景以及烟波浩渺衬托下的朱霞烂漫的壮阔奇观。夜幕降临，繁星满天，作者望着夜幕下的大海，在繁星点点的天空覆盖下显出一片宁静，像是在欣赏一首优美的乐曲……

第二节　丰富的想象

一、写作知识

一个人按照自己的价值取向和审美情趣，筛选出过去各种所见所闻的相关景象，浮想联翩地创造出新的形象，这样的心理活动就叫想象。通过想象可以产生千姿百态的艺术形象。丰富的想象是智慧之花。一个人能否作丰富的想象，表现出他的智慧水平的高低。

有这样的一个故事：一位企业家到一家酒店宴客。企业家和酒店经理接洽之后请大师傅出来商量筵席的安排。企业家对筵席的要求很古怪：用两只鸡蛋做成三菜一汤，除了油、盐、水之外，不得加任何东西；而一道菜或一个汤，又必须分别体现一句古诗，合起来就是一首诗。企业家说，只要按此要求办好筵席，必有重赏，问大师傅有没有困难。大师傅沉吟了一会儿，很有把握地说：“保证办好！”

大约过了十分钟，一位服务小姐笑吟吟地端上第一道菜，只见菜碟上有两个煮熟的蛋黄，她介绍说：“这是‘两个黄鹂鸣翠柳’。”客人们一见，乐得喜笑颜开。不久，服务小姐又端上另一道菜，彬彬有礼地说道：“这是‘一行白鹭上青天’。”客人们看到菜碟摆着一小块一小块蛋白组成的线状造型，既十分惊奇又由衷赞赏。紧接着第三道菜又端上来了，菜碟上盛着一小堆雪花状的颗粒蛋白，服务小姐和蔼可亲地施礼道：“请先生们欣赏

‘窗含西岭千秋雪’吧。”最后，服务小姐把一碗汤端到客人面前，看到用四边鸡蛋壳加工而成的四条小船在汤盘里晃荡，不待服务小姐解说，作为东道主的那位企业家开腔了：“这就是‘门泊东吴万里船’呀！三菜一汤组成的一首古诗完成了。”

因为丰富的想象是智慧的表现，所以想象丰富不丰富和文章的好或差的关系就很大了。看下面的两个例子：

一整夜都在下大雪，一整夜焦裕禄都伏在灯下工作，没有合过眼。

大雪下了一夜，焦裕禄屋里的灯光亮了一夜，不，那不是灯光，那是焦裕禄一夜不眠的眼睛。

（范红《读焦裕禄有感》）

同样是写焦裕禄，但完全可以看出，第一例没有丰富的想象，干巴巴的；第二例中范红则把屋里亮了一夜的灯光想象成焦裕禄一夜不眠的眼睛，内涵丰富、生动贴切，充满了感人的魅力，这就是丰富的想象的表现。

想象力主要有三种类型：

第一是象形想象，其特征是抓住要描述的某种事物的独特之处，通过想象创造出和它相似的新形象，展现出生动、鲜明、逼真的风貌来。请看下面的例子：

一场温暖的春雨洒下来，亮晶的雨丝，绵绵的雨丝，好像春姑娘拨动的琴弦，弹出了一首首动人的歌曲；又好像春姑娘手中绣花的针线，一针针，一线线，绣出了一片清新和翠绿，也有点点耀眼的金黄；绣啊！绣啊！绣出了嫩生生、水灵灵的新葩新蕾！还有翩翩起舞的蜜蜂……

（林力《春雨》。有改动）

作者抓住春雨的独特之处：亮晶的雨丝，绵绵的雨丝。据此，通过想象，创造出了和它相似的新形象：春姑娘拨动的琴弦，春姑娘手中绣花的针线。这些新形象呈现出生动、鲜明、逼真的风貌：春姑娘弹出了动人的歌曲，春姑娘绣出了清新、翠绿和点点耀眼的金黄，嫩生生、水灵灵的新葩新蕾显露生机了，蜜蜂翩翩起舞了。原先的春雨只是简单地表现为亮晶的、绵绵的雨丝，通过象形想象变得如此丰富！

第二是变形想象，其特征是着眼于要表现的事物的神韵，据此想象出与之相通的新形象。这种新形象和被表现的事物原先的状貌相比，已经完全变形了，但能够传导出被表现的事物的神韵。变形想象是明显区别于象形想象的。象形想象创造的新形象当然不是原事物的复制，但形貌上通常极为相似，故不能说是变形。如19世纪英国著名作家哈代把闪电想象成为蜿蜒游动的蛇（《远离尘嚣》），当然不能说闪电的形貌和蛇一模一样，但确实相似，因此不能说是变形而只能说是形似。变形想象不同，变形想象创造出来的新形象和变形之前的原事物毫无相似之处，呈现出来的是完全陌生的面孔，可它在神韵上却和原事物如出一辙。请看当代著名作家韩作荣先生的作品：

一场猛烈的骤雨劈劈啪啪滚落到大地。

我想起了野马群。

那云一样披散的鬃毛在大风中翻卷，沾着低空，喷涌着，漫过原野。

于迷离昏暗之中，传来一阵马的长嘶，尖利的嘶鸣有如电闪。马群，躁动不安的马群啊。

我听见马蹄敲击石板路的声音，有如焦雷击打峭壁，迸着火星，于沉闷中蕴着清亮；马群，在山野隆隆地驰过。

我想起那裹着马蹄的烟尘，迷蒙着，起伏着，涌动着，翻滚向远方……

我想起了野马群。

（韩作荣《骤雨》）

作者面对骤雨进行浮想联翩的想象，创造出了完全变形的新形象：野马群。骤雨和野马群的形貌没有任何相似之处，凭什么把骤雨想象为野马群呢？凭的就是骤雨和野马群在神韵上相通。作者紧扣着野马奔驰的情状着笔，野马那一声声尖利的嘶鸣，那马蹄敲击石板路发出沉闷中蕴着清亮的声音，那隆隆地驰过山野的迅急腾跃，其所表现出来的威猛气势和狂烈氛围，正好传导出骤雨的神韵。这就是变形想象。

第三是象征想象，其特征是通过想象在特定的事物中表现出某种意义，简而言之，象征想象就是托义于物的想象。意义是抽象的，象征想象可以把抽象的意义变成具体可感的形象，例如陈毅元帅在一首诗中以大雪中傲然挺立的青松来象征高洁的品格，这样，抽象的"高洁"的含义就变成了具体可感的形象——大雪中的青松。象征想象中的事物和寄托于其中的意义必须吻合，不能牵强附会。例如在想象中用壮伟的万里长城象征解放军保卫祖国，意义可称吻合，但如果把一块大石头或一条大河来作这种象征就不伦不类了。请看著名作家耿林莽的一首诗：

帆是长了翅膀的鸟，是长着单一翅膀的海鸥。
披着洁白的羽毛的鸟，逗引着半醒半睡的海涛。
第一叶帆张开翅膀的时候，海上还是夜色茫茫。
一叶叶帆张开翅膀的时候，海上已经洒满曙光。
朝霞升起来了，洁白的帆化成了绯红的云。
黎明的空气水一般清，辽阔的大海风平浪静。
充满希望和理想的早晨，我的祖国铺下了金色的航程。
启航的哨子响了，白色的鸥鸟驮着绯红的云，展开轻捷的翅膀飞行。

（耿林莽《晨帆》）

作者通过象征想象，对晨帆这一特定事物，赋予象征祖国充满希望和理想的意义。这种意义本来是抽象的，用晨帆来象征，不但把抽象意义变成了具体可感的形象，而且和抽象意义十分吻合。这样的晨帆正是我们祖国充满希望、理想和光芒万丈的前景的象征。

展开丰富的想象，可运用如下方法：

第一，比喻法。运用比喻法展开想象，就是在状写某些事物时，想象出与之相似的鲜明生动的形象作为喻体去比喻作为本体的某些事物，从而把状写之事物鲜明生动地显现在读者面前。

在玫瑰色的土地上，横卧着四条银色的小溪。哦，四条会唱歌的小溪哟！……

时而柔波轻漾，水烟袅袅化几片透明的雾纱云絮；时而急流汹涌，惊起飞沫牵动一阵狂烈的电闪雷鸣……

流，小溪在叮咚作响地流，挟带着阿尔卑斯山谷神秘的风；挟带着塞纳河畔粗犷激越的舞步，斯拉夫人深沉奔放的歌吟；也有吴楚昔时的小桥流水，至死不渝的恋人，在那里化作比翼的彩蝶，翩翩地飞……

玫瑰色的土地上，奔流着四条会唱歌的小溪……

（赵丽宏《小提琴独奏》）

作者沉浸于小提琴独奏的艺术境界，在浮想联翩中运用比喻法巧设了多种喻体来比喻本体小提琴独奏。在比喻中演奏家的小提琴不是一件木制的乐器，而是一个广阔的艺术空间，表现出来就是玫瑰色的土地；那上面的四根纤纤琴弦幻化成四条会唱歌的小溪；那唱出来的歌声经过比喻的催化，传播出富赡的音调：时而柔波轻漾，时而水烟袅袅化成几片透明的雾纱云絮；时而急流汹涌，惊起飞沫牵动一阵狂烈的电闪雷鸣……在这气象万千的变化中，还挟带着五湖四海、天南地北的神秘的谷风，清新的绿荫，粗犷激越的舞步，深沉奔放的歌吟，风光旖旎的小桥流水，比翼彩蝶的翩翩飞翔……运用比喻法可以产生丰富的形象。

第二，夸张法。运用夸张法展开想象，就是对某些事物进行摹状时，为了突出它某一方面的特征，在质或量的程度上作超越其本来面目的强化。这种夸张的想象可以使读者对所摹状事物的特征获得强烈的印象。著名诗人王宜振先生在《我是春天》一诗中运用夸张法展开了丰富的想象：

我吹一口气，便是暖暖的春风，
我的风在辽阔的大地自由穿行；
她赤着双脚，步履轻盈；
她撞开了寒冷封锁的心巢，
她驱走了冬日的阴影；
她满足了风筝飞翔的心愿，
她吹开了小河凝固的笑声；
她使迷恋花香的蜜蜂嗡嗡歌唱，
她使盼望雨露的蓓蕾绽开笑容；
她使向往花朵的蝴蝶跳起舞蹈，
她使渴求萌叶的小树睁开了眼睛；
她使热爱草丛的蟋蟀起步跳跃，

她使喜欢森林的小鸟翱翔天空；

……

经过运用夸张法的想象，“我”吹的一口气强化到了极为神奇的程度。这一口气的能量巨大无比，她就是和暖的春风，吹遍祖国辽阔的大地。她所到之处，寒冷封锁的心巢撞开了，冬天留下的阴影赶走了，江山披锦绣，万象展新容……

第三，猜想法。运用猜想法展开想象就是状写某种事物时对它在现实中虽没有出现，却可能出现而没有显示出来的种种情景作浮想联翩的猜想。比如，对所状写的某种事物，或是猜想它的风貌的由来，或是猜想它在另一种条件下会发生什么变化，或是猜想它的前景，它可能碰到的不幸或幸运……这种猜想可以充分地体现所状写的某种事物的含义，从而吸引读者去感受它，解读它，认识它。

我赤足站在江滩的浅水中，一排排浪花向我扑来，轻轻地拍打着，着力地撞击着。

千姿百态的浪花啊，莫不是大江的激情化成的么？莫不是凝聚许多欢乐而在到处寻找开心的嬉戏么？

我欣然捧起一朵。可是，它立刻凋谢了。我又捧起一朵，它又凋谢了……

我茫然地望着大江里千朵万朵绽开的浪花，痴痴地倾听着它们哗哗啦啦的絮语。

啊，浪花，你在说些什么？

是说离开了江河，你们的生命就会枯萎呢，还是说只有投身于激流之中，生活才会永远拥抱你呢？

（管用和《在江滩上》）

作者赤足站在江滩的浅水中，在感受浪花的同时展开了想象，体现出浪花的哲理意蕴，给读者以深刻的启迪。作者的想象分为两个层次：先是在对浪花的形态特点和生命力的感受中，由眼前的浪花悟到大江的激情和欢愉，于是用设问的句式猜想浪花奔放、乐观性格的由来：也许是大江的激情化成的？抑或是凝聚了许多欢乐而需要到处寻找开心的嬉戏？接着，在一次、二次用双手掬起浪花而浪花都凋谢了的感受中，痴痴地倾听浪花的絮语，再度设问，猜想浪花是诉说浪花离开了江河，生命就会枯萎？是表示只有投身于生活的激流才会得到生活的拥抱？经过两个层次的猜想，浪花蕴含着的哲理就显现出来了：离开了生命的源泉，生命就无法继续；生命只有投身于生活的激流，才得以在生活的拥抱之中焕发出生命的光辉。

想象是丰富的，我们要学会想象。

二、写作故事

教　鞭

上课铃响了，青年女教师张扬清兴致勃勃地步入课室。今天她要连续上两课时的作文课。

这两堂作文课要对学生进行发展想象力的训练。一开始她没有向学生挑明这次作文训练的目的和内容，而是提出一个问题让同学们回答："黄河之水是从哪里来的？"

杨奋同学抢着回答："黄河之水是从巴彦喀拉山麓流出来的！"

听了杨奋同学的回答，张老师的表情似乎比较冷淡。有些同学心中纳闷了：张老师有一个习惯，同学对问题回答得好，她总是满腔热情地赞扬；刚才杨奋回答得很正确呀，张老师为什么反应那样冷淡呢？莫非地理学界有新发现，黄河之水是从另一处来的？

张老师并没有立即回应，而是问其他同学："有没有不同意见？"

林绮菲同学举手回答："黄河之水天上来！"

张老师满脸含笑，看了林绮菲一眼，然后问大家："我提的一个问题，有两个不同的回答，哪一个对呢？"许多同学一起回答："都对！"

张老师继续说："大家说得好，都对！黄河发源于巴彦喀拉山麓，一点都没错！而'黄河之水天上来'是伟大诗人李白的名句，谁说不对呢？可话得说回来，如果是地理考试，杨奋就拿满分，林绮菲要得零分了；如果是考查想象力，拿满分的就是林绮菲，得零分的就是杨奋了。我们今天的作文课就是要做一次发挥想象力的训练，要让大家写一篇展开丰富想象的作文。"

听了张老师的一番话，全班同学为之活跃，期待着老师出作文题。

只见张老师举起手中的教鞭，说道："就以'教鞭'为题吧。大家先讨论一下，然后写作文好不好？"

"好！"大家高兴地鼓起掌来。

张老师接着说："既然以'教鞭'为题，就要以教鞭作对象展开想象。你们得用想象来回答教鞭是什么，不能做复制式的回答。比如说，教鞭是用优质木材制作而成的小木棒状的教具，这就是复制式的回答，要避免。好吧，请大家发言，教鞭是什么？"

张老师的讲话点燃了大家求知欲的火苗，全班同学情绪热烈。

高峰伟第一个回答："教鞭是老师带领同学开采知识矿藏的钻杆。"

接着回答的是何水清，他说："教鞭是老师指点我们走进知识宝库的手杖。"

宋黛珠生怕被别人抢去发言的机会，忽地站起来说："我看呀，教鞭就是老师手中的一根魔术棒。每次上课，老师手执魔术棒，在教学挂图上，在黑板的板书上指指点点，我就豁然开朗，眼前一片明亮，平时弄不清的重点、难点，一下子都清清楚楚，老师的教鞭真神呀！"

刘慧光平时沉默寡言，在同学们如火的热情的感染下，发出了响亮的声音："教鞭是老师指挥我们全班进行攀登科学高峰大合唱的指挥棒！"

坐在林绮菲旁边的一位同学轻轻地捅了捅她："你平时不总是争先发言的吗？怎么现在不说了？"她小声说："我还没有想好嘛。"不多时，全班同学就听到她银铃般的声音："教鞭是老师指引我们到书的世界去遨游的路标。书的世界真是琳琅满目、风光无限，多亏老师的教鞭呀！"

看到同学们绽放出来的智慧之花，张老师青春的脸庞也笑成一朵花。她看了看手表，说道："同学们的发言很精彩！这堂课还剩下10分钟，请大家用这点时间来作《教鞭》的构思吧。下一节课就动手写，篇幅不限，当堂交卷。刚才发言的同学胸有成竹了，其他同学也要开动脑筋。”

在后来的作文评讲课上，张老师说：“同学们的作文，想象相当丰富，让我有目睹缤纷之感，真是难能可贵！”她表扬了几位写得很好的同学，接着，提高了嗓音说道：“写得最好的要算林绮菲同学。现在请林同学上讲台来，把自己的作文朗读给全班同学听吧！”在同学们热烈的掌声中，林绮菲面带微笑走到讲台上，从张老师手中领取自己的作文本，向全班同学朗读起来：

我感谢老师的教鞭，老师的教鞭就是路标，不断地引导我走进书的世界。

我沿着老师的教鞭这路标的指引，经历了山重水复、柳暗花明的苦乐，一步一步地走进了书的世界。

啊，书的世界真是一个气象万千、风光无限的世界呀！

我在书的世界中遨游，是一种美的享受，是在美的熏陶中充实自己，塑造自己。

这里有绿野碧波的旖旎风光，有鸢飞鱼跃的涌动生机，荡漾着燕语莺歌婉转悠扬的情韵，弥漫着山花吐艳缕缕不绝的芳菲。这简直是充满天籁、天趣的诗境、画境、梦境！

这里有峰回路转的迂曲蜿蜒，有峻崖奇窟的别有洞天，交汇着飞瀑流泉，珠落玉盘的雅奏，回应着清风松涛，音律协调的和鸣。这简直是涵盖着哲理情思的乐境、艺境、禅境！

这里有纤草绵绵、碧翠连天的幽邃，有古木挺拔、高耸入云的雄奇，有美果挂枝、光华熠熠的文采（“文采”解作文章中华丽的色彩），有蓓蕾初绽、温情脉脉的妩媚。这简直是鬼斧神工也难以企及的佳境、妙境、至境！

这一切，都将转化成为滋养我的心灵的玉液琼浆，增长我的知识，催生我的聪明才智。这一切，都是老师的教鞭作为路标的赐予，我真感谢老师的教鞭！

随着林绮菲朗读的结束而响起长时间的热烈掌声，给这一次作文课画上了完美的句号。

三、写作示例

生活中的一幕

李淑慧

最近，晚饭后我喜欢到室外散散步，沐浴晚风，观赏都市夜景。

都市的夜，别有一番景致。晚风轻轻吹拂，一弯朗月，高悬夜空；一丝洁白的浮云，像凝结在天幕似的，一动不动；晶莹的星星在无际的苍穹中闪烁着耀目的光芒。大街上闪耀着万家灯火，人群熙熙攘攘，商店繁华热闹，汽车、自行车如流水般在马路上奔驰。

都市的夜景是美丽迷人的。然而，还是那些从我身边走过的年轻人使我最倾心、赞叹。看见了吗？熙熙攘攘的人丛中夹杂着多少这样的年轻人：他们挂着书包，或者拿着小巧的夹子，或者提着画箱，踏着咚咚咚的脚步，犹如踏着生活的节拍、传出紧凑的旋律，走进生活的一角——夜校。他们当中，也许有的刚刚走出车间，还来不及洗干净手上的油污，蹬起自行车就跑；也许有的刚刚给孩子喂完了最后一口饭，就匆忙赶路；也许有的刚刚去小朋友家里访问回来，又赶去上自己的第一节课；也许有的刚刚脱下白大褂，走出诊室，又来到课室……他们的夜读生活怎不令人赞叹呢？精彩的球赛，最新的故事片，高水平的音乐会，轻歌曼舞的舞厅……对他们有多大的吸引力啊，但是，这怎比得上知识宝库向他们展露的魅力？他们走过喝彩声雷动的足球场，他们走过人流如潮的电影院，他们走过乐曲悠扬的剧场，这一切，他们就好像没有听见、没有看见，依然踏着匆匆的脚步，咚、咚、咚。啊！这是向科学进军的鼓点，这是与时间赛跑的号角，这是新世纪青年人的心声！多少个晚上，他们的身影出现在课室里，他们在课室里度过美好的学习时光……啊，此刻，我仿佛看到了各个夜校里正灯火通明，年轻人正专心致志地学习，有的在学习英语，琅琅的读书声犹如一支美妙动听的小夜曲；有的在学习美术，正挥笔描绘祖国绚丽的春天；有的在上考大学的文化补习课，正聚精会神倾听老师的讲授；有的正在凝神构思，挥笔写作，是在写一篇记叙科学家新发现的通讯？还是在描绘勤劳建设者的美丽心灵？

凝望着一个个从我身边走过的风华正茂的年轻人，对于他们的将来我竟会幻想得这样真切：这个戴眼镜的姑娘也许是个翻译家，这个风度翩翩的小伙子也许是个文学家，这个也许是未来的华罗庚、陈景润，这个可能是未来的关山月，那个可能是……也许我想得太天真了，然而年轻人的未来必将是这样的。他们是奋发向上的一代，祖国“四化建设”的希望！他们正朝着正确的生活目标，脚踏实地，自强不息，发奋学习，以千百倍的热忱，走向金灿灿的未来……

漫步街头，晚风吹拂，夜色正浓，而最使我心旷神怡的就是那一个个赶去夜校上课的青年人。望着他们我欢悦快慰，思绪万千，心中不觉喃喃自语：怎样的生活才最有意义呢？就是那些没有虚度年华、珍惜时间去学习的人生活得最有意义。是的，他们的夜读是这样平凡，只是生活长河中一朵小小的浪花，但是，他们的夜读是这样有意义，充实而又紧张，美好而又艰苦。当他们度过漫长的岁月，回首往事的时候，他们将会自豪地说：“我对得起自己的青春！”

啊，生活中的一幕——夜读，我赞美你！

（选自《全国电大学生优秀作文选评》。有改动）

这篇文章写的只是生活的一幕：夜幕降临，一群青年意气风发地接踵赶往夜校上课。作者为了把这样平淡无奇的生活小事写得充实饱满，从而阐发出其意义重大的内涵，于是进行了猜想。

晚风轻轻吹拂，朗月高挂夜空，在热闹繁华、灯火辉煌的大街上，一群风华正茂的青年，一个接着一个，急忙忙地向前走去。那人流如潮的剧场、影院，那乐曲悠扬的舞厅、音乐会，都留不住他们的匆匆脚步。他们有的挂着书包，有的拿着小夹子，有的提着画箱，迈着坚实的步伐，踏着生活的节拍，传出紧凑的旋律走进夜校上课。于是作者对他们的过去、现在和将来，展开了浮想联翩的猜想。

在对他们的“过去”的猜想中，作者想象他们动身之前在做些什么：也许有的刚刚走出车间，也许有的刚刚给孩子喂完最后一口饭，也许有的刚刚去小朋友家里访问，也许有的刚刚脱下白大褂走出诊室……

在对他们的“现在”的猜想中，作者想象他们此刻正在灯火通明的课室里专心致志地学习：有的在学习英语，有的在上考大学的文化补习课，“有的正在凝神构思，挥笔写作，是在写一篇科学家新发现的通讯？还是在描绘勤劳建设者的美的心灵？”

在对他们的“将来”的猜想中，作者想象这一个个青年人走向成功：未来的翻译家、文学家，未来的华罗庚、陈景润，未来的关山月……事实必定是这样，祖国的青年一代，胸怀大志，自强不息，发奋学习，以千百倍的热忱走向金灿灿的未来！

就这样，作者展开了丰富的想象，猜想在大街上匆匆走过的一群青年人的过去、现在、将来，表现出他们风流俊逸、朝气蓬勃的风姿，生动地描绘出我们祖国兴旺发达、蒸蒸日上的图景，奏出了我们时代前进的旋律。

第四节　自由的联想

一、写作知识

联想是在某一事物或情景的触发下，由此及彼地想到自己的生活经验、所见所闻以及在书上看到的种种人物、事件、风光等等。联想是自由的，可以由眼前想到过去，由此地想到彼地，由此事想到彼事，由一物想到他物，由这种情景想到另一种情景……海阔天空，任由你的思想自由驰骋。

在写作中自由地联想，可以在俯拾即是的常见事物中寄托你的情思，表达你的人生理想，使文章的内容丰富充实、形式生动活泼，从而产生感染读者的效应。

文坛泰斗巴金先生在题为《灯》的散文中，只是写了人们寻常所见的几点微弱的灯光，但因为通过自由的联想来描绘灯光，产生了精神上给人以巨大鼓舞的作用。作品开头写一片漆黑的寒夜，“我”从噩梦中惊醒后来到走廊，看到傍山建筑的几处平房射出来几点微弱的灯光。这几点灯光扫淡了黑暗的夜色，默默地散布一点点的光和热，使“我”联想起自己的经历：许多年前在夜中摸路，因有豆大的灯光指引，才得以走出“迷阵”，挺起身子向前迈步。接着，“我”再联想到欧洲古代两个关于灯光的传说：一位姐姐在窗前守着长夜孤灯，怀念她的航海不归的弟弟。这孤灯就是弟弟生前点着的。她以这种方式寄托发自骨肉之情的哀思，却使不少捕鱼归来的人得到了孤灯的帮助。一位古希腊女教士点燃火炬照亮每夜泅海过来相会的情人的眼睛，可在一个夜晚的暴风雨中火炬熄灭了，勇敢的情人溺死在海里。凝聚着情人之间的爱的火炬至今还隐隐约约地亮着，鼓舞着现在的人们。“我”继而联想到一位友人的故事：友人从绝望而想自杀到成为一个热爱生命的人，其巨大的变化就在于桌上的一盏油灯使他觉得人间还有温暖，给了他活下去的勇气。上述的种种联想寄托着巴金先生在黑暗的旧社会里张扬光明、正义的襟怀，对人间的悲悯关爱，以及对未来胜利的追求。在一般人看来，黑夜中几点微弱的灯光有什么可写的？又如何能构成一篇文章？可巴金先生正是凭此而衍生出一幅幅含义丰厚、意义深刻的情、理、景互相交融的艺术画面，构成了感人肺腑的华章，其奥秘就是联想的功力！

联想和想象不同，想象必须创造出新形象，而联想只是要求再现记忆或现实中有关的人物、事物和景物。联想有三种类型：

第一，相似联想。相似联想是掌握事物之间的相似点而展开的联想，或者是形态的相似，或者是性质的相似，或者是品格的相似，或者是事理逻辑的相似等等。

有一位作者写深夜里一位老师在灯下伏案批改学生作业，发出笔尖划过纸面和手指翻动纸页的沙沙声，于是想到这沙沙声就像窗外正下着的细细春雨洒在校园的花苞和小树苗的沙沙声，进而想到像校园的花苞和小树苗一样可爱的孩子，此刻已经进入甜蜜的梦乡了。由此又想到：老师深夜批改作业发出的沙沙声是老师用心血化成的，老师的心血滋养做着甜梦的孩子的心田，不正像春雨滋养着校园的花苞和小树苗一样吗？这一系列联想就是在掌握事物之间的相似点的基础上而展开的：老师批改作业的沙沙声，很像校园春雨洒在花苞和小树苗的沙沙声，进入甜蜜梦乡的孩子与校园的花苞和小树苗一样可爱，老师批改作业付出的心血滋养着甜梦中孩子的心田就像校园春雨滋养着花苞和小树苗一样。这就是相似联想。

第二，相关联想。相关联想是依凭各种事物之间在某些方面发生的关联而展开的联想，或者是时间和空间的相关，或者是物体和事件的相关，或者是原因和结果的相关等等。

作家黄鲲在题为《帆》的作品中展开的自由联想就是相关联想。作品的开头写作者漫步海边，在晨光熹微中看到碧波万顷的大海上扬帆出海的船群，在与大海的拼搏中破浪前进。由此想到人生也是一条船，在人生的征程上，既有顺境也有逆境，人也要像大海的船一样拼搏才能得以前进。据此又想到船在大海中前进要凭风帆作为动力，人要乘风破浪前进也得有一张风帆来驾驭生命之舟。进而想到，一位诗人把船的风帆比喻为船的一面旗帜，那么，人驾驭生命之舟的风帆不也就是一面生命之舟的旗帜吗？这生命之舟的旗帜就是理想的旗帜。我们要高扬生命之舟的理想风帆，认准目标，把握方向，破浪前进！在这一系列联想中，写到出海的船群、船的风帆、船的破浪前进、人的生命征程、人生的拼搏前进、生命之舟的风帆、船的旗帜、生命之舟的旗帜等等许多事物，这许多事物都是互相关联的，或者是形态、性质上的关联，或者是义理、逻辑上的关联，据此而构成了相关联想。

第三，对比联想。对比联想是由相反的事物构成的联想，例如在外形上，从长想到短，从肥想到瘦；在境况上，从困难想到顺利，从贫穷想到富裕；在品格上，从美好想到丑恶，从善良想到凶残；在情景上，从热闹想到寂静，从明亮想到灰暗等等。

作家马畏安在题为《雨》的作品中就通过从雨的狂暴想到雨的轻柔，由这两种相反的情景而构成对比联想。在作家笔下，雨在狂暴时，纠合疾风迅雷，荡涤大地，震动山丘，摇撼林木，冲激河流，扫除历史的陈渣和形形色色的衰败、腐朽……在放声哗笑中捧出一个彩虹垂天、晴岚绕山、阳光灿烂的新世界。与此相对比，雨在轻柔时，像闪光的银线，在花蕾和草叶上发出沙沙细语，在大地的胸膛上注进甜润的琼浆，在轻轻的飘洒中给万物播下挚爱和希望，于是花儿更芬芳媚艳了，小草更青绿娇嫩了，大地更明丽和充满生气了……在这种对比联想中，赞美雨的持续奋斗，自强不息，使这个世界不断更新，不断放出异彩。

展开自由的联想，可运用如下两种基本方式：

第一，连环式。连环式的联想是一种纵向的垂直联想，即以A为起点，由A想到B，由B想到C，由C想到D，由D想到E……一环扣一环地连贯展开构成一个整体。请看下文对华山涛声的描述：

凌晨3时，我们登上了华山的云海。这时，起风了。随着凉嗖嗖的山风漫过耳际，忽然传来一阵雄壮的声音。这声音，就像充满天地间的交响乐，那雄浑的旋律、有力的节拍，组成一曲最壮丽的乐曲，在华山的群峰幽谷间奏鸣。那乐曲，一会儿，又像万面金鼓齐鸣；一会儿，又像滚滚的海潮声，接连不断。

我眼前闪出了一个优美的镜头：海天苍茫，排排怒浪吐着白沫，咆哮着向黑色的礁石撞去，喷珠溅玉，卷起千堆雪。一排浪潮刚落，又一排浪潮接上，天地间雄壮的音响此起彼伏。听到这响声，我记起吟咏过的李白的诗："西岳峥嵘何壮哉！黄河如丝天际来。黄河万里触山动，盘涡毂转秦地雷。"这声音，又多么像黄河的奔腾声啊！李白当年登华山，也许是耳畔回荡着这样的音响，眼观着首阳山与华山之间滚滚而下的黄河水，文思喷涌，才一挥毫就写成了这样的名句吧……

清风习习，雄壮的音响阵阵，在华山的幽谷里更显得雄浑，我完全沉浸在这梦幻般的音乐世界中，思绪随着它在海阔天空翱翔。如此富有魅力的声音使我十分惊异，我觉得它又像在为我们登山伴奏，鼓舞我们继续登攀。

（李智勇《华山涛声》）

作者以华山涛声为起点，展开一环扣一环的纵向连环式联想。随着华山的嗖嗖山风漫过耳边而传来阵阵的松涛声，作者想到旋律雄奇、节拍有力的充盈宇宙的壮丽交响乐，又从这壮丽的交响乐想到万面金鼓齐鸣，继而从这样的金鼓齐鸣想到怒浪排排、彼起此伏地撞击礁石而卷起的千堆雪，接着由此想到李白描写黄河从天际飘来触动莽莽群山的诗句和他登华山的情景。这样的连环式联想，奇妙多变，层出不穷地构成了华山的雄浑美的整体。

第二，辐射式。辐射式联想是一种横向的并列联想，即以A为圆心，由A想到B，由A想到C，由A想到D，由A想到E……向四面八方散发，作辐射展开从而构成一个整体。

桥，是用某种物质材料建构而成，沟通江河两岸并且上面能行车或走人、下面能过水或行船的路。

桥的作用可大了，它给人们创造出促进生产和改善生活的有利条件，它是一种给人们以康宁和福祉的路。

我由此想到另外一类桥，它不是用物质材料建构而成的，它以精神为内涵而呈现出各式各样的形态，可它同样能够促进人们的生产和改善人们的生活，同样能够给人们以康宁和福祉。

有这样的桥么？有的，我看见了很多很多。

我看见山村女教师，赤着双足，背着学生，涉过溪水；

我看见乡邮员的车痕，在村寨里，牧场上，绿竹林中，铺展报春的花纹；

我看见山货收购员的青竹扁担，挑走丹皮、蚕茧和社员的汗滴，又把农药、器械和社员的向往，送到桑园田间；

我看见茶科所的技师，用他的汗滴，浇绿云外的茶苗，染绿雾中的茶山；

我看见年轻的县委书记和老农在低矮的茅舍里，就着一个粗碗喝水，一根烟管吸烟，谈着明天；

……

这女教师的肩膀，乡邮员的车痕，收购员的扁担，茶科所技师的汗水，县委书记赤诚的心，不就是这样的桥么？这样的桥不是也能够促进人们的生产和改善人们的生活，给人们以康宁和福祉么？

（王文忠《桥》。有改动）

作者以桥为圆心，并列地展开向四面八方发散的辐射式联想。从桥想到女教师的肩膀，从桥想到乡邮员的车痕，从桥想到收购员的扁担，从桥想到茶科所技师的汗水，从桥想到县委书记的心……作品通过联想引出多种多样的人物，他们的职业不同，职位高低不同，都被“桥”的作用统摄起来，绘制出一幅幅反映我们时代风貌的充满爱心的人物画，形成一个整体。

联想是自由的，对举目所见、俯拾即是的东西都可以展开联想，让我们在写作中展开自由的联想吧。

二、写作故事

约　稿

《趣味写作》杂志新近开辟了一个栏目：“联想的智慧。”为了充实这个栏目的内容，该杂志根据选题计划，派出一位编辑带着题目到E市立人高级中学去向学生约稿。

经过与校领导商谈之后，编辑召集高三年级的写作尖子开约稿座谈会，约稿题目是：《从“0”想到的》。编辑说：“欢迎同学们给我们写稿，我们将择优发表。现在先漫谈一下这个题目吧。”他的意图是，通过座谈发现好苗子，作为重点约稿对象，并在以后建立联系。

大大出乎编辑的意料，座谈会冷场。很久之后，才有一位同学发言：“编辑您是不是搞错了？您出的题目太简单，我们可已经是高三了。0，有什么好想的？”另一位同学接着说：“是呀，我们就要参加高考了，功课忙得很，哪有空写这些无聊的玩意？您不要向我们约稿也罢！”座谈会就这样不欢而散。

编辑碰了钉子，拍拍脑瓜，心里想：“唉！怎么我就这么外行呀？面临高考的高三学生哪有心思给杂志写稿啊！”可编辑还是不死心，认为在这么一所名校，总是可以约到好稿子的。于是他在取得校方同意之后，又召开了高一年级的写作尖子座谈会。

编辑说明来意之后，又出示原先那个写作题目。听说编辑来约稿，大家非常高兴，因为有机会发表文章了，于是郑重其事、一本正经地争着发言。有的说从“0”想到数学里的一个数值，有的说从“0”想到几何的圆形，有的说从“0”想到考试中的零分，有的说从“0”想到标点符号中的句号，有的说从“0”想到乐谱（简谱）里的休止符。编辑初时看到同学们的热烈情绪，十分开心，可越听越觉得不是味道，因为同学们讲的都是一些尽人皆知的“0”的不同用法，思路展不开，毫无新意。渐渐地，编辑的脸上爬满了失望。

高一年级的座谈会又失败了。编辑难道就这样空手而回吗？不行！得另谋出路。

他来到在E市也很有名气的明珠初级中学，在初二年级的一个班里开座谈会。看到编辑先生亮出的题目《从“0”想到的》，同学们的眼睛都放出了光彩，求知欲和表达欲的火苗被点燃了，会场的气氛就像煮沸了的开水，热气腾腾的。顿时，你一言，我一语，唧唧喳喳地议论开来。下面就是几位同学发言的精彩片段。

蔡金珠同学的发言：

“0”使我想到我家过去的苦难，因为“0”就是什么都没有，而我的家，听爷爷说的在旧社会就穷得一无所有。“0”又使我想到我家现在的幸福，因为“0”很像天上圆圆的月亮，使我想到花好月圆，而我家现在得到的幸福就像花好月圆。“0”的圆形更使我想到清明节那天，我们共青团员给烈士墓献的花圈，因为我们从一无所有到花好月圆，是革命烈士和革命前辈牺牲奋斗给我们带来的。“0”因为很像月亮，还使我想到伟人毛泽东在一首词中写到烈士的灵魂升天登月，看到人间的幸福而喜得“泪飞顿作倾盆雨”，是的，烈士在天之灵看到我们从一无所有到花好月圆一定是喜得热泪滚滚的。

何向明同学的发言：

“0”代表一个数值，使我想到“无”；“0”很像中秋明月，使我想到人间的团圆，想到事物的圆满。同样一个符号可以表示“无”和“圆满”这两个相反的意思，这又使我想到中国古代一位哲学家的“无中生有”这个哲学命题，无可以转化为有，可以转化为圆满。“无”可以凭“空”变成“圆满”吗？不，一定要经过奋斗，这更使我想到“0”就像滚滚飞驰的车轮，那是时代列车的车轮，我们要乘上时代的列车去飞驰，去奋斗。奋斗要有目标，这启示我想到“0”像太阳，太阳就是光明，就是胜利，就是我们的目标，我们要乘上时代的列车向着太阳飞驰，就像一首歌里唱的：“向着太阳”，“向着胜利”！这就是圆满！

向光明同学的发言：

“0”使我想到我在一次数学考试中因不会做题和看错了题而吃了零分，回到家里被妈妈骂了一顿。那时候，妈妈正从鸡窝里捡起了一个母鸡刚下的鸡蛋，于是我想到我的零分像鸡蛋，不禁喜滋滋地笑了起来。妈妈看见我笑，又训斥道："你这个不争气的小家伙呵，考零分，挨了妈妈的骂，还笑呢，有什么好笑的！"我赶忙说："妈，正因为我争气，我才笑啦！我的零分很像你刚刚捡起来的鸡蛋，鸡蛋可以孵出小鸡，转化出一个新的生命；我的零分不是同样可以转化出新的成绩来吗？就是说，下一次数学考试我要拿高分。当然这要有条件，鸡蛋变成小鸡要有母鸡的孵化，要有温度；我的零分变成高分要的当然不是孵化，而是教化，这是不成问题的，因为有老师和爸妈的培育；同时也要温度，温度就是我的学习热情，我的刻苦勤奋，这我可以做到的。这就使我从0看到希望啦，我能不笑吗？"妈妈听了我的一番话也开心地笑起来说道："你这小家伙倒讲得蛮有道理的，希望你做到你所讲的。妈相信你的志气，努力吧，好孩子！"我把手一扬，做个鬼脸，说了一声："保证做到！"经过我的加倍努力，在下一次的数学考试，我果然拿到99分！

座谈会开过之后，编辑又同蔡金珠等三位同学作了一次谈话，要求他们用一天时间把座谈会上的发言整理成稿子，寄给编辑部。

过了一个月，新一期的《趣味写作》杂志出版了。蔡金珠等三位同学的文章赫然醒目地刊登在"联想的智慧"栏目中。这三位同学在收到编辑部寄来的刊物的同时，又收到被编辑部聘为特约通讯员的聘书。

三、写作示例

关键在自己

莫少云

树苗，要长成参天大树，要靠自己承受阳光雨露，吸收土壤的养料；

山泉，要流向江河湖海，要靠自己冲破岩石沙泥的阻力；

一个人要进步，取得成功，要靠自己的努力奋斗。

可是，有的人埋怨自己的环境不好，比如家庭贫困啦，丧失亲人啦，没有考上名校读书啦等等。身在这些不好的环境中，怎么可能进步？又怎么谈得上成功呢？

错了！一个人要进步，要成功，就必须战胜不好的环境，而不能向不好的环境屈服。关键在自己的努力奋斗。请看：

茫茫大漠，飞沙走石，荒无人烟，却长出坚强的生命：红柳！她迎风斗旱，蓬蓬勃勃，坚韧不拔。

皓皓雪山，银装素裹，封山绝绿，却开出彩色的鲜花：雪莲！她笑看风雪世界，不畏寒风，独吐芳艳。

浩瀚大海，波翻涛涌，水浸浪击，木桩枯朽了，铁栏摧折了，却有巍巍然者在，那就是被海水侵蚀得百孔千疮的礁石！可她仍如刀似剑，高高耸立。

大自然是这样，人类社会也是这样。

汉代杰出的科学家张衡，家境贫寒，没有钱供他上学，但没有泯灭他的好学上进心。

他遍访老师，广学博采，钻研各种书籍，终于克服重重困难，创立了系统的天文学说，开启了古代地震学研究的先河，先后发明创造了浑天仪、地动仪和指南车等多种天文地理观测仪器。

苏联的伟大文豪高尔基，从小就是孤儿，灾难从四面八方向他压来，小学还没毕业就到处流浪，做苦力，经历了人间的种种悲惨境况，尝遍了人们难以想象的苦楚，可他却顽强地与恶劣的环境搏斗，在繁重的体力劳动的间隙中刻苦读书写作，终于成为著作等身、享誉全球的世界文化名人。

自然界和人类社会的种种事实启示我们：一个人有好的环境固然是幸运儿，因为好的环境给他的成长创造了有利条件，但是不好的环境往往会激发一个人的志气，以百倍的努力去奋斗，创造人间奇迹。

进步、成功的关键在于自己。同样一个环境，有的人成为英雄，有的人成为狗熊，多么值得深思！

（选自《写作文鉴》。有改动）

这篇作品运用自由联想，多方面地论证了一个道理：一个人要进步，要成功，关键在自己的努力奋斗。

作品的开篇用连环式的联想引入正题：树苗和山泉。从联想中引入正题：一个人要进步，要成功，关键在自己的努力奋斗。

接着，作品从“进步、成功的关键在于自己”这一理念出发，抓住人和环境的关系这个圆心，向四面八方散发出去，展开辐射联想：①红柳在茫茫大漠中迎风斗旱，蓬勃生长；②雪莲在皓皓雪山上不畏寒风，独吐芳艳；③礁石在浩瀚大海中不怕波击涛打，如刀似剑巍然耸立；④张衡在穷困中自学成才，卓然成家；⑤高尔基身处逆境，顽强搏斗，著作等身。这种辐射式的联想，构成了一个通过自己的奋斗而战胜恶劣环境的富有哲理性的整体。

最后，作品水到渠成地得出结论：进步、成功的关键在于自己。

第五节　顺理的移情

一、写作知识

移情，就是写作主体把自己的情感移注到所要描述的景物中去。

在写作中，写作主体要描写的景物，诸如山峦、泉水、河流、绿叶、小草、大树……都是没有情感的，而移注进写作主体的情感之后，就可以出现另一番情形：山峦在沉吟，泉水在歌唱，河流在欢笑，绿叶在絮语，小草和大树在作亲切的对话——它们都变成有情感、有灵性的生命了。这就是移情。显然，移情可以使所描述的景物变得更加鲜明，变得更加活灵活现，让读者阅读一篇文章时，在文字符号中看到真切的生活图景。

然而，移情必须是顺理的。所谓顺理，即顺乎事理、物理和情理，而不能悖理，不能牵强附会，不能生拉硬扯。例如说大海怒吼了，这是顺理；说岩石怒吼了，就是悖理。因为大海可以掀起滔天的巨浪，发出雷霆般的轰鸣；而岩石，永远都在绷着冷静的面孔，沉默不语。说到底，顺理的移情就是描述景物时依据景物特点移注进写作主体的情感。

顺理移情的目的是要使描述的景物具有人的性格，也就是“人格化”。这种人格化通常是把景物比拟为人。请看著名作家郭风先生笔下夏天早晨的鲜花：

看呵，有一群金银花的小孩子，

他们抱着一束又一束雪白的花朵；风吹起来了，他们挥着花束，风一般地跑到溪边来了。

看呵，有一群石蒜花的小孩子，

他们开放的花朵，好像一盏一盏的灯。看呵，一群石蒜花的小孩子们，提着一盏一盏红色和黄色的灯，踏着溪滩下的鹅卵石，跑到溪边来了。

看呵，有一群牵牛花的小孩子，

他们有的拿着粉红的小喇叭，有的拿着雪白和紫色的小喇叭，一起跑到溪边的土阜来了。

还有山百合花们，也拿着红色的小喇叭，从山坡上的松树林里，跑步到溪边来了。

还有野菊，还有蒲公英，还有穿黄衫的黄蔷薇们，还有穿着绿色的小围裙的三色堇们，

他们一起摇着蓝色的花束，一起跳着土风舞到溪边来了。

这时，牵牛花和山百合花的小孩子，把所有带来的小喇叭都吹起来了，把一盏一盏的黄灯和红灯都点亮起来了。

这时，所有来到溪边的小野花的孩子们都唱起歌来了！呵，这是多么快乐的夏天的早晨！这是充满着花的声音和色彩的早晨！这是照耀着金色的太阳光的早晨！这是多么明亮的早晨！

（郭风《鲜花的早晨》）

在夏天的早晨，原野上开放着的许多鲜花，被移注进作者的情感之后，都人格化，变成了有性格的小孩子：他们挥动花束、唱歌、吹喇叭，点亮红色的灯和黄色的灯；他们天真活泼，热爱集体，争着带来自己的产品，拿着自己开出的鲜花，热情奔放地来到溪滩下参加鲜花早晨的盛会，多么可爱的一群啊！作者的这些笔墨，表现出山野鲜花之繁多，盛开着是多么热闹，打破山野的寂静而让人看到一片笑语喧哗的欢腾，鲜花好像真的变成人了。

移情的人格化也有把人比拟为物的，例如王宜振先生就把祖国的青少年比拟为一株春芽：

不要笑我，
叶片儿太小太小

……

我的根须，
伸向大地深处，
它们同大地的脉搏，
相互紧密联结；
我会用劲
吸收水分和养料，
我会拥有
自己粗壮的枝杈；
我会长成
一株参天的大树，
在原野上绿得蓬勃。

（王宜振《春芽之歌》。有改动）

诗中的“我”就是祖国青少年的形象。他们虽然稚嫩，但人小志高，胸怀远大理想，脚踏实地，融入集体，要长成对祖国有贡献的栋梁之材。诗人把对青少年的祝福和期望的情感移注进春芽之中，把青少年比拟为春芽。春芽具有鲜明的性格，不怕别人笑自己叶片儿太小，把根须“伸向大地深处”，同大地的脉搏“相互紧密联结”，用劲“吸收水分和养料”，要长成“一株参天的大树”。经过这样的把人比拟为物的移情，一株春芽也就人格化了。

顺理移情的要领是，描述景物时要在调控视线投射角度的过程中，把情感移注进去。下面分而述之：

第一，在把视线投射于景物的外在状貌和内在精神中移情。例如女诗人郭虹对蒲公英的描述：

我是一朵蒲公英
撑着小伞遨游四方
淡淡的黄　清清的香
每一朵花瓣儿都笑向太阳

我从舞蹈的草丛上飞过
我从歌唱的枝叶间飘过
东奔　西走
时起　时落

我也是种子呀
我更是生命的花朵
尽管命运的飓风无情摆弄

可是流浪的生活
磨不去我高贵的品格

不管我的位置
是墙角　是荒漠
我依然显示生命力
为大地吐香添色

（郭虹《我是一朵蒲公英》。有改动）

诗人把视线投射到蒲公英的外在状貌和内在精神上，把自己的情感移注进去，赋予蒲公英以大地之子的坚定信念和奋斗不息的性格。她呈现淡淡的黄，散发清清的香，撑着小伞，笑向太阳到四方遨游，飘过草丛，飘过树枝，东奔西走，起落无时。尽管命运像飓风一样无情地折磨她，可她对大地的忠诚矢志不移，在顽强的拼搏中战胜恶劣的条件，不管是在墙角还是荒漠，都磨不去高贵的品格，都显示出旺盛的生命力，为大地吐香添色。蒲公英，原本只是植物界的一个物种，经过诗人这样的移情，被赋予灵性，被人格化了。

第二，在把视线投射于景物特性的纵剖面的展现中移情。以著名作家徐成淼的作品为例：

正因为那一场山崩地裂的奇祸，我才能变得这样坚强，深沉，热情如炽。

啊，是的。从那时起，我埋葬了我绿色的生命，连同金色的青春，蔚蓝的理想，和我那粉红色的爱情。在几百米深的地层之下，失去一切迷人的色彩和斑斓的光泽，我成了一块黑色的粗陋的石头。

但是，正是这千万吨泥土和岩石的重压，才把我冶炼得如此坚强，并在我的心底积聚起那么巨大的能量。在轻蔑和冷遇的漫漫长夜里，在严密禁锢着我的黑色的外壳之中，我忠贞的心在跳动，我巨大的热能在孕育！

我盼望着什么？盼望着什么？

——采掘机热情的拥抱，风镐亲切的热吻！

于是，当这样的一天终于到来时，我又一次回到了艳丽的晴空之下，接受我亲爱的太阳母亲的温暖的抚爱。我绿色的生命重新复活了！连同我金色的青春，蔚蓝的理想，和我那粉红色的爱情！

啊，那给我第二次生命的，我将献给她以复活了的全部的爱，献给她以心，以热，以光！

（徐成淼《煤》）

作者在从纵剖面展现煤的特性的过程中，把自己的情感移注进去，赋予煤以活生生的性格。煤，只是地质地貌变化中形成的一种矿物，本身作为无机体是没有情感、没有思想、没有生命的，当然更谈不上有性格了。而随着作者把视线投射到煤的形成过程中的移情，煤的性格就展现出来了。作者笔下的煤，经历了山崩地裂的奇祸，从先前沐浴着阳光雨露，生长着青枝绿叶的大树变成了深深地压在地层底下的黑色粗陋的石头。在铁幕一样的地层的禁锢中，它的绿色的生命被埋葬了，金色的青春失去了，蔚蓝的理想和粉红色的爱情也灰飞烟灭。然而，煤是不屈不挠的强者，在千万吨泥石的重压下，在饱受轻蔑和冷遇的漫漫长夜中，它的心在跳动，它的意志在磨炼，它的希望在滋长。可怕的逆境使它陶冶出深沉而充满炽烈的热情，它积聚着巨大的能量，怀抱着坚定的信念，等待着重见天日。终于，机遇到来了！掘土机热情的拥抱，风镐亲切的热吻让它重新回到艳丽晴空之下，接受太阳母亲温暖的抚爱。于是，它复活了绿色的生命，唤回了金色的青春和粉红色的爱情，它要为给它以第二次生命的人们，释放出长期积聚起来的能量，发射出它全部的热和光。就这样，作者把视线投射到煤的特性，于纵的展现中移情，把煤人格化了：煤，从无机界的矿物变成了坚强地、矢志不移地在逆境中奋斗的强者。

第三，在把视线投射于景物特性的横断面的显露中移情。以女诗人梅绍静的作品为例：

三片嫩叶像三只绿色的小鸟儿
骄傲地站在树桩上。

树桩只发出这一条绿茎，
绿茎上只有这三只小鸟。

多可爱的小东西啊，
它们还要为砍断的树桩歌唱。

即使这三片绿叶也要向世界呼喊，
让人们永远憧憬那被剥夺的满树春光。

（梅绍静《三片叶子》）

诗人把视线投射到一棵树生长过程中一个横断面显露出来的特性：它被砍截成一个树桩，但仍然表现出顽强的生机，长出一条绿茎，绿茎上又长出三片绿叶。诗人把自己赞美生命的情感注入树桩长出来的一条绿茎、三片绿叶当中，赋予三片绿叶以高贵的性格：不屈的生命向世界发出憧憬春光的呼喊。诗人的移情与景物的形象水乳交融凝成一体。诗人笔下的三片叶子的生存相当艰难，她们和树桩的绿茎相依为命，是弱者，但她们并不乞求怜悯，不做可怜虫，她们像三只绿色的小鸟骄傲地站在树桩上，为砍断的树桩歌唱，向世界呼喊："永远憧憬那被剥夺的满树春光。"多么可敬的不屈生命啊！请看，只是凭植物再生的本能而在树桩上生长的三片绿叶，被诗人的移情人格化，变成含义丰厚而饶有诗意的奋斗者形象。

上面分述了调控视线投射的三个角度去描述景物，从而在描述中移情，分开来说是为了便于把问题讲清楚。在写作实践中，三者往往是互相包含、互相交叉或综合运用的。

二、写作故事

人面桃花相映红

唐朝诗人崔护，博陵（今河北定县）人，出身名门望族，风流倜傥，颇有才名。唐德宗贞元年间，他带着琴剑、书箱，到京城参加进士考试，结果金榜无名，落第了。崔护没有灰心，居留京城，刻苦读书，准备再考。

那年到了清明时节，春光明媚，繁花似锦，好鸟枝头，大自然的景色十分迷人。崔护为了调节紧张的学习生活，萌动了春日郊游的念头，于是换上鲜衣华服，独自一人到南郊漫步。举目四顾，顿觉大地换上新装，山清水秀，桃红柳绿，树上黄莺穿梭，湖中鸳鸯戏水，春之神在人间绘制出一幅锦绣图画。

崔护在赏心悦目的美景中信步前行，不知不觉进入了小桥流水、竹篱茅舍的田园村落。这里是都城南庄。也许是走的时间长了，他觉得口干舌燥，看见附近花木掩映中，隐隐约约显现出一栋房子，便上前敲门，想讨点水喝。

"呀"的一声门开了，露出了一位姑娘娇媚的脸蛋。姑娘看到站在门前的是一位书生，便施礼道："公子何方人士，到此有何贵干？"

崔护看见姑娘热情而又带着羞涩的面孔，心中暗暗惊讶，村野间竟有如此美貌的女子，愣愣地半晌才答道："小生姓崔名护，博陵人也，偶到贵境春游，口渴求饮。"姑娘抿嘴一笑，搬出一条板凳，请客人坐下稍候，便进屋去了。有顷，姑娘一双纤纤玉手捧着一瓯清茶走出门来，递给崔护，然后在小桃树下娉婷而立，礼貌地陪着客人。崔护慢悠悠地品味清茶，觉得芳香甘美，沁人心脾，情不自禁地望了姑娘一眼。只见姑娘在盛开着的桃花映衬下，风姿窕窈，脸色绯红，一对又黑又亮的眼睛就像澄澈清亮的秋波，流露出一种女性的温柔。当她和崔护的视线接触时，腼腆地扭过脸去。她越是这样，崔护就越爱看她。其实，她也是打心眼里喜欢崔护的，先前开门时看到这么一位举止文雅、风度翩翩的俊俏后生，一种爱慕之情不禁油然而生。崔护痴恋地对她注目，让她感到像是一股暖流灌进心田。可是，出于少女的矜持，却装出嗔怪的样子。她怕自己的表现失态了，赶快把脸转回来，看到崔护傻愣愣地出神的样子，又忍不住扑哧一笑。这一笑，搅得崔护心动神摇，不知所措，便想赶快找些话题来解除这种尴尬。平日出口成章、妙语连珠的他，这时却木木讷讷地满嘴傻言傻语，连他自己也不知道自己说些什么，于是赶快告辞，拼足力气才吐出了四个字："多谢姑娘！"

回到城里的住处，崔护不断回味着郊游中幸会姑娘的那一幕。那短暂的时刻多么珍贵，多么难忘！从此以后，姑娘秀美的身影经常浮现在他的脑际，姑娘嫣然的笑靥不时萦绕于他的心间。光阴荏苒，悠然过了一年，又值清明佳节，烂漫的春光，唤起了去年郊游的美好回忆。崔护再也压抑不住心头对姑娘的怀想，于是打起精神，专程到都城南庄去寻访佳人。

崔护兴致勃勃地走出门去。在黄莺鸣啭、燕子呢喃的一片天籁之中，崔护走过秧苗发绿的田野，穿越新枝吐翠的柳林，走着走着，那栋黄土墙、木板门的茅舍已在远处呈现。

崔护乐颠颠地加快脚步，往前直奔。走到茅舍，崔护被兜头泼了一盆冷水，只见板门紧锁，没有佳人出来迎接他的到来。在失望之中，一股淡淡的惆怅涌上心头。他时而环目顾盼，时而翘首远望，想寻觅佳人的芳踪，而映入他眼帘的却是那小桃树上盛开着的红若丹霞的桃花。桃花的热烈开放，愈发增加他心头的寂寞，他不禁对着桃花喃喃自语："哦，桃花，桃花，你能告诉我吗？佳人在何方？"正在崔护愁肠百结的当儿，他感到拂面的春风送来了桃花淡淡的清香，抬头一看，小桃树一簇簇艳丽的桃花，迎着春风，越开越旺，越开越欢，催迫他想念伊人的思绪就像湖水的涟漪起伏荡漾。他觉得，那迎着春风开得正欢的桃花不正是姑娘千娇百媚的容颜的真实写照吗？此刻，他爱慕姑娘、思念姑娘的情感达到了高峰。可是，桃花依然在春风中欢笑，姑娘此刻又在哪儿呢？呆呆地站了不知多久，崔护便通过移情桃花来寄托他对姑娘的思念。于是他满怀落寞惆怅，在姑娘家的木板门上题诗一首，落款"博陵崔护"。诗云：

去年今日此门中，
人面桃花相映红。
人面不知何处去，
桃花依旧笑春风！

题毕，崔护拖着疲乏的脚步，怏怏地回到城里的住处。他没想到自己这首怀人的移情之作竟成为传世名篇，被收入了《全唐诗》。许多著名的唐诗选本都选进了这篇作品。

三、写作示例

大　波

刘再复

前去的大波，你带着勇猛的浪峰，挥洒着雪白的成串的汗珠，像群刚毅的战士，不倦地奔涌。

泥沙被你抛进了河滩，山岳被你冲成峡谷，而拦截你前进的大坝，却激扬起巨大的浪花和青春的电光。你给辽阔的大地投下如雷的响声，你使一切观赏你前进的人，都听到大气魄的力的音乐，力的节拍，力的鼓点，看到你不屈不挠进取的意志之波，你永远是我们民族的活力，民族的精英。

正在为祖国的强大光荣而奋斗的年轻朋友们！你不就是前去的大波与勇猛的浪峰吗？让我带着溢满心胸的情意祝福你吧：愿这千里磅礴、滚滚不尽的激流，永远是你生气虎虎一往无前的象征。

这是著名学者刘再复先生的一篇佳作。他把自己对祖国青年一代的期盼与祝福的感情移注进大波中去。

作者的移情方式是拟物，即把祖国青年一代比拟成大波。大波，只是一种常见的水文现象，其本身是没有知觉、没有灵性的，而经过作者的移情，就变成有意志、有毅力、不倦地奔涌的一群战士，表现出民族的活力。大波那奔腾澎湃、前推后涌的浪峰，那千里磅礴、滚滚不尽的激流，就是祖国青年一代虎虎有生气、一往无前的风采的象征。

作者是在把自己的视线投射于大波的外在形貌和内在精神的过程中进行移情的。作者挥动自己的彩笔，描画出了大波的外在形貌和内在精神：大波在滚滚奔流中冲起了勇猛的浪峰，激起了雪白的像成串汗珠一样的水花；而这种外在的形貌蕴藏着一种开拓进取、奋斗不息的精神，表现出一种无坚不摧、所向无敌的力量。这就是祖国青年一代不屈不挠进取的意志和锲而不舍的战斗精神，是体现民族精神的青春之波，生命之波，奋斗之波。请看，作者在结尾的点睛之笔，表达了对祖国青年一代的祝福，期盼祖国青年一代永远保持这种旺盛的青春活力，是对移情的概括而回应全文。

第六节　巧妙的运思

一、写作知识

巧妙的运思就是在写作的思维运作中达到灵巧而奇妙的境界。在写作中能够进行巧妙的运思可以激活智慧，产生奇想，避免老是写些空话、套话。有些同学不是一写学雷锋做好事就是拾金不昧吗？不是一写老师辛勤培育我们就是在深夜的灯光下备课吗？当然并非不能这样写，但如果老重复别人已经写过千遍万遍的东西就变成空话、套话了。

试看下面数例：

1

新村官选出来了，全场响起了长时间的热烈的掌声。这掌声意味着村民对新村官的信任，意味着村民期望新村官带领大家走上富裕之路。

2

村民们用民主的方式选举新村官。选举结果一宣布，全场立刻响起了暴风雨般的掌声。这掌声表达出村民的意志，把一位模范村民推上了村官的岗位，又把整座村庄抬起来放在他宽阔的肩膀上，激励着他贡献出自己的全部智慧和力量，带领大家建设一个富饶美丽的村庄。

3

小鸟在高空上飞。

4

小鸟把天空飞高了。

例1和例2说的是同一件事，表达的意思也差不多；例3和例4描述的事物相同，表达的意思也大体一样。可是，明眼人立即可以看出，例1和例3没有给人新鲜感，而例2和例4却给人一种惊喜，一种审美的愉悦，是一种激活智慧之后产生的奇趣。究其原因就在于能否进行巧妙的运思。

一座村庄就是一座村庄，无论什么高科技都无法把她抬起来，村民的掌声能把她抬起来放到新村官的肩上吗？当然不能。天空本来就是那么高，小鸟能把它飞高吗？当然不能。但这种写法，是基于对客观事物的特征的感觉而萌发出某种情怀、某种希望、某种追求，随之，便对客观事物进行虚幻式表现。这种虚幻式表现，正是巧妙运思的精义，是激活智慧、产生奇想的具体化。

在写作中怎样作巧妙的运思？巧妙的运思是千变万化、无穷无尽的，最重要的是：进行审美化的虚幻式表现。常见的有以下几种手法：

第一，无中生有，变有为无。“无”中可以生“有”吗？“有”可以变为“无”吗？有人以为这是不可思议的事，甚至把这看作捕风捉影的胡说八道，可在写作上，这就是巧妙运思的艺术。

“无”中的的确确可以生“有”。有一幅画为了表现“踏花归去马蹄香”的主题，在画面上呈现出这样的图像：一位诗人骑马郊游回来，几只蝴蝶绕着马蹄，翩翩飞舞。一匹马行走时有蝴蝶绕着马蹄飞舞，这是不可能有的事，画家为了表现踏花的马蹄沾满花香，引来蝴蝶，却这样画出来，这正是无中生有。画画可以无中生有，写文章同样可以无中生有。著名作家孔林在一篇题为《渔火》的作品里写道：

今夜，我望着映红半边天的渔火……
每盏火又在问我：朋友，你看到了什么？
我看到了——升腾在夜空的礼花；
我看到了——五月大地盛开的花簇；
我看到了——十月枝头累累的红果；
我看到了——水上一片喧哗的闹市；
我看到了——无数闪着智慧的瞳仁。
我更看到那纯朴的心灵，孕育着灿烂的憧憬，那是个引人联想、振奋的天地。

谁都知道，渔火就是渔火，渔火发出耀眼的光芒照彻湖面，可是作者写了在渔火中看到夜空的礼花，看到盛开的花簇，看到累累的红果，看到喧哗的闹市，看到智慧的瞳仁。实际上从渔火中看不到的景物一一出现了，这是怎么回事？这就是无中生有！画家笔下的马蹄和作家笔下的渔火，其无中生有都是凭着对被描述事物的特征的感觉而萌发出某种情怀、某种希望和某种追求而进行审美化的虚幻式表现。前者写诗人骑马到郊外赏花，基于对踏着遍地开花的原野的马蹄沾满香气的感觉，便萌发出一种诗心、诗情，他的画笔便不由自主地涂抹出几只蝴蝶追逐带有花香的马蹄，绕着马蹄飞舞。后者写作家从渔火中看到实际看不到的奇丽景物，是基于对渔火特征的感觉萌发出赞美渔民的幸福生活和讴歌祖国美好前景的情感，于是笔下便流泻出一连串色彩缤纷的意象了。这些审美化的虚幻式表现的无中生有，放射出艺术魅力的光彩，令人叹为观止！

巧妙的运思不但可以无中生有，而且可以变有为无。变有为无也是一种美的发现和美的创造。画坛上有这么一个故事：一家书画铺里有一幅待卖的国画《引马过桥图》，画的是一个人牵着一匹大马过桥，因为桥面较窄，容纳不下一匹大马，所以只好人在桥上，马在桥下，牵马人用力引马过去。可是这匹大马不服从牵引，人尽管用力拉，而马总是往后退，画得栩栩如生，形神毕肖。一天，有位美术家走进铺里，对这幅画极表欣赏，虽然老板要价甚高，美术家也愿意如数交付，只是要等到明天才带钱来取画。这天晚上，老板高兴得一夜睡不着，因为这幅画放在铺里很久都没有买主，而今可以卖得好价钱，真是喜得美滋滋。当天夜里，老板躺在床上，几次爬起来看这幅画。忽然老板发现这幅画的牵马人只做着牵马的样子，却没有画出缰绳，便非常担心，如果顾客取画时发现这个缺陷会导致买卖告吹。于是，对画画也略知一二的老板立即拿起画笔补画了一条缰绳，然后才回到床上高枕无忧。第二天，那位美术家带钱来取画，他看了这幅画一眼就说："这幅画我不要了。"老板问他为什么，他说："我看中这幅画是因为没有马缰绳，你添上了，就算你把它送给我，我也不会要。"老板听了，捶胸顿足，懊丧万分。原来，这幅画的价值竟在于没有画出马缰绳。现实中牵马人手中必定有马缰绳的，为什么没有画出马缰绳的这幅画是精品，而添上了就成为劣品了呢？这就是"变有为无"的奥妙了。画家以审美化的虚幻式表现手法，让牵马人手中的马缰绳从有变为无，强化了牵马人的用力牵引和马的不服从牵引的矛盾，使读者的审美注意集中于牵马人用力牵引的神态和马的桀骜不驯的模样，在两者的互相呼应中引起无穷想象，而添上马缰绳就显得浅露直白、俗不可耐了。做人，以直为贵；艺术，以直为弊。

写文章和画画的道理是相通的，孔林先生的诗作《春雨》与那幅"引马过桥"的画有异曲同工之妙：

像一位卖花的姑娘，
把花儿挂满大树小树；
像一位卖酒的少女，
嫩芽的唇边还挂着一滴。
走远了，飘动着绿色的裙衣，
走远了，将歌声录制在长河里，
把一个金色的梦，留在翠绿的大地。

（选自《诗选刊》1987 年第 3 期）

这首诗的每一行都是写春雨，但从头到尾都没有找到"春雨"这个词，没有"春雨丝丝地降落"、"春雨蒙蒙地飘洒"、"春雨淅淅沥沥地下个不停"之类的描写，而诗中的每一句又确实表现出春雨的景象。这就是诗人的巧妙运思，变有为无。诗人凭着对现实中的春雨特征的感觉，萌发出讴歌春雨给大地带来生机、给人间带来希望的情怀，以审美化的虚幻式表现手法，把春雨隐去，但通过具体描写，豁显出春雨给大地带来的一片繁荣景象：万物复苏，春回大地，绿满人间。树上盛开的鲜花、嫩芽上的水珠、唱着欢歌的长河、锦绣大地的金色的梦……所有这一切，就像挂起了一幅美妙的帷幕，不给你看到春雨的庐山真面，而处处又折射出春雨的倩影。变有为无的审美化虚幻式手法多么神奇！

第二，化静为动和以动显静。客观事物的存在有两种基本形态，一是动，一是静。动态和静态各有各的美。以动态来说，在写作中善于表现动态，往往可以增加事物的真实感。

五代时期画家黄筌，在墙壁画了几只动态的白鹤，有的张喙而鸣，有的引颈上望，有的下啄于地，有的乘风振翼而舞，有的转颈整理羽毛，有的徐行而回首下顾。刚好近处也有几只被人驯养的白鹤，它们看到墙壁上画的白鹤，以为来了同类，便一齐飞扑着，呼叫着奔上前去找同伴。墙壁上的白鹤如果画成静态，恐怕没有这样的效果。

再说静态，事物静态的真实表现可以形成一种清幽的氛围，使人心旷神怡。但如果孤立地写事物的静态，往往难以表现出真境界，而需要用动态来作反衬。基于上述道理，善于巧妙运思的作者，在写作中就常常化静为动，以动显静。但应该知道，在描述客观事物时，任何高明的生花妙笔都不能在事实上改变客观事物的存在形态，而只是出于某种情怀、某种希望和追求，凭借自己对客观事物的感觉去表现，并且让读者产生一种感觉：静的变成了动的，静的由于动的反衬而显得更静。因此，化静为动、以动显静也需要运用审美化的虚幻式表现手法。

在化静为动方面，让我们先品赏著名作家张岐先生笔下的小屋和小路：

山顶上，绰约出现一幢小屋。白涛般的云雾绕着小屋翻涌，碧海似的森林在云雾间呼啸。小屋仿佛是只航船，荡漾在碧海白涛之间……

小屋门前挂着一条白色的带子，它时隐时现地一直飘到山脚，就像是航船在海面留下的浪迹。那是一条石径小路。

（张岐《云雾间的路》）

山顶上碧海似的森林里，白涛般的云雾缭绕着的一间小屋，被写成荡漾在碧海白涛之间的一只航船；从山顶通到山脚，林木掩映、时隐时现的一条小路被写成挂在小屋门前飘动着的白色带子，像是航船在海面上留下的浪迹。于是小屋和小路从静态变成了动态。

对于小屋和小路也有另一种写法：

山顶上的森林有一间小屋，云遮雾盖。小屋门前有一条小路，直通到山脚下。

这种写法写出来的小屋就是小屋，小路就是小路，它们的静态没有任何变化。前后两例相比，就显出优劣来了。前者让读者体验到小屋和小路存在的真实景象，有如身临其境，增加了可视性，因而产生出一种真实的感觉，一种审美的愉悦；而后者只是对小屋和小路作简单复制，平直而呆板，把小屋、小路和森林、云雾交织起来的韵味剔除净尽，塞给读者的是人们熟视无睹、习以为常的东西，毫无美感可言。

在以动显静方面，著名诗人青勃先生的诗作《五月的村庄》为我们提供了一个范例。

诗人通过描绘五月的村庄的宁静折射出这个村庄由穷变富的风貌。全诗用五个镜头刻画出村庄不同侧面的宁静，而每一个镜头的表现手法都是以动显静：

五月的村庄，
多静，多静！

猪在圈里，
山羊拴在绿荫中。
嫩草堆前，
落花几片似有声。

在诗人笔下，五月的村庄，猪肥羊壮，嫩草把猪羊喂得饱饱的，猪躺在圈里，羊拴在绿荫下，它们都懒洋洋地休息了。一切都那么安静！此时，好像能听到嫩草堆前几片落花坠地的声音！请看，村庄的“静”就是以“落花几片似有声”的“动”显现出来的，正是这么几片薄薄的花瓣从树上掉落下来的声音衬托出此时氛围的一片清幽，一片静谧，一片祥和，真是美极了！“落花几片似有声”这一神来之笔是诗人对客观事物审美化的虚幻式表现。几片花瓣落下来是没有声音的，之所以有声音，是诗人以审美化的虚幻表现手法，以动显静。

第三，以小见大和寓大于小。以小见大和寓大于小是一个问题的两个方面。作者写文章面对着的人物、事物、景物是无限的，即使从一个角度切入，也是“横侧看皆五光十色”、“反复说皆千头万绪”，决不能纤毫无遗，万象皆备，把自己见到、听到的一切都写进去。这里就有一个以有限表现无限或把无限通过有限去表现的问题。具体来说，就是以小见大和寓大于小，意即小事物可以表现大气象、大境界；大气象、大境界也可以凝聚于小事物去表现。一个画家要画秋天，用几笔勾勒出几片落叶飘零，就表现出肃杀的秋天了。著名画家杨之光先生画新中国人民当家做主，他把这样一个重大主题凝聚于一个小镜头：一位老大娘双手捧着选民证，喜上眉梢，满面笑容，美滋滋地端详着。时代的巨变，凝聚到小小的尺幅上了。写文章的以小见大和寓大于小也是同样的道理。

让我们来赏读孔林先生的诗作《午睡》：

他躺在田塍上午睡，
泡桐盖一床清爽的被。

微风为他缠一身馨香，
水渠弹奏的琴声清脆。

紫红的脸膛两道含笑的眉，
像一对蝴蝶要起飞。

是甜蜜的生活飞进梦中？
是梦中搂着生活在睡？

一个农民在田野上劳动，午间休息时在泡桐树下睡着了。这是一件微不足道的小事。可是诗人满怀歌颂社会主义新农村的激情，对这件小事进行了审美化的虚幻式表现：泡桐给他盖上清爽的被子，微风给他送来田野的芬芳，小渠给他弹奏出清脆的琴声，哦，他在这诗的田野、画的田野上睡得多么香甜！瞧，他的脸膛泛出紫红的光彩了，两道眉毛溢出喜气了，哎，那不是两道眉毛而是一对蝴蝶追逐田野的芬芳飞到他的脸上向他祝福吧？是啊，他在梦中笑了！经过这些审美化的虚幻笔墨的涂抹，微不足道的小事豁现出大道理：甜蜜的生活让他做着甜蜜的梦，社会主义新农村给农民带来了幸福。这就是以小见大。

让我们再赏读另一位诗人的作品：

雷锋，
我看见
在你的驾驶舱里，
那一尘不染的
车镜……
我看见
在你的窗前，
那直上云天的
高峰……

（谢冕《北京书简》）

诗人要表现的是雷锋的形象、雷锋的精神，这是一个大境界、大气象。雷锋的形象是顶天立地的巨人，雷锋的心灵像无边的海洋那样广阔，雷锋的精神如浩瀚的宇宙那样博大，该怎么表现呢？这可以写成一部洋洋数十万字的大书！可诗人只用 36 个字排成 9 行就表现出来了！其奥秘就在于把雷锋顶天立地的巨人形象映照在一尘不染的车镜里，以表现雷锋形象的圣洁无瑕；把雷锋浩瀚宇宙般的博大精神凝聚于驾驶舱的窗前那直上云天的高峰上，以表现雷锋精神的崇高、伟岸！这就是基于对雷锋精神的敬仰而产生的审美化的虚幻式表现手法，这就是寓大于小。

总而言之，以上所述的无中生有和变有为无，化静为动和动中显静，以大见小和寓大于小等几种表现手法，就是在写作中进行巧妙的运思而激活智慧产生的奇想，是达到了一种灵巧而奇妙的境界。

二、写作故事

一棵小草

1980年10月，诗人查干先生和大家登上八达岭时，脚下碰到了一棵小草，诗人忽然悟到：小草虽然渺小，但因为长在八达岭上，比平地上所有的草木都要高了；这棵小草的高，是八达岭长城撑扶着的。同样的道理，作家不管成就多高，干部不管职位多高，都是人民撑扶起来的，就像八达岭上长城的小草一样。于是，诗人的灵感来了，便背靠城堞，即兴作诗，赋得《登八达岭》一首：

登上八达岭
我并没有为此冲昏头脑
只是一种虔诚的自豪
山把我举得这么高
是的是的
不是我高
是山高
在巍峨的八达岭头
我不过是一棵小草
俯瞰苍茫云海间
飞翔的鹰那么小
但因为它的活力
众山变得更娇娆

动与静
大与小
多么生动的比较
这是我寻找的答案
大自然的回答有多妙
没有巍峨的高山
小草永不会站得那么高
在人民这座大山面前
人人应该告诫自己
我是一棵小草
我是一棵小草……

诗写完了，诗人仍心潮难平。是八达岭上的一棵小草打动了他，他从这棵小草悟出了大道理，灵魂得到净化。这就是小中见大！

有一位资深老作家，发现了查干先生这首诗，便推荐给《新观察》杂志，发表在当年的第五期上。后来又被选入中国青年出版社出版的《青年诗选》。在1981年的春节大型晚会上，著名电影演员肖雄声情并茂地朗诵了这首诗。知名的思想政治工作者朱伯儒、体操名将李宁，还有杰出作家丁玲先生，都先后引用过这首诗。之后，《中国电视报》在读者的要求下，又重新发表了这首诗。

只不过是写八达岭上区区一棵小草，却引起如此巨大的轰动效应，受到读者的热烈欢迎，收到极好的社会效益。这是查干先生“以小见大”的成功！

三、写作示例

绿色的柳笛

姜 桦

啊，牧童，你在哪里？

屈指算来，和你分别之后已过了10年，我们都长大了。如果有机会见面，也许认不出你来了。然而，我是多么眷恋着你哟！最使我难忘的，是你那清脆悦耳的笛音。不管你现在变成什么模样儿，那不时萦绕在我的耳边的笛音，永远把你吹着绿色柳笛的牧童形象定格在我的脑海中了。

在一个春天的清晨，我走到莽莽的旷野上，这就是往日我倾听你吹柳笛的地方。我吸着野花的清香，翘首向远方眺望，望着，望着，我看见你来了！你系着红领巾，骑在牛背上，吹响你心爱的柳笛，向我走来了。

你的柳笛，叽瞿，叽瞿，叽叽瞿瞿，发出美妙的乐音。那乐音，像和煦的春风呢，还是像饱含蜜汁的甜滋滋的春雨？你吹响了你的柳笛，吹出了你童年的欢乐和喜悦。在你笛音流过的地方，山青了，水绿了，云淡了，风柔了，小草钻出了嫩黄的胚芽，小花绽开了缤纷的笑脸。乡野的绿色，在你清脆的笛音里，眨眼间变得更加郁郁苍苍了。

叽瞿、叽瞿、叽叽瞿瞿——

我被你的笛音深深地吸引了。我在这乡野上伫立，静静地谛听。忽地，哨音止了，我抬起头，见是你跳下牛背，抖开缰绳，直让老牛欢快地摇着尾巴，奔向泛着茵茵绿波的草地了。你背上小书包，一手捏着柳笛，一手捧着课本，坐在离我不远的一片青草地上，你开始凝神诵读朱自清的散文名篇《春》：

“春来了，春的脚步声近了……”

呵！春天了！春的脚步声近了！我看着，看着你手中那支绿色的柳笛。那草尖上挑着的露珠，多像你明亮的眼睛！我听着，听着你奶声浓重的童音，我在谛听一首明丽的春的诗篇。我的眼前出现了一个踢球的孩子，不！那是一个牧童，手捧着课本，捏着一支绿色的柳笛，读读，吹吹；我的耳畔回响起一片清脆的鸟鸣和泉声，不！那是一个孩子的琅琅诵书声和嘹亮的吹笛声交织的春的奏鸣曲……

我的心田上漫过了一条蜜的小溪。我醉了。我走近你，你摇过头来，胸前的红领巾像束火苗儿跳了一下，就像天边扯落的一绺红霞。你停了停，朝我笑一笑，继续吹起你的柳笛……就在那一刻，你的含笑的脸庞便留在我的记忆中了，你的明亮的眼睛便闪烁在我的记忆中了，你的奶气浓重的童音和清脆的笛声便久久地萦绕在我的眷恋中了。呵！牧童，你在哪儿呢？你还在那一片葱茏的草地上，朗诵着“春来了”么？你还在吹着你绿色的柳笛儿么？

哦！你听，你听，叽瞿，叽瞿，叽叽瞿瞿，在远方，在那片葱绿的乡野上，又流荡起你的绿色笛音儿了……

（选自《中国散文诗大系·江苏卷》。有改动）

这是一篇“无中生有”的佳作。作者是从怎么样的“无”生出怎么样的“有”来的呢？

作品首先对“无中生有”铺垫了基础。作品中的“我”和一位牧童阔别已有十年之久了，牧童吹着柳笛发出的清脆悦耳的笛音不时萦绕在“我”的耳边，也正是这笛音把牧童的形象永远定格在“我”的脑海。有了这些笔墨的铺垫，“无”中生出“有”来就是自然而然的了。

绵绵不尽的思念并不能把思念的东西变成现实。因此，那位牧童在“我”以后的生活中只是一个“无”。然而，也正是那绵绵不尽的思念，从“我”生活中的“无”催生出一个“有”来。尽管这个“有”不是现实中的“有”，但也是来源于现实中的“有”，是心灵中的“有”，因此也是一个真实的“有”。作品是进行巧妙的运思，通过审美化的虚幻式表现手法催生出这样一个“有”的。

作者从现实起笔：在一个春天的早晨，“我”来到莽莽的旷野，这里是往日“我”倾听牧童吹柳笛的地方，可是“我”和牧童已经分别多年，不知他现在何方了。“我”翘首向远方怅望，触景生情，萌发了对牧童绵绵不尽的思念，心中默默地呼唤：“啊！牧童，你在哪里?”情之所至，幻象由生，作者顺理成章地运用审美化的虚幻式笔法，让现实中不存在的牧童从“无”变成了“有”。此时，“我”听见了牧童的柳笛吹出了像和煦的春风吹绿原野，像甜蜜的春雨催发春花的悠扬乐音；“我”看到了牧童跳下牛背，抖开缰绳，一手捏着柳笛，一手捧着课本，坐在一片青草地上凝神朗诵朱自清的散文名篇……那草尖上挑着的露珠，多像他明亮的眼睛；那朗诵中传播出来奶声浓重的童音就是一首亮丽的春的诗篇；那美妙的柳笛乐音和清脆的鸟鸣泉声互相应和就是春的奏鸣曲。“我”醉了，“我”看到牧童融合在明媚的春光里了，牧童永远留在“我”的记忆中了……所有这些“无中生有”的笔墨因为情真意切，所以读者感到是真实的，是动人肺腑的。读者从中看到美的形象，听到美的声音，并且引起美的情感的共鸣。

第四章　开拓写作文思

导　语

许多学生有一种常见的写作毛病：孤立、单一地就事写事，就物写物，就人写人。写“一”写“二”就仅仅停留于“一、二”。这样的作文是单调乏味的，难以吸引人。这是一种什么毛病呢？这是一种文思枯竭的毛病。

要医治文思枯竭的毛病就必须开拓写作文思。

这时有些同学提出疑问了：一是一，二是二嘛，把“一”写成“一”有什么错呢？难道要把“一”写成“万”吗？其实，如果用静止僵化的眼光看问题，“一”当然就是“一”；但在写作上如果用变化灵动的眼光看问题，“一”就往往不只是“一”，而是更多更多。苏州曾经播出一个评弹节目《一粒米》，说全国每人节约一粒米，一年就可节约1 000多万千克。这里，“一”不仅变成了“万”，而且变成了1 000 多万。可见，在写作上要不断开拓写作文思。

所谓“文思”，指的是源自内心而引发出许多相关写作材料，并且激活下笔如行云流水的思想情感。据此，要开拓文思就得通过联系、扩散、穿插等来激活内心的思想情感，把视野放开，根据写作需要把天南地北、古往今来的相关事物统摄进来，聚于笔端。力戒静止僵化地只盯住一点，不会展开而把文思塞死。

只要文思畅通了，文章写起来就有神来之笔，开合自如，左右逢源，大至高山瀚海，小至芥粒微末，都可以成为写作的好材料。著名学者张平治先生在一本书中写出了“一点”之美，可供我们借鉴。“一点”不是司空见惯、单调之极吗？有“美”的文章可做吗？有的，张先生作文时，文思泉涌，相关的材料纷纷扬扬地聚拢而来以供调遣，把“一点”写得美极了。在人们眼里，“一点”是很小的，是圆的，从形体来说，需用高倍放大镜才能看清，如微雕作品中人物的眼睛，这样的“一点”是很小很小的；而“日出东方一点红”，这里的太阳作为“一点”却是一个庞然大物。以状貌来说，一滴露珠作为“一点”是圆的，而一位姑娘站在一群小伙子里，被称为“万绿丛中一点红”，姑娘作为“一点”却不是圆的了。“点”可以产生审美价值，解放军战士军帽上的红五星，这“一点”，点染出战士的英武气概；青年男女的雪白衬衣上别上一枚共青团团徽，这“一点”，显现出他们的青春朝气。“点”还常常成为人们追求幸福的憧憬，当夜幕笼罩大地时，赶路的人看到天边那“一点”启明星，会情不自禁地欢呼黎明即将到来，正如杰出诗人艾青所写的“火把的烈焰，赶走了黑夜”。火把这“一点”，是多么壮丽动人啊！张先生行文所至，洒脱风流，极尽笼海阔天空于笔端之能事，这是一种开拓写作文思的才能。

根据开拓写作文思的要求，本章设计了开掘、绘形、传神、衬托、抑扬、组接六节。

第一节 善于开掘

一、写作知识

善于开掘指的是写作主体善于对所描述的事物中蕴含着的意义进行开掘。

善于开掘对于开拓文思的作用至关重要。一个作者挥笔写作，总要描述各种各样的事物。如果不善于开掘，就只能孤立、静止、表面地描述事物，写一座大山就是一座大山，写一棵枫树就是一棵枫树，至多加上些空空洞洞的形容词，毫无新意可言。这样，文思就必然受到阻塞。而善于开掘就不同了，无论写什么事物，无论是写大山还是写枫树，都可以从中看到哲理，看到诗，看到各种各样的意义，于是文思如泉，左右逢源地表达自己的人生理想、爱憎感情和审美趣味。

著名诗人包玉堂先生写大山，开掘出大山的宏大气魄和光照人间的光辉："它吞云吐雨，吐出满天的彩霞；它餐风饮露，开出遍地的鲜花"，"它脚踏大地，头顶蓝天；岩石是它的筋骨，草木是它的毛发"，"它日日夜夜，都在劳动着，从不停息。它给大地送来不断的清清的泉浆，它给百姓酿造无尽的生命的乳汁"。就这样，大山蕴含着的意义展现出来了：大山具有顽强的生命精神，它是那样的热烈，那样的乐观，它不息地劳作、创造，给人民和社会以福祉。于是启示人们：人更应该具有这样的生命精神，不息地奋斗，迸发出生命的光焰。

著名女诗人王尔碑写枫树，开掘出枫树的奉献者品格：她向土壤深深扎下根须，不断地呼唤阳光，呼唤空气。她撑开一把绿色的大伞，给人以绿色的天空。她散发着淡淡的香味，给人以希望和微笑。经历过凌厉的风吹雨打，雷击霜袭，长出来满树的红叶燃起天空下的焰火，展示出生命中最绚丽的部分，尽情地倾吐自己对美、对真理的礼赞。枫树在默默而无休止地创造着、奉献着，枫树的生命历程蕴含着一个真理："美是忘我"，"美是奉献"。这样的开掘必然给人以启迪和鼓舞。

开掘文思有四项要领：

第一，把所要描述的事物放到特定的事件发展过程中去开掘。

例如，一只搪瓷茶缸，原是很普通的生活用品，孤立来写，就没有什么可开掘的了，但如果把它放到特定的事件发展过程中去，就可以开掘出它蕴含着的意义。万全女士的《搪瓷茶缸》一文就是这样开掘的。作者把搪瓷茶缸放到她从参加革命开始一直到革命胜利的全过程中去描述，开掘出搪瓷茶缸的丰厚内涵和深刻意义。作品四次写到茶缸。第一次：作者在上中学的少女时代，出于洁癖，喜欢用白色的搪瓷茶缸。那时候是旧中国，搪瓷茶缸还是稀罕物儿，国内不能生产，只进口，价钱昂贵。她好不容易凑足了钱，托朋友进城买到一只。朋友付了钱之后，拿着这个宝贝儿，因为过于紧张，一出门茶缸就跌在地上摔掉了一块瓷。这次写茶缸，揭示出旧中国的贫穷落后，连搪瓷茶缸都不能生产。第二次：作者带着搪瓷茶缸参加革命，茶缸成了她身边的亲密伙伴，用它喝水盛饭，给生病的同志煮粥，必要时还代替“面盆”、“浴缸”的职责。这次写茶缸，显现了革命战争生活的艰苦。第三次：1946 年作者来到北平，想买一只新的茶缸，在大街旁边卖旧货的地摊上发现一只瑞典出产的纯白茶缸，想买下来，但价钱不菲，超过自己的购买能力，因此还了一个较低的价钱。此时，看起来像青年知识女性的地摊主人，眼泪盈眶，解释说开高价是因为家里有病人等着钱买药。作者听了，心情十分沉重，马上尽自己所有，照价付款。离开北平以后，作者还常常想起那位知识女性含泪的眼神——在穷困与内战中经受苦难的北平人民的眼睛。这次写茶缸，反映出旧中国人民的苦难，连知识分子的生活都这样艰难，遑论工农群众。第四次：随着革命的胜利，1949 年作者进入城市，丈夫用节省下来的零用钱给她买了一只美国搪瓷茶缸。这时，过着和平的生活，茶缸的用途归于正常，对她来说没有先前那么重要了，但她对搪瓷茶缸仍然充满感情。每逢碰到搪瓷茶缸，都免不了看它们一眼。新中国，我们自己可以生产搪瓷茶缸，想来那位地摊女主人已经添置回我们国产的搪瓷茶缸了。这次写茶缸，显示出革命的胜利，时代的前进，搪瓷茶缸已由国产取代进口了。本来是一只小小的搪瓷茶缸，放到作者从参加革命到革命胜利的全过程中去描述，包容了巨大的历史内容，从一个侧面见证了旧中国的贫穷落后，旧中国人民的苦难，革命者的艰苦奋战，中国人民的解放和胜利。这就是作者善于开掘的结果。作者在这样的开掘中表达了赞颂革命的情怀和献身革命的价值观。

第二，把要描述的事物放到一定的情景中去开掘。

以写帆为例。船上的帆，是挂在桅杆上利用风力使船前进的布篷，如果就帆写帆，是没有什么好写的，可是，把它放到大海风涛的情景中去描述，帆所蕴含的丰厚意义就得以开掘出来了。请看著名作家刘增山先生是怎样写帆的：

……帆深知自己在这个世界上的使命，它愿载着船夫们的希望，驶向那遥远的布满艰辛困苦的航程，去领略大海那震天动地的风涛。帆酷爱海风，尽管风是严厉的，但它知道，只有风才会鼓饱帆蓬，给它以壮丽的生命；帆挚爱海涛，尽管那拍天的波涛不是柔软的丝绸锦缎，但帆明白，没有这狂涛巨澜，它活着也就没有什么价值了。帆，以它高擎的旗帜，带领着浩荡的船队，毅然告别了海港，扑进了无边的大海，它在暴风中呼啸，在波谷中腾跃，在骤雨中疾驶，在浪山上喧喝，在旋涡里颠簸，在礁石间穿行……旅途是艰难的，航程是险恶的，岁月是严峻的，但是那彼岸的魅力，一直吸引着它向海洋的远方进发。年年月月的海上生活，使帆染上了海的脾性，具有了海一样的性格。海给了帆以胆量，给了帆以气魄，给了帆以大度的胸怀，给了帆以顽强不屈的意志。帆清楚地知道，大海上航行，难免会被风暴摧折，也可能会被大浪吞没，但这些危难，决不会使帆低下高昂的头颅！因为，帆早已把生交给了大海，也把死交给了大海。帆懂得：如果离开了这沸腾的航海事业，帆即使活着，还不只是一块闲置的破布？为大海献身，这是帆的夙愿，也是帆的光荣！

（刘增山《帆》）

作者把帆放到大海风涛的情景中去开掘，展现出帆是在大海震天动地的风涛中搏击前进、所向无敌的勇士。它载着船夫们的希望，经历艰难险恶的旅途，到达充满魅力的彼岸。在严峻的情景中显示了帆无所畏惧、大气磅礴的勇士性格。面临风暴摧折、大浪吞没的危险，它也“决不低下高昂的头颅”！这一系列的描述，开掘出帆蕴含着的丰厚意义：帆只有在沸腾的航海事业中活着才有价值，如果离开了大海，即使活着，也只不过是一块被闲置的破布而已。作者在这样的开掘中表达了自己的人生理想：人的命运之船，是由生活目标的高大篷帆支撑的，人只有为一个伟大的目的而生活，才能在生命岁月的大海上激荡起澎湃的波涛，开辟那灿烂的航线！

第三，着眼于所描述的事物的功能发挥去开掘。

新月，一次又一次地被人们吟咏，一次又一次地被人们描绘，但如果要发掘新月所蕴含的丰厚意义，着眼于新月的功能发挥加以描述，不失为重要的一法。著名作家谢先云先生的《新月》一文，围绕着新月放射出银色的光辉普照万物这一功能的发挥去描述，开掘出新月的人格力量和美好情愫。日落西山，一块巨大的黑色帷幕笼罩大地。此时，新月悄悄升起，那闪闪烁烁的银光流泻到幽静的人间，也涌上“我”的窗台，流到“我”的窗口，把“我”深夜的梦变成银色。然而，新月的爱心又何止泽及“我”一人？她向大地遍洒银光，让“世界沉湎于纯正的美中”。作者写道：

你跳进小河，小河更加温柔；
你走上乡道，乡道更加安适；
你挤进竹林，竹林更加馨香。

新月以她的一片银辉，向人间布施清丽的光华，给暗夜带来明亮的眼睛，给寂寞的旷野投以脉脉的柔情。但新月从不居功炫耀。她永不止息地为众生造福，她与风雨搏斗过一千次一万次，“没有暗淡，而是更加明亮了”，“没有破碎，而是更加坚实了”。她的不懈追求，表现了对生命的信念；她不屈不挠的奋斗步履，放射出生命的光彩；她完成了夜中的使命，安然地回归地平线，拥有生命的永恒。作者就这样围绕新月功能发挥的描述中，开掘出新月蕴含着的丰厚意义：新月执着地追求、忘我地劳动，向人间播送爱和美，她唤起世间对美好的向往，启迪人们认识生命的意义，为美好的事业放出生命的热和光。

第四，透视所描述事物本身的品质去开掘。

许多事物本身的品质能直接表现出它所蕴含着的丰厚意义，只要善于开掘就可以展示出来。著名作家卞毓方先生的《种子情思》就最能说明这个道理。作品通过透视种子本身的品质进行开掘，展示出种子非凡的品质——强大的生命力，从而把它蕴含着的丰厚意义阐发出来。作品从三个方面描述种子的这种品质。首先是旺盛的繁殖力：种子有多种途径传播，打发自己的孩子到处安家，有的借风力传播，如蒲公英；有的借水力传播，如椰子；也有的植物如蔷薇，风力和水力都不能替它传播种子，但它自有办法，它用一种诱惑力吸引小鸟把它的种子吃到肚子里去，小鸟到处拉粪就把它的种子传播开了。种子就这样通过形形色色的途径，“不择脊土沃野，不择海角天涯，不畏酷暑严寒，不避瀚海沙漠，行踪无定，随处为家”，繁衍后代。其次是令人难以置信的生长力：种子的发芽生长，足以挣裂天下最坚硬的岩石。

从前有几个生理学家、医生，想将骷髅骨完整地分开来作进一步的研究，可是头骨的吻合是犬牙交错地非常细密和坚固地连在一起的，刀和锯都难以奏效。后来想出一个妙法，就是把一些植物的种子填满颅腔，并灌上水，保持适当的温度，过了一个时候，种子萌发了，头骨也自然而然地分开了。

种子这种比刀锯还要大的力度确是惊人，对于一般人来说更是不可思议的。还有就是超群的生命持续力：有些植物的种子，其中蕴藏着的生命基因可以持续上千上万年，这也是一般人想不到的。作品还写到：

有一些埋藏在地层里的千年古莲子，一旦重见天日，照样能发芽滋长。有一些从古代帝王陵墓里掘出来的稻谷，一遇适宜的条件依旧能生根吐叶。最近出版的《世界之最》中，还有如下一段记载：1955 年，有人从加拿大的冰川淤泥中发掘出一批一万年以前的扁豆种子，未料想，这些饱经沧桑的种子“元老”，竟于 1966 年又重新欢快地抽出了绿色的嫩芽哩！

种子的寿命竟有这么长，足见其生命持续力之超群。作者就这样通过透视种子本身的品质，从三个方面开掘，展示出种子的强大生命力蕴含着的丰厚意义，小小的种子竟然有那么大的能量，显示出魅力四射的生命风采。作品末尾，以点睛之笔对种子蕴含着的丰厚意义作了精辟的概括：

啊，种子，你有着多么机智、豁达、强劲的品性呵，你有着多么强烈的服务于人类的精神呵！

最后又引用毛泽东的名言对这种意义作进一步的升华：“我们共产党人好比种子，人民好比土地。我们要同那里的人民结合起来，在人民中生根、开花。”

二、写作故事

梧桐树皮的美

G 市钟声中学的林美韵同学有练笔的习惯。她喜欢随时随地把身边大大小小的事物调遣到自己的笔端表现出来。她每学期都写成一本名为《练笔踪迹》的练笔日记，升上初二年级时已经写了三本了。

语文课上，刘老师在指导同学们解读课文时讲了一种写作艺术，他说：“善于写作的人不但能够描摹出景物的形貌，而且能够开掘景物蕴含着的丰厚意义，做到了这一条，就算对于其貌不扬的东西也可以写出美来。”林美韵对刘老师的话很感兴趣。她觉得自己过去的练笔大都注意描写景物的形貌，很少考虑开掘景物内在的丰厚意义，今后得多在这方面下功夫。

一天傍晚，林美韵在梧桐树下散步，忽然听到清晰的一声爆裂，原来是梧桐树的一块老皮剥落了。她把这块树皮捡了起来。面对着这块树皮，她想起刘老师在语文课上说的那番话：只要善于开掘事物内在的丰厚意义，对于其貌不扬的东西也可以写出美来。这块梧桐树皮，无论怎么看都是其貌不扬，能不能从里面开掘出什么意义来呢？她于是把这块树皮带回家里。

灯下，林美韵兴致勃勃地端详着这块树皮，希望开掘出它的意义，发现它的美，写到自己的《练笔踪迹》里去。可是，她想来想去，琢磨了一个晚上，仍然是毫无头绪，不得要领。

第二天晚上，林美韵带着这个问题和那块梧桐树皮去请教刘老师。刘老师看了看梧桐树皮，听了她的诉说，思考了一会儿，从抽屉里取出两幅画交给她，然后说："这两幅画画的都是梅花，你带回去比较其异同，好好欣赏，然后再去对梧桐树皮作一番观察，肯定会有所发现。相信你会写好的。"

林美韵回到家里，展开刘老师给她的两幅画，进行比较欣赏。她觉得这两幅画都把梅花画得栩栩如生，就像真的一样，但又有很大的区别：有一幅只是画了一株梅花，满树白皑皑的，花繁枝茂，宛如簇簇白云在浮动，别的就没有什么了；另一幅梅花取毛泽东《卜算子·咏梅》词中"犹有花枝俏"之意，画面上一株梅花屹立于冰凌垂挂的危崖，傲岸挺拔，迎着飞雪寒风绽放，花朵繁茂，冰肌玉骨，俏色夺目。

林美韵对这两幅梅花凝神欣赏，沉浸于深深的思索中，她明白了两幅梅花的根本差异在于前一幅是孤立画梅花，这样画尽管也有显示梅花高洁品格的文化象征意义，但流于肤浅，没有深意；后一幅把梅花放在漫天飞雪、冰凝百丈的悬崖峭壁的情景中，表现出梅花蕴含着的丰厚意义：梅花是一个在严酷的生存环境中接受挑战的坚强形象，坚冰不能毁损她的风骨，飞雪不能淹没她的俏丽，寒风不能摧毁她的壮志，她在艰危中傲立，笑迎山花烂漫的春天的到来。这就是梅花的美。

至此，悟性极强的林美韵找到答案了：要把梧桐树皮放到一定的情境中去，不能孤立地写梧桐树皮。此时，她的耳边响起了昨天傍晚在梧桐树下散步时听到的梧桐树皮脱离母体的清晰爆裂声。她想：对了，应该对梧桐树皮作进一步的观察。

翌日，也是傍晚，林美韵带着那块梧桐树皮来到梧桐树下，经过仔细的观察，发现树干剥落老皮的地方露出了新皮，新皮鲜嫩可爱，充满生机。她把那块剥落的树皮凑上去，用手按住。她想：老树皮不剥落，新树皮就长不出来了。哦，把那块树皮放到这个情景中来写，就有文章可做了。于是她跑回家里，伏到书桌上迅笔疾书，在她的《练笔踪迹》中添上新的篇章。她写道：

一天傍晚，我在梧桐树下捡到了一块从树干剥落下来的梧桐树老皮。我现在要说：这块树皮是美的。

对于这种说法，也许人们会嗤之以鼻，一块梧桐树的老皮怎么会是美的？论造型，不方不圆不对称，毫无和谐可言；论颜色，黯淡粗糙，暮气沉沉，真是讨厌死了！美，怎么会轮到它？它只是其貌不扬的东西罢了！但我要说：这块梧桐树皮千真万确是美的！

梧桐树皮长在树干上，是促进梧桐成长的中坚力量，树根从土壤中吸收水分和养料，树叶承受阳光进行光合作用产生能量，全都要通过它输送到树的全身。如果有谁恶作剧把树干（哪怕是其中的一段）的皮削光，这棵树必死无疑。正是由于树皮的不懈努力，一棵梧桐树才长得挺拔高大，绿叶成荫。夏天，人们到梧桐树下乘凉，异口同声地称赞树冠的蓊蓊郁郁，绿得可爱，却对树干上的树皮不睬不理，可树皮从不计较，一如既往，忠于职守，为树冠和树的全身服务。

老树皮为了让它的事业有后继者，还培育新树皮来接班。它深知新陈代谢的规律。它老了，精力不济了，就自动剥落下来，让新树皮来挑重担。于是，梧桐树永远生机勃勃，用绿荫美化大地，造福人类。

朋友，当你们了解到梧桐树皮一生的奋斗历程，难道能不为它的默默奉献的精神而感动吗？难道能不称赞这是世界上的一种崇高之美吗？难道能忍心因树皮老了而剥落下来就嫌弃它吗？

梧桐树皮是美的，无论它长在树干上还是剥落下来都是美的！

林美韵写到这里，为自己终于开掘出了梧桐树皮的美的意蕴而感到无比快慰。周末的晚上，她把《练笔踪迹》的这一新篇章拿给刘老师看，刘老师的脸上也露出了欣慰的微笑。

三、写作示例

晚霞里飘来一片绿色

孔　林

从玫瑰般的晚霞里，飘来了一片绿色。他迈上山冈，走过白絮般的羊群，踏上彩虹似的长桥，穿过竖琴般的渡槽。当他走到平川，青油油的草地，为他展开绣着小黄花、红花、紫花的地毯；小苗频频招手，春风把花枝轻摇；麦穗儿多情而顽皮地扯他的衣角；为抢镜头，水库在山腰上拍照。

拍下来吧，绿色是和平的象征。

拍下来吧，绿色是生命的流水。

拍下来吧，绿色是丰收的种子。

拍下来吧，绿色是未来的歌手。

啊，山绿，水绿，绿色的军装投入了绿色的怀抱。田野上的红花，是你披戴在胸前的奖章；家乡喜悦的面孔像春花在向你欢笑……

（选自《潮音集》。标题有改动）

傍晚，一位解放军叔叔在郊野上散步，这是生活中的平常事，作者却能在特定的情景中开掘出不平常的丰厚意蕴。

穿着绿色的军装是解放军叔叔表现出来的一个特征，作者的开掘就围绕着绿色做文章。开篇就写“从玫瑰般的晚霞里飘来一片绿色”，用修辞上的借代手法形象地描绘出傍晚时分解放军叔叔悠闲地在郊野上出现。这“绿色”就是解放军叔叔。以下就对“绿色”作进一步的展开，作者的生花妙笔，调遣郊野上一切美的事物与“绿色”凝聚起来：羊群白絮般的素净，把“绿色”衬托得更清新；长桥的彩虹造型，把“绿色”衬托得更鲜明；渡槽奏响竖琴的乐曲又让“绿色”显得更高洁。“绿色”真是美极了！鲜花、青草、小苗、春风、麦穗都伴随着他的踪影，向他表示由衷的爱戴和无限的崇敬：或向他频频招手，或扯扯他的衣角，或亲切地轻摇自己的身姿，这是多么亲密！“绿色”就是我们的亲人啊！这些笔墨都是为开掘作铺垫的。有了这样的基础，水库来抢镜头了，要为亲人拍照了：

拍下来吧，绿色是和平的象征。
拍下来吧，绿色是生命的流水。
拍下来吧，绿色是丰收的种子。
拍下来吧，绿色是未来的歌手。

这些精练的笔墨鲜明、生动、准确地表现出解放军是保卫世界和平的强大力量，是保卫祖国的钢铁长城，是人民建设幸福生活和走向光辉灿烂未来的保证。这一切，正是解放军受到人民拥戴的源头。最后，作者画龙点睛，回应全文，以一幅色彩鲜明的动态艺术画面豁现层层开掘出来的“平常事”的丰厚意蕴：

啊，山绿，水绿，绿色的军装投入绿色的怀抱。田野上的红花，是给你披戴在胸前的奖章；家乡喜悦的面孔像春花在向你欢笑……

第二节 善于绘形

一、写作知识

绘形即描绘形象，是表现人物和景物的一种重要手法。我们写文章，常常会涉及各种各样的人物和景物，而要把各种各样的人物和景物写好，就必须善于绘形。

绘形的要求是把所要写的人物和景物表现得具体鲜明、形貌毕现，活生生地展示在读者的面前，就是让所写的人物和景物具有可视性。请看下面的例子：

1

我的奶奶已经75岁了，虽说有了一把年纪，但精神很好，走起路来，步履矫健。她为人忠厚和善，是一位慈祥的老人。我们都很爱她。

2

我离别奶奶已经多年了，但奶奶的形象常常在我的脑海中浮现：瘦削略黑的脸上布满皱纹，眼睛总是含着欢悦的笑意，一见到小孩就搂抱起来逗着玩，这时眼睛就笑成一条缝。她常穿着一件黑色大襟褂。虽然背有点驼，但身体还算硬朗，走起路来一蹬一蹬的，我真爱戴这位慈祥长者。

3

秋天，是一个美丽的季节。田野里，铺遍了长得十分饱满的谷穗；山上的果林，挂满了硕大的橙子和芒果，那成熟的石榴更是诱人喜爱！公园里的菊花，也好像为了显示自己的姿采而开放！啊，这些秋天的景物真是如锦如绣！谁说秋天是萧索荒凉的呢，我看她的艳丽，完全可以和春天比美！

4

秋风起了！秋风给大地送来了最浓最浓的秋色。

秋风吹过了无边的田野，吹出了一排排起伏翻滚的金浪，那金浪是沉甸甸的谷穗汇成的，发出了“哗哗啦啦”的欢乐的涛声，呼唤勤劳的农民伯伯快来收割。

秋风吹过了茂密的果林，吹出了如繁星密布的小灯笼，那小灯笼就是辛勤劳动的果农挂在绿树丛中的成熟了的希望，那就是金灿灿的橘子、橙子、柿子……它们喷出沁人肺腑的芳香，逗着小孩渴望的目光。

秋风吹过了充满诗意的园林，吹出了五彩斑斓的锦缎，那锦缎是千姿百态的秋菊编织成的。瞧！秋菊次第开放了，一朵朵，一簇簇，大的如绣球，小的如明珠，有的是羞涩的蓓蕾，有的蓬蓬勃勃地盛开，有的紫红、有的鹅黄，有的洁白……

啊，多么美丽的秋天！

例 1 和例 2 都是写一位老奶奶的身体健康和神态慈祥，但例 1 不善于绘形，只是用“步履矫健”、“忠厚和善”之类的抽象概念去作空洞的形容，没有描绘出老奶奶健康、慈祥的形象，读者看不到一位有具体形貌的老奶奶。例 2 的绘形得法，用“脸上布满皱纹”、“背有点驼”、“穿着一件黑色大襟褂”来显出老奶奶的形貌；用“走起路来一蹬一蹬”来表现老人家身体硬朗；而“眼睛总是含着欢悦的笑意，一见到小孩就搂抱起来逗着玩”，眼睛“笑成一条缝”就表现了老奶奶的忠厚和善。作者通过一系列对衣着、眼神、动作的刻画，使老奶奶健康、慈祥的形象活生生地站在读者面前。

例 3 和例 4 都是写秋天的美丽，但绘形的功夫有天壤之别。例 3 只是在罗列出谷穗、几种水果以及菊花这些秋天的景物之后，再贴上“饱满”、“硕大”、“诱人喜爱”、“如锦如绣”之类的标签，虽然作者说秋天是一个美丽的季节，但读者实在看不出秋天怎么美丽。这是因为作者没有描绘出秋天的美丽形象。例 4 也出现许多秋天的景物，但这些景物都被描绘得有状貌、有声音、有色彩，例如：田野上沉甸甸的谷穗被秋风吹成“一排排起伏翻滚的金浪”，“发出‘哗哗啦啦’的欢乐的涛声”；果林里的橘子、橙子、柿子被秋风吹成挂在绿树丛中的“小灯笼”；园林中千姿百态的秋菊被秋风吹成“一朵朵，一簇簇”，如绣球，如明珠，呈现出紫红、鹅黄、洁白等多种颜色……这种鲜明生动的秋天的景物组成了一幅五彩斑斓的秋色图，秋天的美丽形象被描绘出来了，读者看到一个美丽的秋天了。

上述四例的优劣之处就在于：例1和例3所写的人物和景物不具有可视性，例2和例4所写的人物和景物具有可视性。一句话，这就是善于绘形和不善于绘形的区别。

那么，应该怎样绘形呢？有以下两种基本方式：

第一，白描式绘形。白描原是国画中的一种技法，后被运用到写作中来。无论是国画创作的白描还是文章写作的白描都是指简洁、朴素、省俭的笔墨，洗尽铅华，不加雕饰，没有比喻、夸张的修辞，只是如实写来，去勾勒出人物或景物的原来面貌，惟妙惟肖地体现出其本来的形貌。画家齐白石先生的国画《一白高天下》，画的是一幅雪景，整个画面非常简练，只用粗放、洒脱的几笔，就勾勒出几株落叶的垂柳和河岸旁两座看似平常的小酒店。这些屋和树全被白雪覆盖着。万物都在白雪之下，还有哪一件东西能在白雪之上呢？这“一白高天下”真是达到了高洁的审美与哲思的境界！这就是白描。请看小作者吴斯奇同学所写的一篇文章《我》中的文笔：

早上，我来到梳妆台前的镜子前穿衣服，看到一个大约1.5米高的帅小子。嘻嘻，我用手理了理一头乌黑茂密的头发，挤了挤明亮的小眼睛，小嘴一咧，便露出两排不大整齐的牙齿。我晃了晃小脑袋，一溜烟就跑了出去。

这是白描的成功笔法！小作者的这幅自画像，用极省俭的笔墨，毫不雕饰地表现了“我”的性格，活脱脱的，多么生动、鲜明啊！“嘻嘻”只用两个字写的笑声，可以让读者窥见“我”因从镜子里看到自己很帅而乐不可支的内心世界；“我”在得意之余，又表现出了一系列动作，“理了理”乌黑茂密的头发，“挤了挤”明亮的小眼睛，活灵活现地显露出“我”是多么自豪自信而又意气风发！而小嘴的“一咧”，让人看到露出来的“不大整齐的牙齿”，就写得更为神妙，这一笔，勾勒出了“我”在活泼中又带几分调皮，不是那么中规中矩的本真；接着写的“我”“晃了晃小脑袋”的神态，“一溜烟”跑的姿势，更让读者感觉到“我”的热烈、兴奋的心灵的跳动。白描，营造出一幅可视性极强的图画。

下面我们再赏读作家柳嘉先生写景的白描：

我们在这方圆四十里的竹山林海里漫游，就像进入绿色的海洋。只见那山是一重一重的，绿色也是一层一层的。近我们身边的那一层绿得格外清新鲜丽；远我们一点的呈翠绿的颜色；再远，便是墨绿了；接近茫茫的天边便是苍绿一片，有点儿长林远树，出没烟霏的味儿了。我们置身于绿的境界之中，绿的周遭都显出浓淡深浅的不同风采，这是因为竹林和树林再加上野草闲花错杂生长的缘故。灌木丛树冠交织，滴绿绵绵；修竹林迎风摇曳，嫩绿漪漪；而遍地的兰叶浓密俊茂，又显出黛绿沉沉了。我们进了山才知道，这儿竟是一个绿色的博览会。

（柳嘉《南昆绿意》。有删改）

柳嘉先生写竹山林海的白描笔法可谓精彩绝伦！中国古代画论说“墨分五彩”，而柳先生笔下的绿却不止五彩，而是千姿百态的斑斓色彩！可贵的是，这种斑斓色彩并不是用华丽辞藻雕饰出来的，而是随着作者的视觉如实写来，豁显出竹林山海的绿的原本面目。这正是白描的真功夫！作者首先推出一个全景镜头：绿的海洋，显现了有层次的一重一重的绿；接着是一个近景镜头，显现了清新鲜丽的绿；继而是一个中景镜头，显现了纯净的翠绿；然后是一个远景镜头，显现了出没烟霏的一片墨绿和苍绿。正当读者目不暇接的时候，又转换成连续的特写镜头：浓淡深浅互相映衬的绿——那树冠交织，滴绿绵绵；那修竹摇曳嫩，绿漪漪；那兰叶浓密，黛绿沉沉。看，不加雕饰，全无卖弄的文笔，竟然绘出一幅色彩斑斓的绿的锦绣，有极强的可视性。

第二，工笔式绘形。工笔也是国画的一种技法，同样可以运用到写作中来。何谓工笔？工笔就是一种细腻的笔法。绘画或写作的工笔都要精雕细刻地表现出描写对象的姿彩，把它们的状貌包括形态、色彩、声音、情味等刻绘得细致入微，这就是细腻的笔法。齐白石先生的画作《海角天涯过客》堪称运用工笔的杰作。这幅画绘出疏密、长短不同的四条线，而在这叶子上面落着的纺织娘和在那线上落着的蜘蛛用笔都非常之细，甚至连它们大腿上的绒毛也清晰可见。写作上运用工笔描写人物或景物当然不可能也不必要写得那样细，但可以淋漓尽致地调遣比喻、拟人、拟物、衬托、夸张等多种修辞手法来作铺陈渲染，细致地表现出描写对象的形貌，来显现其可视性。请看19世纪法国大文豪左拉是怎样运用工笔描绘人物的形貌的：

这个秋天的傍晚，我第一次看到铁匠。他正在打一片铁铧，他敞着怀，露出粗壮的胸脯，每呼吸一下，肋部便显现出久经锻炼的钢筋铁骨般的肋条。他身子向前一倾，猛地一下，把铁锤抡下来，就这样，片刻不停地、灵便而持续地晃动着身体，肌肉紧张而有力地伸展收缩；铁锤按照一个有规则的圆圈环转，迸起点点火星，留下条条光尾。铁匠就这样挥舞着“姑娘”；而他的儿子，一个20来岁的小伙子，则用钳子夹住烧红的铁块，从另一面敲打，发出轻微的响声，被老头子手里那“姑娘”的令人眼花缭乱的舞蹈声所淹没。笃，笃——，笃，笃——，犹如母亲庄严的声音，在鼓励婴儿咿呀学语。“姑娘”不停地舞蹈，抖动着裙衣上的钻石，她每次跳落在铁砧上，便在犁铧上留下一个脚印。一股血红的火焰一直飞溅到地面，照亮了两个工人的魁梧的身躯，把他们的高大身影投射到打铁间阴暗而又乱糟糟的角落。熊熊的火光逐渐暗淡下来，铁匠停止了工作。他依然浑身黝黑地伫立在那里，手拄着铁锤的把柄，任脑门上汗珠滚滚，他擦也不擦。他的两肋还在忽扇，在他儿子慢慢推拉着风箱的呼呼声中，我仍能听见他喘息的声音。

作者运用工笔技法，描写出铁匠的逼真形象。例如铁匠的肖像，他“脑门方方的，一簇乱蓬蓬浓黑的头发下面，生着一双孩子气的蓝色大眼睛，钢一样明亮”；“两个肩头长满了肌肉疙瘩，面孔和臂膀被炉火和锤子迸起的铁屑烘染得黝黑”；“颌骨宽大，发出笑声和喘息声来，就像他那巨大的风箱在狂欢和呼啸”。这里有静态描写，也有动态描写；有色泽描写，也有声音描写，都能抓住特征，加以细腻的表现，使铁匠的面庞和身影，活脱脱地浮现在读者面前，呼之欲出。又如铁匠劳动的场景，在那火光熊熊的铁匠铺里，“他敞着怀，露出粗壮的胸脯，每呼吸一下，肋部便显现出久经锻炼的钢筋铁骨般的肋条。他身子向前一倾，猛地一下，把铁锤抡下来，就这样，片刻不停地、灵便而持续地晃动着身体，肌肉紧张而有力地伸展收缩；铁锤按照一个有规则的圆圈环转，迸起点点火星，留下条条光尾”。在铁匠的挥动下，绰号叫“姑娘”的铁锤“不停地舞蹈，抖动着裙衣上的钻石”，“每次跳落在铁砧上，便在犁铧上留下一个脚印”，血红的火焰飞溅起来，照亮了两个工人魁梧的身躯。这些精雕细刻的描写，有比喻，有拟人，有夸张，细腻地表现出从铁匠那浑身饱满、结实、紧绷着的肌肉里散发着蓬勃的活力。这些工笔技法的妙用，细致入微地塑造了一个具有可视性的淳朴、粗犷而又精力充沛的铁匠的形象。

让我们再赏读著名作家刘白羽先生描绘景物形貌的工笔：

……汽车时而在碎石如斗的山谷之中，时而在辽阔高原之上。远望刘家峡，层峦叠翠，静谧安详，谁料当汽车转折而下，驶到刘家峡电站大坝下，突然冲入淋漓大雨之中，我非常惊讶，天上晴空万里，哪儿来的暴雨狂风？我下车转身一看，怔住了，我看到的是什么！？如乌云乱卷，如怒火，如狂飚。这些乌云先是从下面向上喷射，喷到半空，又跌落下来，化成苍苍银雾，这一卷云雾，给阳光照得闪亮，又飞上高空，乌云白雾，上下翻腾，再向上，如浓墨，如淡墨，直耸高空，像原子弹爆炸的蘑菇云，亭亭而上，岿然不动，这场景真是有点惊人。原来接连落了几天雨，水位陡增，水电站提起溢洪道一扇闸门，刚才所见，就是黄河之水从溢洪道喷射而出的情景。我再举首仰望，只见峭岩壁立，万仞摩天，峡谷之内，烟雾缭绕，浪花飞溅，发出千万惊雷翻滚沸腾的轰鸣。我到坝顶俯视，才看清黄河有如无数巨龙扭在一起飞旋而下，在窄窄两山之间，它咆哮，它奔腾，冲起的雪白浪头比岸上的山头还高，是激流，是浓雾，旋卷在一起，浩浩荡荡，汹涌澎湃，远去，远去，再远去，整个黄河都为白烟银雾所笼罩。

作家用工笔描绘出黄河巨浪神奇变幻的形貌。由于接连落了几天雨，黄河水位突增，水电站提起溢洪道一扇门，滔天巨浪就陡然掀涌，奔腾呼啸，忽而像怒火，像狂飙，像乌云乱滚，很快又幻化成苍苍银雾，幻华成原子弹爆炸的蘑菇云；再看时，又像无数巨龙扭在一起，在万千惊雷的伴奏下，发出震天动地、翻滚沸腾的轰鸣，从窄窄的两山之间，汹涌澎湃，咆哮飞驰而下……这些描绘，通过种种比喻、夸张的铺陈，渲染出黄河巨浪雄浑壮丽的真实形貌，其可视性让读者身临其境。

上面把白描和工笔分开来讲，是为了阐明问题的方便。在写作实践中，白描和工笔作为两种不同的风格，常常被单独运用，但把两者穿插起来，综合运用的也不少见。

二、写作故事

白描不等于简单

小娟很爱看课外书。一天，她忽然想起前几天从学校图书馆借的一本匈牙利著名作家约长伊·莫尔写的小说《金人》，就拿出来看。看着看着，觉得里面有一段对纽芬兰狗的白猫的描写十分生动有趣，就动笔把它抄在自己精美的笔记本上：

这只四脚动物（纽芬兰狗）是它同族中最漂亮的一个，高大强壮，伸开四肢，在阳台前面一躺，就把两根柱子之间的空隙完全占据了。这个看门的老黑喜欢假装打盹，仿佛既没注意走近来的陌生人，也没注意另一只动物。有个狂妄大胆的动物要放肆地试探这条纽芬兰狗的高贵耐性。那是一只白猫。它非常调皮，横蹿竖跳，在狗背翻筋斗，用小爪搔狗的鼻子，末了仰卧在大狗的面前，用四只脚爪抱住大狗的前爪，像玩弄洋娃娃似地戏弄着。当大狗感到这只前爪被搔得太痒时，就缩了回去，又换另一只伸给它，让它继续玩弄。

小娟抄完之后，反复品味这段文字的摹状技巧。她觉得，作家笔下的狗和猫性格都很独特。传说狗和猫是不和的，然而这只狗竟让猫在自己的背上翻筋斗，而且轮番伸出自己的前爪让猫玩弄，真是够有耐性的了。而猫呢？胆大到敢在“太岁”头上动土，在狗身上跳耍戏弄，实在调皮。

小娟是一位很爱动脑筋的小姑娘，她在津津有味地赏读这段文字的时候，琢磨着那只高大强壮的黑狗和狂妄调皮的小猫为什么写得如此生动。这些文字都很朴实呀，既没有什么比喻和夸张，也没有五光十色的华丽辞藻，却可以使大狗和小猫活脱脱地跃然纸上。她想起华老师在语文课上讲的一种写作艺术：白描。对了！这不就是白描吗？记得华老师是这样说的：“白描的笔法，要求在写人、绘景、状物时用简练的笔墨，如实写来，不加雕饰地勾勒出人物和景物的形貌。”华老师还说：“要注意，简练是相对于雕饰而言的，简练即不加雕饰，但绝不等于简单，简单会流于空洞，无法显现出描写对象的形貌。”小娟悟到：约长伊·莫尔对狗和猫的描写刚好印证了华老师的说法。那些写大狗和小猫的笔墨可以说是简练的，因为笔笔如实写来，不雕不饰，但又岂能说它简单？大狗的一伸一躺，小猫的横蹿竖跳，诸如此类的具体动作，都实实在在地笔笔到位，一点也没有简单带过。正因为这样，大狗和小猫才被表现得性格鲜明。

小娟又想到最近自己写的一篇观察笔记。上周华老师带领同学们到天然动物园里观察松鼠，回来后要求大家用白描笔法写一篇关于松鼠的观察笔记。这篇作业还没有交上去，何不拿出来重新思考一下，是不是符合白描的要求。

小娟是这样写的：

松鼠是一种美丽的小动物。它长着四条腿，灰褐色毛，小脸孔上嵌着两只发光的小眼睛，一条尾巴总是向上翘着，显得格外漂亮。

松鼠经常在树上活动，窝儿搭在树杈儿中间。窝搭好后，还在上面加上一个盖，把整个窝遮蔽起来。松鼠喜欢吃果子，吃时用前爪往嘴里送，非常有趣。

从匈牙利作家约长伊·莫尔对狗和猫的摹状得到启示，小娟认为这篇观察日记写得太简单，对松鼠只作概括的叙述，没有具体的动作描写，因此没有摹状出松鼠的形貌和性格。于是她开动脑筋，仔细回忆、推敲，重写如下：

松鼠是一种美丽的小动物，乖巧，驯良，很讨人喜欢。它四肢灵活，行动敏捷。玲珑的小脸孔上，嵌着一对闪闪发光的小眼睛。一身灰褐色的毛，光滑得好像擦过油。一条毛茸茸的大尾巴，一直翘到头顶上，显得格外漂亮。

松鼠喜欢在老树的树杈儿中间搭窝，窝搭好后，还在上面加个盖，把整个窝遮蔽起来，这样就不怕风吹雨打了。它也喜欢在树上活动，从这棵树跳到那棵树，有时采摘果实，有时互相追逐玩耍。只有树被风刮得太厉害时，才到地上来，但不接近人的住宅。

松鼠吃的东西，除树上的果实以外，还有鸟蛋。在夏天，它把采到的榛子塞在老树的空心和缝隙里，留到冬天吃。它常常直竖着身子坐，吃东西时像人们用手一样，用前爪往嘴里送东西吃。

小娟写好以后，又看了一遍，感觉不错。第二天拿给老师时，向老师叙述了重写的经过。老师很高兴，赞扬她善于学习，善于借鉴，对白描的笔法运用得很好。

三、写作示例

哦，我家的鸡

李计谋

迁进“高知楼”一年多，我家再也见不到鸡的影子了。卫生确实卫生，清静倒是清静，高雅也算高雅，可我和妻抱憾生活中严重地缺点什么。

23 年前我与农家出身的妻成家，她在镇副食品商店当出纳，我在镇中学教书，两人收入相加共 875 大毛，后得一子一女，经济未免拮据，大人孩子营养匮乏。

一年开春，妻买回 10 只鸡雏，用纸箱子当窝。晚间下班回来，妻忙不迭地把它们放出，一个个活像绒球球，硬实的能蹒跚迈步，瘫歪的便挣扎着匍匐爬行。妻高兴得抓起这只贴贴脸，捧起那只亲亲嘴。小玩意儿乖巧极了，眨着绿豆大的眼睛任人抚爱。一周过去，它们再也不情愿憋在四四方方的“监牢”里，人一靠近就都仰起小脖急切等待“放风”。取出，真神了，个个都会撒欢：先是噔噔噔赛跑，眼瞅要撞上墙却机灵地折回；接着啄几个食碟，又是蹦高高，又是吱吱叫；若是听见邻家孩子在室外弄出大响动，就戛然站定，歪着小脑瓜警惕地审视着周围。玩累了围拢一圈，有的把双腿埋在腹下坐得端端庄庄，有的就不那么斯文，伸腿拉胯，舒筋展翼，一副慵懒的样子。

不过一月，纸箱子好比万里长城阻挡喷气式，哪管用？周六我回家一进屋，好家伙：“白头”雄踞垛顶，大将军似地睥睨着斗室；“长毛腿”不甘示弱来了个“三级跳”，一纵上了椅子，再跃登上窗台，最后蹦到火墙平台上，把个玻璃杯撞倒摔得粉身碎骨。我定睛再一扫视，少了六只，四下查找，原来钻进了饭橱，大宴过后在盘子中央四仰八斜地睡上了酣觉。我火上七窍，决计保留“现场”给妻看看。

妻匆匆回来还没来得及脱去外衣，弧线、抛物线、直线、折线缭绕闪过：霎时，鸡一个不少地结集在她脚下。妻俯下，喃喃道：“惹祸了吧，看，‘爸爸’生气了!”我破颜一笑："你这'妈妈'也太纵惯它们了。"妻边摩挲手中的"孩子"，边慢声细语地说："摆啥雷公脸，明天就在南窗前用架条围成个小篱笆，靠房根垒个小鸡架。"

到秋，妻果断地放它们到广阔天地去。走出我家就是一片空场，那里杂草丛生，蝈蝈、蚂蚱、蟋蟀、黑甲虫应有尽有，每当日落西山，妻就立在门前迎接，嗉囊鼓成琵琶的"长毛腿"打头"凯旋而归"。一日黄昏，"天晚了，鸡还没上窝！"妻没言语，一头扎进苍茫的暮色里，由强而弱"咕咕咕"的回音在夜空中荡漾。好一阵子溃不成军的"散兵游勇"才耷拉着头奔向鸡架。妻回来用手电一照就缺"长毛腿"。她拽上我翻遍了草丛旮旯，活不见影死不见尸。这一宿她未得安眠。翌日邻家的"花脖"不知从哪把"长毛腿"叼回。妻细细检查发现脖根有几个小孔，断定是被黄鼠狼吸完血扔掉了，她一脸肃穆，在园子里挖个坑埋掉，念叨道："鸡魂变瓜魂，就在这儿结个大葫芦吧。"

熬过漫长的冬日，清明一过鸡冠由粉变红。要"分娩"的鸡：随着一场爆响，落下热乎乎、圆润润的蛋。再看，那高昂的头，颤动的冠，耸起的尾，伴以经久不息的高亢、尖利、爽朗的"咯哒"的叫声，仿佛在向世界宣示：唯有它最幸福。妻赶紧赏上一把苞米。孩子吃上了鸡蛋羹，我也喝上了冲蛋花。

年复一年，多则养十五六只，少则养八九只。去年学校新盖一幢楼，分我家三室一厅。迁居那天下午，妻特地焖了锅玉米干饭，再加进细细菜屑，眼巴巴地伺候鸡吃完这顿特加工的"最后的晚餐"，又一只只梳理光羽毛，仨一家、俩一家地送给了住平房的邻居。回来怅怅自言自语："都嫁出去了！"

自从没了鸡，原说是买蛋吃，可是一发下工资刨除必保的两个读大学的孩子的费用，再去掉米、面、菜、油、酱、醋、茶、房租、水电……也所剩无多了。区区稿酬还顶不住买书的花销。到农贸市场一问价，一个蛋3毛左右，就……买几回还偶尔掺入孵鸡变质的赝品，更是败兴。

我叹息道："一年少吃一千蛋。"

妻先白我一眼，又换上了恳求的目光："我一闭上眼就是咱家的鸡，打听打听谁家换房，咱还搬回平房去吧！"

"……"我说什么好呢！

（选自《散文》1992年1月号）

这篇作品写的是"我"的妻子养鸡。

养鸡本来是司空见惯的寻常事，但本文却写得充满情趣，究其原因，就在于作者出色地运用了白描笔法，描绘出人和物的形貌，表现出平凡生活中的丰富色彩。

作者白描笔法的成功之处就在于挥洒简练的笔墨，不加雕饰，准确地勾勒出"我"的妻子和她养鸡的动作特点，在豁现人和鸡的鲜明形象的过程中，把妻子养鸡写得妙趣横生。

在作者笔下，这位妻子和鸡在不同的情境中表现出不同的动作。例如她妻子晚间下班回来，忙不迭地把鸡从纸箱子里放出来，她看到雏鸡有的蹒跚迈步，有的匍匐爬行，"高兴得抓起这只贴贴脸，捧起那只亲亲嘴"。"这只"、"那只"表现她接触鸡的动作频繁；"捧"、"抓"表现她的动作敏捷利索；"贴贴脸"、"亲亲嘴"表现她爱雏鸡的情绪热烈。

再如当丈夫责怪她养鸡把家里闹腾得乱糟糟时，她一边摩挲手中的鸡，一边不满丈夫“摆啥雷公脸”，又赶忙解释明天要采取措施解决这些问题。这又表现了她“防范”丈夫对鸡的横加干涉和她对鸡的悉心呵护。

“放风”时，那些雏鸡表现出多种状态的撒欢动作：

先是噔噔噔赛跑，眼瞅要撞上墙却机灵地折回；接着啄几个食碟，又是蹦高高，又是吱吱叫；若是听见邻家孩子在室外弄出大响动，就戛然站定，歪着小脑瓜警惕地审视着周围。玩累了围拢一圈，有的把双腿埋在腹下坐得端端庄庄，有的就不那么斯文，伸腿拉胯，舒筋展翼，一副懒慵的样子。

这真是一个鸡的自由王国！它们可以在这里任意逍遥，不受限制。各种各样的动作可谓缤纷夺目，各具个性，展示了鸡可以凭自己的意愿为所欲为的无拘无束生活。我们还可以看到母鸡下蛋后那一副得意忘形的相貌：

那高昂的头，颤动的冠，耸起的尾，伴以经久不息的高亢、尖利、爽朗的“咯哒”的叫声，仿佛在向世界宣示：唯有它最幸福。

“高昂”、“颤动”、“耸起”这些具体动作凸显了头、冠、尾的特征，形象化地展现了母鸡那种自豪而狂放的高亢。

第三节 善于传神

一、写作知识

在写作中传导出所描绘的人物和景物的内在精神和气韵叫传神。传神的目的是凸显出人物和景物的生机，使之活生生地呈现在读者的面前。作者笔下的人物和景物是死物还是活灵活现的生命体，取决于能否传神。中国古代医学经典《黄帝内经》说：“得神者昌”，“神去则死矣”。这个论断对写作也很有指导意义。请看下面两例。

1

我回到故乡，便跑到青竹山上去，那是我童年时代常去的地方。不凑巧得很，遇上了骤雨。举目一看，有一个十岁模样的小娃蹲在一头牛的腹底下避雨，他还招呼我和他一起避雨呢。我和他开了个玩笑，说道：“你蹲在老黄牛腹底下说话，我还以为老黄牛会说话呀！”逗得小娃开心大笑。继而他又说道：“老黄牛会说话也不见得新奇。村里人都称赞我爷爷是老黄牛，我爷爷当然会说话的，那不是老黄牛也会说话吗？”这小娃真聪明活泼，天真烂漫呢！

2

我一回到久别的家乡，便跑到青竹山上去寻找童年的记忆。不料迎接我的竟是一场骤雨，我身边连巴掌大的一块可以挡雨的东西都没带，心里着急得很。突然，飞来一个热情的招呼："叔叔，快到这儿来呀！"

我意外地高兴起来。可四下张望，又不见人影儿。"叔叔，快到这儿避一避哪！"我赶忙循着声音往山脚下跑去，猛然瞥见竹丛旁边的土墩上立着一头老黄牛，角上挂着一顶小竹笠，不住地向我点头。我不觉惊奇起来……

"嘻嘻，我在这儿呢。"没想到牛腹底下蹲着个十岁模样的孩子，只穿一条裤衩，却把蓝条子衬衫夹在腋窝底下，迎着我露出两个小虎牙："这儿背风，雨淋不着呀！"

"噢，你要是不做声，我倒以为走进了童话世界，遇见会说话的老黄牛啦！"我打趣道，逗得他咯咯大笑。

"老黄牛会说话有什么稀奇呀？我家就有个会说话的老黄牛！"孩子歪着小脑袋，认真地说，"真的呢，村里人都管我爷爷叫老黄牛呢。"

我忍不住笑起来。

"叔叔，你别笑嘛。"他撅撅嘴巴儿，争辩道，"我爷爷说的，要响应党中央的号召，建设四个现代化，每个人都得跟老黄牛一样，埋头苦干哪！"

（张翅《春笋》。有改动）

这两例优劣的分界线就在于是否善于传神。两例同样写了一个农村的孩子，但例1只是抽象地叙述"我"在遇雨时发现一个孩子蹲在黄牛腹底避雨，以及"我"和孩子的对话，尽管作者也写了孩子"开心大笑"，说他"聪明活泼，天真烂漫"，但这些都是空洞概念的堆砌，读者无法看到这个孩子怎么"开心"，又怎么"聪明活泼，天真烂漫"。这样的人物当然不能给读者留下鲜明的印象。例2中作者以传神之笔描绘一位农村孩子在一场骤雨中的表现，让读者在饶有情趣、一波三折的叙述中，看到孩子的童真活泼。这孩子"露出两个小虎牙"，招呼叔叔跟他一起蹲在牛腹底下避雨，叔叔打趣说以为遇见会说话的老黄牛，逗得他"咯咯大笑"，他又"歪着小脑袋"，说他家里有会说话的老黄牛，就是他爷爷。请看，作者并没有站出来说这孩子"聪明活泼，天真烂漫"，可是，读者已经感到一个活生生的"聪明活泼，天真烂漫"的农村孩子呼之欲出，站在自己的面前了。

那么，应该怎样写才能做到传神呢？传神的基本要义就是描绘出具有独特形态的风貌。人物和景物的内在精神和气韵必须是外露的，必须表现为独特的风貌。《三国演义》中张飞彪悍和刚烈的性子表现为"身长八尺，豹头环眼，燕颔虎须，声若巨雷，势如奔马"；诸葛亮"灵机一动，计上心来"的大智大勇表现为面如冠玉，头戴纶布，身披鹤氅，手摇羽扇，飘飘然一仙风道骨。鲁迅笔下少年闰土的纯真可爱、活泼灵动，表现为"项带银圈，手捏一柄钢叉，向一匹猹尽力的刺去"。写作实践证明，描绘出人物或景物具有独特形态的风貌就得以传神。

下面让我们赏读我国古代伟大诗人屈原在《九歌》中对湘夫人的描绘：

帝子降兮北渚，
目眇眇兮愁予。
袅袅兮秋风，
洞庭波兮木叶下。

（《九歌·湘夫人》）

湘夫人是神话中的湘水之神，即帝子，也就是神话中的湘君（湘水男神）心上的女神。这里写的是湘君在洞庭之滨迎候湘夫人，盼了又盼，等了又等，在恍惚迷离中，似见这位女神飘然降临到北部水中的小块陆地上（北渚），定睛看时，原来是幻觉，实际上并无女神的芳踪。此刻，湘君的胸中升起了淡淡的惆怅和绵绵的愁绪。这里，作品对湘君急切地想见到湘夫人而不得的失望，并没有面面俱到地写他的面孔、服饰和动作，而是集中笔力写他的眼睛。但见湘君深情地举目凝望（目眇眇兮），可是望穿秋水，不见伊人的倩影，呈现在眼前的只是浩渺的洞庭烟波，在萧瑟的秋风中落叶簌簌直下。这里，湘君翘首企盼与心中的女神相会而不可得，那焦灼、怀想、怅惘、离愁交织在一起的内心世界通过眼睛及眼睛所看到的显现出来。这一传神妙笔，被当代著名学者孙绍振教授称为"千古神品"！

我们再看著名作家周立波先生在长篇小说《暴风骤雨》中对贫农老孙头的描绘。翻身农民在土改中都分到了胜利果实，用马作生产工具的贫苦农民几十年来都没有自己的马，现在终于分到马了。老孙头分得一匹叫玉石眼的良马，高兴地一跃骑在它的光背上。有人提醒他，这号马，性子烈，要小心摔跤。老孙头不以为意，还夸下海口说，这算什么！赶了29年马，什么烈马没见过？谁看见过老孙头摔跤？可老孙头骑上去之后，玉石眼狂蹦乱跳，绕着场子奔跑，到底把老孙头摔了下来。

几个人跑去扶他起来，替他拍掉沾在衣上的干雪，问他哪块摔痛了。老孙头站立起来，嘴里嘀咕着："这家伙，回头非揍它不可！哎哟，这儿，给我揉。这小家伙……哎哟，你再揉揉。"

郭全海（农会主任）把玉石眼追了回来，人马都气喘呼呼。老孙头跑到垛子边，抽根棒子，撵上儿马（玉石眼），一手牵着它的嚼子，一手抡起木棒，棒子落到半空，却扔到地上，他舍不得打。

老孙头被烈性的玉石眼摔了下来，痛得"哎哟……哎哟"直叫，先前吹过牛皮的他，这时面子全无！可老孙头争强好胜，为了掩饰自己的尴尬，挽回面子，除了对玉石眼骂不绝口之外，还声称要用木棒教训它，实际上他哪舍得呵，这是他多年来梦想得到的胜利果实哪！于是，老孙头丰富的内心世界通过其独具风貌的动作形态凸显出来："一手抡起木棒，棒子落到半空，却扔到地上……"

上面说的是描绘人物时通过独具风貌的形态去传神，下面再讲描绘景物时也可以用这种艺术手法传神。景物的内在精神气韵也可以独具风貌的形态表露出来，荷花出淤泥而不染的高洁表露为在清清的水面上姣姣无瑕、亭亭净直；松柏坚强不屈的情操表露为在冰封雪盖的严冬伸展铁臂虬枝，撑开天然绿伞；木棉树傲岸威武的英雄豪气表露为朵朵红花挂满挺拔的枝头，像是高高擎起的一把把正在燃烧着的火炬。这些各具独特形态的风貌，是精神气韵的外化。描绘景物要进行传神，就必须在描绘对象的精神气韵的外化上下功夫。这就是说，要捕捉描绘对象表现出来的独特风貌去凸显其内在的精神气韵。

竹子刚毅、清新、生意盎然。当春风还没有融尽残冬的余寒时，新笋就悄悄在地上萌发了，春雨一下，它就破土而出，请春风拂去层层笋衣，换上一身嫩绿的新装，活像天真活泼的小姑娘，亭亭玉立在一片春光里。到了盛夏，它舒展开长臂，抖起一片浓郁的青纱帐，临风起舞，婀娜多姿。暑往寒来，万木凋零，它却绿荫葱葱，苍翠欲滴，笑迎风霜雨雪。

（张力平《常绿竹》）

作者是怎样捕捉竹的独特风貌而凸显其内在的精神气韵的呢？可一言以蔽之：以生命之色展示生命之价值。生命之色就是绿色。在作者笔下，竹，在一年四季之中，不论是春风和煦、阳光灿烂，还是朔风怒号、飞雪肆虐，她都呈现出生命之色——绿色。春天，她破土而出，拂去层层笋衣之后，呈现出了嫩绿，这嫩绿给大地增添了旖旎的春光；夏天，她展开长臂，绿叶婆娑，临风摇曳，婀娜娉婷，在大地撑起了供人避暑的青纱帐，呈现的是浓绿；暑往寒来，秋至冬临，群芳落尽，万木凋零，她却青碧依然，绿荫如盖，笑迎风霜雨雪，让大地显露生机，呈现出"苍翠欲滴"的绿。作者对竹的独特风貌的描绘，隐藏着丰厚的意蕴：竹以绿这种生命本色回报大地母亲的哺育之恩。她聚宇宙之灵气，集山川之精华，练就了君子之风骨，朴实无华，刚劲清新，甘于淡泊，不惮寂寞，拒绝索取虚荣利禄，厌恶追求大红大紫，以默默为大地母亲奉献绿色为最大乐事。这就是竹的生命价值，是作者所要表现的竹的精神气韵，是作者描绘竹时所作的传神。

传神要通过描绘人物或景物的独特风貌去凸显其内在的精神气韵，这"独特风貌"实际上属于"形"的范畴。这说明"传神"是离不开"绘形"的，古人云"以形写神"就是这个道理。

二、写作故事

眼睛与传神

新风中学春花文学社请语文教研组组长金晖老师给大家讲一个写作专题——"画眼睛：写人物的传神妙法"。

讲座开始了，金老师说："这么多同学来听这个讲座，说明大家都很关注在写作中怎样把人物写活的问题。是的，这个问题很重要，是同学们在写作中常常碰到的。"金老师接着说："要把人物写活，就得写出人物的精神气韵，也就是说，要传神。而传神的妙法就是描绘眼睛。眼睛是灵魂的窗户，只要把人物的眼睛描绘好，就可以看到人物的灵魂，人物就活起来了。"为了说明问题，他讲了两个眼睛与传神的故事。

金老师讲的第一个故事是画龙点睛。我国南北朝时期有一个著名画家张僧繇，在金陵（今南京）的安乐寺墙壁上画了四条白龙，可是过了很长的时日，他都没有给龙点睛。许多人到安乐寺烧香拜佛时，都来观看这四条龙。大家看到这四条白龙画得矫健生动，赞不绝口，但又觉得这四条白龙都没有点睛，大惑不解。有一天，有人问张僧繇："您为什么不给龙点睛呢?"他笑着回答："这，可不能点睛啊，一点睛，画面上的龙就变成活龙了，要飞上天了!"这时有很多人在旁边，听了这个说法，都半信半疑。又有人向他提出："张先生，请您施展神笔，给龙点睛，让我们开开眼界吧!"张僧繇没有答应。刚好，住持和尚来了，恳求他顺从群众的愿望，给这四条白龙点上眼睛。张僧繇觉得不好再违拗下去了，就挥笔点画龙睛。顿时，电闪雷鸣，风雨交加，刚点上眼睛的两条白龙竟腾云驾雾、破墙腾空而去。这突然出现的奇景，把大家惊得目瞪口呆，定过神来之后，大家就鼓掌欢呼起来。墙壁上的四条白龙飞走了点睛的两条了，就只有两条尚未点睛的白龙留在寺壁之上。

金老师讲的第二个故事是画"佛"点睛。我国东晋时期著名画家顾恺之在青年时代就以善画人物而名闻天下。洛阳瓦棺寺落成时，住持和尚向社会各界名流募捐，但在捐簿上认捐数目没有超过10万钱的，顾恺之却出手大方，签上认捐100万钱的巨款。众人讥笑他这是空头许诺，因为大家都知道这个青年人收入不高，哪来这么多钱捐助?住持和尚也叫他把签上的数字涂掉。顾恺之生气地说："怎么?你拒绝我的捐助吗?"住持和尚解释道："我是怕你不能兑现，又何必多此一举?"顾恺之很有把握地说："你怕什么?我从来都是言而有信的，只要你们粉刷一堵墙让我画画，我自有办法。"住持和尚照办了。于是顾恺之住在瓦棺寺里，一个多月闭门不出，在粉刷好的墙上画了一幅维摩诘像。据佛经故事说，维摩诘是印度一位富有的信佛者，精通佛经，与佛教始祖释迦牟尼同时，但并未出家。顾恺之在墙上画的维摩诘像，似正卧病在榻，上方有华盖（头顶上伞形的遮盖物，贵族阶层常用），头后有顶光，身着菩萨装，帔帛绕肩，像要扶病奋起，欲张口雄辩。卧榻前侧立一侍者，也绘有顶光。画面以墨线勾绘，再以青、绿、褐等色点染，造型自然，充满意趣。维摩诘虽不是佛，却以佛的形象出现。这幅画快要完工了，只等着给画中人点眼珠子。这时，顾恺之嘱托住持和尚，把他要给维摩诘像点睛的消息张扬出去。要掌握好分寸：第一天来看的，请他们捐钱10万；第二天来看的，捐钱5万；第三天来看的，随意捐助。公众闻讯，有的出于仰慕名人，有的为了学习画艺，有的因为好奇，都来观看大画家顾恺之"点睛"。到了正式接待观众的第一天，热心的人们摩肩接踵，蜂拥而至。顾恺之挥动画笔，当众给画里的人物点上眼珠子。点好以后，画面上维摩诘的形象顿时灿然生辉，光照全寺。维摩诘清秀瘦弱的病态，在病中像有许多话要说但又未说出来的倦容，活生生地现于壁上，其全部的内心世界都凸显出来了，确系传神妙笔！看画的人欢声雷动，击节赞赏，不多久就捐助了数十万钱。不出三天，就捐足了100万钱，一时传为佳话。

金老师讲完了两个故事之后，联系到同学们写文章的实际情况，指出：有些同学懂得"画眼睛"对于传导人物精神气韵的重要，但存在着孤立地"画眼睛"的倾向，这无法达到传神的目的。"传神"要传什么"神"呢?要传特定情境的有个性的"神"。偏离了这个要求来画眼睛就必然导致孤立地画眼睛。比如有的同学不管是什么人物，不管人物处于什么情境，都写的是"一双忽闪忽闪的大眼睛"。写"大眼睛"就能传神吗?不一定。人逢喜事精神爽，内心喜悦就可以表现为，眼睛笑眯成一条缝。还有的同学不会紧扣人的精神世界去对眼睛作描绘，只发空洞议论的毛病，像是在说教，这也是违背传神的要求的。比如有的同学在写到人的眼睛时往往只是孤立议论一通“他的眼神多么热烈”、“她的眼睛表现出多么丰富的情感”等等。这样离开人的内心活动作干号式的叫喊是传不出神来的。

金老师又说：“令人高兴的是，有许多同学在练笔日记中写出了画眼睛、传神韵的佳作，这是应该表扬的。”金老师以充满喜悦的语调念出了多位同学的名字，引起了全场热烈的掌声。他特别提到文华章同学写的《班主任的眼睛》，于是请文华章给大家朗读自己的佳作：

我们的班主任是一位对我们同学全面负责的好老师，他的负责精神就表现在他的一双充满了智慧和仁爱之光的眼睛。

可以说，我天天都和班主任有视线交流。有时，一接触到他的眼睛，我就感受到他的眼睛是那么澄明洁净，觉得自己浸润在清清的湖水当中，这清清的湖水啊，浇灌着我们这些小嫩芽快快成长；有时，一接触到他的眼睛，我又感受到他的眼睛是那么亲热温柔，觉得自己沐浴在和煦的阳光当中，这和煦的阳光啊，哺养着我们这些小树苗不断茁壮。透过班主任的眼睛，我看见他的心灵是多么丰富、多么宽广！

班主任的眼睛引导着、保证着我们在前进的道路上不停地迈步。

在一堂语文课上，同学们正在热烈地争论一个问题，我争取到发言的机会，我提出的见解与众不同，和课文的观点也是南辕北辙，引起了大家惊讶的表情和嘀嘀咕咕的议论，我犹豫了，该不该继续说下去呢？这时，我看到了班主任的眼睛，我从里面看出了老师的惊喜，这惊喜鼓舞了我独立思考的勇气和信心，于是我理直气壮、滔滔不绝地把话说完，最后竟博得全班同学热烈的掌声。

在一次英语统考中，看了试卷，所有的题我都复习得滚瓜烂熟，刚好过了一半时间我就将要完卷了。这时，和我很要好的同桌做题“卡壳”了，他用手指轻轻地敲了两下课桌，这是向我发出“求救”的信息。我出于“同情心”就悄悄地把我的试卷移过去让他偷看。这时，我又看到来监考的班主任那澄明洁净的眼睛，我从里面听出了老师的声音：考试是向祖国汇报，可别胡来啊！于是我的心怦然震动，赶快“急刹车”，把我的试卷移了回来。我的脸羞愧得热烘烘地发烫，赶快低下头来做完我的试卷。

班主任那一双对我们全面负责的充满智慧和仁爱的眼睛，真是神通广大！真是我们进步成长的指路明灯和保护神！

三、写作示例

村野趣事

黄金舜

吃过晚饭，小超哥提着桅灯、扛着戽斗，带我去捉鱼。

小超哥才15岁，走在前面，像个老渔夫，讲起捉鱼经来一套一套的。他说，春回大地，油菜花开的时候，是外出捞鳜鱼的好时机，有时，还能看到鳜鱼吃蛇的情景。

小超哥还说：鳜鱼是鱼中之王，它一身的肉，全靠吃小鱼小虾长起来的。它身上长着一排利鳍，遇到危急情况，会猛竖起来，尾巴一摇，腰一挺，飞蹿出去。

鳜鱼这种名贵河鲜这几年已被大众所熟悉。听说在食文化发达的广州，连街边“大排档”的菜牌上也赫然出现它的大名——把文绉绉的“鳜鱼”简练地写成“桂鱼”。

“鳜鱼！”小超哥突然止住话头，指着不远处的湖面说。

我放眼望去，白茫茫的一片，哪里有鱼？小超哥丢下我，只顾往前去。我提着桅灯走过去，不小心发出了声响，小超哥回过头：“你看你，好好的一条鳜鱼，叫你给吓跑了。”

小超哥接着又告诉我，春天一到，冬眠醒来的蛇，饥肠空空，四外觅食。这时鳜鱼就翻着肚皮，浮在水面上，像死鱼一样，随波逐流，一动不动，引诱觅食的蛇上当……

“又是一条。”小超哥轻声说。吃了刚才的亏，我连大气也不敢出，跟在小超哥身后，蹑手蹑脚地走过去。

这回看见了，不远处的湖面上，飘着一条黑乎乎的东西，一动也不动。这大概就是小超哥说的“装死”的鳜鱼吧？小超哥隔老远把庳斗无声地沉到水中，正在上前捞，突然，他的手停住了。“怎么……”我才张口，嘴巴给捂住了。“别说话，快看。”顺着小超哥手指的方向，喔，不远处有一条发现了鳜鱼的水蛇，正昂着头，歪歪扭扭地向这边游来。近了，近了，水蛇盯住了前面的鳜鱼，停止了前进，昂着头静静地观察。双方相距不到一尺，谁都一动不动。这时，没有一丝风，湖面静得像面镜子，那昂着头的蛇和浮在那里的鱼，停了有一两分钟。看，水蛇进攻了，它游近鳜鱼，迅速将鱼盘上，这时候，浮在水面上的鳜鱼，真像死了的一样，不挣扎，也不动弹，任凭水蛇把它越盘越紧。直到水蛇盘得差不多了，鳜鱼突然一个翻身，猛地竖起利鳍，接着飞跃而起，“扑隆隆”一声，带着蛇，钻入水中。不一会，当水蛇再次浮出水面时，已被开膛破肚。鳜鱼这时却藏身水中，一口一口吞食它的猎物。水蛇想吃鳜鱼，反被鳜鱼吃了，这一切发生得那样离奇，那样出人意料。事后，小超哥倒后悔了：“为了让你开开眼界，放走了一条足有一两斤重的大鳜鱼！”

小超哥说，鳜鱼诱蛇时，也是它对人类警惕性最差的时刻。这时候把庳斗沉入水中，轻轻移近，差不多时，突然捞起，准能逮住鱼。

“喂，快来！”小超哥又在前面喊起来。未等我走近，他就把庳斗伸到我面前。我用桅灯一照，吓得倒退三步，语无伦次地说：“蛇，蛇！”

“再看看。”小超哥抖了一下庳斗，像变魔术，竟翻出了一条鳜鱼，不，应该说翻出了一条蛇、一条鳜鱼。

原来，鳜鱼吃蛇也有失利的时候，当鱼鳍扎入蛇腹，挨了刺的水蛇始知上当，但它并不松绑，反而越盘越紧，至死不松。遇到这样的劲敌，最后鱼蛇抱成一团，同归于尽。

没料到，那边放跑了一条鳜鱼，这边却又得到一条鳜鱼和一条蛇。今晚真是大有收获，尤其是对于我来说。

（《羊城晚报》1990年7月16日。有改动）

这篇作品写了一件村野趣事：小超哥提着桅灯（一种航行的信号灯）、扛着庳斗，带

“我”到湖滨去捉鳜鱼。全篇围绕着一个“趣”字挥毫泼墨，写得一波三折，妙趣横生，而这种妙趣就来源于描绘人物和事物的传神之笔。

先说描绘人物的传神之笔。作品中的人物——小超哥和“我”的内在精神气韵是什么？就是一心一意要捉到鳜鱼。作品是怎样把人物的精神气韵表现出来的？就是通过描绘小超哥和“我”发现鳜鱼以及经过种种曲折终于捉到鳜鱼等动作行为来表现人物内在的精神气韵的。请看，当小超哥正在兴致勃勃地向“我”介绍鳜鱼的生活特点时，“突然止住话头”，“指着不远处的湖面”叫了一声“鳜鱼!”表现出小超哥发现目标时的惊喜；而“我”呢？当小超哥往前追寻时，“提着桅灯走过去，不小心发出了声响”，把鳜鱼吓跑了，表现出“我”因惊喜而过分紧张以致捅了娄子。小超哥在责怪“我”之后又发现新的目标了，这时“我”吸取了刚才的教训，“连大气也不敢出”，“蹑手蹑脚地走过去”，表现出“我”的心情很紧张，格外小心翼翼。这时又出现了一个小插曲：小超哥为了让我观看鳜鱼和水蛇相斗，却停住了伸出去捕捉鳜鱼的戽斗，失掉时机，放走了一条足有一两斤重的大鳜鱼。最后，富有捉鳜鱼经验的小超哥，乘着鳜鱼诱蛇，警惕性最差的时刻，把鳜鱼和水蛇一齐捉到了！小超哥把戽斗伸到“我”面前，亮出了一条蛇，把“我”吓得倒退三步，紧接着他又“抖了一下戽斗，像变魔术，竟翻出了一条鳜鱼”。小小年纪的小超哥，表现出行家里手的老练，以从容娴熟的动作，在玩闹当中，表现出心满意足、踌躇满志的兴奋和喜悦。这一系列对小超哥和“我”行为动作的描绘，具体生动地表现出小超哥和“我”一心一意要捉到鳜鱼的内在精神气韵，真是传神妙笔！

作品对鳜鱼和水蛇相斗的描述也十分传神，表现了这两种水族你要吃掉我、我要吃掉你的内在精神气韵。鳜鱼作为鱼中之王，是可以显威逞能，称霸于各种鱼虾群的，但对付水蛇，却用“智取”。遇着饥肠空空、四处觅食的冬眠醒来的水蛇，鳜鱼就装死进行引诱，然后施以奇袭。装死的鳜鱼，“翻着肚皮，浮在水面上”，“随波逐流，一动不动”，表现出死相十足。为了捕获猎物，鳜鱼真是狡猾。水蛇看到“死”鳜鱼，以为找到了美食，就“昂着头，歪歪扭扭地向这边游来”，表现出水蛇的内心狂喜。水蛇细心观察“死”鳜鱼一两分钟之后，开始进攻了，“迅速将鱼盘上”，把不挣扎、不动弹的“死”鳜鱼越盘越紧。装死的鳜鱼一见时机到了，便“突然一个翻身，猛地竖起利鳍，接着飞跃而起，‘扑隆隆’一声，钻入水中”。水蛇上当了，被开膛破肚。这些动作描绘，表现出鳜鱼的凶猛和灵活，锋芒凌厉，势不可挡。作品描绘的鳜鱼和水蛇的种种动作，惟妙惟肖地表现了鳜鱼和水蛇你要吃掉我、我要吃掉你的内在精神气韵。

作者把捉鳜鱼这样的平常生活事件写成趣味无穷、充满戏剧性的村野趣事，我们不能不叹服作者的传神妙笔！

第四节　善于衬托

一、写作知识

描述某一事物时用相关的事物作陪衬使之显得更加鲜明突出，这种手法叫做衬托。

画坛上有这么一个故事：宋代的宫廷画院举行一次考试，要求参加考试的人以唐代诗人韦应物的名句“野渡无人舟自横”为题作画一幅。大多数人只画了一只孤零零的渡船横泊在郊野一条河的岸边，以此来显示“野渡无人”。他们认为，既然是“野渡无人”，渡船上当然不能画人了！可是，有一个应试者偏在渡船上画了一个人，这个人就是船夫。画面现：在杂草丛生的郊野，一条大河泛着清波，潺潺奔流，岸边横卧着一只渡船，船尾上斜躺着一个船夫在打盹，他的身边放着一支笛子。同样画题的画，其优劣的差别在哪里呢？差别就在于是不是善于衬托。前者只画出一只空船来表现画意，等于照葫芦画瓢，简单肤浅，无法引起观众的审美注意，更谈不上审美享受。这就是不善于衬托所致。后者则不同，画面上显示出来的，是由于“无人”乘船过河，这只“舟”只好懒洋洋地“横”在那里，船夫无所事事，百无聊赖，就斜躺着吹笛子来打发时光，而且由于很长时间都没客人，连吹笛子都觉得厌倦了，便把笛子放在一边打起盹来。这幅画，就这样以船夫打盹的景象来衬托“野渡无人”的景象，使“野渡无人”的画意更加鲜明突出。善于衬托的艺术，让观众进入一种审美的境界，产生一种审美的惊喜，获得一种审美的愉悦。

画画要善于衬托，写作同样要善于衬托。我们可以用宋代诗人林逋的咏梅名句以及有人对名句的修改为例来说明。

林逋的咏梅名句（以下简称“原句”）是：

疏影横斜水清浅，
暗香浮动月黄昏。

有一个无聊文人把林逋的名句修改为（修改后的诗句以下简称“改句”）：

疏影横斜呈傲骨，
暗香浮动现仙风。

只要将原句和改句一比较，两者的妍媸就明若观火了。原句运笔之妙就是善于巧设背景来作衬托：用“水清浅”的背景衬托梅花的“疏影横斜”，让梅花稀疏的枝影，交错披拂，横横斜斜，倒映在清浅澄明的水面上，表现了梅花的冰肌玉骨，是那么端庄秀雅，清高洒脱；用“月黄昏”的背景衬托梅花的“暗香浮动”，让梅花的阵阵幽香，不绝如缕，浮游飘荡，融和于朦胧昏黄的月色中，豁显出梅花的芳魂馨魄，是那么超凡拔俗，纯洁无瑕。诗人的衬托妙笔，创造了一幅形象鲜明的溪边月下梅花图，读这样的艺术珍品，令人心旷神怡，陶然欲醉！而改句用笔之劣就在于以“呈傲骨”、“现仙风”这些没有新意的概念来取代“水清浅”、“月黄昏”等背景衬托，只剩下孤立的“疏影横斜”、“暗香浮动”的意象，于是那悠远的韵味，那幽美的情景，那表现梅花风神的艺术氛围，全都丧失殆尽！

衬托有以下三种基本方式。

第一，正衬式。正衬，就是运用性质、特征相类似的事物来作为表现被描述的主体事物的衬托，例如以美衬美、以善衬善就属于正衬。发表在《人民日报》1981 年 3 月 13 日的题为《山泉流过的地方》的一篇文章（作者：周浩）堪称正衬的范例。文章写一位年轻女教师从繁华的县城来到荒僻的大山区任教。她每天都背着一个下肢瘫痪的小姑娘上学、回家，她把少女的温柔和爱倾注在这个不幸的孩子身上。文章把年轻女教师的形象写得很美，也把年轻女教师的工作、生活的大山区写得很美。早上，她背着小姑娘上学，伴着轻纱似的晨雾在山腰缭绕行走，听着百灵鸟在树林迎着太阳婉转歌唱；傍晚，她背着小姑娘回家，迎着轻柔的晚风的吹拂，踏着夕阳给归途铺下的绚丽色彩。在朝朝暮暮、风风雨雨的往返中，蜿蜒的山路留下了她青春的脚印，清清的山泉摄下了她窈窕的身影，遍野的山花映照着她娇媚的面容，那阵阵的松涛更是为她唱的一曲赞歌……作者写出了这里的山美、水美、树林美，锦上添花地衬托出年轻女教师的形象更美！

另一篇正衬的典范文章是被载入《散文报告文学选》的《报春花》（作者：杨星火）。这篇文章用妩媚的高原桃花衬托一位推开严冬的冰雪之门，向贫穷、愚昧诀别的美艳的藏族姑娘。文章以第一人称写一位驻守高原的女兵沿着雅鲁藏布江寻找高原的春天。走着，走着，女兵看到前面一树盛开的桃花，她惊喜了：经过几番风雪，高原的春天终于和桃花一起到来。文章写道：

突然，一树桃花出现在江边陡峭的山岩上！那红色的花朵缀满枝头；那金色的花蕊，在风中颤动。衬着洁白的雪山，每一朵花都格外绚丽；每一撮花蕊都喷吐着春的芳香；每一个花苞，都仿佛抿着小嘴，含笑对我说：“女兵，春天来了！”啊，这桃花，不就是雪山中的报春花么？

女兵继续走着，看着，想着，前面出现了一片桃花林。“淡绿清亮的江水，映着鲜艳桃花，映着洁白的雪山，映着浅蓝色的、缥缈的云雾。”这桃花仿佛既是开在雪山上，又是开在云雾里，真是春色无边！而令女兵更为惊喜的是：

我回头一看，猛然发现江水中，开出一朵最大、最美的桃花！不，那不是桃花，那是一位藏族姑娘的脸。她的双颊，红里透紫，比桃花更艳；她发边上系的彩色丝穗，飘拂在额前，比花蕊更美；她那长长的睫毛下的眼波，比春水更亮。她驾驶着拖拉机，沿着江岸的机耕路前进，像一朵红云，在江水中缓缓移动。那突突的马达声，像是春天进行曲，那么明快，那么热烈！不知什么时候，江水响起了女拖拉机手高亢的山歌：春天的门怎样开？春天的门要推开，封门的冰雪要推开，拦路的岩石要推开，拖拉机是我的钢铁手，推出现代化的春天来！

听着这洪亮的春之歌，女兵恍然大悟：这位藏族姑娘才是“高原最美的报春花”。

文章用自然界的报春花——桃花来衬托社会主义现代化的报春花——藏族姑娘。经过美丽的自然界报春花的衬托，社会主义现代化的报春花显得更美了。这就是正衬的艺术效果。

第二，反衬式。反衬，就是运用性质、特点相反的事物来作为表现被描述的主体事物的衬托，例如以丑衬美或以美衬丑，以恶衬善或以善衬恶都属于反衬。著名诗人臧克家先生的经典名作《有的人》就运用了反衬手法来以丑衬美。这首诗是为纪念鲁迅先生而作的，写了两种人：一种是虽然活着但已经死了的人，这是恶和丑；一种是虽然死了但依然活着的人，这是善和美。全诗就以前者的恶和丑来反衬后者的善和美而展开抒情和议论：前者以“骑在人民头上”为“伟大”，还总想为自己树碑立传，但是，这样的人，“他活着别人就不能活”，人民是不会饶恕他的，即使“把名字刻在石头上”，他的“名字比尸首烂得更早”。后者，“俯下身子给人民当牛马”，“情愿作野草”，“等待着地下的火烧”，这样的人，“他活着为了多数人更好地活”，因此，虽然“肉体”一朝逝去，但他虽死犹生，就像一座巍峨的丰碑，永远矗立在人民心中。就这样，这首诗以前者的恶和丑作反衬，凸显后者的善和美，展示其业绩和人格有如日月经天，江河行地，永远魅力四射，光彩照人！

让我们再看下面一篇作品：

你要问我们战士的哨卡吗？来，我告诉你：我们战士刚来的时候，这里是一片洼地坟岗，蛇蝎出没，蚊蚋成阵，荆棘丛生，流岚飞渡，真是一片荒凉啊！

现在呢？请看吧：这里，挺立着摩天的云杉，盘踞着遒劲的青松；还有仙人掌高擎着利剑，木棉树拂拭着苍穹……一个锦绣的天地出现了！

你要问我们战士的军营吗？来，我告诉你：我们战士刚来的时候，这里是一片险滩废墟，干涸贫瘠，弹坑累累，砾石遍布，石峰错列，真是一片死寂啊！

现在呢？请看吧：这里木麻黄编织起屏帐，荔枝树舒展着新芽；还有芭蕉树绽开了蕉蕾，木菠萝溢满了蜜香……一个富饶的家园出现了！

你惊奇吗？是的！有我们战士的地方就有绿和香，有我们战士的地方就有花和果。我们的战士创造着和保卫着一个色彩缤纷的世界啊！

（根据徐治平《兵和树》改写）

这篇作品通过哨卡和军营过去的丑反衬出现在的美，说明：“有战士的地方就有绿和香，有战士的地方就有花和果。我们的战士创造着和保卫着一个色彩缤纷的世界。”

第三，侧衬式。侧衬不同于正衬和反衬，用来衬托所描述的主体事物不是性质特点相似或相反的事物，而是中性的相关事物。让我们赏读元代著名散曲家马致远的一首小令《天净沙·秋思》：

枯藤，老树，昏鸦。
小桥，流水，人家。
古道，西风，瘦马。
夕阳西下。
断肠人在天涯。

这首小令描述的是一个满腹愁思的断肠人流落天涯，而用来衬托主体事物的种种事物，在性质特点上并非与主体事物相似和相反，而只是中性的相关事物，对主体事物起侧衬的作用。侧衬让读者进入一个荒僻、凄清的情境：深秋时节，在昏黄的夕阳的映照下，一位浪迹天涯的断肠人，冒着萧萧的西风，骑着疲惫的瘦马，沿着死寂的古道悒郁地颠簸、奔波，前路茫茫，不知何处是归宿。映进他眼帘的是枯藤纠缠着老树，聒噪的晚鸦归巢栖息，一条溪水在小桥下流过，小桥那边住着几户人家，而自己呢？家在哪里？就这样，在周遭种种苍凉景物的衬托下，天涯游子肝肠寸断的愁思，读者就可以触摸到、感受到了。

二、写作故事

语出惊人咏高楼

宋代有个杨亿，到了五岁还不会说话，也不会哭，这可急坏了全家人。他的父母到处寻药求医，但始终没有把孩子的毛病治好。

中秋之夜到了，皓月当空，银光遍地，稀疏的星星在天际眨巴着眼睛，浩渺的夜空，显得神秘而富有诗意。这时，杨家的男女老少，携带着果品香茗登上名为蟾桂宫的百尺高楼赏月。侍女抱着杨亿，随着主人登楼。因为走得过急，侍女没有站稳，往前一个趔趄，小杨亿的头猛撞在廊柱上。杨亿的父亲正要大发雷霆，怒斥侍女的时候，令他惊喜的情景出现了：小杨亿“哇”地一声，大哭起来。杨亿的父亲，马上转怒为喜，兴冲冲地把孩子抱在怀里，一边叫“小乖乖”，一边在孩子的脸上亲个不停。听见小杨亿发出了哭声，一家人比听到美妙的音乐还要舒心，马上围拢过来：

“这下好了，公子有声了！”

“真是吉人天相，祸变为福，合该杨家兴旺发达！”

杨亿的父亲笑眯眯地说道：“既然会哭，就一定能说话！”

便转脸对着杨亿：“孩子，快说话呀！”

小杨亿看到一家人沸沸扬扬的，莫名其妙，他怔了一会儿，不高兴地冲口而出：“谁说我不会说话？我还会作诗呢？”

真是出语惊人！当了几年哑巴的小孩还会作诗？大家半信半疑。

只见小杨亿拉开嗓门，扬起手来，高声吟道：

琼楼高百尺，

手可摘星辰。
不敢高声语，
恐惊天上人。

全家又是惊喜万分，一齐鼓起掌来。

这个故事无据可考，且不管它，但那首诗可称善于衬托的佳作。其手法是用一种事物衬托另一种事物，表现出琼楼之高。登上琼楼，伸手就可以摘到天上的星辰，你说琼楼高不高呢？高声说话，住在天上的人就可听到，受到干扰，你说琼楼高不高呢？这种衬托属于侧衬。

三、写作示例

好一朵茉莉花

薛尔康

不知哪个窗户逸出一支《茉莉花》歌，陡添了夏夜的恬适与情致。我不由得随口哼着，踏进了太湖银丝面店。

浅绿的瓷砖墙，隽秀的山水画，我恍若坐在湖滨雅致的茶室。正要掏手帕抹汗，一缕清香袭来，顿消了暑热的烦躁。

"先生，请用消毒毛巾。"一位十七八岁的女孩子飘然而至。她白皙的脸蛋带着三分稚气，瞳仁里燃着纯净的炽热的火花；头发扎成向上弯的小帚，洁白的长裙，洁白的围兜，洁白的衬衫上别一朵洁白的茉莉花。花朵儿连着一片团团的绿叶，愈加玲珑可爱了。哦，好香的茉莉花呀！

女孩子笑吟吟站着："先生，您爱吃什么面？有汤面、炒面、各式花样面。假如您要吃点别的，我们也将尽量满足。"话音清脆悦耳，我顿觉是上亲戚家作客来了，又心热又局促："谢谢，你看什么好就给我来什么吧！"

女孩子对我娇嗔地一瞥，也许又意识到这是顾客给予的莫大的信任，蹬着半高跟凉鞋，脚步轻盈，满意地去了。

好一朵茉莉花，
好一朵茉莉花，
满园的花草怎么也比不过它……

不知为什么，我心里又默哼起来。同桌来了三位面带倦色的客人，胸前纽扣上挂着"上海旅游社"金红色的小纸牌。还未坐下，那缕叫人微醉的芬芳又飘来了。茶盘在桌上轻轻放下，盘里置着三块冷毛巾，三杯凉开水。女孩子又摆弄椅子，又帮着卸挂包，那么灵捷利索。上海客人不安起来："阿拉自家来，自家来。"可是，一切已拾掇得妥妥帖帖。客人们无奈地笑了，嗓音也清亮起来，倦意消失了。

不待客人夸奖，女孩子掏出票簿："先生，我店供应独家经营的银丝面，大碗三两，小碗二两……"

旅游者尴尬起来，面面相觑，断续地说："姑娘，有一两的吗?"我哑然失笑。传说上海人细气，尚不至于此吧，莫非这几位客人已在别处饱餐一顿，又遗憾于未尝到鲜美的银丝面，才怪不好意思地出了难题。

姑娘转动着聪明的大眸子，忽然眼睛一亮："这样吧，买一个三两，我跟厨房师傅商量分挑三碗，好吗？不过，路上饿肚子可别怪我呀!"她调皮地笑着，又招呼我："先生，让你久等了，面马上来!"

洁白身影又飘然而去。这一回，我竟感到扑鼻的清香依旧氤氲在四周，眼前老是浮现出那朵带叶的玉刻琼雕般的茉莉花。

好一朵茉莉花，
好一朵茉莉花，
漫天白雪，怎么也白不过它……

不一会，面来了。那面条，真像银缕一样纤细、莹洁。令人费解的是，托盘中还盛一碗断成寸丝的脆鳝面，碗边搁着一把汤匙。谁吃这样的面呀？转身一看，只见有位右臂吊着绷带的老人，正笑眯眯地欠身迎着走近的姑娘。顿时，我心里似有什么在躁动着，像失主领回了失落多年的珍爱之物，感动得两眼湿热起来，离开时，我发现人们仿佛都喝了一盅美酒，流露出醉心的满足。

好一朵茉莉花，
好一朵茉莉花，
满园花开，怎么也美不过它……

走出店门，满街飘荡着爽心的清芬，不远处起落着叫卖茉莉花的喊声，人们在服务员姑娘的身影中感到不见了多年的茉莉花回到生活中来了，人们心灵中失去的美又回到生活中来了。生活呀，你又以你的温馨和芬芳熏陶我们，使我们纯洁，高尚起来……

（《人民日报》1981 年 1 月 2 日。有改动）

著名作家薛尔康的这篇作品用美的环境衬托服务员姑娘美的形象，使美的姑娘显得更美了。

作品把美的姑娘放在美的环境中去衬托表现。在太湖银丝面店里，四周是浅绿的瓷砖墙，墙上挂着隽秀的山水画，街上起落着叫卖茉莉花的喊声，到处弥漫着茉莉花的清香，不知哪个窗户逸出"好一朵茉莉花，好一朵茉莉花"的悠扬悦耳的歌声……在这样一个温馨、祥和的环境里，服务员姑娘出现了。姑娘的外貌是美的，白皙的脸蛋带着三分稚气，瞳仁里燃着纯净的炽热的火花；头发扎成向上弯的小帚，洁白的长裙，洁白的围兜，洁白的衬衫别着一朵连着绿叶的茉莉花。姑娘的举止风度是美的，顾客给予她的信任，她会投以娇嗔的一瞥；姑娘给你端来一盘冷毛巾，会让你感到一缕香气袭来；姑娘走起路来，蹬着半高跟凉鞋，迈着轻盈的脚步，飘然而至，飘然而去。姑娘的心灵是美的，她是那样地善解人意，不厌其烦地为顾客忙这忙那，有顾客进来就灵捷利索地摆弄椅子，帮着卸挂包，尽量满足顾客的要求。服务员姑娘的美的形象在太湖银丝面店温馨祥和的美的环境的映衬下，显得更加光彩照人，就像人们唱的“茉莉花”！

第五节 善于抑扬

一、写作知识

抑扬，指的是对所描述的事物有抑有扬。抑，就是贬抑；扬，就是褒扬。善于抑扬是指要褒扬某一事物，却先行贬抑，然后再来褒扬；或者要贬抑某一事物，却先行褒扬，然后再来贬抑。这样写是为了造成“抑”和“扬”的反差，强化对所写事物的“抑”或“扬”的作用，产生起伏跌宕的节奏感，让读者在阅读时感觉意想不到的新鲜和惊奇。

一位名叫郭兵的作者，写了一篇题为《但愿能再见到他》的文章，褒扬了一位年轻的解放军战士。这位战士乘火车时，发现同车的两位女大学生想打开身边带着的收录机听音乐，但收录机坏了，音乐听不成。这两位姑娘在懊恼中感到十分无聊，不知不觉就睡着了。年轻战士对此看得一清二楚，就把她们的收录机拿过来打开一看，只是小故障，很快修理好之后，便把收录机放还原处。两位姑娘醒来，知道是那位年轻战士做了好事，非常感谢他。作品如果仅仅这样褒扬解放军战士，就太平淡无奇了。然而，作者是一位善于抑扬的高手，他运用了抑扬手法来写这位解放军战士乐于助人。作品开端，车厢里的两位女大学生对面坐着的是一位年轻战士，黑脸膛，浓眉毛，虎虎棱棱的，但在她俩看来，却是有点笨头笨脑、土里土气。瞧他那粗短的手指，令人想到开石头的钢杆。他还捧着一本《精修钟表》的书在专心致志地看呢，看来将来顶多就是个钟表修理匠罢了。对比之下，觉得自己是大学生，真是自豪！于是，她们充满优越感地低头欣赏自己胸前别着的大学校徽，埋怨那位年轻战士怎么没有看见这光荣的校徽呢！在愤愤不平之余，她俩就用英语来菲薄那位小战士，觉得反正他也听不懂，于是越来越放肆地把刚才她们心里想的全都抖了出来。议论着，她们慢慢地睡着了。“哐当”一声，把她们从酣睡中震醒，列车到了一个站，停下来，她们发现收录机底下压着一张字条。她们看了后不禁惊呆了。字条上写的竟是一行英文：

大学生同志，录音机已修好，请听音乐。

战士小孙

翻过另一面看，也是一行英文：

我虽笨，可是正在加倍努力学习。军队的两用人才正在开花。知识就是力量。

她们急忙用目光找寻那位年轻战士，他原来的座位上已经换成了一对恋人，整个车厢也不见他的踪影！此刻姑娘们的心感觉到尴尬、愧疚、自责结成一条凌厉的鞭子，在抽打她们的灵魂！刚才她们表演的那一幕是多么浅薄、无知、丑陋啊！她们赶忙把目光投射到车窗外，是他！两位姑娘尽量拉大女高音的嗓门，急得像是要哭出来似地大声喊着："那位解放军同志，请等一等！请等一等！"年轻的战士没有听见，他的身影渐渐地远去了，远去了……姑娘们在愧悔交加当中，一齐从内心发出："但愿能够再见到他！"这篇作品就这样运用抑扬手法，曲折腾挪地表现了年轻战士的大智若愚、大巧若拙，一个内涵丰厚、可敬可佩的光辉形象豁显出来了。运用抑扬手法写出的光辉形象远非作孤立的褒扬可比。

抑扬有以下两种方式：

第一，欲扬先抑。欲扬先抑实质上是以退为进。为了褒扬某些人和事，先在前面安排若干贬抑的情景，给读者造成错觉，以为确是那样，然后在恰当的关键处，陡然来个转折，亮出来龙去脉，加以肯定，让读者真相大白，惊叹原来如此！这就鲜明地映照出原先被贬抑的人和事的优越品格，在强烈的反差中，分外令人觉得珍贵。前面介绍的《但愿能够再见到他》就是用欲扬先抑的手法写的。现再举一例，樊华写的《迎着那魁梧的背影》：

在解放军某部的军人服务社里，有位刚从护校毕业的女军官，听见身后传来娇嫩的声音，原来是个小女孩，三岁左右，打扮得很漂亮，一双葡萄般可爱的眼睛一眨也不眨地盯着她，胆怯地，又像是自言自语地喊："妈妈……"当女军官明白小女孩是在叫自己时，瓜子脸唰地泛起了红晕，众目睽睽之下，她觉得难堪极了，都没谈过恋爱，怎么会是妈妈！于是她转身怒视小女孩，训斥道："你叫谁妈妈？谁是你妈妈？"这凶悍的神色和尖高的音调把小女孩吓得"哇——"一声哭了。一位正在买东西的身材魁梧的军人赶忙走过来，抱起小女孩，亲昵地哄着，爱抚着，看样子，他的心头正在隐隐作痛呢。女军官基于少女的尊严而表现出的恼怒，也许是理所当然，但这小女孩的父母在前线牺牲了。这样对待烈士的遗孤，难免不令人感到过分！这些描述，对女军官可谓重重的贬抑。而当女军官余怒未消，指责那位魁梧的军人对自己的女儿管教不严，乱叫人"妈妈"时，就出现魁梧军人和女军官"对垒"的一幕：

唰！浓眉下一双炯炯有神的大眼向她射来，刀子般锋利的目光，使她感到心寒，不由地倒抽一口冷气，怔怔地看着对方。

"你应该为这一声'妈妈'感到自豪、骄傲。"片刻，他平声静气地说道。

"你……"

"你更应该为这一声'妈妈'感到内疚、惭愧！"不容她分说，他猛地加重语气，说完，就抱着小女孩毅然转身向大门走去。

"你……"她想骂他，可没骂出口，委屈的泪水在眼眶里打转。

她没骂出口，只是眼里饱含委屈的泪水，也许她已感到事有蹊跷。这时，好心的售货员告诉她：那小女孩……女军官猛地醒悟过来！有一个故事她来报到的那天就知道了：三营副营长为抚养烈士遗孤，女朋友和他分手了！她想：怎么这样糊涂，竟没有把这个故事同那个魁梧的军人和小女孩对上号呢。真该死，伤害了那位本应该被呵护备至的小天使一样的小女孩！这时，作品对女军官写了重重的一笔：

她毫不犹豫地向着那魁梧的背影追去……

这真是力重千钧的一笔！又是对女军官从贬抑到褒扬陡然转折的一笔！别看这一笔很简短，却是沉甸甸的，那丰富的内涵蕴藏着她胸中起伏翻腾的感情，蕴藏着她那爱与悔交织而成的千言万语！也许，她要追上去真诚地向小女孩和魁梧军人道歉吧？也许，她觉得自己真可以做小女孩的妈妈吧？也许，小女孩嚷着要找妈妈，人们告诉她，妈妈已经去了很远的地方，而小女孩又继续追问妈妈的长相，人们描述的又很像自己的模样才导致小女孩把自己当成妈妈吧？也许，她追上去要从此照料小女孩，填补这位小天使过早失去的母爱，甚至弥补那魁梧军人不应该失去的爱情吧？……这一切“也许”不都是可能发生的吗？不都是我们充满阳光和开遍鲜花的现实生活的逻辑吗？作品对女军官所写的重重的一笔，正是对女军官重重褒扬的一笔！作品运用欲扬先抑的手法造成的鲜明反差，凸显了女军官的爱心和觉悟。

第二，欲抑先扬。欲抑先扬实质上是抬高跌重。为了贬抑某些人和事，在前面安排若干褒扬的境况，让读者产生误会，然后在恰当的地方来个急转弯，揭示真相，暴露其本来面目，导致原先抬到高处的被褒扬的人和事重重地摔下来，从而起到加倍的贬抑作用。有一篇题为《远大理想》（作者：陈远奇）的作品就是运用这种手法来表现人物的：

小厂里的一个员工，志气颇不小，他的视野中有广阔的世界，要追求远大的目标，扬起理想的风帆远航。一天夜里他向女朋友提出了分手。女朋友是饭店里的一名服务员，听了他的一番言词，不禁惊讶地问道：“我们好端端的一对，为什么要分手呢？”他的回答是嫌她没有远大的理想，只强调做好本职工作，为顾客服务；而没有理想的生活就如同一潭死水，终究会发臭。于是他望着灿烂的星空，滔滔不绝地大谈特谈自己的远大理想是要做一名翻译家，他说：“我至少要懂，不，要精通五国语言。我要翻译世界上的名著，让人们都知道我的名字。”女朋友赞扬他有这样的理想，但又反复强调，自己也不是没有理想，而是要立足于本职去发展，而他却始终认定她俗气，坚决要分手。她想：也许他的才华真是非常高，自己配不上他，事情总是不能勉强的，那就分手吧。于是他们的恋爱告吹了。这些笔墨都是对他的褒扬。可是，紧接着，作者写了如下一个戏剧性的场面：

一年过去了，此刻他正坐在一家新开张的餐厅的一角。这里幽雅、舒适，常有外宾光临。我们的翻译家从上到下穿着全部没有“翻译”过来的洋衣、洋裤，一副大墨镜遮住了他半个脸。他正洋洋得意地等服务员，这样他就可以省去排队。果然，服务员来了。由于背光，又戴着大眼镜，她看不清他的面容。

“您要喝些什么吗？”她用日语客气地问。

“见鬼！”他在心里骂，“哇哩哇啦，撑饱啦！”

“您想吃什么？”见他没反应，她又改用了英语。

他深感遗憾，要是能对答如流，那多够味！翻译家心里掠过那个远大理想。

“您想吃哪个菜？牛排还是鱼？”服务员仍“不知趣”地用英语问他。

腹饥，口渴，心虚，羞愧使他恼羞成怒了，忽地站起来，摘下眼镜，吼道：“我是中国人，听不懂！洋奴！”她？竟然是她！他缓缓地坐下去，很快恢复了平静，嘴角抽动了两下，算是一笑。

“哦，原来是翻译家。”她却是真的笑了。

多么耐人寻味的讽刺啊！被他嘲笑为俗气、没有理想的她，立足本职，发展得很好，已经学了两门外语，前途无量！而他这个“翻译家”呢？对什么外语都一窍不通，只懂得冒充外宾，做个假洋鬼子吓唬老百姓；他的所谓当翻译家的“远大理想”，只不过是个泡沫而已，真是个不折不扣的志大才疏、碌碌无为的小子！作者对他所作的痛快淋漓的贬抑，让他从原先的高处跌下来，重重地摔了个原形毕露。

写作实践告诉我们，善于运用抑扬的写作艺术，可以避免平铺直叙的沉闷，在有抑有扬的表达中，让读者走进峰回路转、引人入胜的佳境。

二、写作故事

《我的财富》的写作

育英中学邵老师是初二（1）班的语文老师。他要求全班同学每周进行一次自由练笔，每周有重点地抽样检查，有代表性的他就亲自批改，或介绍到蓓蕾病文诊疗所诊治。

说到蓓蕾病文诊疗所，是在第二课堂活动中产生的，由 30 名写作尖子生组成，轮流值班诊治病文。病文必须经过语文老师介绍才可以就诊，每班每周介绍来的病文不能超过两篇。蓓蕾病文诊疗所自成立以来，卓有成效地开展病文的诊治工作，对同学们写作水平的提高，作用甚大。病文诊疗所的“医生”们也在实践中受到锻炼。

开学第八周，邵老师在一堂语文课中讲了“抑扬”的写作知识，许多同学很感兴趣，就在自由练笔中尝试着运用“抑扬”来进行写作。邵老师看了同学们的练笔，觉得很不错，虽然大都带有稚嫩的痕迹，有的对“抑扬”的理解不够准确，运用起来走了样，但从总的情况来看，内容充实，颇有生气。罗绮珍同学写的《我的财富》，存在的毛病很有代表性，于是邵老师就将这篇文章介绍到蓓蕾病文诊疗所去诊治。

罗绮珍带着她的练笔到了诊疗所，“医生”方圆矩当即为她这篇病文“把脉”。这篇病文写的是“财富”，梗概为：财富是一个人和一个社会取得发展的物质基础，是很重要的东西。我现在是一个学生，属于消费者，自己当然没有财富，因此必然是饭来张口，衣来伸手，消费爸妈和社会的财富。这就成为家庭和社会的负担。但是，我要胸怀大志，学好知识，学好本领，在将来创造财富，拥有财富，为社会谋福利，为祖国作贡献，也回报爸妈的养育之恩。老师和爸妈都常常鼓励我，说我聪明勤奋，是一个有出息的孩子，对我寄予厚望。“医生”方圆矩看完罗绮珍这篇文章后，让她谈谈这篇文章是怎样构思出来的。她说：“这篇文章是运用邵老师给我们讲的‘抑扬’的写作知识写成的。我围绕着我的财富问题对自己进行抑扬。写自己现在是财富的消费者，这是‘抑’；写自己将来要创造财富，这是‘扬’。”“医生”听了，思考了一会儿，开出一张“处方”，列出了诊断结果：①写“我的财富”应回答我的财富是什么，而不能绕开这问题去写我与财富的关系。②写现在作为一个学生的“我”属于消费者，是写出青少年成长过程的必经阶段，不能算作“抑”；青少年是祖国和家庭的希望，不是负担。③写自己要在将来创造财富的决心，作为“扬”，力度不够，最好写出事实。结论：文不对题，抑和扬都没有写好。治疗意见是：A. 应围绕我的财富是什么这个问题进行抑扬；B. 写财富，不要只限于物质财富，应拓宽到精神领域；C. 应联系自己的实际，用事实进行抑扬，不能停留于讲抽象的道理。罗琦珍看了“处方”，顿时面红耳赤，周身发热，她受到的震动太大了。因为她的作文差不多篇篇都受到赞扬，而这篇练笔竟是彻头彻尾的失败！但“医生”的“处方”，对症下药，意见十分中肯。她礼貌地谢了“医生”，急匆匆地走了。

周六的晚上，罗绮珍思考怎样重写《我的财富》一直到深夜。第二天早上花了一个小时把文章重新写了出来。全文如下：

在一个月光如水的夜晚，我和我的同桌金明珠聊天。我叹了一口气，对她说道：“最近，我越来越看不起自己了，我发现我穷得和乞丐差不多了。”

金明珠不解，问道：“你说什么呀？你家不会有什么意外变故吧？”

我赶忙解释：“不是这个意思。我只是说，我发现我没有自己的财富呀！”

金明珠松了一口气，笑道：“你也太多心了，我们不都一样吗？我们年纪还小，都在读书，是学生，没有自己的财富是很正常的。”

我继续阐述自己的见解：“财富当然包括金钱，我作为学生，没有金钱是正常的；但财富还包括知识，我现在是一名初中生，所掌握的那一点点知识和人类浩如烟海的知识相比，连一粟之微都称不上，真贫穷得可怜；财富还包括精神，当然我还是有一点精神的，但和雷锋的高尚精神相比，连矮个也够不上，所以也就接近乞丐了。”

听了我的一番宏论，金明珠“哈哈哈”地笑得前俯后仰，反驳道：“看你说到哪里去了！现在你是幼苗——当然我也是，但幼苗以后可以长成参天大树呀，只要长成参天大树，金钱财富、知识财富和精神财富都是可以拥有的。”

我辩解：“可我说的是现在呀，我现在的财富是什么呢？我现在有财富吗？”

金明珠低头想了一下，满有信心地说：“有，当然有！你已经发现了青年人的不足，这就是找到了自己和祖国要求的差距，和父母、和师长要求的差距，等于打下了努力奋斗创造财富的思想基础，打下了幼苗长成参天大树的思想基础，这不就是你宝贵的思想财富吗？这笔财富是很重要的，青年人没有这笔财富，就会盲目自满，或者永远安于饭来张口、衣来伸手的消费者，那是没出息的。你应该看得起你自己。知不足然后知进取，就能够在学校读书期间不断地积累知识财富、智慧财富、精神财富，为将来创造财富作好准备，我和你共勉吧！”

我若有所悟，说道：“你倒是说得头头是道、有板有眼的。你的见解让我思考思考、消化消化吧！”

又是一个月色皎洁的夜晚，我和金明珠再次聚到一起。

“怎么样？那天晚上我们讨论的问题，你近来有什么新的高见吗？”金明珠首先提出了话题。

“我要多谢你了。”我真诚地说。

“哎，有什么好谢的！我觉得，我们在聊天中讨论人生哲理、探索人生真谛是蛮有意思的。”

“是的，这真可以让我们的脑筋开窍，让我们碰撞出智慧的火花。不过，我真的要感谢你，让我讲一个近日发生的小故事吧。”于是，我向她讲了下面的小故事。

前一阵子，我家楼前挖沟。一天中午，我在看书，突然听到“一、二、三——”的吆喝声。我推开窗子一看，原来是几个彪形大汉正在推一辆陷进泥坑中的大卡车。几个人赤裸着上身，大汗淋漓，满脸涨得通红，用尽力气要把大卡车拉上来，但大卡车却纹丝不动。这时，来了不少人给他们出主意，有的说：“赶快找另外一辆车把它拉走不就行了？”马上有人反驳：“恐怕还没把陷进去的车拉走，帮忙的车也陷进去了。”又有人说道：“那么，我们大伙帮着推一把吧。”这个办法也遭到否定，因为刚才已经试过了，没用。看到这种情景，我突然想起物理课学的一项知识，便火速翻出一股铜丝，飞奔下楼，自告奋勇地走过去，说道：“叔叔，让我试试吧。”那几个人看见了我，把手一挥，教训道：“你这个小丫头，顶什么用？还不赶快走开，别给我们添乱！”我诚恳地说：“叔叔，请相信我，我能行的！”他们在没有别的办法的情况下，也只好让我试一试。于是他们以惊异的眼睛看着我操作：先将铜丝的一端拴在大卡车上，另一端拴在几米外的一棵大树上，然后我对准铜丝的中点向一侧推了推。这时，有人喊道：“车动了！车动了！”我受到鼓舞，便加大了推力，不一会，陷进去的大卡车被拉了出来。这时，全场爆发出鼓掌声和欢呼声，一齐伸出大拇指称赞我：“看不出这个小姑娘这么有本事，现在的学生真有两下子呀！”

讲完了故事，我问金明珠：“你看这是不是我的财富呀？”

金明珠高兴得跳起来，用力把我的肩膀一拍，喝彩道：“太棒了！太棒了！陷进泥坑的大卡车，熊腰虎背的几条壮汉都拉不动，你却把它拉起来了！这说明你善于提取储存于脑海中的知识——你有知识财富；这又说明你善于运用知识解决实际问题——你有智慧财富；这还说明你乐于助人，体现了雷锋精神——你有精神财富。这就是你的货真价实的财富啊！”

我带着深深的感触道：“那天晚上你谈得真好，我们是幼苗，幼苗要长成大树就得找出差距，吸取养料，努力奋斗。我们就应该这样在学生时代不断积累知识财富、智慧财富和精神财富，准备在将来为祖国创造财富。”

两次在月洒清辉之夜我和金明珠关于财富的讨论，给我留下永恒的美好的记忆，也成为我成长道路上一笔珍贵的财富。

（文中罗绮珍讲的小故事取材于郭铁良主编《最新初中生夺冠作文》）

当天下午，罗绮珍把她重写的文章带到蓓蕾病文诊疗所复诊。仍是“医生”方圆矩在那里“当班”。他看了罗绮珍的文章之后，赞赏道：“祝贺你，你的文章康复了，写得真漂亮！”这篇文章也给邵老师看了。邵老师把这篇文章作为范文向全班同学介绍，称赞这篇文章的抑扬手法运用得好，做到了欲扬先抑，寓扬于抑，抑扬的关系处理得很自然。

三、写作示例

荷花

叶宗佩

下班回到家里，我一下就被方桌上的荷花吸引住了。它分明是玉雕的工艺品，然而却如此逼真。那娇羞的花蕊，那翠绿的荷叶，为简陋的屋子平添了生机。

“看把你迷的。”妻子从厨房里走出来，擦着手说道，“这是我们学校一个叫王荷花的实习生送来的。”

我的头轰的一声，眼前的荷花顿时失去了光彩。

自从我被提拔为县教育局长后，各种各样的礼物，各式各样的要求潮水般涌来，多么无聊！多么庸俗！我因此得罪了不少人。

我责怪妻子：“你呀，又不是不知道我的脾气！”妻委屈地说：“她把荷花一放就走了。再说，人家跟我实习，是送给我的。”

我鼻子一哼，感到好笑：“但愿如此。可你就没想想，她正面临着毕业分配?”

妻茫然了，然而仍辩解道：“她是山里的孩子，不至于——”声音是那样的无力。

“立即送回去!”终于我有些生气了。

妻勉强地点点头。

第二天，我下班回家，看到玉雕荷花仍然放在那里。我质问妻子：“为什么还不送回去?”妻为难地说：“她才17岁，还是一个孩子，我怎么好去伤她的心？要不先把它放到衣柜里，以后再作处理?”我觉得妻子讲的也在理，只好点了点头。

……

不知为什么，在师范毕业生分配时，我一直惦记着王荷花，当我知道她分配在妻子所在的实验小学时，才暗暗松了一口气。

两天以后，妻子带回一封信，是王荷花写给妻子的。顿时，我心里又有点不快。她还要提出什么要求？我展开信：

李老师：

我非常想念您。昨天，学校通知我，说我分配在实验小学。我打心眼里喜爱这个学校。真的，我不骗您。但是，我不能去。我考上师范那年，父亲突然去世。我一度想放弃上学的愿望，可乡亲们像骂自己孩子一样骂我没出息。我上学后，家里的责任田全是乡亲们帮着种，我生活上有困难，乡亲们又帮着解决，为的是要我学成后把他们的后代培养成有知识的人。我一睡着就梦见他们在村头接我，梦见那一张张稚嫩的渴望知识的小脸，我怎么能离开他们呢？请您和叶局长说一声，把我分回去吧，不然，我要哭的。

李老师，您在工作之余肯定想念我吧，那您就看看我送给您的荷花吧……

看完信，我的心久久不能平静，忙从衣柜下面托出荷花，仔细用水清洗，端端正正地放到了方桌上。

（选自《微型小说选》。有改动）

这篇作品写了这么一个故事：师范学校的一位女实习生王荷花在临毕业时给她的实习老师送了一盆玉雕荷花作为留念。但她的实习老师是县教育局长的妻子，于是误会就发生了。

作品用第一人称叙述故事，作品中的“我”就是县教育局局长，一位清官。当“我”下班回到家里，看到方桌上那盆玉雕荷花，觉得它像真的一样，生机勃勃，欣欣向荣，十分喜欢。但当“我”听到妻子说是一位即将毕业的女实习生王荷花送来时，就敏感地认为，王荷花是在拉关系，想求“我”这位局长把她留在县城。于是，“我”要妻子把它退回给人家。妻子觉得为难，一是因为担心硬退回去，会伤小姑娘的心；二是小姑娘是跟妻子实习，关系相处得很好，小姑娘送玉雕荷花是作为留念。“我”只好点头同意妻子把玉雕荷花放到衣柜里再说。

事实上，王荷花是一位纯洁无邪的姑娘。“我”对她的误解是对她的重重贬抑。然而又正是这种贬抑反衬出她的心灵美。

荷花姑娘根本就不存在送礼拉关系以求得分配在城里工作的念头。由于她品学兼优，城里的实验小学早就看中了她，为了报答家乡的父老乡亲，她反而迫切要求回到山区里教学，建设家乡。她送玉雕荷花，纯然是为了报答师恩。至于老师是局长的妻子，她想都没想过。“我”看到荷花姑娘决心放弃城里工作，央请妻子跟“我”求情要回山区报效乡亲的信，大受感动，心久久不能平静，赶忙从衣柜里托出玉雕荷花，仔细用水清洗，端端正正地放到了方桌上。一度因误解而被打入“冷宫”的玉雕荷花又重放光彩了。这些浓重的笔墨酣畅淋漓地对荷花姑娘作了褒扬，和“我”先前对荷花姑娘因误解而造成的贬抑形成强烈的反差，鲜明地凸显出荷花姑娘热爱山区、报效山区和热爱老师、尊敬老师的高洁品格和美好心灵。

第六节　善于组接

一、写作知识

一篇文章是由若干元件构成的。这里说的“元件”不是机器、仪表的元件，而是文章的基本单位。充当文章元件的是从生活现象中筛选出来的材料，可以是一个人、一件事，也可以是一个物体、一道风景等等。怎样把这些元件构成一篇文章呢？这里就有一个善于组接的问题。是否善于组接与文章好坏关系甚大。不善于组接会把文章写成一盘散沙，善于组接则能把文章写成一个和谐的整体。

那么，怎样才能做到善于组接呢？

第一，要在发现事物的联系中去组接。请看著名诗人艾青先生的诗作《树》：

一棵树，一棵树
彼此孤高地兀立着

风与空气
告诉着它们的距离

但是在泥土的覆盖下
它们的根伸长着
在看不见的深处
它们把根须纠缠在一起

在风和空气中孤高地兀立着的彼此间有距离的一棵棵树，如果不能发现它们的联系是没有什么可写的，即使写出来也是枯燥无味的。可艾青先生发现并揭示出树与树的联系中蕴含着的深厚意蕴，并且表现为雕塑美造型的艺术形式，产生出永恒的思想价值和艺术价值。这首诗写于1940年，当时，我国抗日军民正处于极其艰苦的阶段，诗人感受到全国抗日救亡的时代脉搏，通过表面看似孤高地兀立着，但根须却纠缠在一起的一棵棵树，表现了全国人民同仇敌忾、团结一致抗击侵略者的民族觉醒和民族精神。2004年温家宝总理在访美期间对华侨华人的讲话中引用了这首诗，表达海内外炎黄子孙不管身居何方，仍然流着同样的血，有着同样的心。

艾青先生的《树》是在同一物种之间发现联系来构思成篇的，事实上，自然界、人类社会的万事万物，只要能够发现其中的联系，就都可以筛选出元件来，组接成为佳作。让我们赏读著名诗人宫玺先生题为《鹰·骆驼·马》的作品：

鹰飞得真高。看它平伸两翼，在蓝天白云间悠悠地盘旋，盘旋。它在俯瞰大地呢，还是在了望天边？它看得清地上的山川草木吗？

骆驼走得真慢。看它一步步，迈得那般有力，那般沉重。路长着呢。它目不斜视，昂首向前。它坚信：只要这样坚持下去，总能到达目的地。

只有那马，奋蹄扬鬃，驰骋千里。既具有鹰的浪漫，又具有骆驼的踏实，它是这两者的结合。瞧吧，当它在辽阔的原野上奔腾，长嘶，你不感到它是驾着无形之翼在飞吗？但它又何曾离开地面！它劲健的四蹄不停地叩击着大地，那急促的“得得得得”的节奏，便是它顽强的生命的昂奋的壮歌！

鹰是令人羡慕的。骆驼是令人崇敬的。马是令人赞美的。能作千里马，固然最好；如不能呢，就作一只骆驼或是一只鹰。

（选自《古今中外散文诗鉴赏辞典》）

鹰、骆驼、马这三种不同的动物，乍一看去，好像风马牛不相及，难以充当同一篇文章的元件。可是，宫玺先生却得心应手地拿过来作为元件，铸炼成为精美的艺术品。这是因为诗人发现了鹰、骆驼、马在生命价值上的联系：鹰，搏击长空，俯瞰大地，在广阔的天宇自由盘旋，表现出闯荡世界的浪漫，这是一种豪迈进取的生命价值；骆驼，走得缓慢沉重，稳健有力，在漫漫长路中坚韧跋涉，表现出一步一个脚印的踏实，这是一种执着追求的生命价值；马，奋蹄扬鬃，驰骋千里，兼具鹰的浪漫和骆驼的踏实，驾着无形之翼在辽阔的大地奔腾长嘶，在“得得得得”的马蹄急促节奏中，谱出顽强昂奋的生命价值的壮歌。诗人在结尾用点睛之笔揭示了鹰、骆驼、马各自的生命价值的意义：都可作为人生追求的借鉴，能做千里马固然好；做不了千里马，做鹰或骆驼也不失为正确的选择。人的能力有大小，应当有一分热发一分光。就这样，“生命价值”这一闪射着哲理光芒的金线，把鹰、骆驼、马联系起来，构成了一件艺术精品。

第二，要根据事物之间不同的联系形态而运用不同的表达方式。事物之间的联系有两种基本形态：一是显性联系，二是隐性联系。显性联系明显地呈现出联系的形态，宜于用链条式组接；隐性联系的联系形态是隐藏着的，表面上看不出来，宜于用板块式组接。下面分而述之：

（1）表现显性联系的链条式组接。所谓链条式组接就是在一环扣一环、连续不断地组接中表现事物之间的联系。简而言之，链条式组接就是把事物连贯中的每一环作为一个元件组接起来。这种组接方式对于表现显性联系的事物是最合适的。事物显性联系通常包括事件发展不同阶段的联系、空间转换不同方面联系、时间推移不同进程的联系等。这些联系以环环相扣、持续连贯的状貌显现在人们的面前，因此，表现它们就不能强行将其联系分割开，而应顺乎自然地用链条式组接去如实反映。下面以一位小作者写的《智力竞赛之后》为例：

我和赵宗礼、陈益代表班级参加初二年级的智力竞赛，结果不仅一败涂地，而且产生了不少矛盾。陈益一下赛场就指责我乱抢答，倒扣了不少分数。我不服气地说：“我们落后了，你俩还死不开口。与其等输，还不如搏一搏。”“搏有什么用，洋相出足！”赵宗礼说，“不过陈益也有问题，澳大利亚首都已搬迁堪培拉，你硬要坚持在悉尼，还不让我说。”三个人互相指责，各自回家。

第二天班主任在早读课上说，胜败是兵家常事，题目答错了，吃一堑长一智嘛。再说临场发挥不好，有的是知识掌握得不牢固，有的是忙中出错，只要接受教训就好。她最后对全班同学说：“你们很多人连参赛的勇气也没有，远不及他们三人。”一席话说得我们心里暖烘烘的。

下午放学后班主任把班委和我们三个人留下，开了一次短会。她建议出一期黑板报，除了刊登部分赛题的答案外，要我们三个各写200字的体会，她负责写一篇评论，题目是“好汉不言输”。我领会她的意思，是勉励我们再接再厉。

走出校门，我和赵宗礼、陈益的心情特别愉快。

（选自《初中作文十八法》）

这篇文章写的是智力竞赛之后发生的事件。事件有三个发展阶段：第一阶段，参加智力竞赛失败了，大家互相埋怨，这是矛盾的发生；第二阶段，班主任帮助大家总结经验教训，说得大家心里暖烘烘的，这是矛盾的解决；第三阶段，大家在班主任的鼓励下，要再接再厉地努力，心情特别愉快，这是矛盾解决的结果。事件发展三个阶段之间的联系，是环环相扣、持续连贯的显性联系，小作者把每一个阶段作为一个元件，用链条式组接把事件发展的本来面目妥帖地表现出来了。

让我们再赏读作家凤章的作品：

春雨江南

凤 章

我乘上班船从苏州到吴江县一个盛产丝绸的镇上去。

也算巧，坐下来，我的目光正迎着对面舱壁上的窗口，可以看到船外的景色。那窗口开得很别致，竟如一把张开的折扇形状，外面的景致，嵌在窗框里，那窗面上就出现一幅天然的水墨画。船在前进，画在移动，画面不断地变幻着。有趣的是烟雨迷蒙，使所有景色，若隐若现，若幻若真，恐怕没有哪位国画家能挥洒出如此飘逸、酣畅的笔墨！

绿色的堤岸：垂柳、水杉、刺槐、白杨、桑园、竹林；彩色的田野：菜花金黄，麦苗翠绿，紫云英有如彩霞铺地，而不时闪过的方方、白亮的一块，正是盖着塑料薄膜的育秧池……一幅幅美丽的画面，简直叫人目不暇接。

拖拉机在田里奔跑。拖拉机手大概是位年轻的姑娘，虽然雾霭迷蒙的画面瞬息即逝，但我还是隐约地看到她透明的雨衣里映衬着鲜艳的红褂子，直到化成一粒小红点儿消失。

又是一团绿：绿树环绕的村落。白墙、红瓦、闪亮的窗；有的还有楼、阳台、喜鹊尾巴似在上翘的屋檐。屋后小河，河边芦苇，芦苇中伸出条木架的水码头，水码头上有位年轻的大嫂在洗衣裳。她身后，一个憨厚的男子给她小心地撑着伞。不远处，三四只鸭子在悠然戏水。

斜刺里出现一座驼背石拱桥。半圆的桥洞，合着水中抖动的倒影，看上去好像一轮浑圆的月亮。从“月亮”里穿出一条罱泥船来。而桥面上，这时正有一个戴笠帽、穿蓑衣的老牛倌牵着两条水牛过桥。

接着又是田野、堤岸。一会儿，堤岸渐渐远去，画面上出现了开阔的河面。那河水碧绿碧绿的，就像千万匹被风吹动的绿绸缎。远远的河滩上有个渔人在拉网打鱼。当渔网慢慢升出河面时，画面便消逝了，可惜不知这一网有无打到鱼？

船：来往的轮船、木船、拖驳、农用水泥船，还有张帆的船，以及像树叶儿飘在水上的放鸭船……一声汽笛，一艘漂亮的双层大客轮赶到我们船的前面去了。这是苏州开往杭州的客轮。船上载的大约都是旅游者吧？为了急于饱览天堂秀美的景色，他们的行程总是那么匆匆。不过我们这船还不算太慢，也把一条拖轮甩在后面。那拖轮拖着一条、两条、三条……整整十八条驳船。好长呵，在烟雨迷蒙里，它就像一条在云水里穿行的长龙。不，也许称它为水上列车更恰当些，你看，每条驳船上都装满了货物，只有列车才经得起这么重的负载。

碧绿的绸缎上怎么出现了一条线纹？啊，那是砌在宽阔的河里的一条古老的纤路，全是用大石堆成的。有两条吃水很深的船沿着纤路航行。那背纤的弯着腰，踏着弓步，缓慢地一步一步走着。在纤路断头的地方，往往有座拱背石桥把路联结起来。这苏杭水道上古老的纤路，不知修于何代，但在今天，遇到逆风，如果负载很重的船又无机器动力的话，它倒还是很发挥作用的。

桑园、竹林、小河、芦苇、木架的水码头出现之后，又是石拱桥、满月状桥洞、罱泥船、奔跑的拖拉机和穿红褂子的女拖拉机手……

这水上的山阴道，也真叫人目不暇接！

（《人民文学》1981 年第 1 期。有删节）

这篇文章写“我”在船上从窗口往外看到的春雨江南景色。随着船的前进，“我”的视线所及的窗外空间不断地转换着美丽的画面：绿色的堤岸、彩色的田野、在田野奔跑的拖拉机、绿树环绕的村落、驼背石拱桥、碧绿的开阔河面、来往的各色各样的船、宽阔河里的一条古老纤路……这一幅幅烟雨迷蒙、若隐若现、若幻若真的春雨江南水墨画，环环相扣、持续连贯地展示在“我”的眼前。作家根据这些景色显性联系的特点，把每一幅画面作为一个元件通过链条式组接，飘逸酣畅地再现出来，真是鲜明生动极了！

下面看看著名作家方纪先生是如何通过描写三峡一天的景色来表现三峡之秋的：

早晨，透明的露水闪耀着，峡风有些凉意，仿佛满山的橘柚树上撒了一层洁白的霜，新鲜而明净；太阳出来，露水消逝，橘柚树闪烁着阳光，绿叶金实；三峡中又是一片秋天的明丽。

中午，群峰披上金甲，阳光在水面上跳跃，长江也变得热烈了：像一条金鳞巨蟒，翻滚着，呼啸着，奔腾流去。而一面又把它那激荡的、跳跃的光辉，投向两岸陡立的峭壁。于是，整个峡谷，波光荡漾，三峡又充满了秋天的热烈的气息。

下午，太阳还没有落，峡里早升起一层青色的雾。这使得峡里的黄昏来得特别早，而去得特别迟。于是，在青色的透明的黄昏中，两岸峭壁的倒影，一齐拥向江心，使江面上只剩下一线发光的天空，长江平静而轻缓地流淌，变得有如一条明亮的小溪。

夜，终于来了。岸边的渔火，江心的灯标，接连地亮起；连同它们在水面映出的红色光晕，使长江像是眨着眼睛，沉沉欲睡。只有偶尔驶过的驳船，响着汽笛在江面划开一条发光的路；于是渔火和灯标，都像惊醒了一般在水面上轻轻地摇曳。

（方纪《三峡之秋》）

方纪先生是随着时间推移的进程写出三峡秋天的一天景色的：早晨，显现三峡之秋的明丽；中午，显现三峡之秋的热烈；下午，显现三峡之秋的明亮，夜里，显现三峡之秋恬静中的活泼。在三峡之秋的一天中，早晨、中午、下午和夜晚各具情态的景色，随着时间的推移次第出现，一环紧扣一环，连贯性很强，作家便根据这些特点把每一次随着时间推移出现的景色作为一个个元件，用链条式组接展现三峡之秋的如画风光。

上面三篇范例作品分别说明了事件的发展、空间的转换、时间的推移等事物的显性联系是最适宜于运用链条式组接去表现的。

（2）表现隐性联系的板块式组接。所谓板块式组接，指的是对若干板块状的事物进行组接。什么是板块状的事物呢？就是表面看起来好像各自独立、互不相干、呈板块状的种种事物，诸如一个事件、一个物体、一道景色等都可以成为板块状事物。板块式组接就是根据貌似各自独立、互不相干而呈现出板块状的种种事物的内在联系，把一个个板块状事物作为一个个元件组接起来。板块式组接的这种特点，最适宜于表现存在着隐性联系的各种事物。

著名作家朱自清先生在作品《冬天》中写了三件事。第一件，父子数人在冬夜的昏暗灯光下，用乌黑的锅炉煮雪白的豆腐，围坐一桌吃得津津有味。因为洋炉子太高，父亲得常常站起来，微微仰着脸，把眼睛眯成一条细缝，从氤氲的热气里伸进筷子，夹起豆腐一一放在孩子们的酱油碟里。孩子们觉得很好玩儿，一上桌就眼巴巴望着那锅，等着那热气里从父亲筷子上掉下来的豆腐。父亲那忙碌的情状、慈祥的眼神、温馨的微笑，都融合在豆腐的热气之中，使室内暖和如春，驱走了孩子们身上的寒冷。第二件，作者与友人夜游西湖，在孤舟荡漾中欣赏着如银的月色。软软的水波、闪光的湖水、淡淡的山影和朋友的纯洁情谊互相映衬。他们以文会友，湖上冬夜寒风凛冽，而内心却被友情浸染得暖烘烘的。第三件，作者和妻儿相处的儿女情长。作者客居山城台州，冬天特别凄冷寂寞，人地生疏，陪伴作者的是苍郁的松林，肃杀的风声，孤单的鸟影。回到家里后就可享受到另一种风味，迎接作者的是妻儿从厨房土窗里露出的三张笑脸。三张脸带着的天真微笑给身处天地空空的作者以无限的慰藉。上述这三件事，时间不同，地点不同，事件不同，人物不尽相同，构成的事件的具体内容各个有别，是典型的各自独立的三个板块，那么，它们之间是否存在着联系呢？如果从表面上看，一点联系都没有，但朱自清先生发现了它们之间的联系，那是一种千真万确地存在着的联系：寒冷冬天里的温情。这就是寒冷冬天里的父子之情、朋友之情、妻子儿女之情。在寒冷的冬天里，这种人间温情真是弥足珍贵！朱自清先生发现了这种隐性联系，把这三个呈板块状的事件作为三个元件，组接成为一篇板块式组接的经典之作。

让我们赏读作家秋原先生的佳作《我爱秋野》：

我爱乡野的生活。

我爱那深夜里不知疲倦地奔腾喧嚣的小河，那山村里像千军万马一样的松涛，那挂在山尖树梢上的星星、它们闪闪的眼睛仿佛在向我细语。

我爱那被雄鸡啼醒的黎明，那禾苗上闪闪的露珠，那村舍上空升起的缭绕的炊烟，那村道上去上学的孩子追逐的笑声。

我爱那夏天雷雨后田地里五谷的清香气息，和小河边垂钓的老人，以及河岸青石上洗衣的小姑娘。

我爱那晚秋的落日烧红的天边，一群群的枫叶，像火星一样腾空飞扬；更有那田野里收割机狂放的歌声，它那豪迈的曲调是社员用劳动和丰收所谱成。我曾在那里寻觅散发着泥土和谷物气息的诗句，像孩子们捡起失落的谷穗，在我心灵的篮子里珍藏。

我爱乡野！

我愿自己是一株禾苗，结出丰满的颗粒，献出美好的收成！

（选自《古今中外散文诗鉴赏辞典》）

这篇作品将四个镜头的景物展现在我们的面前。第一个镜头：乡野的夜景。在这个镜头里，我们看到流淌的小河、树梢的星星、雄浑的松涛，显示着生命潜流的跃动。第二个镜头：乡野的晨景。在这个镜头里，我们看到公鸡报晓的雄姿，禾苗上闪烁的露珠，屋顶上升起的缕缕炊烟，村路上欢声笑语的学生。这是一首生机勃勃的乡野晨曲。第三个镜头：乡野的夏景。在这个镜头里，有雨后田野里五谷的清香、河边垂钓的老人、青石板上洗衣的姑娘。这是一幅色彩明丽的夏日乡村风情画。第四个镜头：乡野的秋景。在这个镜头里，有天上的晚霞、地上的红枫、田野里收割机的轰鸣、农民们丰收的欢笑。这是一首情景交融的乡野赞美诗。这四个镜头分别表现四个不同的情境，时间不同，地点不同，景色不同，因此每一个镜头都是一个独立的板块，它们之间表面上不存在什么联系，但实际上存在着隐性联系：乡野之美。于是作者把四个板块作为四个元件组接成为赞美乡野之美的颂歌。作品在结尾处直白地表现出作者对乡野的挚爱："我爱乡野!""我愿自己是一株禾苗，结出丰满的颗粒，献出美好的收成!"

综上所述，写作中所谓善于组接，实际上就是发现事物的联系和表现这种联系，根据事物不同的联系形态而运用不同的组接方式。只要做到善于组接，就可以顺理成章地让自己笔下的事物成为和谐的美的整体。

二、写作故事

一次作文竞赛

W 市中学生写作研究会举办了一次全市性的中学生口头作文竞赛。竞赛要求以"善于组接"作为评定成绩的标准选出好文章。竞赛方式是：抽签进行口头作文，即参赛者从分别标上不同事物的许多纸签中抽出两至三条纸签，经过评委验明所抽到的签后，根据自己对纸签上事物之间的联系的发现加以组接，口头作一篇文章。每所中学都用这种竞赛方式选拔一名优胜者参加全市决赛；全市 30 所中学选出 30 名校级优胜者用同样的方式进行决赛，最后决出冠军、亚军、季军各一名。

星斗中学按要求从各班选拔一名同学参加全校竞赛。全校竞赛进行得很顺利，参赛同学表现出较高的口头作文水平。只是竞赛结束后，林新野、万籁音、陈黛珠等三位同学得分竟然相同。评委们决定，把三位同学的口头作文录音逐一播放出来，进行评议，然后重新打分。

林新野抽的两条纸签上标的事物分别是"蜻蜓"、"飞机"。他的口头作文的梗概为：

蜻蜓和飞机都可以在天空上飞。而蜻蜓只是小小的昆虫，飞机却是庞然大物。可飞机万万不能藐视小小的昆虫，而应当虚心向昆虫学习。早期的飞机，飞行时有一种颤振现象，这对安全产生极大威胁；而蜻蜓飞起来却十分平稳，这是因为蜻蜓的翅膀末端有一块黑痣状的色素斑。飞机制造师就让飞机学习蜻蜓，在飞机翼的末端加设配重装置，这样，飞机飞行时的颤振现象就消除了。

万籁音抽了三条纸签，纸签标上的事物分别是"鲜花"、"绿叶"、"青春年华"。她的口头作文的梗概为：

鲜花谢了，还可以再开；绿叶枯黄、脱落了，还可能再长出来；而青春年华消逝了却永不能复回。“少壮不努力，老大徒伤悲”，青年朋友们，要努力奋斗啊！

经过重新打分之后，万籁音为第二名，林新野为第三名。第一名是陈黛珠，她抽了三条纸签，纸签标上的事物分别是“蘑菇”、“雨伞”、“苍蝇”。她的口头作文全文如下：

蘑菇、雨伞和苍蝇

19世纪法国著名作家大仲马有一次到德国去旅行。他在街上走了半天，觉得肚子饿了，就进了饭馆吃饭。他早就听说德国的蘑菇鲜美可口，现在来到德国，何不乘此机会饱餐一顿。

当饭馆的招待走过来问他要点什么菜时，他因为不会说德语，就用手势来比画，表示要吃蘑菇。可是，招待只看见他用手在空中挥来挥去，并不明白他的意思。大仲马只得从皮包里取出纸笔，画了一个蘑菇，说明他要的就是这个。招待很用心地端详纸上画的东西，然后点了点头，意思是：懂了。大仲马坐了好一会儿，看到邻座的顾客在津津有味地吃蘑菇。此情此景，使他更加觉得饥肠辘辘，口水也几乎流出来了。好容易才盼到招待出来，可是，他拿来的并不是大仲马期待已久的一盘热腾腾、香喷喷的蘑菇，竟是一把雨伞！大仲马哭笑不得。但这能怪谁呢？谁叫他把蘑菇画成了雨伞呢！写了许多大部头小说的大仲马，竟连一棵蘑菇也画不出来，一个人总是有所长，有所短的嘛。

据说，三国时期的吴国皇帝孙权，下诏令让当时的名画家曹不兴给他画一幅中堂画。曹不兴在大厅里铺开一幅白绢，专心致志地在上面画荷花。整幅画快要完成了，曹不兴正要松一口气。不好！他不小心把一滴墨滴到白绢上去了。曹不兴心中一震，皇帝是限时间的，重新画，时间不允许了；不重新画，那一点墨已把画玷污了。这两种情况，皇帝都要问罪的。曹不兴琢磨了一下，胸中有数了。他多画了一片荷叶，把那点墨改为苍蝇，让苍蝇落在荷叶上，曹不兴毕竟是画坛圣手，处理得十分协调，好像是画家精心构思出来的。这幅画按时呈给了孙权，孙权很满意。但怎么有一只苍蝇飞到这幅画上？他当即用手去弹，哎，怎么老赶不走？这才发现苍蝇是画中景物的有机组成部分，于是重赏了他。

和写文章一样，画画也必须求真。大仲马画的蘑菇没有达到逼真，也算受到一个小小的惩罚。饥肠辘辘的大仲马想吃蘑菇，而招待却拿来雨伞给他，让他哭笑不得。曹不兴却以他的绘画智慧，把失误变为神奇，把因不小心而滴到画面上的一滴墨改成苍蝇，作为画面的有机组成部分，受到皇帝重赏。求真不求真，赏罚分明啊！

在全校口头作文竞赛获第一名的陈黛珠，被选拔到市里参加决赛，夺得了冠军的桂冠。她在校内竞赛和全市决赛的口头作文都据录音整理出来，被刊登在W市中学生写作研究室主办的《青少年写作》杂志上。

三、写作示例

风雨夜

王中才

一道劈天刺地的闪电撕破了浓云，一声沉地雷，一阵卷地风，天漏了，小岛大雨倾盆。

战士拨开雨幛，推开风墙，环岛去巡逻。雨衣内，双手紧握枪；头顶上，不戴风雨帽。

任狂风摇起雨鞭猛抽面颊，任恶云洒下雨箭直刺双眼，战士巡逻一遍又一遍，还是不戴风雨帽。

他们走过排满渔船的码头，听见风撼桅杆发出的呼啸，看见船篷内透出一缕缕橘黄的渔火，心里滚过一股热流，不禁把脚步放慢，放慢。

他们走过安静的渔村，听到雨敲门窗的声响，瞥见窗上密布条条水痕，窗内轻摇一束花影，围着花影，屋里的一家人在乐叙天伦中，嘴角露出欢快的微笑，他们不禁把脚步放轻，放轻。

他们走过杂乱的礁丛，听到风卷巨浪的怒吼，雨助大潮的轰鸣，望着大海微弱的水光，他们抹一抹脸上的雨水，侧身瞪目，一步步搜索。

走过沙滩，走过树林，走过崎岖的石板路，走过曲折的海湾……风越狂，雨越大，巡逻战士越是不戴风雨帽——

他们要听出同风雨不协调的怪音！

他们要察出同小岛不相称的怪影！

（《光斑集》）

王中才先生的这篇作品描写的是解放军战士在风雨之夜巡逻海岛的图景。这幅图景是用解放军战士巡逻活动的六个空间的画面作为六个元件组接起来的。组接方式属于链条式组接。

第一个画面：远景。小岛夜黑风吼，下着倾盆大雨，劈天刺地的闪电撕破浓云，霹雳轰响的惊雷震撼长空，我们的战士手握枪杆，不戴风雨帽，以钢铁般的身躯，拨开雨幛，推开风墙，出发去巡逻。

第二个画面：近景。在浓云密布下的小岛，狂风摇起雨鞭猛抽战士的面颊，天空射下雨箭直刺战士的双眼，我们的战士一往无前地环岛巡逻。

第三个画面：特写。战士走过码头。码头上排满渔船。在风撼桅杆的呼啸中，船篷透出缕缕橘黄的渔火，激起了战士心中的滚滚热流。我们的战士满怀深情地把脚步放慢了。

第四个画面：特写。战士走过渔村。渔村里，急雨敲打着渔舍的门窗，窗上流泻条条水痕。窗内一片宁静安泰，一束花影轻轻摇动，一家人的欢乐祥和加深了战士保卫渔岛的激情。我们的战士充满爱心地把脚步放轻了。

第五个画面：特写。战士走过礁丛。礁丛怪石嶙峋，杂乱嵯峨。暴雨急骤，狂风呼啸，巨浪汹涌，大潮轰鸣。在一阵阵震天动地的吼叫声中，我们的战士望着大海微弱的水光，抹去脸上的雨水，瞪着警惕的眼睛，射出锐利的目光，一步一步，一遍一遍，进行搜索。

第六个画面：全景。战士走遍海岛，走过茂密的树林，走过崎岖的石板路，走过曲折的海湾，走过海岛的每一寸土地。他们要听出觊觎海岛的怪音，要察出妄图侵犯海岛的怪影，在风暴雨狂中凸显着不戴风雨帽的战士们的英雄群像！

作家把战士巡逻海岛连续展现的六个画面作为元件进行链条式组接，表现了两个鲜明的反差：一是雷电闪击、风雨交加与英勇无畏地执行任务的海岛战士的反差，二是战士在风雷怒吼、暴雨凌厉的恶劣天气中保卫海岛与渔民在安详馨香、怡乐舒适的温暖家庭中安居乐业的反差。这两个反差显示出我们的战士是共和国的忠诚儿女，是渔民幸福生活的保卫者。

第五章　掌握写作技法

导　语

写作文的全部问题，可以概括为四个字：得心应手。“得心应手”包含两方面的意思：一是“得心”，即用“心”去酝酿作文，也就是通过“心”产生写作冲动，通过“心”发现写作材料，通过“心”运用写作智慧，通过“心”开拓写作文思；二是“应手”，这就是握笔写作，把通过“心”进行的一切用笔表达出来。这就要掌握写作技法。

掌握写作技法很重要。离开了写作技法，得之于“心”的所有东西都无法显现，那就变成“茶壶煮饺子——肚子里有，嘴上倒不出”。掌握写作技法的要义在于把作者酝酿作文的构思充分表达出来，让读者受到感动，受到启迪，而且获得美的享受。写作技法的艺术魅力，可以让读者觉得有如醍醐灌顶，荡气回肠，精神上得到升华。著名美学家邢煦寰先生曾谈到他小时候上语文课（当时称“国文课”）的情景。他的老师是一位地下党员，指导同学们阅读文学名著，讲到奥妙处，邢煦寰竟然被作品感动得失声痛哭，全班同学都吃惊地转过头来看他。可见，写作技法的艺术魅力能把人物事件的内在意蕴表达出来，有一种震撼人心的力量。掌握好写作技法，写人，可以做到形神毕肖，呼之欲出；叙事，可以做到引人入胜，美不胜收；状物，可以做到活灵活现，充满生气；抒情，可以做到情真意切，感人肺腑；写景，可以状难写之景如在眼前，使人觉得身处其中；论说，可以做到鞭辟入里、入木三分……

掌握写作技法，可以抓住关键的几项进行学习、训练，这就是本章设计的真实、精警、含蓄、婉曲、虚实等各节。

第一节 写得真实

一、写作知识

写得真实是指写作主体将所写的人、事、景、物活生生地展现在读者面前，让读者把文字符号转化成为可以看得见、感觉得到的画面，也就是人们常说的如见其形、如闻其声、如临其境。

宋代画家蒲永升善画水，他画了二十四幅各种情状的水送给苏东坡。东坡先生每逢夏日必将这二十四幅画悬挂于高堂白壁之上，人们看了，顿觉水气弥漫，寒气袭人，毛发悚立。无独有偶，清代文人方熏有一次观赏名画家石谷的作品《清济贯河图》，看到画中滚滚河水涌起滔天巨浪，就觉得有奔腾澎湃之声从纸上传来，不禁为石谷精湛的绘画艺术倾倒，便和一同观画的朱生相与称赞。此时，朱生因看到这幅画而想起他前不久在河上遇险，几乎被巨浪吞没的情景，脸上顿时为之色变。方薰因此愈加感叹不已。类似的事，舞台上也曾出现过。有一次，川剧剧团到北京演《秋江》，著名京剧表演艺术家梅兰芳先生请一位亲戚——老太太去看戏，回来后，梅先生问她演得好不好，老太太说："很好，就是看了我觉得头晕。因为我看到老艄公划船，看得出神，不知不觉自己也像是坐在船上了。我有晕船的毛病，那船摇呀摇的，自己就头晕起来。"《秋江》这出戏表演有人搭船，但舞台上根本没有船，也没有水，只是演员用艺术的动作表现出老艄公驾一叶扁舟逐波于秋江之上，因为表演得惟妙惟肖，令观众觉得像真的一样，老太太因此头晕了。

艺术界流传的这些佳话，给写作以什么启示呢？就是必须写得真实才能吸引读者、打动读者。当然，写作既不同于画画用线条和色彩去表现事物，也不同于戏剧表演用身段和动作的造型去表现事物，而是通过文字去表现事物，但是，要真实的道理则是相通的。这就是说，写人、写事、写景物都必须像画画和戏剧表演那样显示出可视性和可感性。

写人、写事、写景物怎样才可以做到真实，道道是很多的，可以归结为一条：必须写得具体。只有写得具体，人、事、景物的本来面目才可以跃然纸上，才谈得上可视性和可感性。这就是说，写人必须写出状貌，写事必须写出具体内容，写景物必须写出具体形态和氛围。下面逐一阐述。

第一，写人必须写出具体状貌。人的状貌包含人的肖像、人的音容笑貌、人的动作举止等等，只有把这些写得具体，才可以让读者觉得你笔下的人是可视、可感的活生生的人。请看下面三组例子：

第一组：

1

人人都称赞这位姑娘貌美出众。她，长着一双动人的眼睛，嘴唇和牙齿都很漂亮，显得满脸秀气，穿上新潮时装，走起路来，尽显风采，魅力四射。

2

那位渔家小姑娘至多不过十五六岁，有着少女的健美：蓬松的刘海上缀满雾星儿，一颤一颤的；大而亮的眼睛里，像滴进了露水，含满了，要溢出来；被海风吹红的凸圆圆的腮上，也是湿润的一层。她像是一朵晨光中的花骨朵。裤腿挽着，袖子撸着，带着一股纯朴的渔村气息。

（王润滋《卖蟹》）

第二组：

1

他的面容无论什么时候都带着笑容，和人说话的时候，又总是笑，眼神特别明亮，那善良的神态显出一副关心别人胜过关心自己的样子，因为他有一种可贵的爱心呀！所以人们都称赞他讨人喜欢。

2

她……目光流盼时，深灰色的瞳仁里不时有一颗颗火星迸发……淡淡地泛出蓝色的闪光；单眼皮，睫毛并不长，但又密又黑，使眼睛围着云雾一般，朦朦胧胧的，显得深不可测，神秘、诱人。但她的眼睛的美是美在笑，不论是浅笑还是大笑，那双眼睛里就会有鲜花开放。那花儿鲜艳、娇媚，逗人喜爱，使她的脸面顿时甜蜜、俊俏、神采飞扬。即使她气恼、冷笑，那眼里依然隐约有花儿颤动。

（韩霭丽《眸子》）

第三组：

1

他是一个书迷，嗜书如命，一有空就手不释卷，专心致志、聚精会神地阅读，什么都干扰不了他，因为他已经被吸引到书的世界中去了。

2

毛泽东在吃饭时，不是在书房，就是在卧室。常常是吃饭时还手不释卷。

有一天，他斜坐在木椅上，左手拿着一张报纸，两眼紧盯住报纸。嘴巴似乎无滋无味，单调地重复着咀嚼动作。右手像一只机械手，在盘子和碗之间来回运动，筷子始终落到菜盘子的一个位置上。

（海鲁德《毛泽东的故事》）

上面三组例子都是写人的状貌的，第一组写人的肖像，第二组写人的音容笑貌，第三组写人的动作举止。各组中的例1都是抽象概念和老套词语的堆砌，缺乏可视性和可感性，无法写出人的具体状貌，因而显得不真实。各组中的例2对于写出人的具体状貌都很见功夫：第一组的例2通过缀满雾星儿的刘海、滴进了露水的大眼睛和被海风吹红的圆脸的描述，表现出渔家小姑娘浸润着渔村气息的纯朴；第二组的例2通过刻画又密又黑的睫毛衬托下充满朦胧美，但又能伴着各种笑容而显出鲜花的妩媚的眼睛，表现出一位女子独特的音容笑貌；第三组的例2写的是伟大领袖毛泽东，通过“重复”、“来回”、“始终”等吃饭时手的动作和看报中“盯”的眼神的互相对照，造成反差，表现出领袖好学不倦的风范。各组中例2的这些描述都有很强的可视性和可感性，因而使读者觉得是很真实的。

第二，写事必须写出具体内容。事的具体内容是指人是怎样做这些事的，为什么要做这些事，做出来的这些事的具体表现等等。把这些写出来就可以让读者看得见、摸得着，显现出其可视性和可感性，也就有了真实性。如果写事没有具体内容，空空泛泛的，好像放空炮，读者就会觉得缺乏可信性，当然也就谈不上真实性了。试看下面两例：

1

我有一位同学叫张玲，她各方面都表现得很好，特别是关心同学做得好。同学有了困难，她能很好地去帮助解决；同学有缺点，她能很好地去帮助克服；同学功课掉了队，她能很好地去帮着补课；同学生病了，她能很好地帮着找医生，送水送药。总之，她时时刻刻都很好地把同学的事放在心上。她不仅是我的好朋友，而且大家都把她看作自己的好姐妹。

2

他（阿魁）的父母常从北京给他寄些参考书来。每逢他收到书，总是大声叫喊：“快来看呀，爸爸又给我寄书来了！”并且毫不吝啬地把书借给大家阅读。别看他平时对同学那么好，一旦见到谁犯了错误，却是毫不留情的。

有一次政治期中考试的时候，阿魁前面的一个同学偷看课本，被阿魁发现了。他立刻站起来，指着那个同学对老师说：“他在抄书！”我使劲拉他的衣角，狠狠瞪他一眼，他却像没有知觉，仍坐下静静答卷。事后，我埋怨他：“你这个大傻瓜，这不是得罪人吗？”他笑笑，不以为然地说：“这才是真正的帮助他呢！你想，他这次丢了丑，以后会更加努力，这种事就不会再有了。”

冬天到来，下起了大雪。阿魁戴着爷爷的东北大皮帽，头显得更大了。一天下午，在放学回家的路上，他从书包里掏出一副手套递给我：“给，你的手都冻了。”我不肯要，他就把手套硬塞在我怀里。

（张璟玮《生命的春天》）

例1写张玲关心同学，但缺乏具体内容。尽管“好”字用得不少，却全是空洞的条文，可以说，只是对张玲作一番干巴巴的鼓吹，读者无法感觉到、看得见她怎样关心同学。这就让读者怀疑所鼓吹的可能是虚假的，当然就无从读出真实性了。

例2写阿魁关心同学，写出了具体内容。通过一定情境中的种种事实表现出阿魁怎样关心同学，为什么关心同学。这些事都是可以让读者看得见、摸得着，是可信的，这就有了真实性。

第三，写景物要写出具体的形态和氛围。把景物具体的形态和氛围写出来了，就可以显现出景物的形、声、色、味交织成的缤纷图像和气氛情调，以其可视性和可感性让读者看得到、摸得着。这样写景物就必然具有真实性。请看下面两例：

1

啊，春天，美丽的春天！春天的太阳升起来了，光芒四射，彩霞万朵！春天的乐曲奏响了，流水潺潺，小鸟歌唱！春天给大地披上新装了，山清水秀，桃红柳绿！啊，春天，你有迷人的风光，你有妖娆的美姿，你是多么艳丽，多么华贵啊！

2

春风吹来了，和煦的阳光照耀着大地，万物睁开惺忪的眼，活跃起来。

小树的枝干转绿了，朦朦胧胧地透露出蓬勃的生机，柳条伸展着柔韧的腰肢，枝条上冒出一个个嫩黄的柳芽；小草偷偷地从地里钻出来，嫩嫩的，绿绿的，头顶上还顶着一颗颗晶莹的露珠，悄悄地打量着这五彩斑斓的世界。对面向阳坡上的桃花开了，粉红粉红的，远远看去，就像那天边缀着的彩霞。漫步桃林，脚踩着缤纷的落英，头顶着密匝匝的繁花，微风吹来一阵阵清香，使人心旷神怡。鸟儿在枝头喧闹，那欢快的叫声震落了枝头的小花。更有那南方飞回来的燕子，停留在电线上，真像一个个美妙的音符，仿佛正要奏响一支春的交响曲。这春的交响曲的最美妙的音符，却在村前的田野里，在新翻的土地上，在拖拉机突突的声响中……

刚割完油菜的土地上，一个穿着红色球衣的小伙子高高地坐在拖拉机上，一行行新翻的黑土在他脚下伸展……

新翻的泥土浸透了甜润的春雨，白发的老农赶着健壮的黄牯牛，扶着犁耙，肥得流油的黑土从他脚趾缝里挤出来。老农抬头望了一下蓝天欣慰地笑了，脚下耙平的泥土浸在春水里，形成一面面水的明镜……

倒映着蓝天的水田，插上茵茵的苗禾，嫩嫩的，绿绿的，远看像地毯，近看像轻纱，插秧的姑娘们擦擦脸上的汗，咯咯地笑了，笑声传得很远，很远……

哦，春姑娘的脚步越来越近了，那么急促，那么轻快。

我不禁张开双臂，放声呼喊："春姑娘，你好！春天，你早！"

（湛雪明《春天，你早》）

例 1 写春天，没写出春天景物的形态和氛围，这样的春天显得苍白，就像一个失血的病人穿红着绿，满身珠光宝气，却毫无美貌可言。例 2 也是写春天，因为具体地写出了春天景物的形态和氛围，所以表现出一个真实的春天。真实的春天是充满生机的，我们从这个真实的春天的世界里可以感觉到、触摸到春天的美丽、春天的乐音、春天的色彩、春天的馨香。在春天的形、声、色、味组合起来的画面中，有伸展着柔韧腰肢萌发着嫩黄色幼芽的柳条，有顶着一颗颗晶莹露珠、从泥土里钻出来打量着五彩世界的绿茵茵小草，有像天边彩霞那样迎着太阳开放的粉红粉红的桃花，有使人心旷神怡的微风吹来的一阵阵清香，有小鸟枝头的喧闹和南归燕子带回的美妙音符，还有人们驾驶着拖拉机耕耘土地发出的“突突”声响和插秧姑娘在春光里欢笑……一幅明媚绮丽、声色并茂、飘香万里的春光图，就这样真实地呈现在读者面前。

综上所述，写得真实就是写人、写事、写景物，必须表现出可视性和可感性的画面，让读者感觉到、触摸到，好像真的人、真的事、真的景物就在自己的面前。

二、写作故事

在聊天中漫谈写真实

一天晚上，小莉来到小兰家里和小兰聊天，聊着聊着，聊到写作上了。

小兰说：“今天梁老师在作文课上讲到写人、写事、写景物都必须写得真实，讲得太好了，也太重要了！如果我们写出的东西，人家看了，觉得不可信，是假的，那不是一切都白搭了吗?”

小莉说：“是呀，写得真实很重要，但也不容易做到，得下苦功夫去练。我想起前几天看到一本书，书名是《中外画坛的故事》。这本书讲的都是中外著名画家的绘画掌故，有许多篇都是讲画画一定要画得真实，对我很有启发，其中一篇特别有趣。”

小兰着急地说：“怎么有趣？快给我讲讲！”

于是小莉讲了下面这个故事：

古希腊有两个著名画家，一个叫才乌克西斯，另一个叫巴尔哈西乌斯。这两个画家的作品都以逼真而为世人所称颂。但他们都非常好胜，想把对方压倒。

有一天，他们来到了雅典城，要在广大市民面前进行画技比赛。他们各自拿出了最能代表自己水平的杰出作品，让市民评判，看谁画的最真实。

才乌克西斯首先登台了。只见他带着一个精制的有五彩图案的包袱，满面笑容，举止大方，站定之后把手向公众一扬，说道：“女士们，先生们，我现在要献丑了。”接着，他解开了包袱，展示他的画。大家一看，画中有一个活泼的小孩，乌黑的眼珠一闪一闪地转动，鼻子微翘，嘴角露出天真的微笑。孩子站在山野中，头上顶着一篮葡萄，那葡萄呈现出透明的深紫色，在灿烂的阳光照射下晶莹欲滴。顿时，公众欢声雷动，一齐热烈鼓掌，才乌克西斯在台上踌躇满志，频频向公众挥手致意。正在这时，空中忽然飞来两只贪嘴的喜鹊，一下扑到画面上去琢那串葡萄。于是，公众中又响起一阵更热烈的掌声、笑声和欢呼声！在公众沸腾般的喝彩中，才乌克西斯得意洋洋地走下台来。

“绝技！绝技！”

“世界上还有比这更逼真的绘画吗?”

“巴尔哈西乌斯能比得过他吗?”

“才乌克西斯已经登上绘画艺术顶峰了，巴尔哈西乌斯看来输定了！”

巴尔哈西乌斯在公众七嘴八舌的议论声中从容不迫地走上台。他和才乌克西斯同样享有盛名，同样受到社会的尊敬。但此时此刻，许多人用一种悲天悯人的眼光等着看他败下阵来的可怜相，他还有什么绝招可以同才乌克西斯相比呢！可是，巴尔哈西乌斯却是春风满面，用信心十足的目光扫视了一下公众，然后缓缓地把怀中夹着的一个包袱放在桌子上，那包袱也是精制的，配上五色的图案，和谐得体，造型美观。包袱本来是常见的日用品，但公众望上去，却是那样赏心悦目。公众中有人唧唧喳喳发出议论："那包袱倒是很漂亮，不过就要看从里面拿出来的绘画是什么货色了。"马上有人接着话茬说："有什么用呢？人家已经到顶了，他能超得过？"这时，巴尔哈西乌斯开腔了："我的作品水平不高，但我相信女士们、先生们是会作出公正评价的！"他把手叉在腰际，露出几分得意，向公众发出一种神秘的微笑。许多人看他的动作慢条斯理，还没有动手去解开包袱，很不耐烦，于是说道："先生！快把包袱解开，把你的杰作拿出来，同人家比呀！"巴尔哈西乌斯还是那样不动声色，带着神秘的微笑说："请各位慢慢地看，作出评价。"有人动肝火了："看什么！你不打开包袱看什么！"接着又冒出了一句讽刺的话来："不敢打开包袱拿出画来跟人家比，就走下台来算了！"这时，巴尔哈西乌斯露出很惊讶的样子，指着桌子说道："女士们，先生们！并没有规定我的画非要用包袱包着呀！我的画明明就在桌子上嘛，叫我还打开什么呢？请欣赏吧！"这时，公众才恍然大悟，他的画原来就是一个包袱！他走上台时挟着的就是他的画！公众的眼睛全被画家"骗"了！轰地一下，人群像炸雷那样沸腾了，排山倒海的欢呼、喝彩声震撼着整个场地！"强中还有强中手！"大家异口同声地发出声音："才乌克西斯的葡萄把喜鹊的眼睛骗了，巴尔哈西乌斯的包袱把万物之灵的眼睛骗了！"

小兰听得出神，故事完了，她还觉得意犹未尽，感叹道："画画能够达到以假乱真，太神奇了！写作要让作品达到这个境界谈何容易呀！恐怕大作家也会感到有难度，何况我们这些小丫头呢！"

小莉说："你说的倒也是。不过我们应该朝着这个方向努力，说不定将来我们也能达到这个境界。"

小兰从书包里拿出自己的作文本，对小莉悦："老师布置的作文《我的爷爷》，我已经写好了，你帮我看看吧。"

小莉拿过作文本，很快就看完了小兰的作文。这篇作文的主要片断如下：

放学回家，天气很热，加上跑了一段路，又累又渴。我赶忙走进爸爸的书房里倒茶喝，不小心把茶杯弄翻了，茶水泼到爸爸的书上。那本书就是著名的《红楼梦》。刚好爷爷走进来，见到这般情景就批评我说："这是你爸爸刚泡的新茶，把它弄泼了，这是多么巨大的浪费呀！我们搞四化，要积累资金，人人都应该勤俭节约，反对浪费。你今天的错误是平常不注意提高思想觉悟的表现呀。毛泽东同志说过：'贪污和浪费是极大的犯罪'，你小小的年纪就这样浪费，如不改正，将来到社会工作，多危险呀！"我听了爷爷这一番话，受到很大的教育。

看了小兰的作文，小莉问她："我常到你家里玩，也常见到你爷爷。我觉得你爷爷很慈祥的，他真的会为一点小差错，就那样打官腔，给你扣上一大堆吓人的政治帽子吗？"

小兰答道："我爷爷挺疼我的，他从来就没有骂过我。"

小莉问："那为什么你要这样写呢？"

小兰解释道："我只是作点加工罢了。"

小莉笑道："加工？我看你是瞎编。你冤枉你爷爷了，你写出一个假爷爷了！"

小兰有点尴尬："当时爷爷只是说：'兰子啊，你什么时候能够改掉毛手毛脚的毛病呢？快把书拿起来，擦干书上的茶水，拿到窗台上晾一晾。小娃子，以后要仔细点儿，要注意保护书籍，你爸爸是最爱惜书籍的。'"

小莉笑起来："你爷爷说得多好呀！这才是真爷爷呀！可惜，这么真实的材料你不用，却存心去编假话！"说到这里，小莉带着责备的口吻了。

小兰急忙辩解："我不是存心去编假话呀！有人说我的作文思想性不高，我只不过是想提高一下我的作文的思想性罢了！"

小莉笑道："是这样吗？思想性不高？别相信那一套，你也别瞎编！写疼你爱你，要你改正缺点的真爷爷吧，假的怎么谈得上思想性！"

第二天，小兰根据小莉提的意见重写了那篇作文。作文交了以后，受到老师的表扬。

三、写作示例

观舞记
——献给印度舞蹈家卡拉玛姐妹

冰　心

我应当怎样地来形容印度卡拉玛姐妹的舞蹈？

假如我是个诗人，我就要写出一首长诗，来描绘她们的变幻多姿的旋舞。

假如我是个画家，我就要用各种的彩色，渲点出她们的清扬的眉宇，和绚丽的服装。

假如我是个作曲家，我就要用音符来传达出她们轻捷的舞步，和细响的铃声。

假如我是个雕刻家，我就要在玉石上模拟出她们充满了活力的苗条灵动的身形。

然而我什么都不是！我只能用我自己贫乏的文字，来描写这惊人的舞蹈艺术。

如同一个婴儿，看到了朝阳下一朵耀眼的红莲，深林中一只旋舞的孔雀，他想叫出他心中的惊喜，但是除了咿呀之外，他找不到合适的语言。

但是，朋友，难道我就能忍住满心的欢喜和激动，不向你吐出我心中的"咿呀"？

我不敢冒充研究印度舞蹈的学者，来阐述印度舞蹈的历史和派别，来说明她们所表演的婆罗多舞是印度舞蹈的正宗。我也不敢像舞蹈家一般，内行地赞美她们的一举手一投足，是怎样地"出色当行"。

我只是一个欣赏者，但是我愿意努力地说出我心中所感受的飞动的"美"！

朋友，在一个难忘的夜晚——

帘幕慢慢地拉开，台中间小桌上供奉着一尊湿婆天的舞像，两旁是燃着的两盏高脚铜灯，舞台上的气氛是静穆庄严的。

卡拉玛·拉克希曼出来了。真是光艳地一闪！她向观众深深地低头合掌，抬起头来，她亮出她的秀丽的面庞，和那能说出万千种话的一对长眉，一双眼睛。

她端凝地站立着。

笛子吹起，小鼓敲起，歌声唱起，卡拉玛开始舞蹈了。

她用她的长眉，妙目，手指，腰肢；用她髻上的花朵，腰间的褶裙；用她细碎的舞步，繁响的铃声，轻云般慢移，旋风般疾转，舞蹈出诗句里的离合悲欢。

我们虽然不晓得故事的内容，但是我们的情感，却能随着她的动作，起了共鸣！我们看她忽而双眉颦蹙，表现出无限的哀愁；忽而笑颊粲然，表现出无边的喜乐；忽而侧身垂睫，表现出低回婉转的娇羞；忽而张目嗔视，表现出叱咤风云的盛怒；忽而轻柔地点额抚臂，画眼描眉，表演着细腻妥帖的梳妆；忽而挺身屹立，按箭引弓，使人几乎听得见铮铮的弦响！像湿婆天一样，在舞蹈的狂欢中，她忘怀了观众，也忘怀了自己。她只顾使出浑身解数，用她灵活熟练的四肢五官，来讲说着印度古代的优美的诗歌故事！

一段一段的舞蹈表演过（小妹妹拉达，有时单独舞蹈，有时和姐姐配合，她是一只雏凤！形容尚小而功夫已深，将来的成就也是不可限量的），我们发现她们不但是表现神和人，就是草木禽兽：如莲花的花开瓣颤，小鹿的疾走惊跃，孔雀的高视阔步，都能形容尽致，尽态极妍！最精彩的是“蛇舞”，颈的轻摇，肩的微颤：一阵一阵的柔韧的蠕动，从右手的指尖，一直传到左手的指尖！我实在描写不出，只能借用白居易的两句诗：“珠缨炫转星宿摇，花鬘斗薮龙蛇动”来概括了。

看了卡拉玛姐妹的舞蹈，使人深深地体会到印度的优美悠久的文化艺术：舞蹈、音乐、雕刻、图画……都如同一条条的大榕树上的树枝，枝枝下垂，入地生根。这众多树枝在大地里面息息相通，吸引着大地母亲给予他的食粮的供养，而这大地就是有着悠久历史的印度的广大人民群众。

卡拉玛和拉达还只是这棵大榕树上的两条柔枝。虽然卡拉玛以她的22年华，已过了17年的舞台生活；12岁的拉达也已经有了4年的演出经验，但是我们知道印度的伟大的大地母亲，还会不断地给她们以滋润培养的。

最使人惆怅的是她们刚显示给中国人民以她们“游龙”般的舞姿，因着她们祖国广大人民的需求，她们又将在两三天内“惊鸿”般地飞回去！

北京的早春，找不到像她们的南印故乡那样的丰满芬芳的花朵，我们只能学她们的伟大诗人泰戈尔的充满诗意的说法：让我们将我们一颗颗的赞叹感谢的心，像一朵朵红花似的穿成花串，献给她们挂在胸前，带回到印度人民那里去，感谢他们的友谊和热情，感谢拉克希曼姐妹暂时送来的盛意！

这是著名作家冰心的一篇写事作品。作品写的事就是观舞。

作者是在观舞之后，用文字把舞蹈表演艺术描述出来写成这篇作品的。舞蹈是有声的画，有形的诗，但要用文字表现出来就不那么容易了。不会写的，往往用许多看似华丽实则空泛的词语就把一场精彩的舞蹈演出打发掉。那些令人眼花缭乱的辞藻，诸如舞步轻盈啦，舞影婆娑啦，长袖翩翩啦，袅娜多姿啦，仙女下凡啦，舞曲悠扬啦……是表现不出舞蹈艺术形象的，因为那些到处可以套用的言辞，空泛而不具体，缺乏可视性和可感性。读者看了这样描述舞蹈的文章，眼里不可能出现舞蹈表演的鲜明画面。这样的文章，当然算不上写得真实的文章了。冰心写观舞完全没有搬弄那些华丽的辞藻，却能举重若轻，具体地描述出印度舞蹈家舞蹈表演的艺术形态，等于把读者带进了剧场观赏舞蹈演出。此中奥妙，就是描绘具体，写得真实。

这篇作品首先对印度舞蹈家的这场演出作了一个总体的艺术概括，作者用修辞中的假设方式表述出印度舞蹈艺术家的魅力：她们变幻多姿的旋舞，清扬的眉宇和绚丽的服装，轻捷的舞步和繁响的铃声，充满活力的苗条的灵动的身影。这些表达方式的运用，都是赞美她们美妙的舞姿出色当行。接着作品以主要篇幅涂彩泼墨，极尽酣畅淋漓之能事，具体地摹状印度舞蹈家动作、姿态的细微变化，一个眼神、一个顾盼、一举手、一投足的出神入化，“……忽而侧身垂睫，表现出低回婉转的娇羞；忽而张目嗔视，表现出叱咤风云的盛怒；忽而轻柔地点额抚臂，画眼描眉，表演着细腻妥帖的梳妆；忽而挺身屹立，按箭引弓，使人几乎听得见铮铮的弦响！”作者用感情充沛、文采斐然的笔墨，对舞蹈家舞蹈艺术的飞动的美作了精心的描绘，简洁而准确地展现了多姿多彩的舞蹈动作的艺术造型和丰富精神内涵，达到了具体生动、形神毕肖的极致，有强烈的可视性和可感性。因此，读这篇作品就会产生现场观赏舞蹈表演一样的真实感。

第二节　写得精警

一、写作知识

精警指的是在写作中做到精粹警策，即用洗练的文笔表现事物的丰富内涵，构成思想深邃的语词乃至篇章，让人读了之后产生振聋发聩的感悟，受到豁然开朗的启迪。

请看下面两段同是写“家”的文章。

1

凡是正常的人都希望有一个温馨而牢固的家，有这样的家是一种幸福。这种想法是天然合理的。

有了这样的家，一家人就可以在欢声笑语中共享天伦之乐。那种温情脉脉的儿女情长，真令人感受到人生的慰藉啊！

有了这样的家，一家人就可以互相关怀，互相照顾，在充满阳光和爱的空间中，共度美好时光，即使碰到什么困难也能克服。

有了这样的家，一家人就可以向着一个共同的目标共同奋斗，在互相支持中谋得家庭和事业的发展，并对社会作出贡献。

祝福普天下的人都有一个幸福之家！

2

南方水乡，我在湖上荡舟。迎面驶来一只渔船，船上炊烟袅袅。当船靠近时，我闻到了饭菜的香味，听到了孩子的嬉笑。这时我恍然悟到，船就是渔民的家。

以船为家，不是太动荡了吗？可是，我亲眼看到渔民们安之若素，举止泰然，而船虽小，食住器具，一应俱全，也确实是个家。

于是我转念想，对于我们，家又何尝不是一只船？这是一只小小的船，却要载我们穿过多么漫长的岁月。岁月不会倒流，前面永远是陌生的水域，但因为乘在这只熟悉的船上，我们竟不感到陌生。四周时而风平浪静，时而波涛汹涌，但只要这只船是牢固的，一切都化为美丽的风景。人世命运莫测，但有一个好家，有了命运与共的好伴侣，莫测的命运仿佛也不复可怕。

我心中闪过一句诗："家是一只船，在漂流中有了亲爱。"

望着湖面上缓缓而行的点点帆影，我暗暗祈祷，愿每张风帆下都有一个温馨的家。

（《周国平哲理美文·家》）

上面两段文章同是写"家"，其妍媸真有天渊之别。例 1 文字流畅，但写的是老生常谈，人们读了之后并无新的收获。可以说，这是思想苍白的肤浅之作。例 2 把人人都熟悉的家比拟为人人都熟悉的船，两者一经黏合，让人看了产生耳目一新的新鲜感。而且把话讲到人们的心坎上：是呀，家就应当是这个样子的呀！感觉到有了这船一样的家，就能够"闻到了饭菜的香味，听到了孩子的嬉笑"，就能够泰然地过日子，"载我们穿过多么漫长的岁月"。"乘在这张熟悉的船上"，"四周时而风平浪静，时而波涛汹涌，但只要这只船是牢固的，一切都化为美丽的风景。"读了作者所描述的家，可以感受到原汁原味的家庭生活气息，有一种亲切感。这样的家不是假、大、空的家，而是实实在在的家，是有安全感和幸福感的家，是能够鼓舞我们在人生道路上奋斗拼搏、作出奉献、取得成功的家。可以说，这是一篇思想深邃之作，能让读者觉得原来习以为常的家竟然这样可贵，因之产生令人振聋发聩、豁然开朗的作用。归根结底，例 1 与例 2 的差别就在于：前者文笔平庸，后者文笔精警。

在写作中做到文笔精警，有如下三项基本要领：

第一，文字必须简洁。文字的简洁最能显现文章的天然本色。背离精警，缺乏含金量的文章，必然是思想贫乏、情感枯竭、内容空虚。这样的文章最害怕暴露其天然本色，因而往往用华而不实的啰唆文字来掩盖。

请看下面的例子：

我要赞美园丁。但我要赞美的园丁，不是种植各种花木的园丁，而是用种植花木来比喻培育人才的园丁。这种园丁就是人民教师。种植花木的园丁，固然值得赞美，但用种植花木作比喻的园丁即人民教师更值得赞美。我们不是说要尊重知识、尊重人才吗？人民教师就是有知识的人，当然也就是人才，是培养人才的人才！因此，我赞美人民教师，赞美在比喻上说的园丁不是理所当然的吗？当然，我并不是说种植花木的园丁不应当赞美，前文我已经说了，他们固然值得赞美，"固然"的意思是非常肯定的，赞美他们是不在话下的。但我同他们的接触很少，没有掌握具体材料，如果硬要赞美他们，必然是空空洞洞的赞美。而老师呢？也即那些在比喻上说的园丁，我实在太了解他们了，他们日以继夜、呕心沥血地培养学生成长，他们是多么可敬可亲啊！所以我现在就赞美他们：向园丁致敬！向老师致敬！

这段弯弯绕式的啰唆文字，绕来绕去绕出来一大堆废话。为什么要作这样的弯弯绕呢？就是因为这段文字是基于思想贫乏、情感枯竭而硬挤出来的内容空虚的文字，含金量等于零。这段文字对老师的赞美实际上只有毫无具体内容的两句：老师“是培养人才的人才”，老师“日以继夜呕心沥血地培养学生成长”。于是只好用一大堆废话来掩饰其内容的空虚。如果习惯于这样的啰唆，是不可能产生含金量丰富的精警之作的，应当引以为戒。

精警的文章因为含金量丰富，因此必然要求简洁而拒绝啰唆。如果啰唆，水分多了，含金量就会被冲淡。精警和啰唆是势不两立的。

再看下例：

献给教师的歌

李梅笑

今天是教师节。

亲爱的老师，我谨以虔诚的心，向您唱出我的尊师曲。

明　镜

我几乎每天都有机会接触老师的眼神。在我的感受中，老师的眼神是映照出我们心灵的明镜。

我常常主动争取回答老师的提问。我的答案有时与书本的结论或同学们的见解截然不同。面对同学们惊异的表情，我正犹豫着该不该往下说的时候，是老师给我投来鼓励的眼神，坚定了我的信心，使我大胆地把问题阐述清楚。

在学习生活中，当我有了过错而忐忑不安的时候，老师的眼神充满了对我的信赖。于是我心中感到无限坦然，向老师道出我的“秘密”。

呵，老师那明镜般的眼神，交织着殷切的期望、深邃的思想，渗透了慈母的温存……

音　符

老师经常用亲切的话语，开启我的心扉，这些话语，那样和谐动听，简直是一串串美丽的音符。

课堂上，这美丽的音符在悦耳的旋律中跳跃，揭示了科学之宫的奥秘，展现出文艺画廊多姿多彩的天地，跳动着时代的脉搏，洋溢着诗人的激情。

课余，在娓娓的谈心中，这音符有如醇醪的甘美；在体育场上竞技的紧张时刻，这音符又变成了催人前进的号角。

智慧棒

在我读到的童话中，曾经出现过一个神通广大的仙翁，手执智慧棒，幻化出种种奇迹。

我们的老师也有一根智慧棒——粉笔。

老师挥动着这根智慧棒，黑板上呈现了一系列的符号与图形，把几代科学家努力求得的科学定理揭示得一清二楚。

老师挥动着这根智慧棒，带领我们探索一个又一个智慧的宝库。

老师的智慧棒，法力无边，赛过仙翁。

（《爱的空间》）

这篇文章从老师丰富的教学生活中摄取了三个典型镜头展现了老师一颗令人肃然起敬的心，那就是育人的爱心、诚心、艺术匠心。具有这样一颗心就可以产生非凡的育人智慧，从而对学生的思想活动洞察幽微，对学生的求知欲望明若观火，对学生的上进行为积极扶持，洒尽心血、循循善诱地引导学生健康成长。老师就是这样的育人艺术家，就是这样的塑造学生灵魂的睿智之士。读了这篇文章，对老师工作特点不了解、不懂得尊师重教的人会感到振聋发聩。无疑，这是一篇含金量很高的精警文章，我们很难删除其中的一句话乃至一个词语，因为已经做到了简洁。

第二，通过揭示事物的丰厚含蕴去阐发启人心智的义理。许多事物本身有着丰富的含义，人们没有发现，一经作者揭示出来，通过简洁的语言，阐发其中的义理，就可以使读者豁然开朗，产生启人心智之效。这就形成了精警的品格。我们不妨赏读下面这篇那家伦先生的作品。

大地上的第一株花

那家伦

花，大地上生长起来的第一株花。它的生长，是艰难的。

它先是作为一粒种子埋在土地里。大地封冻了，它也睡了，睡得仿佛很深，仿佛很沉。啊，其实它是在积蓄力量，积蓄信心，积蓄生命的力量。

终于，它那珍贵的种子，发出了晶亮晶亮的光芒，这是它的生命发出的第一道光芒。它费劲地钻开那冻得很硬很硬的土地，钻过一层，再钻过一层。当钻过第三层的时候，它已经筋疲力尽了。这时，它又遇到漫地遍野的积雪，几乎使它耗尽生命。然而，它顽强地挺住了，站立起来，穿过冰冻的雪层，迎向温暖的太阳。

它的第一片叶芽儿尽情地舒展开来，尽情地吸收着阳光，尽情地吸收着热量。是这光这热，哺育了它的生命，给它生长的能源。

它尽情地生长起来，有时迎着风雨，有时迎着雷电，有时迎着漫天大雪……

这天，它结蕾了。这蓓蕾饱含了它生命的全部热情，饱含了它生命的全部光明，饱含了它生命的全部力量。

终于，它，用生命的全部热情、光明和力量，呈献给世界第一朵花卉。

第一朵花卉啊，艳丽的、精美的、多情的第一朵花卉，献给大地的，是它生命的精髓。春天还未来临，它在凛冽的寒风里摇曳着，多情地把春风迎接！

这样，它迎来春天，它开辟通途，才能开放第二朵鲜花，第三朵鲜花，第四朵鲜花……第一百朵鲜花！

也许，第一万朵鲜花开遍原野的时候，它已经凋落了，凋落于土壤里，它的生命化为光化为热，肥沃了土壤！

肥沃的土地，自然又孕育着更多更多晶亮晶亮的生命的胚芽，又绽开出更多更艳丽的花朵。

这些胚芽，这些花朵，不正是它的生命延续么？它们吸收了它的生命的光，吸收了它的生命的热，吸收了它的生命的绚丽的色彩……

啊，它的生命依然存在，存在于白色黄色的花朵里，存在于红色紫色的花朵里，存在于绿色蓝色的花朵里……

它的生命变得这样的不朽！

它的生命变得这样的丰富！

（选自《中国当代散文诗选》。有改动）

这篇作品写了大地上第一株花生长、开放、凋谢、再生的全部历程。这历程是不平凡的，从种子钻开冻得僵硬的土地，穿过冰冻的雪层迎向温暖的太阳，到第一片叶芽尽情地舒展，尽情地吸收热量，迎着风雨雷电，迎着漫天大雪，到结出饱含生命力量的蓓蕾，到开出呈献给世界的第一朵花，开辟通途，催开无数朵遍布原野的鲜花，到它的生命终结时肥沃了土壤，孕育更多的生命胚芽，绽开更多更艳的花朵……这就是大地上第一株花开拓的花的生命历程。作者从花的生生不息、代代相传，花的生命永远延续下去这种生命现象，发现其本身固有的厚实意蕴，那就是：从花的生命现象看到整个宇宙的生命现象，并据此揭示出生命的壮丽，生命的不朽，生命的丰富！读了这篇作品，读者可以悟到生命的价值在于不懈地追求、不断地拼搏，不倦地奋斗。作品对大地上第一朵花的生长史、奋斗史的鲜明的描述和深刻的揭示，体现了作品的精警品格。

第三，从事物的特点出发，根据作者的思想、情操和审美趣味作合乎情理的拓展，赋予事物以启迪人、感动人的理念，运用简洁的语言表述出来，于是产生出精警的品格。

沿着弯弯曲曲的小径

韩作荣

山中没有笔直的路，弯弯曲曲的小径，像蛇一般在脚下倏忽闪过，又钻进草丛，潜踪匿迹。

无数曲线和圆弧，构成了山的形体。

在与天的交接处，大山秀美的线条如少女脸颊的轮廓，如武士的头盔，如蜿蜒的游龙；远山，则像画家涂抹的几笔苍蓝，波澜起伏，在天幕悬挂。

圆润的露珠，心形的叶片，尖戟般的岩石，弯曲的草叶，鹅黄的半椭圆的新芽，纤细而蜷曲的藤蔓，连声音也曲曲折折，那溪流的歌音，有如笛声婉转悠扬……

山中没有笔直的路啊，然而，有弯曲，才有雄壮；有秀美，有起伏，才有波澜；有阻碍，有不平，才有歌声！

沿着山中的小径，去开辟新路吧，用板斧弧形的轨迹，用钻杆的飞旋，用火药般的豪情，辟一条新路！

纵然山路盘盘，似乎周而复始，路，却在向前延伸……

（《采自山野的花束》）

山中的一条弯弯曲曲的小径，本来是人走出来的，普通得很，人们来到这里，也只不过是踏在它上面登山和下山罢了，有谁会注意到它呢？又有谁会认为里面有什么学问呢？然而作者却把视点投在它上面，发现了它的特点，并且找到它的特点与自己的思想情操、审美趣味的契合处，拓展开来，赋予它深刻的人生哲理，于是，它就有了大大的学问。在作家笔下，一条小山径弯曲得很美，它出现在与天交接处的蜿蜒如游龙的大山上，像蛇一般忽闪而过，又钻进草丛，潜踪匿迹。它的身边有露珠叶片，有岩石藤蔓，有小草新芽，还伴着婉转悠扬的溪流歌音……这样的一条弯弯曲曲的山路美在哪里呢？作家揭示出来了：美就美在它的弯曲，“有弯曲，才有雄壮；有秀美，有起伏，才有波澜；有阻碍，有不平，才有歌声！”读者完全可以悟到，这里隐含着的深厚意蕴，作家就是这样从山中小径的特点拓展到人生道路的特点的，“山中没有笔直的路”，奋斗的人生，道路也不会全都平坦。于是一个深刻的理念就自然而然地展现出来：在山中，要沿着小径开辟新路；在人生，要用火药般的豪情去开辟新路！山中一条毫不起眼的弯弯曲曲的小径，通过作家的思想情操、审美趣味的过滤，在拓展中被赋予深刻的人生理念，让读者在审美愉悦之中感到豁然开朗，这就是精警，就是精警运笔的奇效。

精警是重要的，精警可以产生精品。

二、写作故事

要在简洁上下功夫

小明最近写了一篇练笔：

我有一个朋友，虽然看起来普普通通，但实际上很了不起，说他了不起就是因为他学习勤奋。

说他学习勤奋一点也不假，不止我这样说，老师也这样认为，全班同学都公认。这是千真万确的。

他学习勤奋突出表现在惜时如金，惜时如金就是不偷懒，他每一点能够利用上的时间都利用上了。上课时间，他听老师讲课，课后也尽量利用能够利用的时间学习，他从来没有让时间白白地溜过去，他认为不那样做就是浪费时间，对学习就是不利的，不那样做对一个要求进步的同学来说是完全不应该的。他的思想真的像金子那样纯正。因此，你能说他学习不勤奋吗？你能说他不珍惜时间吗？谁如果那样说，谁就不是一个实事求是的人。

由此看来，老师说他勤奋，我说他勤奋，全班同学公认他勤奋，是完全正确的，这正是他所以看似普通，实际上了不起的地方。

昨天，小明到学校图书馆看书。他先是看到一本《都德作品选》里的一则寓言：

一天，有人问一只鸟儿："为什么你唱的歌儿这么短，难道你的气儿不足吗？"

鸟儿回答："别看我唱的是短歌，我的短歌可以把世界上全部的东西告诉人们。"

小明对这则寓言，思考了好一会儿，他悟到：鸟儿的歌虽短，但容量巨大，这就是短歌的价值。长歌能够做到容量大，当然也很好，但长而空就不足取了。

接着，小明又看了一本《古今名人写作趣话》，里面讲到宋代杰出文学家欧阳修改文章的故事。欧阳修在写作上最讲究简洁。有一次，一位青年写了一篇文章拿给他看。欧阳修读完全文之后，指着"有犬卧通衢（四通八达的大路），逸马（逃逸的马）踏而毙之"一句对青年说："这一句太啰唆了，照这样写法去写历史书，一篇文章写一万字也收不了场。那怎么行？"青年诚恳地请求欧阳修斧正。欧阳修想了一会儿，提笔改为："逸马毙犬于道。"青年看了，对欧阳修改得这样简洁而不失原意，十分敬佩。

看了欧阳修这个故事，小明警觉起来了。自己写的文章好像也犯了啰唆病，赶紧回家里把他最近写的那篇练笔从头到尾看了一遍，接着，他把大腿一拍，自言自语地说："糟透了，通篇全是啰唆的败笔！"是呀，这篇练笔，兜来兜去，重重复复，说了一大堆，空空洞洞，什么具体事实也没有。这么长的一篇东西，实际上只用"我的朋友学习勤奋"这八个字来表达就够了，其他全是废话！

小明暗下决心：今后写作要在简洁上认真下功夫。

三、写作示例

云

徐成森

绝不是由于轻浮和清高，我才漂浮于无垠的碧空；也不是为了寻求不受任何约束的自由，我才离开了青葱的草木、峻峭的高山和奔腾的河流。

当烈日烤晒得大地过于炎热时，我甘愿用身体遮蔽太阳的暑威，给人间带来温和与荫凉；当广袤的土地忍受着干渴的煎熬时，我又化为绵绵的细雨，降落在田野的禾苗上，投身到龟裂的土地里，使它们得到新的血液的滋润。

我在高山之巅聚集，在碧落之间遨游。但我从未忘记，我是大地母亲的女儿，是她派遣我高高地升腾于九霄，调节气温，均匀雨量；使地球上的水分得以往复循环，滋养着万类生机。因此，也许可以说：没有了我，也就没有了生命。

绝不是为了炫耀我的洁白的裙裳和变幻无穷的美姿，我才升得那么高，飘得那么远。啊，当我飞升起来的时候，就是为了重新降落在亲爱的大地母亲的怀里！

我来自人间的大地，最后仍然要回到大地人间。

（《黎明散文诗丛合集》。有改动）

写云的文章，可谓汗牛充栋，而徐成淼先生的这一篇，真称得上是不同凡响。

许多写云的文章，都是在云的现象上着笔，或写云的舒卷飘拂的形态，或写云的绚丽斑斓的色彩，或写云的层出不穷的变幻，或写云的如海如潮的奇观……当然，不能笼统地说这样写就没有价值，但毋庸讳言，很多文章只是停留于浅层而缺乏深意。徐成淼先生匠心独运，不落窠臼，通过简洁的语言，依据云的特点，把自己的思想情操、审美趣味熔铸进去，把云写成一个有灵性、有生命的大地母亲的女儿，揭示生命价值的真谛，发人深省，构成一篇精警的佳作。

作者笔下的云是通过简洁的语言，运用拟人手法进行自述来表现其性格的。作者赋予云以性格，没有忘记云的形成过程及其外表状貌特点，而是依据这些特点进行拓展去表现。这样的云，有一种寻根思源的理念。它深知自己是大地母亲孕育出来的，它的摇篮就是大地上的江河湖泊，是经过气化才变成云的，于是它穿上了洁白的裙裳，形成了变幻无穷的美姿。它离开大地上青葱的草木、峻峭的高山和奔腾的河流，它漂浮于无垠的碧空，升腾于九霄之上了。也许有人会质疑：它蜕变了吗？它变得轻浮和清高了吗？它为了寻求不受任何约束的自由而忘记大地了吗？不！它称自己是大地母亲的女儿，要回报母亲的养育之恩。可不是吗？瞧，它对大地母亲如此依依不舍，它不但在碧落（青天）之间遨游，也在高山之巅聚集。它用身体挡住太阳的暑威，给人间带来阴凉；它化为甘雨，润泽禾苗与龟裂的土地；它调节气温，均匀雨量，使地球的水分往复循环，滋养万物生机……它飞升起来，是为了重新降落在亲爱的大地母亲的怀抱里！它说："我来自人间的大地，最后仍然要回到大地人间。"作者就这样进行一系列拓展，给天空上普通的云注入了深厚的意蕴，揭示了生命价值的真谛，启发人们深深思考：自己的生命不也是祖国母亲培育出来的吗？不也是父母、师长养育成长的吗？应当怎样发挥自己的生命价值呢？那就是奋斗、发展、创造，对祖国母亲作出尽可能大的奉献。如果能够做到这样，也就是对父母、师长最好的回报了。

第三节　写得含蓄

一、写作知识

含蓄是写作主体把自己的思想感情蕴藏于语言形式之中而不直接说出来的一种笔法。

这种笔法的妙处在于让读者在咀嚼品味中悠然心会，领悟真意，从而得到艺术享受的满足。

画苑中有这样的一个故事。宋徽宗设立的一个画院考试录取新生，考官以《深山藏古寺》为题让考生作画。考生们画的大都是差不多相同的画面：千仞高山，悬崖峭壁，古木参天，在浓浓的绿荫中隐隐约约地露出古老寺庙的一角。只有一个考生别出心裁，画的与众不同：在峰峦起伏、松柏挺立的深山老林之中，流过一条清清的小溪，溪边一个挑水的老和尚正在沿着一条通往山上的石径登山。这个故事生动地说明了含蓄的妙处。大多数考生画的深山丛林中露出古寺一角，等于把"深山藏古寺"的题意直接画了出来，让观画的人觉得一览无余，淡而无味。而那位别出心裁的考生的作品，画面上尽管看不到古刹寺庙的影子，但那个老和尚挑水上深山，不是正表现出深山有古寺么？这就在没有古寺的画面上恰到好处地体现了"深山藏古寺"的题意。这就是含蓄。观赏这幅画的人一定觉得此画耐人咀嚼、引人遐想、韵味悠远，这正是含蓄之妙！

写文章和画画在许多方面的道理是相通的，试看下面两例：

1

秋风阵阵，片片枯黄的叶子从树上掉落下来。我捧起一片落叶，引发了种种沉思，想到有些掌过权而退下来的人看到落叶就触动了愁绪，感慨人世之沧桑，人生之无常，我看这大可不必。新陈代谢是事物发展进步的规律，叶子枯黄，从树上脱落了，绿油油的新叶子又长出来，一棵树的生命才可以延续；人民公仆到了规定的年龄退下来，实现了自己的使命而让位给青年干部接班，社会主义事业就更加兴旺发达，这不是大好事吗？

2

哦，落叶，我捧着你便是捧起了一片金黄的希望。你懂得新老交替的永恒：你的飘落不是标志着衰老，而是为了让嫩芽更好地萌发，萌发中再孕育新的理想。

落叶啊，你把自己交给了湿润的泥土，让活力和生命在土地上生长、延伸；让杂质和私念在泥土中腐烂、死亡。啊，落叶，我捧着你，如同为大地——母亲捧着金色的新衣裳。

我捧着一片落叶，捧着一片金黄的希望……

（摘自《中外写作技法大观》）

以上两例的优劣在哪里？例1把自己的观点和盘托出，讲的是一般的道理，说教的味道很浓；例2则把自己的观点隐蔽起来，通过对落叶的赞美让读者悟出道理。例1是干巴巴的表述，浅露乏味，令人生厌；例2运用含蓄笔法，蕴藉隽永，令人读了觉得余味无穷。

含蓄的笔法不是故弄玄虚，让读者像猜哑谜那样去瞎捉摸，而是通过巧妙的途径把真意透露给读者。为此，要掌握以下几个要领：

第一，凝聚内蕴。这是说作者要把自己的思想感情、道德观念、人生理想和审美趣味凝聚到词语中，使之具有丰厚的意蕴从而产生启迪人、感染人、震撼人的力度。

有这样的一个事例。俄罗斯杰出科学家罗蒙诺索夫为科学上的一个问题与舒瓦诺夫伯爵发生了一场激烈的争论。罗蒙诺索夫以雄辩的事实、深刻的论证，把手中无真理而又持势欺人的舒瓦诺夫驳得体无完肤、狼狈不堪，但舒瓦诺夫死不服输，妄图用权力压倒对方，他野蛮地说："你再嘴硬，我就把你开除出科学院！"罗蒙诺索夫平静而又凛然不可侵犯地回答："请原谅，无论如何你都不可能把科学从我身上开除出去！"这句掷地有声的话，内刚外柔，无懈可击，舒瓦诺夫听了瞠目结舌，噤若寒蝉，他万万没有想到对方竟这样说。罗蒙诺索夫说出的简洁言辞是凝聚了丰富的意蕴的：你真的了不起吗？你除了可以凭手中的权势横行霸道之外还有什么？我身上拥有的科学知识和科学真理你能剥夺走吗？在科学真理面前你的权势是一钱不值的！罗蒙诺索夫这句含蓄但又坚决的话，使舒瓦诺夫灰溜溜地败下阵去。这就是含蓄的奇妙效果。

第二，象征暗示。所谓象征暗示，就是把所描述的某一事物作为象征事物，刻画出它的风格特征，加以引申，暗示相类似的某种思想、情感、人品，并且使之感性化和可视化。

1987 年 4 月 8 日《人民日报》发表的《云山人语》（作者赵相如）就运用了象征暗示的笔法。文章写了深山里一位紫铜脸、额上印下三条深深皱纹、边走边唱山歌的大汉子。"我"进山后向他问路，在和他的攀谈中知道他是山里的一位创业者。他和大家一道，把虎豹出没、见树不见人的方圆几百里荒山野岭变成楼房林立、有数万人落户的几个小镇。他是城里来的，但爱上山区，不想回城了。文章表现出他朝气蓬勃、胸怀大志建设山区的品质。接着写道：

山在云里，云在山里。人，有各自的情致，正如路边各色不同的野花。我走着走着，突然眼前出现一株摩天老樟树，几个人抱不过来的躯体，枝干虬曲，绿叶繁茂。就在这山里，它生活得挺拔自在，而又是那么难得的一株栋梁材。

这里，作者运用象征暗示笔法，描绘出躯体魁梧、绿叶繁茂，在山里生活得挺拔自在的难得的栋梁材——樟树，暗示那位扎根生区、建设山区，在山区创业的大汉子就是国家建设的难得的栋梁。

上例中，象征和被象征的人和物都在作品中出现。有的作品只有用作象征的事物出现在作品中，而被象征的事物则在作品之外，但因为有象征的暗示，所以读者也能够领会。请看艾青先生的诗作：

礁　石

一个浪，一个浪
无休止地扑过来
每一个浪都在它脚下
被打成碎沫，散开……

它的脸上和身上
像刀砍过的一样
但它依然站在那里
含着微笑，向着海洋

1954年7月25日
（《艾青诗集》）

这是一首咏物诗，咏赞的是礁石，描写了海浪对礁石的袭击，礁石坚定地经受了考验，是个战斗的胜利者。诗人笔下的礁石与海浪的矛盾冲突，绝不是海洋景观的机械复制，而是通过象征的艺术引申到社会现实中，暗示一个真理：面对着凶恶的敌人，一定要做一个坚强的战士，敢于斗争，坚定沉着地斗争，勇敢顽强地斗争，才能够取得胜利。

第三，弦外有音。弦外有音的意思是言在此而意在彼。这是说，“言在此”的“言”已经说完了，但“在彼”的“意”却没有说，造成言有尽而意无穷的艺术效果，让读者在体会的过程中觉得意蕴悠远。

英国一位佚名作者写了一篇题为《杰克和水手》的文章，通篇都是水手和杰克的对话，当杰克了解到水手的祖父、父亲和哥哥都死在海里时，表现得十分惊讶，说道：“啊呀，大海太可怕了！既然如此，你为什么还要在海上当水手呢？如果我是你，我就永远不到海上去了！”接着，有下面的对话：

水手：你愿意告诉我吗？你的祖父死在哪儿？
杰克：啊，他在床上断的气。
水手：你的父亲呢？
杰克：也是死在床上。
水手：（惊讶地）啊呀，床上太危险了！如果我是你，我就永远也不到床上去了。

细细揣摩水手最后说的一句话：“啊呀，床上太危险了！如果我是你，我就永远也不到床上去了。”这话包含着丰富的弦外之音：“在懦夫的眼里，干什么都充满了可怕和危险；对于勇士来说，面对着千难万险也要勇往直前，把荆棘夷为平地，把天堑变成坦途！”

上述例子的弦外之音是寄寓于推理判断的词语之中的，也有许多时候的弦外之音隐藏于形象之中。例如金昌绪的《春怨》：

打起黄莺儿，
莫教枝上啼。
啼时惊妾梦，
不得到辽西。

这首诗写的是一位独守空房的妻子怀念远在辽西征战的丈夫，但通篇都没有出现怀念一类的字眼，而是通过形象去表现怀念丈夫的弦外之音。天将破晓，黄莺在枝头啼唱，把深闺中一位女子的酣梦吵醒了。黄莺的歌声本来是美妙娇婉的，但这位女子偏要气咻咻地把黄莺赶跑。因为不解人意的黄莺惊破了她的美梦，使她没能在梦中到辽西与丈夫相会！这就把弦外之音表现出来了：这位女子绵绵不尽地牵挂着远在边关征战的丈夫。纵观全诗，无一字写怀念，而怀念之情却显而易见。这就是弦外之音。

凝聚内蕴、象征暗示、弦外有音都是含蓄笔法的具体运用，都是作者把自己的真意存蓄于论理中或形象中，含而不露，让读者在品味中领会的写作艺术。

二、写作故事

萧伯纳和神父

文光中学的杜康泰老师在一次作文课上要求同学们进行一次写弦外之音的训练，命题可谓别开生面。下面是给作文提供的话题：

英国著名进步作家萧伯纳写了许多替人民说话的好作品。其中的一部分作品揭露了贪官污吏穷凶极恶地搜刮民脂民膏的罪行，引起了贪官污吏对他的仇恨，于是以高价雇佣了一个据说善于舞文弄墨的神父写文章咒骂萧伯纳。论文章，一个区区的神父岂是大文豪萧伯纳的对手？每次他都被驳得哭笑不得而一败涂地。这个神父要伺机报复了。一天，萧伯纳在公园里悠闲地散步，真是冤家路窄，那个神父远远地走来了。神父一见到萧伯纳，就心生一计，要乘此机会奚落、丑化萧伯纳一番，以解心头之恨。这时，他装出很友善的样子向萧伯纳问好，又满脸堆笑，煞是亲热。这个神父肥头大耳，大腹便便，笑起来要多难看有多难看。只见他的眼睛眯成一条线，两边的脸就像两块肿起来的肉疙瘩，那平时也凸出来的黄牙显得更令人恶心了。神父忽然又皱起了眉头，变出一副悲天悯人的嘴脸，说道：“尊敬的萧伯纳先生，今天我见到你真是难过极了，看到作为一个英国人的你，竟然这样精瘦，人们一定以为英国在闹饥荒呢！”正在这个时候，公园里的众多游客知道著名作家萧伯纳在和神父对话，就围拢过来看个究竟。萧伯纳见来了那么多人，十分高兴，心想：“这一回，又可以让神父当众出丑了。”他仔细地端详了神父一番，不紧不慢地说了一番又使神父哭笑不得的话。神父顿时变得像霜打的稗草，垂下头来，恨无地缝可钻，于是赶快夹起尾巴，灰溜溜地逃出了人群。此时，游客们对神父发出一片嘲笑的嘘声，像送瘟神那样驱逐他。接着又对萧伯纳鼓掌欢笑起来。

作文要求：拟一篇萧伯纳“回敬”神父的言辞。

看了这样的作文题，同学们的大脑神经马上形成一个兴奋点：棒极了，这次作文真新鲜！一定要写好。

在下一周的作文讲评课上，杜老师拿着同学们的作文本，兴致勃勃地走上讲台。

杜老师首先肯定了同学们这次作文训练的成绩，说可圈可点的好作文很多。接着，他把同学们的作文分成三类进行讲评：第一类是好的，符合弦外之音的要求；第二类是较好的，基本符合要求；第三类是把自己的真意直勾勾说了出来的，不符合要求。

杜老师首先讲评第二类，举出的典型例子，引得同学们哄堂大笑，比如：

神父先生！你呀，你以为你胖乎乎地就很漂亮吗？哎，漂亮，够漂亮！瞧，你那肥墩墩的猪肚子，你那拱梁的肉头鼻子，你那像猪八戒一样的垂到两肩的大耳朵，说到你的两颊就更令人喝彩了，那不是挂上去的装满了猪油的两只麻包袋吗？你可算得上天下第一美男子了，你可以接受电视台记者的采访在屏幕上亮相了。可是令人遗憾，你的肥胖美则美矣，但并不光彩。这，你是心知肚明的，你领了贪官污吏们多少津贴写那些臭文章呀！

杜老师在同学们的笑声中念完了这一段文章之后评说道："这样写的一个优点是有弦外之音：神父领了贪官污吏的津贴把自己养肥了。不足之处是不够充分和深刻。还存在一个缺点，就是对神父的肖像描写过于漫画化，幽默有余而欠庄重，不符合萧伯纳幽默和庄重兼而有之的风格。"

杜老师接着讲评第三类作文，他举出了一个例子：

神父先生！你长得确像肥猪一样，真够胖了。但是你为此自豪而不觉得可耻也实在太可悲了！是那些搜刮民脂民膏的贪官污吏用他们吃剩的冷饭残羹把你养肥的，你自豪什么？你只不过是贪官污吏们的一条狗，一条肥肥胖胖的狗罢了！

杜老师念到这里，同学们又是一阵大笑。杜老师说道："这样写等于把你的真意全部摊牌，弦外之音就不存在了，而且还存在一个缺点：有恐吓辱骂之嫌。"

杜老师讲评第一类作文了，大家的精神更加振奋，因为谁都想学习人家的长处来提高自己嘛，杜老师在作全面分析之后说："好作文很多，最优秀的是高扬威同学写的文章，现在请他把最精彩的一段念给大家听。"

高扬威清了清喉咙，面带微笑，走上讲台念道：

哎，亲爱的神父先生，今天幸会阁下，我可高兴极了！因为我有一个不小的收获啦，我们的国家为什么闹饥荒呢？这个问题我苦苦思考了三年，越想越糊涂，今天见到了你之后却恍然大悟了：我国闹饥荒的原因可以从你的贵体长得这么肥胖找到答案啦！神父先生，多谢你了！

高扬威念完了他的文段，全班为之喝彩，伴着阵阵笑声、叫好声，响起了雷鸣般的掌声。

杜老师让大家发言，指出这个文段的弦外之音好在哪里。

同学们探索、求知的欲望被杜老师点燃了，课室里几乎沸腾起来了，大家你一言，我一语，争着发表自己的见解。

"这样回击神父，既温文尔雅，又尖锐泼辣，真解气！"

"针锋相对，让神父无法遁形！"

"紧扣神父提出的饥荒话题反驳，等于让神父搬起石头砸自己的脚，痛快！"

“萧伯纳文质彬彬，在客气、礼貌的言词中把神父骂得狗血喷头，他怎么也想不到吧?”

“神父输了，活该!”

听了同学们各具见解的发言，杜老师真是喜上眉梢。最后他总结道：“根据同学们的发言，可以把弦外之音归结为：神父先生，那些豢养你的贪官污吏们以及你本人，在贪得无厌中把全国人民用血汗创造的财富都聚敛起来，占为己有，于是在你养得肥头大耳的同时，全国就闹饥荒了。”

下课了。同学们还意犹未尽，三五人围成一团，继续讨论。

三、写作示例

登山去

刘 伟

登山，一个古老而浪漫的名字。或许出于这份青春的浪漫和对古老产生好奇的情怀，我们几个同龄的女孩子，居然肯放下那份深闺中的羞涩与矜持，背上沉重的也是充实的行囊，犹如一群雄赳赳的出征勇士在向人宣告：走，到莽莽的旷野登山去！

是的，为了追寻先辈神秘的足迹，为了体察祖先们在漫漫长路不懈地追求的背影，走，登山去！为了体验曹雪芹写一部文学巨著时那满纸蘸泪的沉重自白“都云作者痴，谁解其中味”的意蕴，为了揣摩开国元勋在胜利前夕畅叙天下事中那“进京赶考”笑谈的深意，走，登山去！为了放飞我们青春浪漫的灵魂，为了圆上“跋涉者”探索、攀登的梦，走，登山去！

大山的胸怀是宽阔的，它张开双臂热情地迎接我们，大山的脾气也是吝啬的，它不肯给我们哪怕是一小段坦荡平直的路。在我们面前，只有崎岖曲折的小径，没有坦途，没有向导，甚至没有可攀扶的东西。我们互相牵扯，彼此关照，艰难地在陡峭的山崖上匍匐前进。我们没有叫苦，我们豪情焕发，仿佛先辈们那不羁的、勇敢的品格已经融入我们的躯体。是的，我们似乎背负着使命走进那丰富、神奇的浩浩洪荒。哎，眼前没有红花，没有绿草，只有黄褐色的泥土和嶙峋的石块。对呀，这里不是华堂，这里没有锦缎，这里是一片未被开垦的处女地。只有越过苍莽的山，淌过湍急的水，才可以隐隐约约地窥见它的芳容。此时，一位白发苍苍、神态安详的老者从我们身边走过。他看到一群娇嫩的花季女孩子来到这宇宙中的荒漠地带，大为惊奇！他轻拈胡须，感叹地吟起了曹氏写巨著的自白诗：“都云作者痴，谁解其中味?”我们听了，都知道老人家对曹氏的诗句作了怀疑我们的解读，于是大家心心相印地默默交流心语：老人家，没有我们的“痴”劲，登山就登不成了。“其中味”我们自己是理解的，那就是：我们要探索，要攀登！这就足够了，我们就有动力了。老人家放心吧！忽然，又有一个彪形大汉的身影掠过。也许是看见了我们，他好像很不理解地自言自语：唉，娇生惯养的深闺幼女也能考出好成绩吗？这个怀疑论者的论调又使我们互相发出心语：可敬的先生，你错了！我们是娇生惯养的吗？不，我们要在探索和攀登中做顶天立地的时代之子！做志坚胆壮的中华女儿！我们要在探索、攀登中谱写出女孩子登山的青春之歌！于是我们青春的豪情像滚滚的热浪在胸中翻腾，我们欢叫，我们跳跃，我们激动地挥舞双臂，我们骄傲地飘洒着秀美的长发，我们用年轻的生命拥抱宇宙的沧桑，我们要学习开国元勋“进京赶考”的精神在“登山赶考”中拿高分！

我们放下行囊在山上小憩，我们坐下来吃饼干，喝饮料。一位同伴喝得太急，饮料从嘴里溢出，流到地面。她就对大山亲热地说：“大山，你也和我一起品味可口可乐吧！”另一位同伴干脆躺下来，在仰观浮云中舒缓筋骨，她给大山发话了：“让我的一身牛仔也亲一亲大山你吧！”也许是受到她俩的感应，我们欢呼了一阵，又唱起歌来，跳起舞来，让我们稚嫩的声音震荡山谷，让我们秀丽的身影印在大山的背脊……宇宙之神呵！你看得到我们青春的放纵和宣泄吗？你听得见我们心灵中的波涛滚滚作响吗？你能解读我们豪放声音中的密码吗？你欣赏我们青春的浪漫中隐含着的信念吗？……一阵阵的山风习习吹来，也许它是宇宙之神派来的使者，袅袅地向我们传递信息：你们有勇气走进这荒漠的处女地，你们有一种“要攀登，要探索”的精神，你们很有希望！祝福你们！

我们继续前进，又发现前面的山更高。上吗？上！带一脸山土，带一身山气，上！我们又开始新的艰辛跋涉。山那边是什么呢？不知道，也许是另一种神奇的风景，也许是另一种奥秘，也许是另一种古老……但是，无论如何，我们的信念总不会变：我们要探索，我们要攀登！

走，登山去！

（选自《300著名作家评点获奖作文300篇》。有改动）

这是一篇小作者的佳作，写的是一群女孩子“登山去”的故事，表现了一群女孩子在登山的历程中感受大山的无限风光和宣泄青春的浪漫情怀，而这一切又被“要探索，要攀登”这条贯穿文章始终的彩带进行巧妙编织，演绎成为一群女孩子焕发青春风采的美丽景观。

可贵的是，这篇文章并非就登山写登山，而是在写登山中传导出弦外之音，正如著名作家张锲先生称赞这篇文章时说的：“作者写的是登山，实际上还有更多的言外之意”。张先生说的“言外之意”正是弦外之音。这种弦外之音是通过“要探索，要攀登”这条彩带折射出来的。文章实实在在地写出来的是登山过程中的探索和攀登，而折射出来的弦外之音却是人生过程中的探索和攀登。

这是一群娇嫩的花季女孩子，为了圆探索和攀登的梦，她们要登山去。她们从开国元勋的“进京赶考”获得启发，把登山作为探索、攀登的“赶考”；她们在曹雪芹“都云作者痴，谁解其中味”的诗句中受到感染，要用一种“痴劲”去登山，去体验登山中探索和攀登的“味”。这就是她们青春浪漫的情怀，这就是她们前进的动力。这些文笔是描述登山，但从它积聚的内蕴来看，不也是描述人生么？人生不也正像登山一样么？不也正需要圆攀登探索的梦么？不也正需要以“赶考”的态度去对待探索、攀登，用一种“痴劲”去坚持探索、攀登并体验其中之“味”么？这一切不也正是人生中的浪漫情怀么？

这群娇嫩的花季女孩，为了圆梦，积极“赶考”，坚持“痴劲”，去体验其中之“味”，她们放下少女的羞涩与矜持，像勇士一样出征了。迎接她们的不是康庄坦途，而是崎岖小径；不是红花绿草，而是黄土怪石；不是华堂锦缎，而是荒野湍流……她们面对的是宇宙洪荒中的处女地。为了窥见处女地的芳容，她们互相搀扶，彼此关照，在陡峭的山崖上匍匐前进。这正是她们青春浪漫灵魂的放飞。这些描述登山中艰辛地探索和攀登的图景，正是人生征程的真实写照。在人生的道路上并非都是一帆风顺的安稳，总会有急流逆浪的颠簸；并非都是清风明月的悠闲，总会有宵衣旰食的劳累；并非都是高枕而卧的康泰，总会有风来雨去的奔波……凡此种种，都显示出在人生的道路上，需要有在崎岖的山崖上匍匐前进的精神武装，需要有"赶考"的态度，需要有探索、攀登的"痴"劲，需要有体验登山之"味"的欲求。这一切归结起来也就是圆探索、攀登的登山梦，让青春浪漫的灵魂尽情地放飞。

这群娇嫩的花季女孩子，在登山中探索和攀登的历程，没有被种种艰辛所吓退。更为难得的是，遭遇到习惯势力的不理解和怀疑，她们也毫不动摇，而是坚定信念，勇往直前。那位好心的老者，担心这些不谙世事的小丫头对登山只是出于单纯的"痴"，并不懂得"其中味"；那位持怀疑论的彪形大汉看见这么一群娇媚的小姑娘，便认定她们是娇生惯养的温室花朵，在登山之路上考不出好成绩。面对这种不协调的音符，更激发了她们人小志高的青春豪情，她们要在登山的探索、攀登中练就一副坚强的筋骨，"做顶天立地的时代之子，做志坚胆壮的中华女儿"，要"谱写出女孩子登山的青春之歌！"她们欢呼，她们跳跃，她们挥舞双臂，她们骄傲地飘洒秀美的长发以显示少女的高贵；她们向宇宙之神发出激情的呼唤以渴求理解，她们收到想象中的宇宙之神赞赏和祝福她们的回音又产生出一种自我激励……她们又要向新的高峰探索和攀登了。这群花季女孩子的热情和志气和天籁般的既稚嫩又意蕴丰富的声音不就是一部女孩子登山的青春之歌吗？而她们在登山的奋进中不被理解和受到怀疑不就是人生的缩影吗？是的，在人生的征程中，许多奋发图强的志士，要探索，要攀登，要创造，也并不总是受到理解、支持、鼓励，也总会遇到历史惰性的各种阻力，遇到陋习偏见的泼冷水，吹冷风，遇到观潮派的说三道四、刻意挑剔……这就需要志士们的坚定信念、似火豪情和志坚胆壮，需要在攀登和探索中唱出勇往直前的青春之歌！

总而言之，这篇写"登山去"的文章用一条"要探索、要攀登"的彩带编织女孩子们登山历程的无限风光、青春浪漫情怀和焕发青春风采的美丽景观，它折射出来的弦外之音就是多色调的人生美丽景观，这是在陡峭的山崖上匍匐前进、战胜困难、战胜阻力的美丽景观，这是锻炼意志、勇往直前、创造辉煌的美丽景观，一句话，这是在人生的征程上探索和攀登的美丽景观。

第四节　写得婉曲

一、写作知识

婉曲就是委婉曲折。文章为什么要写得婉曲呢？这是为了产生引人入胜的魅力。

读者读文章是不喜欢一览无余的，就像游览花园一样。游览一个花园，如果一进门就一眼看清楚整个花园的景物，那么这个花园就没有什么游览价值了；如果一个花园处处是曲径通幽，游人在峰回路转中，不知不觉地走进一个又一个繁花倚石、竹树蔽天、香草埋径的绝妙天地，就得到一种赏心悦目的满足。读文章也是如此。假若一篇文章，全是平铺直叙，看头知尾，这篇文章就没有看头，读者还没看到一半就会丢开；如果一篇文章，充满了委婉曲折，让读者好像在山重水复之中，忽然看到别有洞天，于是进入一个又一个意料之外、情理之中的佳境，不断地扩展自己的新视野。这就是引人入胜的魅力。古今中外的名家写文章喜欢运用婉曲的笔法，就是这个道理，所以清代的文学家袁枚说："凡作人贵直，而作诗文贵曲"，说得多好啊！

运用婉曲笔法切忌把要说的一下子和盘托出，而须掌握一个要领：移步换形，逐个侧面展现文章的内容和体式。游过杭州西湖的人都知道有一座九曲桥。如果从方便的角度考虑，把这座桥架成笔直的，就可以大大地缩短距离，但是造桥者偏要架成九曲桥。这是为什么？这是为了让游人过桥时，随着桥身的每一曲折，就可观赏到一个新的景致，享受到面面看山、处处赏湖的美感。写文章移步换形的婉曲就是要在文章中造一座"九曲桥"以委婉曲折地展现文章丰富的思想艺术容量，让读者读了这样的文章就觉得：四面风光收眼底，万般景观漾心头，真是赏心乐事啊！

"移步换形"有以下三种基本方式：

一种方式是起伏跌宕。起伏跌宕是在时而升起、时而跌落的一起一伏中移步换形，让读者在阅读时的心情也随之在时而紧张、时而松弛的过程中看到起伏跌宕的各种景象。请看新华社记者采写的下面一篇文章。

钱被风刮跑以后

一月二十日，长春，北风刮得很猛，我骑自行车，只顾低着头往前紧蹬。临近和平大路口，把一个边走边低头数钱的农民老大爷撞了个趔趄，他手中的一把人民币"哗啦"一声掉在地上。我慌忙跳下车，想赶紧把钱给老人拾起来，可是已经来不及了，散落在地上的钱已被呼呼的北风刮了起来，纷纷向四处飞扬。

正在这时，只见过往行人都不约而同地向钱飘走的方向跑去，有的还高喊着："钱跑了，快抢啊！"霎时间，整个路口喧腾了起来。

这突如其来的情况，使老人大为吃惊，他随后便焦急地拍着大腿说："风刮人又抢，这可怎么得了，钱又要没了。"我本想安慰老人几句，可说什么好呢。

没有多久，风似乎有些小了。"抢钱"的人从四面八方陆续朝老人走来，把"抢"来的钱都一一交在他的手里。老人喜出望外，不停地向众人点着头。

人们聚集在老人的周围，一再关切地要老人把钱数数。看得出来，老人有点情面难却，便用微颤的双手数了起来，旁边还有人帮着数数。数完，只见老人略为迟疑了一下，接着又数了一遍，还是二十六张。老人抬头用疑问的目光瞅着围在四周的人们，并自言自语地说："不对……"老人的话还没说完，一个戴红领巾的小学生抢着喊开了："谁还没把钱送来！"老人忙接着说："不是少了，是多了。""怎么会多呢，是您记错了吧？"有人诧异地问。老人肯定地说："没错，我在家数得清清楚楚，明明是二十五张，都是五元一张的。"人们不解地互相对视着。那个小学生又喊开了："谁又多送了！"话音刚落，只见一个中年妇女不好意思地说："是我的，我拿着一张五元的钱准备到商店买东西，刚才光顾帮老大爷抢钱了，竟忘了自己手里还拿着钱，一起都交给了这位大爷。"说完，人群中爆发出一阵欢快爽朗的笑声。

我的沉重的心情一下子变得轻松了。我重新骑上自行车，车轮向前转得更快了……

（选自《新华社好稿选》）

这篇文章写了农民老大爷的钱被风刮跑以后的几起几伏。起先是正在低头数钱的农民老大爷被"我"骑自行车撞个趔趄，钱散落在地上，被呼呼的北风刮了起来，四处飞扬。这是"起"。这"起"出现的景象是：一片"钱跑了，快抢啊！"的喊声使整个路口沸腾起来，钱被抢，老人万分焦急，大为吃惊。接着，"抢钱"的人从四面八方向老人聚拢，把"抢"来的钱交还老人。这是"伏"。这"伏"出现的景象是：老人喜出望外，不住地向众人点头。新的情况又出现了：老人数着大家交回来的钱，自言自语："不对……"一位红领巾见状，大声斥责"抢"了钱而没把钱交回来的人。这又是"起"。这"起"出现的景象是：老人略为迟疑，一遍又一遍数了那些钱。情况又发生变化了：原来，交回来的钱，不是少，而是多了一张。这又是"伏"。这"伏"出现的景象是：人们不解地互相对视着，那位红领巾又喊话："谁又多送了！"紧接着是真相大白：原来是一位妇女把"抢"到的一张5元钱连同手上原来拿着准备买菜的5元钱一齐交给了老人。原来如此！于是人群中爆发出一阵欢乐爽朗的笑声。事件以欢乐的高潮而结束。文章就这样让读者移步换形，在事件的几起几伏中看到"惊"——"喜"——"疑"——"乐"的不同景象相继出现，心情也随之而时起时伏，在产生阅读愉悦的同时感受到社会的新风尚。

又一种方式是异峰突起。异峰突起是在原先娓娓的、平静的描述中，突然出现一个新境界，就像在一马平川的原野上突然有一座巍峨的山峰耸峙起来一样，这也就是在"移步"中"换"出了一个读者意想不到的"形"而产生惊喜。李梅笑收进《爱的空间》（四川少年儿童出版社版）这个集子中的作品《花冠给谁戴》可资说明：

同学们在辅导员老师的带领下到郊外野炊，分小组做野餐，要评出冠军。小组是自由组合的。辅导员老师发现各小组交来的名单中都没有秋英的名字，老师就把她编进小眉和凌灵那一组——刚好她俩这个组缺一个人。秋英因为家境不好影响了学习，成绩不突出，所以这次野炊活动，不受关注。能被编进小眉、凌灵这个组，她非常高兴，因为她觉得她俩没有嫌弃她，其实小眉和凌灵都以为秋英干什么都笨手笨脚，担心她会成为包袱。但是无论如何，秋英能够加入一个组就很满意了，于是把野餐的工作都包揽起来而让小眉、凌灵她俩玩夺军旗游戏。她俩满山坡乱跑，玩个痛快。就在她俩玩得忘乎所以的当儿，奇迹出现了：秋英竟是野炊的全能一把手，淘米、刷锅、挖灶、烧火……什么都干得很利索；糖醋排骨、牛肉菠萝……炒得香喷喷的；她还会做花样，例如把煮熟的鸡蛋切开摆弄成一朵朵黄蕊白瓣的莲花。因此别的许多组都拉她过去，向她请教，还向她讨调味品，因为她带的东西特别齐全。秋英也乐于帮别组的忙，让大家都热热闹闹、高高兴兴的。各组的饭菜都做好了，正当大家吃得津津有味的时候，辅导员宣布评比结果：小眉、凌灵、秋英的一组夺得冠军。

接着，作品有下面的一段描写：

……辅导员变戏法一样，从身后抽出三顶编成帽子一样的花冠——柔韧青翠的松枝和青草，缀着黄色的攀地菊、粉红的半支莲、浅紫的孔雀尾巴花、白色的蒲公英，和许许多多叫不出名字的野花儿，它们互相辉映，闪耀着各自美丽的光芒。

“来，为我们的巧手小厨师加冕！”辅导员轻轻地把花冠戴到我们头上。

此时的秋英，浸在快乐里，她贴近我（小眉）和凌灵，低低地说：“我太开心了！”

受到秋英感化的小眉和凌灵，此时觉得最有资格戴上花冠的就是秋英，于是一齐把自己的花冠戴到她的头上。

可以说，秋英野炊成功的奇迹就是这篇作品写出来的异峰突起。秋英，一个由于生活境遇艰难而变得郁郁寡欢的小姑娘，平时坐在最后一排的角落里，总是默无声息，也没有什么同学去注意她。这次野炊活动在开始的时候她成了一个被遗忘的人，小眉和凌灵也曾经担心她拖小组的后腿。然而，这位小姑娘在这次野炊活动中却表现出心灵中一种博大的爱和出色的技能，一跃成为全班的“热点人物”，终于为小组夺得了冠军。她的闪光的灵魂也教育了小眉和凌灵：她不是包袱，更不会拖后腿，最有资格戴花冠的就是她！这个“异峰”突起，使读者在阅读中“移步”而进入一个别有洞天的新境界，看到原先默默无闻的秋英变成了一个光彩照人的秋英，看到出人意料的新形象而格外惊喜！

再一种方式是陡然转折。陡然转折即幅度极大的转折。文章中的陡然转折是指文章所描述的事物出现了急转弯。原来，作者在文章中预设给读者的阅读期待是一条笔直的路，让读者对前面的景象有一个基本估计，可是读者正在期待着看到前面的什么的时候，文章却出现了突然的变化，作者要读者“移步”了，读者眼前出现的“形”不是原先阅读期待中的“形”而是陡然转折的“形”了。有一位小作者在一篇文章中写了一个老掉牙的题材：让座。这人们已写了千万次了，还有什么好写的呢？可是这位小作者却运用“陡然转折”的写法，令人读了耳目一新。文章开始写的是，一辆公共汽车在马路上缓慢地前进，车上乘客拥挤。忽然一个急刹车让一位站着的老奶奶差点儿摔倒了。最贴近老奶奶的座位坐着一位时髦女郎。人们理所当然地希望她能主动给老奶奶让座，可是，这位女郎却装作没看见，还拿出化妆盒照镜子、搽粉、抹口红。人们看到女郎此举，议论纷纷，许多乘客嘀嘀咕咕地对她冷嘲热讽。正当读者期待着女郎下一步的丑陋表演的时候，陡然，转折出现了：女郎站了起来，对老奶奶说：“老奶奶，请坐吧！”老奶奶对她万分感谢。此时，刚才暗暗指责女郎的众人无不愧疚自责，觉得错怪了人家。有一位乘客发出了赞扬声：“还是这位姑娘做得好！”读者读到这里也会认为：过早给女郎下结论是不对的，也许她要赶着赴什么约会才化妆的吧，她不是让座了么？正在这时，又一个陡然转折出现了：女郎离让座还不到半分钟就尖叫起来：“停车！我要下车！”此情此景，使全车的乘客为之愕然，啊，原来如此！就这样，文章出现的两次陡然转折，让读者在两次“移步换形”中，先后看到小作者批判社会道德风尚阴暗面的两幅图景，真发人深省啊！

篇幅长的作品固然可以写出陡然转折，篇幅短小的篇什比如一首短诗也能够如此运笔。这叫做尺水兴波。请看下面一首唐人绝句：

春　怨

王昌龄

闺中少妇不知愁，
春日凝妆上翠楼。
忽见陌头杨柳色，
悔教夫婿觅封侯。

春光烂漫，鸟语花香，大地铺上了锦绣。闺中一位妙龄少妇，无忧无虑，心情舒畅，她不愿辜负春天的良辰美景，便梳妆打扮一番，兴致勃勃地登上翠楼，极目远望。诗人第一、二句的运笔，很自然地引起读者的阅读期待是作品将要展现这位少妇看到万千景致的迷人春色，如何心花怒放，如何为自己的青春和大自然的春天这样合拍而倍添花季年华的自豪感；孰知读下去之后，这种情景完全没有出现！诗人为了让读者“移步换形”来了个陡然转折：少妇看到作为别离象征物的杨柳发芽吐绿的色调，胸中不禁升起了深深的惆怅：这美丽的春天，正是少年夫妻相聚的大好时日，可是，夫君为了觅取封侯已经飘零到远方，自己徒有如花似玉的青春年华罢了，空守闺房是多么寂寥难耐！早知如此，决不忍受夫妻分离之苦而让他去追逐功名了，真令人懊悔啊！诗人就这样通过陡然转折而让读者在移步换形中看到闺中少妇的前后两幅画面：前一幅，兴高采烈地凝妆登楼观赏春色；后一幅，陌头的杨柳色，勾起“悔教夫婿觅封侯”的绵绵不尽的满腔幽怨。这样的尺水兴波，妙极了！

综上所述，起伏跌宕、异峰突起、陡然转折这三种婉曲运笔的方式，都可以在移步换形中多侧面地展现所描述事物的形貌和内蕴，从而显示作品丰富的思想艺术容量，让读者在“山重水复疑无路，柳暗花明又一村”的阅读过程中，不断地获得新鲜感和惊奇感的满足。这也就是写得婉曲产生引人入胜的艺术魅力。

二、写作故事

白鹤变黑鹤

清朝的第六位皇帝乾隆，上晓天文，下知地理，熟谙经史子集，有很深的国学功底。他带着一班文人学士下江南，游山玩水，领略秀丽妩媚的风光。

一日黄昏，乾隆君臣来到杭州西湖。正当他们对着如诗如画的湖光山色发出一番赞叹的时候，一只白鹤远远地从天边向他们飞来。乾隆这时灵机一动，要利用这个情景试一试身边这些臣子的才华究竟有多高。

乾隆清了清喉咙，对众宣谕道：“众卿均以《咏鹤》为题，作诗一首。一、摹状要逼真；二、要作得快。看谁先交卷！”

文人学士们听到皇帝命题作诗，而且要马上交卷，心想：“自己又不是曹子建，不能七步成诗，怎么办?”于是个个瞠目结舌，面面相觑。别看他们平时舞文弄墨，可惜徒具虚名，这次要出洋相了。

文人学士中有位名叫纪晓岚的，才高八斗，博古通今，看到各人这般熊样，不禁露出一丝嘲讽的微笑。他立时胸有成竹地对乾隆说：“皇上，我的诗作好了。”纪晓岚饱读诗书，满腹经纶，一向受乾隆的赏识。这时，他以欣赏的目光看了纪晓岚一眼，下谕道：“爱卿念出来给朕听听。”于是，纪晓岚满面春风，脱口吟道：

眺望天空一鹤飞，
朱砂为顶雪为衣。

两句一出，诗惊四座，众文人学士佩服得五体投地；乾隆心中也是击节赞赏，暗地连称“奇才！奇才”！可是，他马上恶作剧，板起脸孔宣谕：“纪卿停止吟诗！我出的题目是《咏鹤》，但刚才我没有说是咏白鹤，我现在要你咏黑鹤!”

皇上的圣谕一出，众文人学士如五雷轰顶，为皇上的圣谕突然更改而震惊。但又都暗自庆幸“好险！好险！好在有老纪打头阵，如果把我推出去就糟透了!”

众文人学士都为纪晓岚捏了一把汗，面对着乾隆皇帝的刁难，纪晓岚怎么办呢？他的前两句诗明明写的是“雪为衣”的白鹤，怎么可能忽又写成黑鹤呀？写出黑鹤来，和前面的白鹤岂非牛头不对马嘴而使前后打架吗？看来纪晓岚肯定是交不出答卷而犯了违旨之罪，他必死无疑了，呜呼哀哉，纪晓岚先生!

只见纪晓岚笑容可掬，温文尔雅地接着原来两句继续吟诗：

只因觅食归来晚，
误落羲之洗墨池。

原来咏的是白鹤，经过快速的急转弯又变成了咏黑鹤，而且顺理成章，天衣无缝，纪晓岚的才思敏捷，文采风流，使众人一齐惊呼起来。乾隆曾多次出难题意欲难倒纪晓岚这个旷世才子，但都拿他没有办法。这次出的难题，他又左右逢源，随机应变，迎刃而解了，乾隆不得不赞叹称妙。

传说唐代大书法家王羲之日夜练字，他家乡的清水池被他日夜清洗墨砚而变成了黑池。纪晓岚博学多才，巧借这个典故，使白鹤变成黑鹤。这是急转弯的成功。

众人对纪晓岚的才思学识益发心悦诚服了，于是又请教他：“你的诗开头两句明明咏的是白鹤，接写了两句却能使整首诗都变成咏黑鹤，如此和谐，妙极了！你这样左右逢源，得心应手，可有什么妙法呀？能否垂教一二?”

纪晓岚笑着回答：“没什么，我只是学会了一种陡然转折的婉曲笔法，对原先设置的文路突然来个急转弯，于是出现了人们意料不到的新境界。如此而已!”

“毕竟是纪先生博学多才!”众人又一次热烈鼓掌，齐声称赞。

三、写作示例

扬眉剑出鞘

理　由

这是西班牙初春的一个夜晚。在马德里体育宫的一角，中国青年击剑队女运动员栾菊杰恬静地从睡梦中醒来，她即将参加女子花剑决赛。

“喂，睡着了吗?”坐在她身旁的同伴问道。

“还做了个梦呢，”她笑着说，“一闭眼就梦见我在比赛，一打就是我赢。”

“真的，白天你赢了好几场了。”

栾菊杰说：“还没赢够呢，我想……”

“你想什么?”同伴急切地问。

“我想，让我们的五星红旗升上去！”栾菊杰悄声地，但又十分激动地说。

晚上七点钟，决赛开始。栾菊杰穿一套紧身的白色击剑服，套一件金属丝编织的背心，携盔持剑，登上赛台。对手是苏联的扎加列娃。近十年来，苏联击剑运动员一直称雄剑坛。今天，来自遥远东方的中国选手，以高昂的气势、精湛的剑法，引起人们极大的振奋，这是一场关键的比赛。

苏联选手也一直在伺机进攻，手中雪亮的护手盘不停地翻转，两条腿强悍地跳跃着。突然，她大喊一声，向小栾扑上来，一只脚踩住了小栾的脚面，剑刺在小栾左臂上方的无效部位。这一剑刺得太狠了，剑身像蛇一样地拱曲，发出刺耳的断裂声。由于惯性作用，扎加列娃手中捏着一柄断剑，还在向前冲，断剑刺穿了小栾的左臂。栾菊杰抡了抡胳膊，左臂已经麻木了——她恰恰是左手握剑的，这只手几乎握不住剑柄了。这时，栾菊杰虽然还不知道剑锋已经透过了皮下肌肉，但是她已经感觉到伤势不轻。

“千万不能叫人知道我受伤了。只要能把五星红旗升上去，让我去死——也干！拼！拼了！”此刻小栾心里重复着这样几句话。

扎加列娃换了一把剑，裁判员发出口令，比赛继续进行。栾菊杰左手握剑冲上前去。双方运动员你来我去，一招一式，都在发动最快速的进攻。多少次两剑相擦而过，眼看就要同时刺中对方。只见栾菊杰忽地身体猛冲向前，两腿充分拉开了弓步的幅度。对方来剑向她逼近了，她身体急速下沉；来剑从她头上一闪而过，而她，将剑、臂、肩拉成一条直线，剑锋飞驶向前——命中对方！

欢腾的风暴，从大厅上空掠过。同志们闪着湿润的笑眼向栾菊杰拥过来。一个同伴发现她击剑服上的穿孔：“呀！你受伤了！”实际上，左臂原伤势已经恶化，一阵阵剧痛发作了。手臂上又湿、又黏。她忍受着巨大的伤痛，扬眉挺剑，一次又一次登上赛台，连续与四个强手对垒。在无数次击搏之中，这位年轻的带着几分稚嫩的江南姑娘，表现得是这样的顽强。比赛结果，栾菊杰荣获第二十九届世界青年击剑锦标赛的女子花剑亚军。

马德里体育宫大厅里冉冉升起鲜艳的五星红旗。这是国际剑坛上升起的第一面五星红旗。

栾菊杰走下击剑台时，身体左侧溅下了斑斑血点。同志们这时才发现她伤势严重。

小栾受伤的消息传开了，各国运动员都纷纷围拢来。无数双眼睛——黝黑的、碧蓝的、金黄的，同时望着她，各种语言发出同声惊叹："这是一位在本届比赛中最勇敢、最杰出的运动员！"

（选自《优秀报告文学作品选》）

这篇作品写的是在第二十九届世界青年击剑锦标赛的决赛中，中国女运动员栾菊杰击败苏联选手扎加列娃，夺得亚军，为祖国争得荣誉的故事。作者运用婉曲的笔法，真实生动地描述了这场决赛的情景，把作品写得起伏跌宕，让读者在阅读中移步换形，看到起伏跌宕中出现的各具特征的画面。

作品开始，写西班牙初春的一个夜晚，马德里体育馆的一角，栾菊杰梦中醒来后与同伴对话。她一闭眼就梦见比赛，一打就是自己赢。她悄声地、激动地对同伴说"一定要让我们的五星红旗升上去"。这里，读者看到的是一幅激战前的平静画面。这是"伏"。

作品接着写决赛激烈地进行。栾菊杰以高昂的气势、精湛的剑法，表现出来自遥远东方中国选手意气风发、斗志昂扬的风貌，引起人们的极大振奋。对手苏联运动员扎加列娃出手太狠，她一把击断了的剑由于惯性作用，刺中了小栾握剑的左臂，伤势不轻。但是小栾为了把五星红旗升上去，"让我去死——也干！拼！拼了！"她不让别人知道她受伤，和换了一把剑的对手继续进行比赛。双方的一招一式都在发动快速的进攻。栾菊杰忽地身体猛冲向前，待对方来剑向她逼近，她都敏捷地避开，将剑、臂、肩拉成一条直线，剑方飞驶向前——命中对方！栾菊杰胜利了！这里，读者看到的是一幅双方你来我往、刀光剑影的拼搏画面。这是"起"。

作品继续写的是：同志们的心放下来了，欢腾的风暴从大厅掠过。大家湿润的笑眼投向栾菊杰身上。同伴发现了小栾忍受着巨大的伤痛，扬眉挺剑，为祖国争得了荣誉，对这位带着几分稚嫩的江南姑娘惊人的意志和顽强的精神，由衷地敬佩。这里，读者看到的是一幅栾菊杰的胜利给人们带来巨大鼓舞的欢乐画面。这又是"伏"。

作品最后写马德里体育馆大厅升起鲜艳的五星红旗。栾菊杰在伤势严重的情况下，顽强地击搏而获胜，消息一传开，各国运动员都纷纷围拢上来，无数双眼睛望着她，称赞她是本届比赛中一位最勇敢、最杰出的运动员。这里，读者看到的是一幅中国运动员的出色表现而大振国威的画面。这又是"起"。

作品就这样在几伏几起的跌宕中，让读者"移步换形"，逐个侧面看到中国体育健儿在国际击剑比赛的激荡风云中为国争光的青春风采。

第五节　写好细节

一、写作知识

细节是什么？细节是具有形象性作品的细胞，是作品中的人物、景物、事件的最小组成单位。一篇篇描绘人物、景物和事件的作品，如果内涵丰厚而又文采斐然，就必然有诸多的细节充盈其中；一旦把细节剥离出去，这类作品就全都变成纸糊的躯壳而失去了生命。为什么细节描写有这样的艺术功能呢？因为细节描写可以把人写活，把景写真，把物写肖，把事写妙，从而构成一幅幅感性的、形象的图景，把读者带进现场，让读者产生如见其人、观其景、睹其物、历其事的临场感。而这一切，又正是细节描写的基本要求。

让我们以《三国演义》第21回曹操煮酒论英雄的细节描写为例来说明。

玄德（刘备）入府谒见曹操。“随至小亭，已设樽俎（盛酒食的器具）：盘置青梅，一樽煮酒，二人对坐，开怀畅饮。”“酒至半酣，忽阴云漠漠，骤雨将至。从人遥指天外龙挂（龙卷风），操与玄德凭栏观之。”于是二人在闲聊天气当中畅论天下英雄。曹操问玄德：“当今之世，谁为天下英雄？”玄德先是以谦词述说自己肉眼不识英雄，在曹操的一再催问下，便故意逐一指称群雄并起中的平庸之辈，这些草包式的人物均被曹操耻笑为冢中枯骨、色厉胆薄、虚名无实的碌碌小人。行文至此，有下面一段描写：

操曰：“夫英雄者：胸怀大志，腹有良谋，有包藏宇宙之机，吞吐天地之志者也。”玄德曰：“谁能当之？”操以手指玄德，后自指曰：“今天下英雄，唯使君与操耳。”玄德闻言，吃了一惊，手中所执匙箸，不觉落于地下。时正值天雨将至，雷声大作。玄德及从容俯首执箸曰：“一震之威乃至于此。”操笑曰：“丈夫亦畏雷手？”玄德曰：“圣人迅雷风烈必变（孔子遇到疾雷暴风，定会改变脸色，表示对上苍的敬畏），安得不畏？”将闻言失箸缘故，轻轻掩饰过了。操遂不疑玄德。

这段文字中的细节描写，实在精彩！当时刘备势单力薄，依附曹操，但他的意图是暗中密谋反曹，以争得天下。他必须隐蔽起来，制造出自己老实的假象。老谋深算的曹操对他却从未放松警惕，要伺机除掉他。乃有煮酒论英雄试探他的一幕。曹操以论英雄来诱使刘备露出破绽，而刘备却非等闲之辈，能洞悉曹操的心计，于是装出憨厚的样子来虚与委蛇。曹操见刘备对谁是当今英雄的问题上说不到点子上，便自己来讲，吐出了那一句惊天动地的话：“今天下英雄，唯使君与操耳。”此言貌似恭维刘备，实则是一针见血的试探。这种攻势果然捅破刘备一块心病，对刘备着实有巨大的震撼力。这时一个细节描写出现了：“玄德闻言，吃了一惊，手中所执匙箸，不觉落于地下。”这一笔，把刘备就要露出马脚而惊慌失措的窘态刻画得惟妙惟肖。紧接着又有一个细节描写：刚好在这间不容发的瞬间，天上打了一个炸雷，刘备急中生智，抓住这一天赐良机，在曹操话音刚落的当儿作出了“从容俯首拾箸”的动作，还说了一句：“一震之威乃至于此。”让曹操觉得他是一个连打雷也怕得要命的胆小鬼，当然不会是雄心勃勃争天下的英雄了。刘备就这样把自己的真实心理掩饰得不露痕迹，完全化解了曹操对他的疑心。这两个细节描写，让读者看到刘备此时此地的神态、脸色、容貌、举止，感到他是一个有血有肉、有正常心理反应的人，并且表现出刘备的处变有法，转危为安的精明老练的性格。于是一个真实的、活生生的刘备就站在读者面前了。假如不善于作细节描写，就不会刻画刘备“手中所执匙箸，不觉落于地下”这一细微动作而堆砌许多诸如“吓得五脏俱裂，心惊胆寒，魄散魂飞”的言词；也不会写出刘备“从容俯首拾箸”的伪装，而摆弄那些诸如“酷似沉着平静、处之泰然、不露蛛丝马迹”之话语。要知道，光用空洞的形容词去包装一个人物，就会把人物变成被作者随心所欲操纵的木偶，一定要有细节描写才可以赋予人物以生命。

要达到上文说的细节描写的活、真、肖、妙的基本要求，就必须掌握三个要领。

第一，捕捉事物细微之处表现出来的东西。细节既然是人物、景物、事件的细胞，那么，描绘人物、景物、事件就要着眼于这个“细”，就要捕捉事物细微之处表现出来的东西，比如说描绘一个人，对这个人的种种细微之处，一个眼神，一个笑容，一个动作，都要有心关注；写各种各样的事物，对于风吹草动、鸟鸣鸡叫、花开花落以至水上的微波、树上的幼芽都要加以留意。把这些细微之处捕捉住，恰到好处地用于适当的地方，就可以成为绝妙的细节描写，从而达到细节描写的要求：表现事物的活、真、肖、妙。请看著名作家何为先生在《两姐妹》中描写一对姐妹分别十年后重逢时的情景：

山中寂寂，竹林下一泓泉水溅在碎石上，潺潺地，把人带到一种恬静的境界里。这往往是回忆人生经历的时刻，她在沉思默想间，没有注意树后有一个年轻的姑娘在打量她好一会儿了；当她偶然侧过头去，不由微微一震，始而惶惑，继而愣住。啊，难道就有这样偶然的事么？难道这是可能的么？她微微翕动着嘴唇，可是却喊不出来。最后，看到那双明澈而又带着梦幻的大眼睛，看到微微把头一侧的姿势，看到那同样困惑的表情……两个久别重逢的姐妹，噙着泪水紧紧地抱住了。

作品中写的“偶然侧过头去，不由微微一震”，“微微翕动着嘴唇，可是却喊不出来”。这些就是细微之处的表现。作家描写一对多年失散、一旦重逢的姐妹，正是捕捉住这些细微之处的表现而凸显了姐妹俩出乎意料的戏剧性重逢的惊喜，散发出缠绵和隽永的情味，给读者以强烈的感染，让读者感受到人世间悲欢离合的生活场景的真切。

这是捕捉细微之处来描绘人物的范例，我们还可以看看捕捉细微之处来描绘景物的范例，那就是俄罗斯著名作家屠格涅夫描绘的一段炎夏正午的草原风景：

苦重而炎热的空气仿佛停滞了；炎热的脸愁苦地等候着风，但是风不来。太阳在蓝得发暗的天空中火辣辣地照着；在我们对面的岸上，是一片黄澄澄的燕麦田，有些地方长出苦艾来，竟连一根麦穗都不动摇一下，稍低的地方，有一匹农家的马站在河里，水齐着膝，懒洋洋地在那里摇动湿淋淋的尾巴。有时在低垂的灌木底下浮出一条大鱼来，吐出泡沫，慢慢地沉到了水底，在身后留下微波。蚱蜢在焦黄色的草里叫着；鹌鹑勉强地啼着。鹞鹰平稳地在旷野上面翱翔，常常在一个地方停留下来，很快地拍着翅膀，把尾巴展开成扇子形。

（节选自《猎人笔记》）

这里，作家是捕捉住细微之处来描绘炎夏正午的草原风景的，例如在一片黄澄澄的燕麦田中，“竟连一根麦穗都不动摇一下”，那匹站在河里的马“水齐着膝，懒洋洋地在那里摇动湿淋淋的尾巴”，那浮出来的一条大鱼，“吐出泡沫，慢慢地沉到了水底”，还有在旷野上面翱翔的鹞鹰，“常常在一个地方停留下来，很快地拍着翅膀，把尾巴展开成扇子形”……由于作家捕捉住田中的麦穗、河里的马、水里的大鱼以及旷野上的鹞鹰的细微动态，就表现出了盛夏正午草原炎热中的宁静氛围，也凸显了在炎热窒息中各种景物的懒散和无奈的特点，让读者感到身临其境的真实。

第二，写得具体、细腻，把体现事物特点的细微之处强化地表现出来。细节描写要求描绘事物必须做到活、真、肖、妙，这是上文已经指出了的。这是显现事物特点的需要。事物特点是体现在细微之处的，因此就必须写得具体细腻，来把体现事物特点的细微之处强化地表现出来。著名作家高晓声对农民陈奂生的描绘可资为例：

……（陈奂生）便睁开来细细打量这住的地方，却又吃了一惊。原来这房里的一切，都新堂堂、亮锃锃，平顶（天花板）白得耀眼，四周的墙，用青漆漆了一人高，再往上就刷刷白，地板暗红闪光，照出人影子来；紫檀色五斗橱，嫩黄色写字台，更有两张出奇的矮凳，比太师椅还大，里外包着皮，也叫不出它的名字来。再看床上，垫的是花床单，盖的是新被子，雪白的被底，崭新的绸面，呱呱叫三层新。陈奂生不由自主地立刻在被窝里缩成一团，他知道自己身上（特别是脚）不大干净，生怕弄脏了被子……随即悄悄起身，悄悄穿好了衣服，不敢弄出一点声音来，好像做了偷儿，被人发现就会抓住似的。他下了床，把鞋子拎在手里，光着脚跑出去；又眷顾着那两张大皮椅，走近去摸一摸，轻轻捺了捺，知道里面有弹簧，却不敢坐，怕压瘪了弹不饱。然后才真的悄悄开门，走出去了。

（节选自《陈奂生上城》）

陈奂生是一个普通农民，长期过着贫困的苦日子，又拙于言辞，在村人中有点自卑。进入新时期以后，他的生活明显地改善了，开始要求在精神上和人们平起平坐，渴望碰到一件大家不曾经历过的事情以提高自己的地位。可巧，这样的事终于出现了。他进城卖油绳，病倒在火车站，正好碰上准备出差的县委书记吴楚，于是有了这么一次奇遇：由于得到县委书记的安排，他住上了高级招待所。陈奂生走进这样从来没有到过也没有听说过的地方，就像刘姥姥走进大观园。作家对陈奂生住招待所的种种表现，作了具体、细腻的描绘，通过一系列细微之处表现出陈奂生的性格特点。陈奂生看到招待所的摆设，一切都“新堂堂、亮锃锃”的，简直眼花缭乱，觉得新奇极了，对这么些稀罕东西，他的一举一动都显得小心翼翼。当他发现自己躺在崭新的被窝里，因为想到自己身上不太干净，怕弄脏被子，立即像小偷似的悄悄下床。看到地板干净，怕弄脏地板，赶紧脱下鞋子，“光着脚跑出去”。而对于沙发，因从未见过，只敢“走近去摸一摸，轻轻捺了捺，”“不敢坐，怕压瘪了弹不饱。”这一连串具体细腻的描绘，富有特点地把一个老实巴交、淳朴单纯的农民骤然住上高级招待所的神情和心态活脱脱表现出来，巧妙地凸显了生活的真实和性格的真实。

对于人物的细节描写需要具体细腻的笔墨，对于景物的细节描写也同样如此。现以作家王正湘描绘君山上的竹为例。

君山竹奇，不止于斑竹，当你离开斑竹岭，来到另几处竹林里，那些翠竹或一丛丛，或一排排，叶上像浇了一层绿油似的。竹竿不甚高大，细看那竹竿、竹节，却是多姿多彩，令人惊叹。那竹竿扭曲宛若游龙的是龙竹；那竹竿上有清晰的纹路，像趴着乌龟似的是龟甲竹；那竹竿下面竹节突出，如罗汉状的是罗汉竹；那两根或三四根绞缠在一起的是连理竹；那竹竿方正棱角分明的是方竹；还有那竹心像五片花瓣的梅花竹；质地坚实的实心竹……据说都有悠久的历史了。

（节选自《君山竹奇》）

作家对君山上的竹的描绘是很具体细腻的。在作家笔下，君山上的竹，从整体上看，一丛丛，一排排，叶上像浇上一层绿色的油彩。一棵一棵来看，那龙竹，“竹竿扭曲宛若游龙”；甲竹，“竹竿上有清晰的纹路，像趴着的乌龟”；罗汉竹，“下面竹节突出，如罗汉状”；连理竹，“两根或三、四根绞缠在一起”；梅花竹，“竹心像五片花瓣”……正是这些各有情态的具体细腻的描绘，逼真地表现出君山上的竹的特点：奇，奇得多姿多彩，令人惊叹。

第三，写出个性，表现特点。世界上没有完全相同的两片绿叶，生活是丰富的，生活中的人、事、景、物也像树上的绿叶，不会完全相同而是各具个性，各有特点。因此，细节描写就要写出个性，表现特点，而不能落入窠臼，千篇一律。也只有这样，才可以达到描写事物的真、活、肖、妙。著名作家叶圣陶先生在小说《倪焕之》里刻画女主人公金小姐第一次收到恋人倪焕之（男主人公）的情书时有这样的细节描写：

（金小姐）伏着不动，也不看信，让自己完全浸渍在那种快慰的享受里。

这个细节描写是很有个性的，巧妙地表现出少女对初恋既朦胧又向往的情感特点。

著名作家钱钟书先生在小说《围城》中对男主人公方鸿渐第一次收到恋人唐小姐的情书时却是另一种风貌的细节描写：

他第一次收到唐小姐的信，临睡时把信看了又看，搁在枕边，中夜一醒，就开灯看信，看完关灯躺好，想想信里的话，忍不住又开灯再看一遍。

这个细节描写也很有个性，活灵活现地表现出方鸿渐内心欣喜若狂的感情波澜的特点。

青年男女在恋爱中收到对方的情书是生活中的常事，不善于细节描写的人写起来就没有个性特点而显得似曾相识，互相雷同，而叶圣陶、钱钟书两位文学大师却写得那样既出人意料又真切灵动，在富有个性的细节描写中表现出人物不同情感的特点：一个含蓄，一个热烈；一个是柔情蜜意的陶醉，一个是爱情冲昏头脑的狂喜，都很真实、自然、贴切而又富有生活情趣。

对景物进行细节描写也要写出个性，表现特点，请看下面两例：

1

烈日当空。道路两旁，成熟的谷物在炎热下弯着腰，低着头。蚱蜢多得像草叶，在小麦和黑麦地里，在岸边的苇草丛中，四处都发出微弱而嘈杂的鸣声。

在这酷热的天空下，再也听不到别的声音。天色蔚蓝耀眼，带着那种即将变成火红的橙黄，就像金属过于接近炉火时一样。

（莫泊桑《一生》）

2

在一个酷热的八月的日子，土地被烤裂了，空气在灼人的阳光下颤抖和闪光。连村子里的狗都停了吠叫，躲到台阶和外屋的阴影下去了。那些牛都泡在冬青树下没膝的水里。只有蠓虫欣赏太阳的酷热；蜻蜓在空中闪闪地飞旋……

（艾伦伯《骏马雅洛》）

上面两例同是写夏天的景物，但所作的细节描写各有不同的个性特点。例1描写了天空和地面。写天空，着重写烈日、蓝天的颜色变化；写地面，对谷物只写了一笔，着重写蚱蜢微弱而嘈杂的鸣声，反衬出田野的寂静。整段文字表现了夏天酷热中的寂静。例2描写土地、阳光、空气以及狗、牛、蠓虫、蜻蜓等几种动物。土地的被烤裂，阳光的灼人，空气的颤抖，狗停止吠叫躲到阴处，牛泡到冬青树下没膝的水里，不怕烈日的蜻蜓和蠓虫在空中得意地飞翔，这几种景物的描写表现出夏天独有的酷热氛围。上面的两例，由于运用了表现个性特点的细节描写笔法，虽然同是写夏天，却绘出了两幅风貌各异的夏天酷热风景画。

综上所述，细节描写要注重一个“细”字：要善于捕捉“细”来写，要具体写到“细”，要有写出个性特点的“细”。

二、写作故事

同　桌

闻敬学和莫翱是某校初三（1）班的同桌同学。闻敬学是班上的写作尖子，语文老师常常把他的作文向全班同学推荐，并希望大家学习他多读书、勤练笔的好习惯，不断提高自己的作文水平。而莫翱的作文却毛病较多，成绩一直上不去。他还有一个更大的毛病，就是缺乏自知之明，盲目骄傲自满，甚至瞧不起闻敬学。对于老师常常表扬闻敬学，他很不以为然，认为自己也不错嘛，只是老师还没有发现罢了。

语文老师是不是没有发现莫翱呢？不，早就发现了。当然，发现的是他的作文毛病较多。因此，老师常常对他说：“闻敬学是你的同桌，你不妨多借鉴他的作文，你可以借他的作文本看嘛。”莫翱听了，嘴上没说什么，但心中觉得没有必要，因为自己也差不多。老师还向闻敬学提出，要求他和莫翱交流作文经验，多多帮助他。闻敬学也多次这样做，但莫翱却不予理睬。

终于，一件让莫翱深受震动的事情发生了。

两个月以前，老师在作文课上出了一道作文题：闷热。要求同学们进行一次细节描写的写作实践，用细节描写的笔法写好这次作文。老师批改完全班的作文之后，又发现闻敬学写得最好。老师便把他的这篇作文推荐给《中学生写作》杂志发表。莫翱知道了，也把自己这次作文课上写的《闷热》向该杂志投稿，因为他不服气。

初三（1）班长期订阅《中学生写作》，同学们都喜欢这本杂志，每期一到，大家都争着看。在一个星期六的下午，同学们正在进行课外研究性学习的自由讨论的时候，学习委员拿着一本新到的《中学生写作》走进课室，他举起杂志，兴冲冲地说道："我宣布一个好消息，闻敬学的文章在这一期的《中学生写作》上发表了！"大家听了，精神为之一振，有几个同学一边嚷嚷，一边走向学习委员，争着要看这本新杂志，而莫翱一马当先，先下手为强，把杂志抢到手了。他这个着急的举动是基于两个原因，一是要找闻敬学的文章挑毛病，二是要看自己投寄的那篇文章发表了没有。莫翱打开杂志翻了翻，突然眼睛一亮，他也举起了杂志，亮声喊道："我也宣布一个好消息：我的文章在上面发表了！"大家听了，都露出了惊疑的眼神，有一个同学直捅捅地说了出来："有这样的事情吗？莫不是你看花了眼吧？"这种带刺的话语，并没有使莫翱生气，因为他太高兴了！便说道："你可以看嘛，白纸黑字，印在杂志上，假得了吗？"刚好这时语文老师从课室门前走过，看到课室的情景便走进来，说道："这么热闹，有什么好事吗？"同学们你一言，我一语，争着说道："是大好事呀，我们班有两位同学在杂志上发表文章了。"有一位同学把杂志送到老师手里，老师翻了翻杂志，看到杂志上的确发表了班里两位同学的文章，马上意识到这是因势利导的好机会，心中暗喜，便说道："真是大好事呀，同学的文章能在杂志发表，难得！你们现在是课外研究性学习的自由讨论吧？不如现在把讨论话题转一转，就讨论两位同学发表的文章好吗？"大家一致说好。老师就让学习委员先朗读闻敬学的文章给大家听。听到文章的题目是《闷热》，大家更觉亲切和有兴趣，因为这个题目在两个月前的一次作文课，大家都写过了。当读到下面的一个精彩段落时，全班同学鼓起掌来：

这几天，持续高温，一切都反常了！

我家门前的几棵树像生了病似的垂下头来，叶子失去了往日绿油油的生机，软塌塌地往下坠。树上的蝉儿扯开嘶哑的喉咙"知了知了"地歌唱，可是这歌声有气没力的，又多像病人的呻吟呀，它给我们增加了不少的烦闷，真讨厌死了！院子里的荷花池养着的鱼，在平时，它们穿梭般的游动，谁看了都能感受到鱼在水中之乐，可是，这时鱼儿们不停地浮上水面张着嘴喘息，可能是水中的氧气被太阳蒸发，鱼儿缺氧，感到窒息了。水中的鱼儿难受，空气中的万物都同样难受，瞧，荷花池水面上浮着一层黄乎乎而又微微颤动的东西，那是蜜蜂停在水面的荷叶争先恐后地喝水，因为蜜蜂太多了，以致有的蜜蜂被挤下水而丧命。尽管这样，还有很多蜜蜂络绎不绝地飞来……

朗读完闻敬学的文章，老师又让学习委员朗读莫翱的文章。下面是最有代表性的一个段落：

"闷热呀，难受的闷热呀！"这几天来人们总是这样地叫着。大家一见面，总是谈论着天气，说多年来没有这样的热，今年就特别。上班一族，谈论得最多的是，在办公室里办公，有空调还算舒服；下班了，走在马路上，空气热辣辣的，反差太大了，真难受呀。撑开伞子，尽管挡住了阳光，但挡不住热气，回到家里的第一件事就是赶快打开空调。至于我们学生一族呢？遭遇也和上班族差不多的。总之是闷热呀，闷热得难受呀！人们多么希望闷热的夏天赶快过去，凉爽的秋天赶快到来。

学习委员朗读完莫翱的文章，许多同学心里嘀咕："怎么？这样空洞的文章也能发表？编辑是不是搞错了？"这时，语文老师说道："同学们是不是讨论一下闻同学和莫同学这两篇文章给我们什么启示，我们能够从中吸取什么？"于是大家纷纷发表意见，一位同学说："闻敬学的文章里面没有出现过'闷热'一词，却把我带回两个月前的闷热中去了，甚至我觉得我现在又身处闷热之中，周身都热得难受；而莫翱的文章，里面很多'闷热呀！闷热呀！'的词句，但是一点都没有让我感到闷热，这是怎么回事呢？"另一位同学接着说："这不明摆着吗？闻敬学的文章有很多表现闷热的细节描写，情景逼真，感染了我们；而莫翱的文章只是空叫闷热，就没有这样的效果了。"又一位同学说："莫翱的文章说是写闷热，其实他写的正是凉爽，在办公室里、课室里和家里都有空调，凉爽得很；至于上下班（课）的路上，如果是步行的都是近距离，热的时间很短嘛；远一点的有空调公交车，当然凉爽，如果骑摩托、骑自行车，有流动生风的感觉，也会凉爽的。"几位同学的发言，引起了全班同学讨论作文的强烈兴趣，又把两篇文章作对比，热热闹闹地议论了好一阵，说得莫翱的脸一阵红，一阵白。语文老师觉得要适可而止，便说道："大家谈得很好，我也没有什么要说的了，我原来准备说的，大家都说出来了。大家对闻、莫两位同学的文章的评价和杂志编辑部的评价很一致。不知你们看清楚了没有，闻敬学的文章是发表在"学生优秀作品选粹"栏目上，莫翱的文章则发表在"文章病院"的栏目上。闻敬学发表的是一篇优秀文章，值得大家学习借鉴；莫翱的文章毛病是多了一点，不过不要紧，青年人成长有一个过程，这是正常的，重要的是虚心学习，志在进取。有了虚心这种态度才可以写出好文章。"语文老师的一番话，让大家受到莫大教益，原先心里嘀咕，以为编辑部搞错了的同学，此时恍然大悟。而莫翱的内心也受到了巨大的震撼。

自此以后，莫翱好像变成了另一个人。他天天坚持练笔，有空就看书。他还和闻敬学结成了好朋友，人们经常看到他俩讨论作文。因为是同桌，交流起来特别方便。语文老师开心地看到，莫翱在进取的路上迈开了第一步了。

三、写作示例

母　鸡

老　舍

一向讨厌母鸡。不知怎样受了一点惊恐。听吧，它由前院嘎嘎到后院，由后院再嘎嘎到前院，没结没完，而并没有什么理由；讨厌！有的时候，它不这样乱叫，可是细声细气的，有什么心事似的，颤颤微微的，顺着墙根，或沿着田坝，那么扯长了声如怨如诉，使人心中立刻结起个小疙瘩来。

它永远不反抗公鸡。可是，有时候却欺侮那最忠厚的鸭子。更可恶的是，它遇到另一只母鸡的时候，它会下毒手，乘其不备，狠狠地咬一口，咬下一撮儿毛来。

到下蛋的时候，它差不多是发了狂，恨不能使全世界都知道它这点成绩；就是聋子也会被它吵得受不下去。

可是，现在我改变了心思，我看见一只孵出一群小雏鸡的母亲。

不论是在院里，还是在院外，它总是挺着脖儿，表示出世界上并没有可怕的东西。一只鸟儿飞过，或是什么东西响了一声，它立刻警戒起来，歪着头儿听；挺着身儿预备作战；看看前，看看后，咕咕地警告鸡雏要马上集合到它身边来！

当它发现了一点可吃的东西，它咕咕地紧叫，啄一啄那个东西，马上便放下，教它的儿女吃。结果，每一只鸡雏的肚子都圆圆的下垂，像刚装了一两个汤圆似的，它自己却消瘦了许多。假若有别的大鸡来抢食，它一定出击，把它们赶出老远，连大公鸡也怕它三分。

它教给鸡雏们啄食，掘地，用土洗澡；一天不知教多少次。它还半蹲着——我想这是相当劳累的——教它们挤在它的翅下、胸下，得一点温暖。它若伏在地上，鸡雏们有的便爬在它的背上，啄它的头或别的地方，它一声也不哼。

在夜间若有什么动静，它便放声啼叫，顶尖锐、顶凄惨，使任何贪睡的人也得起来看看，是不是有了黄鼠狼。

它负责、慈爱、勇敢、辛苦，因为它有了一群鸡雏。它伟大，因为它是鸡母亲。一个母亲必定就是一位英雄。

我不敢再讨厌母鸡了。

（选自《时事新报》1942 年 5 月 30 日）

著名作家老舍先生写母鸡的这篇文章堪称细节描写的典范之作。

文章中的“我”从原先讨厌母鸡到后来喜爱母鸡都是通过对母鸡作细节的描写而表现出来的。作者善于捕捉母鸡在各种场合各有不同之处的细微表现，细腻地加以刻画，使母鸡的形象生气灵动地跃然于纸上，因此便引起了“我”对母鸡先后不同的感情变化。

“我”原先对母鸡的讨厌，源于“我”觉得母鸡的种种表现都是无缘无故的，“并没有什么理由”。基于此，作者把母鸡这些表现的细微之处都敏锐地捕捉住，细腻地描绘出来。例如它时而“由前院嘎嘎到后院，由后院嘎嘎到前院”，没完没了的；时而“颤颤微微的”细声细气，“如怨如诉”地扯长声调，令人心中起小疙瘩。它还无端端地对另一只母鸡发动突然袭击，“乘其不备，狠狠地咬一口，咬下一撮毛来。”它的下蛋也只不过是“这点成绩”，却“差不多是发了狂”，吵到聋子也受不了。这些细节描写，活脱脱地表现了母鸡无缘无故的放肆，为所欲为的妄动，逼真极了。

“我”后来对母鸡的喜爱，则源于“我”看到母鸡当了鸡母亲，对“鸡儿女”充满爱心。基于此，作者对母鸡的这些表现，同样地善于捕捉细微之处，丝丝入扣地进行描绘。例如，写它把保护雏鸡当作自己的天职，平时，无论在院内还是院外，它总是“挺着脖儿”，表现出保护小鸡的自信；若有什么小小的动静，就立刻“歪着头儿听”，表现出极度的警戒，而且“挺着身儿”像是面临大敌，为了保护雏鸡，它预备作战了，它准备把一切都豁出去了。它还把养育雏鸡作为自己义不容辞的责任，每发现一点可吃的东西，就

“咕咕地紧叫”，啄一啄那个东西，马上便放下，教它的儿女吃，表现出“鸡母亲”对“鸡儿女”的慈爱与温存，它自己消瘦了，却把雏鸡喂养得肚子圆圆的下垂；它不怕劳累地“半蹲着”，让雏鸡“挤在它的翅下、胸下”来取暖，或者它伏在地上，让雏鸡爬在它的背上，“啄它的头或别的地方，它一声也不响”。这一连串的细节描写就这样地把一个伟大的鸡母亲形象刻画得活灵活现。

总而言之，这篇文章的细节描写，的确是把母鸡写活了。

第六节　写好虚实

一、写作知识

这里说的虚实即虚写和实写。在对人、事、景、物的描述中，通过正面直接描述而显现出来的叫实写；不作正面直接描述，通过侧面描述的折射而显现出来的叫虚写。

画坛上有一个人们津津乐道的轶事。那是在1952年，著名作家老舍先生前往拜访当时已是92岁高龄的大画家齐白石先生，在品茗谈笑间，老舍先生以“蛙声十里出山泉”命意，请齐白石先生作画。要画出蛙声从山泉中传到十里之外，这可是个难题啊！蛙声怎么画得出来呢？然而，齐白石先生毕竟是画坛巨子，什么难题对他来说都是不存在的，于是欣然提笔，创作了一幅荡漾着诗意的国画交给老舍先生。齐白石先生画的是一幅四尺多长的立轴，画面上看不到鼓腮噪鸣的青蛙，呈现出来的是山涧乱石的杂草丛中泻出一片清清的急流，几只活泼的蝌蚪在急流中欢跃地游动。高处是几笔淡淡的远山。在这山泉、乱石、杂草、蝌蚪构成的境界中，没有青蛙的出现，却令人隐隐如闻十里蛙声悠悠传来。老舍先生看了这幅画，深深敬服白石老人构思之巧。这幅画的构思，巧在哪里？巧就巧在对蛙声作了虚写，对蝌蚪、山泉……这些景物作了实写，通过“实”的折射显现了“虚”。于是人们看了，就隐隐如闻蛙声。

和齐白石先生这幅画有异曲同工之妙的是唐代诗人王维的一首诗：

空山不见人，
但闻人语响。
返景入深林，
复照青苔上。

（《鹿柴》）

这首诗呈现出来的画面是：空寂的山野，见不到人的踪迹，但在夕阳返照、阳光缕缕的古树苍莽、青苔遍布的深林之中，隐隐约约听到有人说话的声响呢，里面必定有人啊！山野中没有人，这是虚写；山野中传来人的声音，这是实写。山野中的人声使看不见人的山野显现出人来，这是通过实写的折射显现出虚写隐藏着的东西。王维的这首写空山人语的绝句和齐白石的那幅写十里蛙声的国画，在构思原理上是相通的，都是虚写和实写的结合，都是用实写表现虚写。这正是写好虚实所要求达到的。

怎样写好虚实呢？总的来说，就是如开头所说的通过侧面的折射而把要描述的人、事、景、物显现出来；具体来说，有三项要领。

第一，用环境氛围的实写作侧面折射。现以《三国演义》第五回关羽温酒斩华雄为例。曹操作檄文昭告天下，兴师讨伐大奸贼董卓，各路诸侯皆起兵响应，投奔洛阳。众推袁绍为讨董盟主，接着便发生了与董卓的大战。董卓方面打头阵的大将是华雄。此人虎体狼腰，豹头猿臂，骁勇凶悍。袁绍先是派俞涉出马与华雄交锋，可是不到三个回合就被华雄斩了；接着潘凤手提大斧，奉命出战，又即被斩。这一而再的失利，令袁绍大惊失色。当此危急之际，当时还是区区一名弓手的关羽请缨迎敌，可袁绍根本没把他看在眼里，便立即喝阻，因为觉得派这样一个无名之辈上阵，会被华雄耻笑。慧眼识才的曹操急忙解围，支持关羽上阵。关羽和华雄都是猛将，他们打的这一仗自然是惊心动魄、风云变色的，也是显示关羽神威的，可是，作品却没有从正面点一笔，只是作虚的处理，而通过军帐之中的环境氛围的实写折射出来：

……操教酾热酒一杯，与关公饮了上马。关公曰："酒且斟下，某去便来。"出帐提刀，飞身上马。众诸侯听得关外鼓声大振，喊声大举，如天摧地塌，岳撼山崩，众皆失惊。正欲探听，鸾铃响处，马到中军，云长提华雄之头，掷于地上。——其酒尚温。

这样对军帐之中的环境氛围的实写，起了三个折射作用：一是诸侯听得关外鼓声大震，喊声大举，如天摧地塌，岳撼山崩，折射出战场上战斗的激烈；二是众诸侯的惊恐失色，折射出关羽武艺高强，胆略超人，英勇善战；三是杯酒尚温，关羽就掷华雄之头于帐前，折射出关羽取胜之神速。这些又都显示出关羽的英雄本色。

第二，用人物行为动作的实写作侧面折射。汉乐府诗《陌上桑》可作例证。该诗塑造了一个名叫秦罗敷的坚贞美丽的农家女子形象。诗的开头描写了在旭日东升的清晨，罗敷到城南采桑。她穿戴着华贵的衣服首饰，青春的身影和万道朝霞互相辉映。读者读到这里，很自然是希望作品接着描绘出罗敷妩媚的容颜，看到她的秀眉笑靥、明眸皓齿是什么模样，然而，对于这些，作品却只字未提。笔锋一转，用实写的笔法描绘现场人们把视线投在她身上而产生的一连串动作：

行者见罗敷，
下担捋髭须。
少年见罗敷，
脱帽著帩头。
耕者忘其犁，
锄者忘其锄。
来归相怨怒，
但坐观罗敷。

作品的这些实写，具体地描绘出人们看到罗敷时的各种动作：过路的人，不由自主地放下担子、捋着胡子注目而视；青年人脱下帽子、戴上峭头希望引起罗敷的注意；耕地的人忘记了犁田；锄地的人忘记了手中的活。个个都看呆了。他们回到家之后才醒悟过来，刚才看罗敷看得忘乎所以，耽误了活计，坏了事啊，于是大家便互相埋怨、互相指责……这些人物行为动作的实写，生动地折射出罗敷魅力四射的惊人美貌。

第三，用自然景色的实写作侧面折射。法国作家莫泊桑的小说《幸福》写一对恋人的故事就是一个范例。小说的开头有这样一个场面：一群绅士淑女在一个海岛上观看远处海面突然出现的海市蜃楼的美丽景象。接着有人引出一个故事：一个贵族小姐和一个农家出身的轻骑兵中士相爱，因为不是门当户对，故为世俗所不容，他俩便私奔到一个荒岛上，结为夫妻，只求能够两相厮守。故事讲完了，绅士淑女便议论起来，那位贵族小姐的私奔对不对，她能不能得到幸福，有的嘲笑她糊涂，有的称羡慕她幸福。绅士淑女们的议论没有结论，小说也没有交代贵族小姐和轻骑兵中士以后的命运，这些都作虚化处理了。小说的结尾又回到刚才大家看到的海岛上去，又出现了一段朦胧虚幻的自然景色描写。小说开头和结尾刻画的忽隐忽现、虚无缥缈的神秘自然景色都是用实写的笔法呈现出来的。而这些实写就是从侧面折射出用虚笔略去的贵族小姐和轻骑兵中士前途命运的渺茫。在金钱至上的社会里，他俩的幸福纯属一种空想。

我们还可以举出伟大诗人李白的一首绝句，同样是用自然景色的实写从侧面折射出“虚”的境界：

故人西辞黄鹤楼，
烟花三月下扬州。
孤帆远影碧空尽，
惟见长江天际流。

（《黄鹤楼送孟浩然之广陵》）

开篇两句点明了烟花似锦的暮春时节，诗人与故友在黄鹤楼分手惜别。而三、四句则是送行者望着摄入眼帘的自然景色，是实写。这实写却折射出作品进行虚化处理而隐去的充盈离情别绪的广阔画面：送行者伫立江畔，怅望依依，目送故人的船开动之后渐渐远去，故人的身影越来越模糊了，但送行者的视线一直没有转移而作极目远观，故人的船越来越缩小，以至完全消失了，看到的只是浩茫碧空下的一片孤帆，和那滔滔江水浩浩荡荡地向天际流去……诗人的离情别绪，就像江水不尽、碧空无涯啊！

从“虚与实”的写作实践来看，所谓写虚，就是留出空白；所谓写实，就是为显示出空白的意蕴而提供必要的相关因素。写好虚实就可以做到虚实相生，互相映衬，产生引人遐想、意韵悠远的艺术效果。

二、写作故事

怎样写丰收

朝阳中学初三（2）班的叶露同学爱好写作，坚持天天练笔，写作水平提高很快。有一天，她收到《写作之友》杂志寄给她的一封邮件，拆开一看，是给她的退稿。看了退稿，简直是给她的心头泼了一碗冷水，因为这是她花了不少心思才写出来的稿子啊，现在报废了，倒霉！她烦恼地翻弄着退稿，发现里面夹着编辑部的短简，于是赶快展阅：

叶露同学：

看了你的稿子，觉得你的写作很有基础，稿子中对丰收的描述文字很流利，但是你把丰收的希望直接写出来，就显得浅露了，也没有新意。建议你重新构思，改好之后，再把稿子寄给我们。

《写作之友》编辑部

3 月 10 日

叶露看完短简，眼前一亮，觉得还有希望。可是她又想：我的稿子的核心部分就是写丰收的希望，编辑说我直接写出来是浅露，如不写出来，读者怎么知道丰收的希望在哪里？再说直接写出丰收的希望的这些文笔，正是花心思最多和自我感觉最好的文笔，说这是浅露，真难转过弯来。于是，她打开稿子，对这一部分文字津津有味地自我欣赏：

春雨丝丝，洒在长势喜人的禾苗上，禾苗接受了水分的滋养，变得分外葱茂，长得更加翠绿可爱。一位头戴笠帽，肩上荷锄的农家姑娘站在田埂上已经多时了。她是来看田水的。那生机勃勃的禾苗，让姑娘乐得笑开两只甜甜的酒涡，心头升起了丰收的希望。

望着生机勃勃的禾苗，姑娘仿佛看到成熟的秋天，满稻田都是成熟了的沉甸甸的谷穗，那谷穗像一绺一绺圆鼓鼓的珍珠在稻秆上垂挂下来。

望着生机勃勃的禾苗，姑娘仿佛看到一片金黄色的稻谷的海洋；秋风阵阵吹来，稻浪翻滚，来到田间收割的欢乐的人群，就像在金黄色的海洋里游泳。

望着生机勃勃的禾苗，姑娘仿佛看到沸腾的田间收割忙，伴随着丰收之歌的回荡，晒谷场上，堆起了一座一座谷子的大山。

叶露愈看这段文字，就愈是满意，觉得如果按照编辑部的意见重新构思，就得把它推倒重来，那实在是不忍心。在心烦意乱中，她想：何不去找李思慧老师请教呢？

李思慧老师教初三（2）班的语文。因为她博览群书，颇有学问，教学工作很出色，所以深受同学们的爱戴。当叶露拿着稿子到年级组办公室找她的时候，她正在看一本《写作智慧学》。李老师听完了叶露一五一十的诉说，又看了她的稿子，很是开心，便说道：“你现在碰到的这个问题太有意义了，这也是一次很好的学习机会。应当肯定，作为一个中学生，你能写出这样的文章来，已经很难得了。但杂志发表的文章，是要求创新的。你一定要按照编辑部的意见去重写。写作其实是一种心灵的智慧，我对这个问题很有兴趣，正在研究。”李老师拿起她正在看的那本《写作智慧学》轻轻地摇了摇又继续说道：“这本书讲的就是这个。对了，这本书你是可以看的，就借给你参考吧，请你着重看‘写作的虚与实’那一章，会对你有帮助的。不要忘记发挥你的心灵智慧。”听了李老师循循善诱的一番话，叶露觉得脑筋顿时开了窍，真是欢天喜地。她拿着李老师借给她的那本书，带着对李老师无限感激的心情离开了年级组办公室。

当天晚上，叶露聚精会神地看《写作智慧学》中“写作的虚与实”那一章，她觉得书中讲的都是她现在碰到的问题。她把李老师指导她的那些话和这本书写的内容加以印证，实在太有意思了。是呀，写作就是一种心灵智慧，有时候，你要告诉读者的，偏不那么直直白白地说出来，而要留出空白，用相关因素来显示，让读者去领会，所以就有一个写虚与写实的问题，这不正是心灵智慧吗？于是她又继续想到，她稿子中写的那些丰收景象，确是似曾相识，恐怕已经有人写过。对了，应当把丰收的希望作虚化处理，而强化对雨中禾苗的描绘，用欣欣向荣的禾苗来显示丰收的希望。这也许就是书中说的用“实”来显示“虚”吧？想到这里，一种欣喜之情在她心中荡漾，她不禁用手往桌上一拍，说道：“对，就这样定调！”这时，墙上的挂钟“当当”地响了十二下，啊，已经是午夜了，该睡觉了。刚好明天是双休日，明天再写吧。

第二天清早，叶露就伏案写作，写了一个上午，总算把这篇要返工的文章写好了；下午，她再作一些文字上的增删润饰就抄正。晚饭后，她兴冲冲地把这篇文章带给李思慧老师看。

到了李老师家里，李老师正在看报。她放下手中的报纸，接过叶露的文章，一边看，一边展现出灿烂的笑容，文章看完了，她赞许叶露勤奋用功，文思敏捷，说改写出来的这篇文章，能够做到虚实相生，以实显虚，与原来的那篇相比，水平大大提高了。李老师最为赞赏的是下面这段：

淅淅沥沥的春雨，随着轻柔的春风，洒遍了广阔的田野，洒遍了碧悠悠的禾苗。

田野上的禾苗，通连着老农的心，他荷着开田水用的锄头，冒着纷纷扬扬的春雨来到田间。禾苗吸足春雨输送的养分，一个劲地拔节吐翠，茁壮成长。阵阵春风吹来，禾苗摇晃颠簸，发出飒飒的音调，这温柔和谐的音调，老农听起来却是那么悦耳响亮。啊，是了，他听到了“嗒嗒”的收割机在启动，于是发出了会心的微笑……

田野上的禾苗，牵动了农家姑娘的心，她提着拔野草用的竹篮，冒着漫天飘飞的春雨来到田间。禾苗经过春雨的梳洗，显得分外精神，就像一群青春焕发的少女，尽情地舞弄她们碧翠的衣裳。阵阵春风吹来，禾苗发出了特有的甘美气息；这气息，姑娘感到是多么亲切和熟悉啊！她大口大口地吸着这甘美的气息，觉得像是吃着香喷喷的新米饭，于是她发出了甜蜜的微笑……

田野上的禾苗，联结着村官的心，他带着丈量稻田用的软尺，冒着白茫茫水帘般的春雨来到田间。禾苗接受了春雨的滋润，绿得光彩照人，显示出生机勃勃的风姿。阵阵春风吹来，禾苗起伏荡漾，就像一块巨大的起伏颤动的绿色绸缎。珍珠般的雨点打下来，这绿色的绸缎跳动着发出“嘀嘀嗒嗒”声响的音符。这种急促的节奏，莫不是召唤勤劳的人们向田野进军的鼓点？哦，那是成熟的秋天来了，在这鼓点的激励下，人们在宽阔的场地上堆起一座又一座金黄色的小山。听着这声声鼓点，村官发出了幸福的微笑……

啊，老农笑了，姑娘笑了，村官笑了！亲爱的人儿哟！你们为什么笑？是因为我们的田野富饶美丽吗？是因为田野上的禾苗带给人们丰衣足食的欢乐吗？

李思慧老师指点着、比画着这些精彩文段，又说道："这些文笔，确实可圈可点。最难能可贵的是，写了这么多，竟然没有出现过'丰收'一词，这是把丰收隐去了，但处处都让读者看到丰收的情景，处处都体现了丰收的希望。原先你说对那段直接描写丰收的文字不忍割爱，可现在割爱了，不是获得更多么？这是以虚写实的成功。"李老师的赞扬，使叶露受到莫大的鼓舞。

叶露把改写的稿子寄了出去，过了两个月，这篇稿子被刊登在《写作之友》"中学生优秀作品"栏目的头条位置上，成为在全校范围内引起轰动效应的佳话。

三、写作示例

雾中听泉

赵丽宏

朦胧之中，只听见泉的歌唱，只听见泉的脚步。多么丰富的音响呵——

时而像奔腾的马蹄，在那雄壮的激越的节奏中，能想象漫天飞扬的尘土，能想象蹄铁和岩石撞击出的点点火星……

时而像潇潇的春雨，不慌不忙，不紧不慢，悠悠地飘洒着，细而密集的雨珠轻叩着坚硬的大地，发出微弱的幽远的回响……

时而像汹涌的海涛，山一般的巨浪摔碎在高高的石堤上，轰然如惊雷炸裂，那玉屑珠碎似的水花，仿佛已飞溅到我胸口……

时而像幽幽的古筝，优雅委婉，时续时断，飘忽在幽林深处，迂回在奇谷之间……

哦，此时无形胜有形！谢谢这弥天浓雾，使我的想象展开翅膀……

我会记住峨眉山泉的歌唱的，这歌声里铺展的画卷，永不重复，永远新鲜……

泉的状貌是什么样的呢，由于大雾弥漫的遮盖，看不见了，只能听到泉的声音从大雾弥漫中传出来。根据这一特点，赵丽宏先生在《雾中听泉》这篇作品中采用虚实相生的笔法去表现泉的状貌和声音。

泉的状貌由于大雾弥漫而看不见，所以作者对于泉的状貌没有着笔，留出了空白，这是"虚"；泉的声音可以从大雾弥漫中传出来，作者听到了泉的声音，便施以浓墨重彩进行逼真的描绘，这是"实"。泉的声音毕竟是泉发出来的，所以尽管没有看见泉的状貌，也可以从泉的声音揣摩出泉的状貌。据此可知，作者虽然没有直接写出泉的状貌而是作了"虚"的处理，但是，作者对泉的声音是作了"实"的创造，进行了浓墨重彩的逼真描绘，这也就完全可以从作者对泉的声音的逼真描绘中想象出泉的状貌。这就是作者用

“实”来表现“虚”的笔法，也即用对泉的声音的逼真描绘折射出泉的具体状貌的笔法。

在作者笔下，从大雾弥漫中传出来的泉的声音是多种风格的：既有奔腾的马蹄踏起漫天飞扬的尘土的威猛，也有悠悠飘洒的潇潇春雨轻轻叩击大地的清幽；既有海涛汹涌、巨浪如山发出轰然惊雷炸裂的雄浑，也有幽幽古筝飘忽在茂林深处、迂回在峭崖奇谷的悠扬……这丰富多彩的对泉的声音作逼真描绘的“实”的笔法，给读者提供了广阔的想象空间，让读者根据自己的审美情趣和生活经验去想象，填补作品留下的空白，还原出泉的状貌，让读者看到泉的或雄奇、或纤丽，或壮伟，或幽雅，或阳刚，或阴柔的各种景观，看到泉的奔流飞溅呈现出来的银蛇翻滚、玉龙腾空、梨花带雨、素练飘飞的多姿多彩的形态，为清波喷涌、白缎垂挂，为大珠小珠落玉盘，簇簇散花当空舞等等万千气象而赏心悦目、拍案惊奇！这就是虚实相生，用实来折射虚、表现虚的艺术魅力！

第六章　营构写作成品

导　语

写作文的得之于心和应之于手的全部功夫都要落实到一个问题上：营构写作成品。成品就是文章。

一篇文章就是一个整体，全面地展现了作者的思想情感和人格胸襟，是对作者的人生理想、美学趣味、学问功底以及写作才能的总检阅。

要营构写作成品，必须在“整体”二字上下功夫。因为整体是文章的生命，是文章构成的唯一标志。文章的整体既不是写作材料的拼凑，也不是字、词、句的技术组装，更不是各种写作技法的叠加，而是作者通过自已的写作智慧，在内容和形式的统一上调遣文章的各种要求，并融合于相应的艺术加工之中，随之也就呈现出一种情味、一种气度、一种格调和一种境界，而使读者得到精神上的熏陶、知识上的滋养和艺术上的享受。据此，任何零敲碎打，任何机械组装，任何按照某种工艺流程规矩的技术操作，都是在营构写作成品时要禁绝的。

那么，应当怎样营构写作成品呢？简而言之，就是用“立意”来统率写作材料，用“剪裁”来决定写作材料的弃取，用“思路”来安排写作材料的顺序和各自的位置，用“线索”来贯穿写作材料，把写作材料从或纵的、或横的、或纵横结合的方面连接起来，用“角度”来确定处理写作材料的最佳切入点和相应的空间，用“开、合”把有关的材料按放开和合拢的要求熔铸起来。据此，本章设计了立意、思路、剪裁、线索、角度、开合等六节内容。

第一节　提炼统率全篇文章的灵魂

一、写作知识

一篇文章必须有一个统率全篇的灵魂。如果没有灵魂来统率，这篇文章就是一具没有生命的躯壳。有了灵魂来统率，这篇文章就会被灵魂之光照亮而熠熠生辉。

统率全篇文章的灵魂就是文章的立意。

江苏省有一位朱晶同学，在一次登栖霞山的活动中，山风对他的狂袭给他留下深刻的印象。回来以后，心头一亮：对，要作一篇写风的文章，写栖霞山上的风！可是写风的什么呢？风是看不见摸不着的，怎样才可以把风表现出来呢？有了！那就写自己在山风狂袭下害怕的亲身体会吧，让人们看出栖霞山的风是非常强劲、非常厉害的。可是，他又想，光是写出风的强劲、厉害，自己又是多么怕风，文章就毫无意义，就是一篇没有灵魂的文章。于是他作了深入的思考，要提炼出一个灵魂来统率全篇文章，要下功夫去立意。他回忆登山时发现山风狂袭下的小草和野花，获得新的认识：要写出小草、野花面对山风的狂袭而毫不退缩的大无畏精神，并且把自己摆进去，显露自己在小草、野花面前的惭愧心情，通过对比突出小草、野花的顽强性格给自己的启示，这样，文章就被灵魂的烛照放出亮光使全篇生辉了，请看他写出的片段：

一阵阵猛烈的山风向我们吹来，就像一只有力的大手把我们向后推，使我不由得倒退了几步。我不得不蹲下来，可它好像还不肯轻易放过我，还夹着沙土向我袭来，吹得人睁不开眼，打到身上也够疼的。要是张大嘴，那一定可以尝到“风炒泥沙”的味道。好大的风呀！多么可怕的风啊！

我一低头，看见了一丛小草，它被风吹得东摇西摆，“沙沙”作响，但它顽强地抗御着，似乎在唱一曲奋进歌。还有野花，那一簇簇的野花，在猛烈的山风冲击下也没有低头，而是带着胜利的微笑，散发出阵阵清淡的微香。啊，小草和野花，你们才是强者！在你们面前，我自愧了。小草和野花给我以极大的启示：在人生的道路上，不能作缩头乌龟一样的懦夫，要作自强不息、向前拼搏的强者！

写作实践告诉我们：文章总要写生活的，但一篇写生活的文章，绝不能写成一篇只是单纯复制生活的文章，而必须提炼出一个统率全篇文章的灵魂，通过立意的运作去写文章。所谓提炼就是根据作者自己的思想情感、价值取向、审美趣味，对要写的生活进行发掘、打磨、熔铸等艺术加工的改造，让生活升华或达到体现文章灵魂的境界。请看著名作家冯骥才是怎样写一个高女人和她的矮丈夫的吧。

有一次，冯先生在火车上看到一对夫妻，丈夫是矮个子，妻子却长得高挑苗条，比丈夫高出半截，冯先生的旅伴以及车上的人看了只是觉得他俩不怎么般配罢了，但冯先生却把这事放在心上，回去后要把对夫妻写出来。怎么写？就写丈夫怎么怎么矮，妻子怎么怎么高？这样复制出来的生活原型还比不上他俩的夫妻合照呢，那岂非淡而无味、毫无价值？经过苦苦思索，冯先生想出了一个好主意。他把长期积累的生活素材融入到那对高矮不般配的夫妻身上，对生活原型进行艺术加工，提炼出控诉“四人帮”迫害善良无辜人民的滔天罪行，还人民以尊严的立意来作为统率全篇文章的灵魂，写出了一部震撼人心的小说《高女人和她的矮丈夫》，梗概如下：

有一对夫妻，丈夫矮墩墩的，其貌不扬，妻子却是个苗条的漂亮女郎，比丈夫高出半截。纯洁的爱情把他俩维系在一起，夫妻恩爱情浓，过着幸福和睦的日子。在上下班的路上，在空余时间逛街，他们总是成双成对，形影不离，而且总是共用一把伞。打伞又总是丈夫“承包”，因为是矮丈夫高女人，所以矮丈夫打伞总要把手往上伸直，将伞举得高高的，这样才得以庇荫他心爱的高女人。可惜，好景不长，在“文化大革命”的那场浩劫中，“四人帮”以“莫须有”的罪名把那位高女人迫害死了，矮丈夫悲痛欲绝，但在那些腥风血雨的日子里，他也只有哭诉无门、冤沉海底。高女人死去以后，不管是晴天还是雨天，矮丈夫出门必打雨伞，而且总是把手往上伸直，将伞高高举起。起初人们看到这位矮个子这种奇特的打伞方式，很是大惑不解，后来他的悲惨故事传开了，人们才懂得：矮丈夫这样打伞是为了悼念他挚爱的高女人，以表示她永远在他的身边，她永远和他在一起。“四人帮”毁灭了人间的美好事物，毁灭了高女人和她的矮丈夫的珍贵爱情，引起人们对“四人帮”的义愤填膺，对这一对遭难夫妻的无限悲悯，有人还洒下了辛酸的同情之泪。

请看，好的立意不是将普通的生活现象升华到一个高超的新境界了吗？这就是表现出统率全篇文章的灵魂立意的作用。

基于立意要体现出统率全篇文章的灵魂的作用，立意就必须掌握体现出统率全篇文章的灵魂的三项基本要领。

首先是要鲜明。鲜明就是突出主旨给人一个集中的强烈印象，不能散乱和庞杂。有一位小作者在一篇文章中围绕着家里的红木桌写了三个小故事：①爷爷在红木桌上画画，“我”踩着小凳攀着桌沿看，不小心摔了下来，哇哇直哭，爷爷慌忙丢下画笔，把我抱起来，哄着，亲着……②爸爸为了更好地参加四化建设而要考大学，晚上常在红木桌上挑灯夜读，由于时间长了，爸爸伏案勤读苦练把红木桌磨得光滑了，爸爸也终于考上了大学；③后来红木桌成了“我”的书桌，“我”的课余时间就常常在红木桌上读书、看报、做作业……“我”要用优秀的学习成绩回报父母对“我”的爱。此文用红木桌把三件小事连缀成篇固然可取，但三个小故事的含义各不相同，第一个小故事讲的是爷爷对“我”的关爱；第二个小故事讲的是爸爸要参加四化建设的志气；第三个小故事讲的是“我”用努力学习的行动回报父母的爱。这就犯了散乱、庞杂的毛病，违背鲜明的要求。后来小作者在老师的指导下修改这篇文章，把三个小故事调度到同一个视角上：爷爷在红木桌上画画，爸爸在红木桌上挑灯夜读，“我”在红木桌上做功课，都是对知识、对文化艺术的热爱和追求，都是为社会主义精神文明建设添砖加瓦的具体行动。文章的结尾作了集中的表述：

爷爷、爸爸和“我”都把红木桌作为攻克文化关的平台，一张小小的红木桌联结着祖孙三代的精神劳动，这不是我家的一道美丽风景线吗？红木桌上相继呈现的画面洋溢出来的情韵，就是家庭中社会主义精神文明建设的奏鸣曲啊！

小作者的文章经过这样的修改，纠正了散乱庞杂的毛病，显得集中而明朗，符合鲜明的要求。

其次是要深刻。深刻指的是写作主体根据自己的人生理想、价值观念、审美情趣，透过事物的表面现象，深入地揭示出事物蕴含着的意义，诸如思想意义、道德意义、美学意义等等，给读者以熏陶、教益和启迪。举例来说，写松针、桂花、芝麻这些东西，如果只停留于描述它们的外形如何如何，即使写得极为精细，充其量也无异于生物实验室里的植物标本和植物挂图，是谈不上深刻的。有一位署名为杨得祥的作者发表在《羊城晚报》上的一篇作品，就将松针、桂花、芝麻写得很深刻。作者在具体描绘出它们的状貌中，一方面凸显它们的渺小，另一方面又凸显它们对人类贡献的巨大。作者笔下的松针是一种又细又尖的针状叶子，是绿叶中所有植物中最小的叶子，然而“它使春山涌碧，它使夏峰染黛，它使秋岭流油，它使冬峦滴翠”，给大地增添了无限风光。作者笔下的桂花，星星点点，密密麻麻，是所有植物的花朵中最小的花儿，然而“它香得纯正，香得醇厚”。“桂花糖，把孩子的笑声薰甜了；桂花羹把老人的寿年薰长了；桂花糕，把吉祥的春风熏暖了……”作者笔下的芝麻，在人们的心目中最不起眼，是世界上植物的果实中最小的果实，然而，芝麻制出来的香油“出类拔萃，香压群芳”；“名扬海内外的淮安酥馓，就是麻油的杰作；所有的糕点，只要有芝麻装点，顿时锦上添花”。作者就这样鲜明地展现出松针、桂花、芝麻形貌渺小和贡献巨大的强烈反差而揭示出它们不平凡的价值，赞颂有一分热，发一分光的奉献精神，给默默奉献者献上一曲动听的赞歌。无疑，这就是深刻的立意。

我们还可以再举一例，就是著名诗人公刘先生的诗作《运杨柳的骆驼》：

大路上走过来一队骆驼，
骆驼骆驼背上驮的什么？
青绿青绿的是杨柳条儿吗？
千枝万枝要把春天插遍沙漠。
明年骆驼再从这条大路经过，
一路之上把柳絮杨花抖落，
没有风沙，也没有苦涩的气味，
人们会相信：跟着它走准能把春天追着。

（选自《当代诗歌名篇选读》）

一队骆驼驮着杨柳树苗赶路，如果只停留在事件的表面着笔，无论用了多少丽词巧语，都是与深刻无缘的。但是，诗人凭着自己的人生观、价值观和审美观产生的穿透力，在描绘一幅生机无限的塞外春光图中深入地揭示出骆驼运杨柳这一生活事件蕴含着的真义：把春天带给沙漠。这一揭示，引人遐想，催人奋发，并且召唤人们跟着运杨柳的骆驼去追赶春天。

再次是要新颖。新颖就是在突出主旨的过程中创新，亦即突破似曾相识的老调俗套，避开人云亦云的陈言旧语，独辟蹊径，别出心裁，对某一事物作出新的思考和评价，对某一问题说出新的见解和主张，从而展示出人们没有想到，或者人们心中想说但是说不出来的新意。要新颖就得紧扣事物和问题的特点，依据作者自己对事物、对问题的独特感受、独到领会生发开去，或叙事，或说理，或描写，或抒情，连缀成篇，于是就催生出了新颖的立意。

古往今来的文人墨客，多是青睐于春天和秋天而极少去写夏天的，有写了夏天的也只是写夏天的酷热，写人们总是浸在苦涩的汗水里。著名作家梁衡先生却钟情于夏天，他在题为《夏》的一篇作品中描写出夏天的美，称赞夏天的独特风光。在作家的笔下，夏天呈现着金黄的色彩，而这色彩正是旺盛的活力的色彩：

夏正当春华秋实之间，自然应了中性的黄色——收获之已有而希望还未尽，正是承前启后、生命交替的旺季。你看，麦子刚刚割过，田间那挑着七八片绿叶的棉苗，那朝天举着喇叭筒的高粱、玉米，那在地上匍匐前进的瓜秧，无不迸发出旺盛的活力。

作家还描绘出夏天鸣奏着紧张的旋律：

夏天的旋律是紧张的，人们的每一条神经都被绷紧。你看田间那些挥镰的农民，弯着腰，流着汗，只是想着快割，快割；麦子上场了，又想着快打，快打。他们早起晚睡已够苦了，半夜醒来还要听听窗纸，可是起了风；看看窗外，天空可是遮上了去。麦子打完了，该松口气了，又得赶快去给秋苗追肥、浇水。“田家少闲月，五月人倍忙”，他们的肩上挑着夏秋两季。

作家对夏天的具体刻画，表现出夏天的丰富内涵，揭示出夏天是“人倍忙”的勤劳建设者的季节，光有闲情逸致的人是不喜欢夏天的。作品的结尾，作家充满激情地呼唤：“我却想大声赞美这个春与秋之间的黄金的夏季。”于是，作品就凸显了新颖的立意。这是描写和抒情的新颖的立意。

江苏有一位小作者曾蓓经历了一件难忘的事。时间是下午五点多钟，在上学的路上碰到狂风大雨，朋友见她没带雨衣却愿意冒雨淋而把自己的雨衣借给她，理由是自己的路近而她的路远。叙述这样的事件，一般人总会是称颂友谊的珍贵或者是赞扬先人后己的高尚风格，而小作者却别出心裁，写出了自己的独特感受：“我裹紧身上的雨衣，像是在风雨天地里拥有一间温暖的小屋，什么狂风暴雨都被挡在门外。”他又想到那位朋友“把他仅有的一件雨衣给你，那你就是一个幸福的人了，虽然只是一方小小的晴空，但一样有着太阳的温暖和光芒啊！”接着，小作者把他的真实感受升华到人类爱的高度：

也许人来这个世界就是为了爱别人和被别人爱吧。我受恩于父母、亲朋乃至整个人类，同时也把自己的爱洒向四方。我们原来都是陌生人，是爱让我们相识相知。在人生的航海中，难免会有大风大浪，生命的孤舟有时真的很难把持。有了爱，就不同了，我们不再是独自航行，我们是一支团队、一个整体了。

继而小作者又把“人类爱”拉回到眼前的现实：

我望望华灯初上的街道，发现夜幕下的城市很温馨。世界，在一片祥和的气氛中渐渐入睡，而我，仍在雨中穿行。我的身后是朋友真诚的双手，我的前方是家园明亮的灯光。与我为伴的雨衣，在灯光下泛着柔美的光泽。

文章的结尾，小作者以点睛之笔表达了自己的心愿：

但愿我也能成为一件美好的雨衣，为别人的生命遮风挡雨！

小作者的心愿，是朋友之爱升华出来的人类之爱给予自己的启迪和激励，从而迸发出来的心灵之歌，这是一曲真善美的爱心之歌！全文在叙事和抒情中的新颖立意就这样和盘托出了。

人的价值是什么？这是一个人生哲学的重大课题。通常的看法是：人的价值是创造、奉献；创造越大，奉献越大，人的价值也就越大。北京有位小作者徐铮却超越通常的看法，有自己的独特见解。他在《人的价值》一文中提出了一个公式来评估一个人的价值大小的：

$$\text{人的价值}=\frac{\text{创造值}}{\text{条件值}}$$

文章对这个公式作了阐释：“创造值”指一个人对社会、对他人给予和创造的多少；“条件值”则指一个人所处的客观条件的优劣程度和其机遇的多寡。客观条件好，遇到的挫折少，机遇多，这时条件值便越大；反之，则小。可见，一个人的价值是由创造值和条件值共同决定的。假设甲乙两人的创造值相同，而甲的条件值小，乙的条件值比甲的大，要评估甲的人的价值就是应肯定甲比乙大。文章经过一系列的论证，最后水到渠成地得出了结论：

人的价值在于最大限度地发挥自己的条件值的作用去作出最大限度的创造值，对人类作出最大的贡献，为人类留下物质上或精神上的财富。

这个结论展示出文章的立意，这个立意发前人所未发，是说理中的新颖的立意。

三个范例在描写、抒情、叙事、说理几方面突出的主旨都是超越凡俗、不落窠臼的，都是新颖的立意。

具备上述三项立意要领的文章，就具有统率全篇文章的灵魂了。

二、写作故事

果戈理写《外套》

果戈理是19世纪俄罗斯的伟大作家，他写《外套》的过程很能说明立意的重要性。

青年时代的果戈理在彼得堡谋得了一份公务员的差事。有一天，他和同事们在办公室里闲聊，有人讲了一位喜欢打猎的公务员的故事。一位贫穷的公务员有打猎的嗜好，渴望拥有一支自己的猎枪，于是节衣缩食。积攒许久，凑足了钱，买到了一支价值200多卢布的上等猎枪，这时别提他有多么高兴了。他头一次划小船沿着芬兰湾去打鸟，高度的兴奋使他达到忘我的境界。当他朝船头一看，糟糕，猎枪不见了！“怎么回事？我的猎枪分明是放在船头上的，怎么会不翼而飞了？”顿时焦急万分。冷静下来后他才想起可能是小船穿过芦苇稠密的地方时，芦苇把他的猎枪挂到河里去了。他费尽心机打捞猎枪，但还是没有把猎枪找回来。这位公务员一回家就躺到床上起不来，因为他受到的打击太大了，过度的刺激使他害了热病。他的同事们得知这个消息，大家捐款给他买了一支新猎枪，他才活了下来，此后，只要有人提起他失猎枪一事，他就吓得面无人色。这个真实的故事讲完，大家都笑得前俯后仰，因为觉得很有趣。只有果戈理笑不出。他若有所思地低下头，他那大悲悯、大关爱的胸怀，让他在同事们的笑声中看到那位贫穷公务员的卑微、可怜、辛酸……于是他产生了要把这个真实的故事写成小说的念头。

怎么写呢？如果写出来的只是对生活原型的复述，人们大概会把它当作笑话来读，就好像他的同事们听了这个故事后笑得前俯后仰那样。那是没有什么意义的。“对了，应该提炼出一个深刻的主旨，让人们读了我写出来的作品之后心灵受到震撼。”果戈理决定用人道主义精神揭示被凌辱、被损害的贫穷公务员的悲惨命运，控诉人间的不平。正是在这个立意的烛照下，他把这个从办公室听来的生活素材加以改造，注入了深刻的思想感情，一篇优秀的现实主义小说《外套》问世了。

《外套》的主人公还是那位贫穷的公务员，但他那带有喜剧色彩的经历改成了内涵深沉的悲剧：猎枪改成了外套，猎枪被芦苇挂河里改成了外套被强盗抢去，主人公不是活了下来而是悲惨地死去。故事梗概如下：

公务员巴什马奇金在彼得堡上班，每天都用同样的姿势坐着，伏案抄写。他善良，逆来顺受，任凭同事们嘲笑挖苦。彼得堡的严寒对每个人都是极大威胁。巴什马奇金太需要一件外套御寒了，可收入菲薄的他买不起新外套，只能穿上破旧的外套上班。这外套因为破旧不堪时常使他成为同事们嘲笑挖苦的对象。他拿这件外套请裁缝补过几次，但后来遭到了拒绝。裁缝说：“补什么，补了这里又破了那里，有啥用？”为此，他咬紧牙根，减少饮食，节约开支，攒钱做外套！终于在隆冬季节，新外套做成了。他怀着过节一般的心情，喜滋滋地穿上新外套上班，有几次竟情不自禁地笑了。同事们都祝贺他穿上新外套。他是多么珍惜这件新外套啊，是新外套让他恢复了做人的尊严。可是好景不长，有一天他在回家的路上遇上了强盗。强盗把他痛打一顿，把他的外套抢走了。此后，他又只能穿那件破旧外套上班了。他无比悲愤，要去告状，讨回公道。但他这个正当的诉求不但得不到同情和支持，反遭长官痛加训斥。孤苦无奈的巴什马奇金在绝望中一病不起，不久就死去了。他的死，没有引起任何反响，就像什么事情也没有发生过。

果戈理把人们当作笑料谈资的生活素材进行改造加工，写成了饮誉世界的传世名篇，就是得力于深刻的立意。

三、写作示例

树

王　蒙

世界上什么最美丽？天、海、星星、山、雪花和树木。

最亲切的，随时可以看见，可以触摸，可以接受它的好意的荫庇，可以欣赏它的千姿百态，可以与它相对相悦相知，又可以与它相别相忘从此各自东西再不相识的，是树。

树没有姿态，它只不过是生长。它长得几个人抱不过围，它长得参天，但它并不称雄，并不得意洋洋。当小鸟儿在它的枝头叽叽喳喳跳来跳去的时候，鸟儿是那样地聪明、活泼、可意，而傻大个子的树却自惭形秽，默默不语。

树没有表白，你给他挂一面牌子，是汉朝的柏，是辽代的松，是重点保护的文物，是稀有品种，是经济作物药用特种工业用，是废物，是蘑菇的寄生体，是毒蛇的洞，全听命你的选取和你的评论。是因为它城府太深吗？

然而它从来没有防御。它把一切暴露在风里、雨里、热里、冷里、鸟里、虫里。即使它受到了虫蚁的蛀食，受到雷电的斩劈，受到砍伐燃烧，受到了恶言恶语，它仍然不动声色，它仍然是它自己。噢，当然，它的根、众多的根长在土里，长在黑暗的地下，痛苦地使着延伸和吸取的力气，然而它无意隐藏自己的根系。

它献出来的只能是它能够献出来的自己最美的部分，你不需要知道它的根的深沉的努力。

它没有动作却又摇曳不已。它没有允诺，却又生息有定，姿态有势，自我调节，不离不弃。它没有争夺，却又得到了大自然和人的一切赐予——包括诗人的诗和画家的笔，包括蝙蝠与枭鸟的栖息。

即使它被山火烧焦，即使它被巨斧腰斩，即使它被病毒麻痹，它的种子已经撒向四方，它的风格已经留下了深刻的印迹。不幸的结局也许只会增加它的魅力。

（选自《王蒙散文》）

著名作家王蒙先生的《树》是一篇立意新颖、发人深省的作品。

写树的作品可谓汗牛充栋了，但人们写出来的树往往是着眼于树的外表，去描写树的形象，去表现树的风姿。那些呈现在读者面前的各种各样的树，多是苍翠葱茏、树叶婆娑、撑天巨伞、绿色长廊一类景观。那样写当然不是没有意义，但毕竟浅了一层。

王蒙先生写树，一反陈套，另辟蹊径，以独特的视角、全新的立意，发掘树的丰厚内涵，写出了树的独特品格，表现了树独具个性的美。

作家笔下的树，没有出现松柏桃柳的各种风姿，也不见各种树木的具体形态，但作家是以独具的慧眼紧扣树的特点着笔的。这特点就是：树以一种生命的责任，朝着认定的目标，以拓落的胸怀和大无畏的精神去生长，去发展，去奋斗，为大地、为人类作出奉献。

树，朴实无华，充满自信，沉默不语，脚踏实地，埋头苦干。尽管它可以“长得几个人抱不过围”，长得参天拔地，但“并不得意洋洋”与世争雄。聪明活泼的鸟儿在它的枝干上歌唱跳跃，它也不去凑热闹，还是保持自己的执着，照旧默默地做自己应该做的。人们怎么评论它，怎么称呼它，怎么褒贬它，善意美言也罢，恶意攻击也罢，赞扬也罢，冤枉也罢，它都毫不在乎，它最了解自己，它依然不改初衷，默默地做自己应该做的。

然而，忠厚善良往往最容易受到欺负。树，“它从来没有防御”，风雨可以吹打它，虫蚁可以蛀蚀它，雷电可以斩劈它，人类可以砍伐它，拿它当柴烧……悠悠苍天，良知何在？公理何在？然而，无穷灾难的袭击，它都挺住了，所有强加给它的酸甜苦辣，它都吞下去了。它问心无愧，“它依然不动声色，它依然是它自己”，它一如既往，默默地做自己应该做的。它的意志毫不动摇，它的风骨依然坦荡，它的根在地下延伸，它的种子撒向四方，它要为人类奉献绿荫，它要为大地吐放芬芳，这是它的生命的责任，这是它的生命的必然。

啊，树，负载了多少诬陷和虐待，承受多少磨难和辛酸，然而它始终保持对人类、大地的博爱宽厚之心，“生息有定，姿态有势，自我调节，不离不弃。”颂扬这种仁者、智者的品格，赞扬这种独具个性的美，就是《树》这篇作品的新颖立意。

第二节 开拓顺畅表情达意的通道

一、写作知识

表情达意就是表达情感和意思。情感和意思的表达有多种多样，或记叙，或描写，或说明，或抒情，或议论等等。表达情感和意思必须有一条顺畅的通道，这条通道就是思路。

思路实际上是一篇文章组织安排材料的思维轨迹。组织安排材料必须明确先写什么、后写什么以及先后的衔接、必要的穿插等等。写一篇文章把这些问题想好，形成一条思维轨迹，就有思路了。必须要有思路，才可以把文章写得贯通、顺畅，给读者一个清晰的印象。思路没有形成就挥笔写作，很可能把文章写得颠三倒四、一塌糊涂。要写好文章，必须铺设一道畅通的思路。

铺设畅通的思路有两项基本要领：

第一，在纵向思路的清晰上下功夫。纵向的思路清晰指的是围绕一个中心从开头到结尾按时空或事理逻辑发展的各层之间的意思有连贯性。请看下面的例子：

今天，老师带我们到滨江公园去玩。公园到处充满着诗情画意，鹤莲池的景色更使我心旷神怡。

人们首先看到了正面的鹤莲池，池的中心有一朵水泥做的莲花。莲花上立着一只昂首振翅的丹顶鹤，好像在对天长鸣。丹顶鹤的嘴里喷出一串串透明的小水花，这些小水花又变成无数颗大水珠散落到水池里。鹤莲池的水碧绿碧绿的，绿得像一块翡翠。一阵微风拂过，池面上浮着鱼鳞似的波纹。池水在太阳的照耀下，形成了五光十色的光圈，小鱼摇头摆尾，游来游去，不时吐出一串串水泡，有的小鱼还跳出水面，仿佛在欢迎我们呢。

我们走到了池边左侧。那里有一丛盛开的月季花，发出了一股股清香。这些月季有的全开了，有的开了两三片，有的还是花骨朵，胀得像要裂开似的。花，红的似火，白的似玉，黄的似金。花丛中，勤劳的小蜜蜂振着金色的翅膀，匆匆地采蜜，它们真像一群快乐的小天使。

走近池的右侧，可以看到一条长长的画廊。屋顶覆盖绿色的琉璃瓦，由几十根红色的大柱子支撑着。走进画廊，看见里面坐满了来自天南海北的游人。他们有的在休息，有的在聊天。画廊一角，围观的人很多，不时发出“出车”、“拱卒”、“打马”、“轰炮”的叫声。挤进去一看，原来是两位老人在下象棋。两人杀得难分难解，真是棋逢对手，将遇良才。

出了画廊，就可以看到池子前面的那座假山。假山是由许许多多太湖石组成的。这些怪石有的像狮子，有的像老虎，有的像熊猫，有的像猴子，简直是一个小小的“动物世界”。假山后面有一座六角凉亭，亭角上吊着铜铃。风一吹，铜铃发出了叮叮当当的响声，像在演奏一首美妙的古乐曲。凉亭四周的垂柳拖着长长的枝条，清风吹来，柳枝像仙女轻轻起舞。

我们登上凉亭，鹤莲池的景色尽收眼底。池中的莲花、白鹤倒映在水中，同水池四周的廊亭花树相互衬托。这景色怎不叫人流连忘返呢。我情不自禁地大声说：“鹤莲池，真是名不虚传啊！”

（佚名《公园里的鹤莲池》）

这篇文章写了“我们”观赏公园里的鹤莲池，随着时间的向前推移，“我们”连续地转换空间，从不同的方位观看鹤莲池的美景：先是从正面看到池中碧波涟漪上面的一座雕塑造型，一只昂首振翅的丹顶鹤立于一朵莲花上面；继而走到左侧看到一丛盛开着的月季花；再走近池的右侧看到一条长长的画廊。出了画廊又看到池子前面的假山；接着登上凉亭，鹤莲池的景色尽收眼底。这样按照时间的推移和空间的转换，有先有后，一层一层地写来，纵向连贯性很强，思路十分清晰。下面再举一个按事理逻辑发展的例子：

由三个口组成的“品”字看似简单，但其中所蕴含的哲理却是很值得人回味的。学会怎样去“品”——品味各种东西，乃至品味人生，那你所得到的就不仅仅只是一个“品”字那么简单了。

第一个口，代表浅“品”。人类认识客观事物的过程是一个循序渐进的过程，总是由一无所知，到知之不多，再到知之甚多。初次品味一个陌生的新事物往往是较肤浅的。但，往后的进一步“品”却正是由这第一步开始的。这第一步“品”是基础，是关键。

第一次的感受总是让人终生难忘的。如果第一口“品”错了，那就可能导致“一招走错，满盘皆输”的后果；反之，若第一口“品”对了，则就为今后打下了一个扎实的基础。“良好的开端等于成功的一半”——所以，第一口，虽是浅“品”，却应认真对待。

第二个口，代表深“品”。有了第一口的基础，再“品”一口，则一定会有更多的体味，更多的收获。因此，第二次的“品”就比较全面了。而第二口的要点，就在于努力去了解和认识事物的全貌。说到第二次“品”的作用，还有一个形象的比喻，那就是——桥梁。第二“品”是第一“品”的深化，但它同时又是第三“品”的基础。它把另两个口字紧密地连接起来，使“品”能真正实现“品”的价值，使“品”的人能切实达到“品”的目的——所以，第二口是深“品”，应更好地掌握。

第三个口，代表透“品”。有了浅“品”和深“品”，那么第三口就应力争“品”透。正所谓“厚积薄发”，前面所做的一切努力，都是为了最后这一“品”。正如对果树浇水施肥是为了能结出硕果一样。所以，这一“品”至关重要。不但要彻底认识事物的全貌，更主要的是要把握事物的内在本质。只有把事物的本质完全“品”透，才算真正“品”出了味道，“品”出了水平，“品”出了价值——所以，第三口，若已“品”透，就应格外珍惜。

总之，具备了上述三口，才能拼成一个完美的“品”字；懂得了上述三口，才能真正领会什么叫“品”；掌握了上述三口，才能把握住“品”的精髓。朋友，你说这由三个口组成的“品”字简单么？

（季敏《品》）

这篇文章借汉字的文化蕴涵进行发挥，写出品味各种东西以至品味人生的深刻道理，论述“浅品”、“深品”、“透品”的区别和联系，层层深入，一气呵成，生动有趣，表现出纵向的连贯性，思路是很清晰的。

第二，在横向思路的清晰上下功夫。横向的思路清晰指的是在一个中心统率下并列地写的几个场景、几个事件或并列地论述的几个问题要有条理性。举例如下：

长不足4米，宽仅2.5米，总面积不足10平方米，放置了床、写字台，余下的只有巴掌大的一块空地。但这里却装着我所有的兴趣、快乐和我金色的梦。

我自附风雅，像蒲松龄起“聊斋”、袁枚起“小仓山房”那样，也为我的小天地起了个挺好听的名字——“五妙居”。

一妙在夜读。父母都说我像个夜游神，晚上不到十点半不会睡觉。其实，他们实在低估了我，他们哪里知道，当台钟敲响十二下，他们在梦乡漫游之时，我还躺在床上，捧着一本心爱的书或杂志，津津有味地阅读着呢！无人打扰，任我在书海酣游，岂不妙哉？

二妙在听音乐。读了一天书，作业完成了。戴上耳机，听听音乐，陶醉于音乐的世界，即使到了深夜，也只有天知、地知、我知，岂不妙哉？

三妙在藏东西。火药枪、弹皮弓、音乐磁带，凡是父母禁止之物，均可藏在小天地中的“隐蔽所”，不时还取出享用、玩乐一番，岂不妙哉？

四妙在躲避繁琐之事。母亲也实在是烦人，一天到晚管头管脚。在我认为，堂堂男子汉如事事需他人指指点点，岂不太冤枉了？而大凡遇到这种情况，还是及早避入“我的小天地”，把门一关了事，任妈妈在门外叫嚷，岂不妙哉？

五妙在睡懒觉。每逢星期日，要没意外，我必睡懒觉，门一关无人打扰，直到父母午饭前来叫我，我从梦中醒来，望望手表，不禁对自己的睡觉功夫咋舌，岂不妙哉？

我的“五妙居”实际上是我的“自由居”，因为这里有我可以自由支配的空间和时间。

（王磊《我的卧室》。有改动）

此文以这里“装着我所有的兴趣、快乐和我金色的梦”为中心，写了夜读、听音乐、藏东西、躲避繁琐之事、睡懒觉等五个场景，用俏皮和活泼的笔墨，表现了自由发展健康个性的强烈愿望。五个场景是并列的，属横向思路，写得清晰而显示出条理性。让我们再看一例：

“滴答！滴答！”秒针唱着歌儿不停地奔跑着……我凝视着面前的台钟，思索着秒针的精神，联想到学习的问题，思绪翻滚，情不能已。

秒针有什么精神呢？就是学习上的踏实奋斗精神，让我细加剖析：

持之以恒，这是秒针精神的第一个特点。随着时间的流逝，秒针在一圈一圈地奔跑着，不知疲倦，昼夜不停。我们在学习文化科学知识时难道不需要这种精神吗？只有勤勤恳恳、孜孜不倦地学习，学业才会有成；如果三天打鱼，两天晒网，只会是一事无成。

循序渐进，这是秒针精神的第二个特点。秒针按照一定的顺序，遵循一定的规则，一秒一秒地走，一分一分地增，一小时一小时地积，凑成天，凑成年，到达世纪，以至于无穷……这就告诉我们：我们的学习也应该由浅入深，由表及里，由少到多，由低级到高级，由基础到尖端，循序渐进。知识在于积累，只有把基础打扎实了，才有可能建设起知识的高楼大厦。

永不知足，这是秒针精神的第三个特点。秒针向前奔跑，但它从来没有觉得自己够了而停止前进的时候，这就启示我们：人生有限，学海无涯，即使你一辈子荡舟在知识的海洋里，也只能采撷几朵小小的浪花。活到老，学到老，这才是我们应取的态度。

我们青年人要想自己学业有成，为国家作出应有的贡献，我们就要发扬秒针精神，做到持之以恒，永不知足，学习、学习、再学习，夺取知识的大丰收。

（刘红《秒针精神》。有删改）

这篇作品把秒针精神概括为学习上的踏实奋斗精神，成为文章的中心，在这个中心的统率下，论述了持之以恒、循序渐进、永不知足等三个问题。三个问题紧扣秒针的特征，构成并列关系，共同揭示秒针精神的内涵，是一种清晰的横向思路，条理性很突出。

在某种意义上说，思路是一篇文章的蓝图。当然，这个蓝图也并非什么细枝末节都设计好，但一个大体上的框架必须形成。在写作过程中必须充实这个大体上的框架，同时不断地矫正和补充它的不足之处。

二、写作故事

我的好朋友

光华中学绿草地文学社要出一期《绿草地》墙报。墙报以“我的好朋友”作为专题向全校同学发起有奖征文，在征文启事中对“我的好朋友”的写作范围作了说明：“我的好朋友”除了可以写人以外，世界上存在的事物都可以写。这是说，凡是对你有帮助，你对它产生了朋友之情的人物和各种事物都可作为你的朋友。

同学们对这样的征文活动很感兴趣，大家跃跃欲试，要写文章应征。同学们写的“朋友”可谓五花八门，洋洋大观。当然有很多同学写人，但写人以外的事物就更多了。有的写小猫，有的写公鸡，有的写笔，有的写书，有的写电脑，有的写乐器，从花草树木到鸟兽虫鱼，从日月星辰到山石湖泊都有人写，真是应有尽有，热闹得很，而初三（3）班的田新苗同学写的竟是磁带！

田新苗写出文章之后，自我感觉良好，为了稳操胜券，他便带着这篇文章去请教语文老师方正刚先生。方老师看了这篇文章，认为田新苗的文笔清新流利，灵动而有生气，但存在一个明显的毛病：思路不通顺。田新苗文章的思路梗概如下：

文章开头点出“磁带是我的好朋友”，接着写磁带给我紧张的学习生活带来温馨抚慰，继而写自己是怎样和磁带交上朋友的。然后文笔一转，写磁带的陪伴使自己获得进步，因而把磁带当作益友，不同于有些人光把磁带当作单纯的消遣工具，举出磁带怎样帮助自己学习外语和语文，最后论述交朋友要建立在精神境界的基础上。

方老师从头到尾地给田新苗分析这篇文章的优缺点，指出这样设计思路不得法。方老师的意见是：文章起始的第一句“磁带是我的好朋友”，这开篇点题的一句同时也是统率全文内容的中心句，这个中心句足以统领文中所写“我”与磁带交朋友的几件事，这些都是对的。文章的结尾把“我”与磁带交朋友升华到精神境界层面，这些都写得很精彩。问题在什么地方呢？就在“我”与磁带交朋友的几件事的安排顺序未能做到贯通顺畅。下面是方老师和田新苗的对话：

师：你在文章中交代了“我”是怎样和磁带交上朋友的，这很必要，但是你把这方面的内容安排得较后，合适吗？

生：（思考了一会儿）是不是在开篇点明“磁带是我的好朋友”之后，接着就写“我”是怎样和磁带交上朋友的，这样更为紧凑一些？

师：这就对了。还有，结尾一段你把交朋友升华到精神境界层面本来很好，但是在这一段你只写了磁带帮助你学外语和学语文，那么你在前面写的磁带让你欣赏音乐岂不是被排除在精神境界之外了？

生：（有所悟）你的意思是不是把欣赏音乐也放在这一段来写？

师：如果这样写，是不是这一段就会负载得太多，因而显得过于臃肿呢？

生：（大悟）对！应该把学外语、学语文的内容独立出来作为一段。

师：那么，你说把这一段放在什么位置上呢？

生：（欣喜地）那就放在“我”和磁带交上朋友之后吧。

师：对！学习知识文化是很重要的，在和磁带交上了朋友之后，磁带就帮助你学外语，学语文，显得这位朋友对你真诚、挚爱，顺理成章，很好！

生：（兴高采烈地）经过这样调整之后，文章的思路就顺多了。首先开篇点题，接着说明“我”和磁带交上朋友的缘由，然后写磁带帮助我学习知识文化，继而写这位好朋友让我欣赏音乐，给我紧张的学习生活带来温馨和快慰，最后进行理性的概括，把交朋友升华到精神境界层面。哎，真棒！

师：那你就赶快动笔修改吧。

生：谢谢老师。

当天晚上，田新苗就把文章修改好了，全文如下：

磁带是我的好朋友

我和磁带是怎样交上朋友的？这要追溯到我的童年时代。那时候，我最爱听故事，妈妈一有空我就嚷着要妈妈给我讲故事。妈妈给我讲的故事可有趣啦：女海神藏在螺壳里，发出海浪的声音，让孩子听了就像有大海出现在面前；狡猾的狐狸穿上白大褂，伪装成医生，要坑骗善良的小动物，因为尾巴没有藏好，被小白兔发现，小白兔请来一群小黄狗包围住狐狸，把它咬死了。这些故事无奇不有。后来妈妈讲了一个水妖的故事：一位美丽的小姑娘长发妹，为乡亲们找水，被水妖捉去了……讲到这里，妈妈停下来不讲了，我真着急，苦苦央求妈妈讲下去，这时妈妈把一盒磁带装进音响，把开关一按，里面发出声音来，把故事讲下去了：水妖用魔法把长发妹黑油油的秀发变白，长发妹伤心透了。终于长发妹在榕树仙翁的帮助下打败了水妖，为乡亲们找到饮用水了。长发妹的一头黑亮黑亮的秀发也恢复为原来的样子。啊，原来磁带可以给我讲故事呀！妈妈教给我使用磁带的方法，此后我就常常要磁带给我讲故事。于是，磁带成了我的好朋友了。

上了中学以后，我不满足于磁带给我讲故事了，我要学习更多的知识文化。磁带又及时满足我的要求。我开始学英语时，觉得枯燥、吃力，磁带就帮助我轻轻松松地学。磁带传播出来的英语单词、句子、英语短文，有一种原汁原味的英语本色，让我领略一种异国情调的新鲜感，还把我带进另一种思维世界，激发我拿英语和母语比较，产生了浓烈的求知兴味。磁带还能适应我学语文的需要，给我播放出声情并茂的诗歌、散文，哎，那是一个琳琅满目的审美天地呀！每次我一听到磁带播放出诗歌散文的辞章，就好像置身于那个审美天地之中，时而听见引发我沉静幽思的淙淙山泉的流淌，时而闻到沁人肺腑的烂漫山花扑鼻的清香，时而看到汹涌咆哮的大河，滚滚滔滔，奔腾不息，流向大海，有时还听到正义的呼喊，像火山爆发，带着熔岩，带着巨响，把时代的最强音撒向万里云天……进入这种境界，既可获得知识的养料，又可受到精神上的陶冶。

我的学习生活充满了乐趣，但毕竟是紧张的，有时还免不了苦涩，又是磁带给我以温馨和抚慰。善解人意的磁带给我带来各种风格的乐音，那旋律，有的像柔和的春风吹过绿茵茵的草地，有的像活泼的画眉跃上枝头歌唱；那节拍，有的激情澎湃，仿佛万马飞奔，雷鸣电闪，地动山摇，有的婉转低回，仿佛温柔的月光，飘荡的夜雾，轻吟的小溪，在倾诉宇宙的秘密……听着这些多姿多彩的乐音真是精神上的大解放。

磁带给我的一切，使我受益无穷。有人把磁带当作一种消遣的工具，那带有很大的片面性。我觉得磁带是我的好朋友，真朋友，志同道合的知心朋友。磁带给我的精神打底，给我知识的武装，给我做人的导向。愿我和磁带的友谊长存！

田新苗把修改好的文章拿给方老师看，受到方老师的称赞。这篇文章在《绿草地》报发表后被评为一等奖。

三、写作示例

荷居记趣

张金平

临湖而居的妙处，是在春秋一度之后才体味到的。

记得搬家之初，正春寒料峭，残荷蜷曲。一场春雨几个晴和日子之后，那枯白的残荷旁就吐出了新翠。起先是这儿一枝，那儿一枝，荷叶儿卷而未放。转眼就连成了一小片，又连成了一大片，就整湖的密布，就整湖的碧绿。连两湖之间的小径也绿如地毯铺就，行走于小径上的男人或女人也绿得如一尊潇洒的雕塑。总有阵阵清新的香气随风荡户入室，沁人心脾。

妻是满目的惊讶和喜悦。

一个夏日，湖上开满了皎皎的莲花。细察那花，每一朵皆由粉红而淡红而淡白而洁白，自下而上颜色渐变。白白的花瓣儿，开在蓬蓬勃勃的绿伞间，粗粗的绿茎，支撑着一个沉甸甸的白梦，那里藏着一个洁白的世界！瞧那蜜蜂嘤嘤，薄翼颤颤，忽起忽落，搓脚挠首于平展如碟的花蕊中，妻说，那荷叶儿不似一半钹儿吗？这满湖的半钹，若有另一半相击，该是何等的声脆韵远哟！我和妻都静立着，仿佛其声入耳了。

微风拂过，湖水荡起一层层粼粼微波，清澈剔透。看得见鱼儿在水底觅食嬉戏，看得见虾儿遭遇强敌时弓身猛弹后慌忙逃遁的情景，看得见水草随着暗波像婀娜多姿的舞女轻轻摆动修长秀美的身段，看得见河蚌正张着两片硬壳露出它那柔软身躯的闲逸神态……深居在污泥之中洁似玉白如雪的藕，便是荷叶和莲子的母亲！叶儿绿在水面上，莲子结在风浪里，这全靠母亲那洁白的乳汁！她贫贱不屈，甘居底层而有节，含辛茹苦而又默默无闻地生存着。

临湖而居，悦目赏心，然爱其叶其花其实，莫如爱其质也。周敦颐独爱莲，谓莲“出淤泥而不染，濯清涟而不妖，中通外直，不蔓不枝，香远益清”，居之有荷，得修身养性砺质之环境，此大幸矣。

（选自《羊城晚报》1991年9月30日）

本文写的是临荷而居所体味到的荷趣。荷趣是统率全文的中心。围绕着荷趣，文章运用横向思路，有条有理地写了三个并列的场景。

第一个场景是一场春雨后，残荷吐新翠。新翠起初只是几枝卷而未放的荷叶，转眼就由小而大，变成密布整湖的碧绿，连湖边的小径和行人都被染绿了。荷叶阵阵清新的香气随风入室，沁人心脾，令荷居的女主人充满了惊讶和喜悦。

第二个场景是夏日来临，荷花布满湖面。那皎皎荷花，衬着绿伞似的荷叶，被粗粗的绿茎支撑着，犹如支撑着洁白的梦，那里面藏着一个洁白的世界。嘤嘤蜜蜂，搓脚挠首于平展如碟的花蕊中；而那荷叶，酷似一半钹儿（钹，一种打击乐器，两个圆铜片，中间突起成半球形，正中穿孔系布条、绸带，两个合击发声）。满湖半钹，若有另一半相击，无疑声韵悠远。临湖而居的“我”和妻，仿佛声声入耳了。

第三个场景是微风吹拂下的粼粼微波。这微波的蕴藏相当丰富：有鱼儿在水底觅食嬉戏，有水草摆动秀美的身段婀娜起舞，有河蚌张开两片硬壳悠闲地伸展的河蚌。其时，完成了长叶、开花、育子任务的莲藕，以洁白似玉如雪的身躯，不殚寂寞，静静地躺在粼粼微波下的污泥里，甘居底层而有节，情愿含辛茹苦而又默默无闻。

这三个场景构成了一个境界：临湖而居的荷趣。这荷趣使作者悟出一个人生哲理：临湖而居处，悦目而赏心，然爱荷之花、荷之实莫若爱荷之质：出淤泥而不染，濯清涟而不妖。居之有荷，得修身养性而磨砺自己品格的环境，是人生的一大幸运。

纵观全文，开篇扣题，点明临湖而居得荷趣。文章的主体部分从三个侧面描述出三个场景中的荷湖各具特色的风貌，以此来表现荷趣的高雅境界，最后升华到人生哲理的层面，以揭示出荷趣的神髓作结，文章的思路可谓贯通顺畅，给读者留下清晰的印象。

第三节　把握巧妙处理素材的刀尺

一、写作知识

古人说的“剪裁妙处在刀尺”是一句写作的至理名言。刀即剪刀，尺即尺子。写作主体巧妙处理生活素材，是需要剪刀和尺子之功的。

面对一大堆生活素材，哪些可以选取用于自己的文章？写作主体必须按照自己要写的文章的要求，用一把尺子来把握分寸，进行考量，加以甄别，保留合用的，淘汰不合用的。生活素材选取好之后，要作艺术处理，这就要用剪刀来加以这样那样的剪，这样那样的裁，进行各种剪辑、衔接、组合。这就是剪裁。

剪裁是否巧妙得法，直接关系到文章的优劣。一块衣料到了一个高明的裁缝师手里，可以按照衣服规格的要求，经过七剪八裁之后，便合式合体，缝成一套美丽的衣裳；如果是碰上一个蹩脚的裁缝匠，这块衣料经过他胡乱折腾，剪来裁去，不得要领，最终可能缝不成衣服，或者只能缝出一套歪歪斜斜穿起来令人为之瞠目的怪装。同样的道理，一堆很有价值的生活素材放到一位文章高手面前，经过他精心的剪裁，进行恰到好处的选择和处理，一篇漂亮的文章便可以问世；如果是一个写作上的庸才，因为不懂得剪裁，再好的生活素材到了他手里也可能被糟蹋成芜杂不堪的一把乱麻，好文章是出不来的。

剪裁要巧妙得法，必须掌握两项关键要领：

第一，详略得当。详略得当的意思是根据写作主旨的需要，该详则详，该略则略。“详”的含义是详尽。无论是叙述、描写、抒情、论说，凡是有利于表现主旨的就要详尽，就可以用墨如泼，大笔挥洒。“略”有两个含义：一是忽略，即舍弃，凡是会冲淡主旨以至成为累赘的就予以忽略，坚决舍弃；二是简略，即简单带过，和主旨有一定牵连的相关因素，如不写就会导致脱节或含混，如多写就会导致臃肿和冗杂，造成对主旨的干扰，在这种情况下，就要惜墨如金，只能略施几笔。由此可见，要做到详略得当，是要很好地掌握分寸的。让我们赏读沈世豪的文章《木头鱼》：

一口塘，一口塘，又一口塘。满塘碧水，清粼粼，留住了蓝天、白云、青山、笑脸。踏进夹马三桥，我便被星罗棋布的鱼塘吸引住了。

十年前，我作为“工作组”的成员曾来过这里，落脚在一户农家，同去的还有一位老同志。第一餐饭十分丰盛，中间一盆糖醋鱼，上面泼了一层稀溜溜的酸辣汁，杂以碧绿的葱叶、鲜红的辣椒，诱人极了。然而，当我把筷子伸向鱼的时候，脚面被那位老同志狠狠地踩住了。我一惊，见到示意的眼神，忙把伸出去的筷子转向一盆青菜。尽管我随机应变，这一瞬间的失态还是被房东的小女儿发现了，她用一双惶惑的眼睛瞟着我，不安，羞怯，又含着淡淡的凄凉。顿时，满桌五彩斑斓的菜肴，仿佛全失去了味儿。我心头隐隐作痛。

后来，那位同行的老同志告诉我，桌上的菜，不少是热心的乡亲送来的。村里多年不见鱼了，那鱼是木头的，放在桌子中央，图个好看，更图个“富足有余”的吉利，客人是万万动不得的。我顿时想起了“缘木求鱼”的寓言，不由哑然失笑……

今天，我是为这里掀起的“养鳗热”慕名而来的。直奔当年房东的住宅。我熟悉的老屋渺无踪影，几丛硕大的芭蕉，亭亭玉立，绿叶如长扇，带着几许荫凉，摇摇曳曳，掩映着一幢崭新的青砖小楼。房前，一字儿排开的三口鱼塘，一位穿红衫的姑娘正在塘边下饲料。一见陌生人，她惶惑地打量着我，羞涩，兴奋，粉团团的脸上骤然闪出几分惊喜。她终于认出我来了！

“你是那年的‘工作组’！”

我点了点头。

她听说我的来意，抿着嘴笑了。大概是倏地想起了当年吃“木头鱼”的旧事，竟嗬嗬地独自笑个不停。

又是丰盛的农家宴。正中一大碗鳗鱼，那是清蒸的。鱼汤清洌如甘。河鳗炖烂了，鲜嫩、香甜，含在口里，倏然化开去，平生品尝过的珍馐名产，仿佛一时全失去了味儿。

姑娘爽朗健谈，但从不提旧事。或许，泱泱碧水，早已洗尽了农家的辛酸；或许，细心的养鳗姑娘担心触动客人昔日的不快。我倾听她谈养鳗经，谈农家怎样开辟新的致富门路，谈市场的自然调节，话语如三月春江中扯起风帆的小舟，一发而不可收。听着听着，我的一颗心，悄然无声地消融在温馨的碧水之中。

但愿以木代鱼在中国的每一个角落都成为过去的故事！

（选自《精短散文200题》）

本文的主旨是以表现改革开放带来山村由穷变富的深刻变化，来歌颂党的改革开放政策的。为了凸显文章的主旨，作者用墨如泼，详写了“我”两次进村完全不同的情景和感受：第一次进村是改革开放之前作为工作组成员进村的，在落户的一个农家吃第一顿饭时，因想吃木头制的鱼，几乎捅了一个漏子，引起房东小女儿的极大尴尬。她那不安、羞怯又含有淡淡的凄凉留给“我”难忘的隐痛。第二次进村是在改革开放之后，“我”是为这里“养鳗热”的掀起慕名而来的。当年的房东小女儿已经成了养鳗姑娘。她见到客人，表现出少女特有的羞涩和热情；认出“我”之后，更是谈笑风生。在她为“我”设的农家宴中，“我”品尝到真正鲜嫩香甜的清蒸鳗鱼。改革开放的潮流，早已洗尽农家的辛酸，再也不用为了图吉利而用能看不能吃的木头鱼招待客人了。农家的幸福，使“我的一颗心”悄然无声地消融在温馨的碧水之中。正是这些繁笔的详写形成了山村由穷变富的强烈对比，于是歌颂党的改革开放政策的主旨鲜明地豁现出来了。对于和表现主旨有关联，但不是重点话题的若干事情，如前一次进村是来当工作组成员，这一次进村是来取养鳗经，就只作必要交代，简略带过。至于前一次进村当工作组干了些什么，这一次进村取了哪些“养鳗经”，这些内容和表现文章主旨无关，就全都被作者有意忽略不写了。应该说，这篇文章对详略分寸的掌握是十分妥帖、至为得当的。

第二，截取拓展。截取，是指在剪裁中把生活事件发展过程的一个典型横断面截取下来；拓展，是指围绕截取下来的生活事件横断面延伸开去，开拓展现截取下来的生活事件横断面的丰富而深刻的含义。一篇文章的篇幅是有限的，生活的广阔性是无限的。以有限的篇幅反映无限广阔的生活，如果是巨细无遗，从头到尾一一道来，就会导致浮光掠影，肤浅平庸，而截取拓展却可以从一滴水看太阳的光辉，口子小，容量大，留给读者强烈的印象，使文章的主旨得到凸显。有一篇题为《绿衣人》的文章（作者陈玉龙）从邮递员长年累月的投递邮件的工作中截取了如下一个横断面进行拓展：

“202，图章！”

风乍起，吹皱了一池春水。这是绿衣人送挂号信的信号。

“来了！”我高声答应着，随手从抽屉里取出图章，匆匆走出书斋，开门相迎。

“您好！谢谢！”我把图章递到她手里。

“不用谢。”她莞尔一笑，谦逊而有礼貌，接过图章，郑重其事地在我的名下用了印。

接着，她像燕子一样轻盈地骑上自行车翩翩飞去。我目送她婀娜矫健的身影，回味她留下的温馨和友情。

这样的日常生活镜头是司空见惯的，好像不值一提。然而，作者正是截取了这一生活横断面，发掘其中的丰厚含义，加以广阔的拓展。作者是这样满怀深情地称颂“绿衣人”的：

“鸿雁传书，”“属微波以通辞”，她们给千家万户送来了喜讯佳音，成全了多少人的好事和良缘，为人间编织了多少绮丽的梦……受惠的又岂止我一家一户？

绿衣人，你们是报春的使者，是爱情和幸福的播种人。

为了充分展现“绿衣人”工作蕴含着的意义，作者对截取下来的生活横断面，由近而远地拓展开去：先是拓展到“绿衣人”长年累月都是辛勤地为人们“传书”、“通辞”上面，描述他们不管严寒酷暑，不管雨打风吹，准确无误地送信，谁也不肯打扰，匆忙地来到，匆忙地离去。继而又拓展到遥远的年代，在艰苦的抗战岁月里，“我”流亡西南，负笈巴蜀，在那些面临国亡家破危险的烽火连天的日子里，又是“绿衣人”把身在沦陷区的双亲的慈爱带给我，文章写道：

我已年逾古稀，打开记忆的库存，60多年的漫长岁月，再也数不清绿衣人曾经给我送来多少温暖和友情、喜悦和幸福，那真是斗难量，秤难称。最使我萦怀不忘的是当年抗战期间，我只身流亡大西南，负笈巴蜀，远在沦陷区的双亲，呻吟在敌人铁蹄下，忍辱偷生，省吃俭用，好不容易给我寄来一点零用钱，使我受之有愧。烽火已几年，“家书抵万金”，多么可贵啊！双亲的家信，又是给离乡背井，望眼欲穿盼亲人的游子多少慰藉啊！

经过由近而远的一系列拓展，截取下来的生活横断面的巨大容量和丰厚的意蕴，得到了充分的展现，随之，文章的主旨也得到了凸显。

总而言之，详略得当和截取拓展都是为表现主旨而对生活素材进行剪辑、衔接和组合。在一定主旨的统率下，对生活素材进行巧妙得法的剪裁，才可以写出好文章。

二、写作故事

方苞对徐迟的启示

方苞是清代的大作家，徐迟是当代著名诗人、散文家。他从方苞那详略得当的文章写法得到了有益的启示。

有一次，徐迟要写一篇报告文学，报道当代著名物理学家周培源的卓越贡献。在初稿中，对周培源从20世纪30年代到70年代的事像流水账一般地记了下来，写了两万三千多字。写好后，徐迟从头到尾看了一遍，觉得篇幅太长，周培源的主要贡献却没有得到突出，自己也很不满意。但想来想去，感到写进文章中的材料都很珍贵，不忍割爱，一时想不出处理材料的好方法，于是把这篇报告文学放了下来。

在一次偶然的机会，当代著名诗人臧克家得知徐迟写了一篇关于周培源的报告文学，长达两万多字，就笑着对他说：“哎哟！文章写得这么长，还得了哟！”于是，向徐迟推荐了方苞的《左忠毅公逸事》，建议他借鉴这篇文章的写法。

徐迟找来了《左忠毅公逸事》，读了几遍，细细琢磨，不禁击节赞赏。这篇文章详略得当的写法确实值得学习。

《左忠毅公逸事》写的是明末清初一个大臣左光斗和他的学生的事，全文才六百多字。一共写了四件事。第一件事，写左光斗雪夜散步，到了一座庙宇旁边，看见里面有灯光，就走了进去。有一书生，伏案而眠，面前摆着一篇刚写好的文章。这引起了左光斗的注意，他拿起文章一念，便放回原处，然后脱下自己身上的皮大衣，轻轻地盖在这个书生身上，又为他关上门窗，这才走了。一座庙宇、一点光、一篇文章，吸引了一位大臣，从而将高官与寒士的苦读连接了起来。这件事作了略写。第二件事，写那年大考，评完卷后，作为主考官的左光斗，闭着眼睛听考场的官吏一个名字一个名字地念着汇报；当听到史可法的名字时，左光斗睁开两只眼睛说："拿笔来！"在名为史可法的卷上写："第一名"，卷子也不看了。史可法就是那个古庙夜读的书生。没有看到考卷，怎么可以批第一呢？这是因为上文已作交代，左光斗在雪夜察访到，史可法不论在晴天还是雪天，不论是住古庙还是住客店都勤攻苦读，故能写出好文章。这里仍作略写。这样的略写都是为下文写左光斗在狱中对史可法的托付以及史可法在作战中表现出来的忠心作交代和铺垫的。第三件事，写左光斗遭奸臣陷害，被抓入狱，受尽酷刑。史可法闻讯，买通了狱吏，去看望老师。一进监狱，史可法看到左光斗被打得血肉模糊，躺着不动，便跑上前去，跪在老师面前呜咽。左光斗一看是史可法，站了起来，训斥他说："现在是什么时候？国家这样危险，你身负重任，跑这里来看我干什么？走！你不走我就用枷锁砸死你！"说着，从地上摸着拿起刑具，作投击之势。史可法噤口不敢出声，赶快跑了出去。这里作详写。第四件事，写一个部队作战后，士兵都很疲劳，休息了。这时，史可法到部队看望士兵。士兵们对史可法说："明天还要打仗，你责任重大，应该好好休息，不要来这里。"史可法说道："对上，我怕对不起朝廷；对下，怕对不起老师。"这里也是作详写。这两件事的详写，突出了重点，表现出了忠心耿耿的一代功臣的形象。

《左忠毅公逸事》才几百字，却写了那么丰富的内容。徐迟受到了启发，于是动笔修改那篇有关周培源的报告文学，详写了周培源回忆某天晚上发生的事情，然后再用简略的文字回述了一下。这样详略得当，突出了周培源的业绩。这篇报告文学从原来的两万多字减少了七千多字。

三、写作示例

山　韵

刘明忠

春雨刚过，大地还笼罩在细纱缥缈般的烟雾中。我饱吸了一口清新的空气，踏着沾脚的泥土进家来。问隔壁小叔，才知道家里人有事外出，母亲到北山洼菜地去了。

我习惯地朝北山洼走去。空气中散发着泥土的潮味、野草的清香。层层的梯田，麦苗绿油油的一片，望上去像人工织成的精美地毯；嫩叶垂露，像一颗颗晶亮的珍珠。路旁的小河，清亮亮的水中有几条小鱼在欢跃。路边、山坡上满地是嫩草，到处像蒙上了碧绿的绸缎，闪耀着柔和的绿光。我情不自禁地赞叹：诱人的绿色，好美的家乡啊。

我来到菜地边上，母亲放下手中的铲子，双手搓了搓手中的泥土，站了起来。面带微笑，朝我呼唤："儿啊，你回来啦。"我点了点头，赶紧走近母亲。母亲微笑间，眼角旁、额头上深陷的皱纹还未舒展。连忙又说："过来，让妈看看，瘦了没有。"

母亲习惯地拉过我的双手，她又赶忙放开，再次将手上的泥土搓了搓，在衣襟上揩了揩，这才紧紧抓住我的双手抚摸着。母亲的体温像电流一样传遍我的全身。我仔细观察母亲这双勤劳的手。冻伤的裂痕还未痊愈，每一个指关节刻有几道明显的小沟，指甲被摩擦得长短不齐，双手摸在身上像几块硬壳布在抹擦。就从这双手，我看到了母亲的养育之恩，劳作的辛苦，心中感到一阵酸楚。这双手摸着，我感到母爱的情感在周身流淌。

我不由得想起20多年前的那个月夜。山村的初夏，夜晚安然而恬静。碧绿的大地，在银色的月光下，呈现出一派生机。晚风带着泥土和禾苗的芳香，徐徐吹来，使人感到暖烘烘，周身舒畅。今晚母亲要和湾子里七位姑嫂在这月光下进行插秧比赛。

一声清脆的铜锣声响，八位选手顿时飞快地插了起来。我只见妈妈左手分秧，右手插禾，配合得如机器般匀巧，插得如飞梭般快速。孩子们都为自家母亲鼓劲，呐喊。但我看到母亲这般神速，发呆了，自信冠军是稳拿的，用不着我瞎嚷嚷。果然母亲以绝对的优势取得了第一名。我为有这样一位勤劳的母亲，为母亲有一双神仙般的手而自豪。从此，在脑海里深深地印下了这一幕……

我的回忆的船继续在脑海里荡漾，我又想起当晚回到家来，母亲发觉我的衣领磨破了，忙对我说："过来，让妈给你缭几针。"我想到第二天就要离别母亲上路了，便蹲到母亲胸前。屋里光线太暗，我们来到屋外禾场旁草地上，母亲轻轻地给我缝了起来。这就最让人理解《游子吟》中"慈母手中线"，"临行密密缝"的含义了。眼下这样一幅久别重逢的图景正好和当年临行难舍难离的画面互相呼应。天下最疼爱人的人，莫过于母亲。

我太幸福了。我舒舒服服地躺在母亲面前。躺在绿色的草地上。我看到远处青山如黛，近处垂柳丝丝。北山洼一团团柔柔的雾轻轻地浮起，在山朦胧、雾朦胧间，我听到那花和草在一起交谈。我喜欢家乡的宁静与和谐。碧绿的草地把生命坦荡地铺开来，铺成一片温馨而真诚的微笑。让许多花在它的微笑里舒展，让秀气的杨柳静静地站立，让雪白的兔子、灵巧的黄鹂、会唱歌的画眉，无忧无虑地跳。浑然间，我觉得自己与家乡的土地黏合在一起，与大自然黏合在一起了。

我幸福地化合在母亲的怀抱中，品味着永无休止符的山韵。

（选自《人民日报》1991年10月30日。有改动）

这篇作品写"我"的故乡之行所感受到的亲情。回到了久别的故乡，是有许多东西可以写的，而作者只截取了一个生活横断面：在北山洼菜地里见到久别的母亲。作品写道：

我来到菜地边上，母亲放下手中的铲子，双手搓了搓手中的泥土，站了起来，面带微笑，朝我呼唤："儿啊，你回来啦。"我点了点头，赶紧走近母亲。母亲微笑间，眼角旁、额头上深陷的皱纹还未舒展。连忙又说："过来，让妈看看瘦了没有。"

作品就从这个生活横断面出发，沿着母亲的品格神韵进行层层深入的拓展：第一层，从母亲的体温传遍我的全身拓展到观察母亲一双勤劳的手体会母亲的养育之恩，母亲劳动的辛苦，感受母爱的情感在周身流淌；第二层：从母爱在我周身流淌拓展到“我”回忆年轻时期的母亲在插秧比赛中的情景，母亲左手分秧，右手插禾，配合得如机器般匀巧，插得如飞梭般快速，“我”看得发了呆，母亲获得比赛第一名，让“我”为母亲有一双神仙般的手而自豪，这一幕并且深深印在“我”的脑子里；第三层，从母亲参加插秧比赛的这一幕拓展到当晚回到家里母亲为“我”补衣领的情景，“慈母手中线”，“临行密密缝”的依依惜别，正好和眼前母子久别重逢互相呼应；第四层，从回忆遥远的过去拓展到今天的现实，“我”舒服躺在母亲的怀抱里，享受着甜甜蜜蜜的母爱，愉快地躺在家乡的草地上，体验着亲昵热乎的乡情。山洼菜地上的母子相会，本来是生活中的平凡事，但经过作者截取下来进行拓展之后，却显得不平凡，因其巨大的容量和丰厚的含义，文章的主旨鲜明地凸显了。作者写道：

我看到远处青山如黛，近处垂柳丝丝。北山洼一团团柔柔的雾轻轻地浮起，在山朦胧、雾朦胧间，我听到那花和草一起交谈。我喜欢家乡的宁静与和谐。碧绿的草地把生命坦荡地铺开来，铺成一片温馨而真诚的微笑。让许多花在它的微笑里舒展，让秀气的杨柳静静地站立，让雪白的兔子、灵巧的黄鹂、会唱歌的画眉，无忧无虑地跳。浑然间，我觉得自己与家乡的土地黏合在一起，与大自然黏合在一起了。

我幸福地化合在母亲的怀抱中，品味着永无休止符的山韵。

山洼菜地是母亲生活和劳动的地方，是生我养我的地方。这里的青山如黛、垂柳丝丝，这里的绿草如茵、好鸟枝头，这里的宁静和谐、温馨真诚都是和母爱融合在一起的，永无休止符的山韵载负着慈母的爱，于是，“我”躺在家乡的草地上，“我”品味着永无休止符的山韵，也就是“幸福地化合在母亲的怀抱中”了。这就是截取下来的山洼母子相会这一生活横断面蕴含着的巨大容量和丰厚内涵，同时也表现了文章的主旨。

第四节　安排连缀散珠碎玉的彩带

一、写作知识

一堆璀璨晶莹的散珠碎玉，要有一条彩带连缀成为某种造型才能构成一件华美靓丽的工艺美术作品。和这种情况十分相似的是，一堆亮点纷呈但松松散散的生活素材也要一条彩带贯串起来，方能连缀成为一篇文采斐然的魅力华章。

贯串一堆亮点纷呈的生活素材的彩带就是文章的线索。

线索的具体作用在于：有了线索的贯串，才可以确立一条主脉使一篇文章浑然一体。

巴金先生的一篇散文《星》堪称典范。这篇散文写了如下几个生活片断：

在一本比利时短篇小说集里，我无意间见到这样的句子：“星星，美丽的星星，你们是滚在天边的空间中，我也一样，我了解你们……是，我了解你们……我是一个人……一个能感觉的人……一个痛苦的人……星星，美丽的星星……”

我明白这个比利时某车站小雇员的哀诉的心情。好些人都这样地对蓝天的群星讲过话。他们都是人世间的不幸者。星星永远给他们以无上的安慰。

在上海一个小小舞台上，我看见了屠格涅夫笔下的德国音乐家老伦蒙。他或者坐在钢琴前面，将最高贵的感情寄托在音乐中，呈献给一个人；或者立在蓝天底下，摇动他那白发飘飘的头，用赞叹的调子说着：“你这美丽的星星，你这纯洁的星星。”望着蓝空里眼瞳似闪烁着的无数星子，他的眼睛润湿了。

我了解这个老音乐家的眼泪。这应该是灌溉灵魂的春雨罢。

在我的房间外面，有一段没有被屋瓦遮掩的蓝天。我抬起头可以望见嵌在天幕上的几颗明星。我常常出神地凝视着那些美丽的星星。它们像一个人的眼睛，带着深深的关心望着我，从不厌倦。这些眼睛每一霎动，就像赐予我一次祝福。

在我的天空里星星是不会坠落的。想到这，我的眼睛也湿了。

这些笔墨写了三件事：比利时短篇小说中某车站小雇员对星星的哀诉；屠格涅夫笔下的音乐家老伦蒙摇动着他那白发飘飘的头望着蓝空里的星星赞叹；“我”抬头望见嵌在天幕上的明星而出神。所写的这三件事内容不同，时间、地点、人物也个个有别，并没有互相制约、互为因果的关系，但是，人们读了，却不会觉得杂乱无章，而是感到作品中的三件事浑然一体地形成了人生历程中从黑暗到希望的种种图景，并令人从中获得慰藉。这里面有什么奥妙吗？有。其奥妙就在于三件事都写到星，都写到困境中的人看到星的美丽和光明，都写到星给苦厄的人以抚慰。星，充当一条线索，像彩带一样把三件事贯串成一个整体了。我们可以设想，假若把三件事中所写的星抽掉，只写三件事中的人各自的活动：小雇员的哀诉，音乐家的赞叹，“我”的出神……那么，就失去了线索，也就没有了主脉，一篇顺理成章、天衣无缝的佳作就会被糟蹋得散乱不堪，没有生命了。可见线索这条主脉对于构成一篇文章，并且赋予文章以生命起了多么重要的作用！

线索的安排有一个要领，就是线索必须从素材中提炼出来。写作主体写一篇文章，总是先占有素材，继而形成思想感情的冲动，萌发表达出来的欲望，但是所占有的这些素材是零乱、松散的，必须梳理出一个头绪来，才能进行艺术的表现，而要梳理出一个头绪就得抓住能够把这些零乱的、松散的材料贯串起来，并使之成为一个有机整体的东西，这就产生了线索。这说明了线索是从材料中提炼出来的而不是外加的。现以唐代大诗人王维《渭川田家》为例。《渭川田家》全诗如下：

斜光照墟落，
穷巷牛羊归。
野老念牧童，
倚仗候荆扉。
雉雊麦苗秀，
蚕眠桑叶稀。

田夫荷锄至，
相见语依依。
即此羡闲逸，
怅然吟式微。

诗人在写作这首诗之前，看到了一幅农家田舍黄昏夕照的生活图景：斜阳的余晖给一个小村子涂上一层金黄，成群的牛羊从村外走回深巷。一位乡村老人拄着拐杖，倚着柴门盼外出放牧的小孩归来。附近田野里碧绿的麦苗传出了野鸡的啼叫；春蚕开始休眠，桑树上只剩下稀稀疏疏的叶子；荷锄的农夫在归家的路上相遇，亲热地互相聊天。面对此情此景，尽管农夫们很忙碌，但诗人也不禁羡慕他们的闲逸，因为诗人萌生了厌恶庸俗的官场而要归隐的念头，于是便惆怅地吟诵《诗经·式微》的诗句，感叹道：天已将黑，为何不归？诗人激发了写作冲动，要伴随着自己的思想感情把自己看到的景象表现出来。但这些景象有虚景也有实景，有静景也有动景，有村外之景也有村内之景，有自然之景也有人事之景……真是琳琅满目，但又都是散乱的珍珠。诗人经过筛选，找到了一条把这些散乱的珍珠贯串起来的彩色纽带——“归”：牛羊归，牧童归，农夫归，这是人事的“归”；雉归，蚕归，麦苗归，桑叶归，这是自然景物的归，它们都找到归宿了。这一切引起诗人的强烈共鸣，诗人把“归”这条彩带作为线索，把像散乱的珍珠那样的各种景物连缀成为浑然一体、韵味无穷的渭川田家图。王维《渭川田家》的写作，生动地说明了线索是从材料中提炼出来的，说明了线索是构成文章的主脉并且赋予文章以生命。

既然线索是从材料提炼出来的，那么，凡是可以进入写作领域的事物就都可以成为线索。举例来说，充当线索的可以是一种景物，茅盾先生的《白杨礼赞》就是以白杨为线索，文章围绕着白杨树，从外形到内核各个层面进行描绘，抒发了借白杨树讴歌中华民族解放斗争精神的热烈感情，凸现了白杨树壮丽、挺拔的英姿，给读者以强烈的感染。充当线索的也可以是一种感情，女作家张洁的《挖荠菜》就以对荠菜一种特殊的感情为线索，叙写了在旧社会那些苦难的日子里，“我”只有挖荠菜才能感到生的快乐与自由，在新社会过上了幸福的生活，“我”还总是怀念长在野地里的荠菜，多少年来，每到春天总要挑个风和日丽的日子带上孩子到郊区的野地挖荠菜。文章一以贯之地把“我”对荠菜的一种特殊感情写进文章里，并以此为线索，把相关的材料连缀起来表达了对新社会的热爱。充当线索的还可以是一种行为，陆蠡先生的《囚绿记》就以“囚绿”这种行为做线索，描述作者由于怀着对绿色的深沉的感情，把窗外的常春藤牵进来，实际上就是“囚绿”于室内，这使作者体验到在沙漠看见绿洲的欢喜，但这根常春藤的尖端总朝着窗外的方向，而且日渐黄瘦，失去青苍的颜色，作者为它病损的枝叶而怜惜它，终于开解了绿色的“囚人”，把常春藤的枝条放回原处，让它自由生长，作者就这样以写“囚绿”来歌颂反抗侵略，不屈服于黑暗而追求自由的忠贞民族气节。充当线索的甚至可以是一种生理现象，19世纪俄罗斯作家契诃夫就以一个小公务员的打喷嚏做线索写出了小公务员的悲剧命运，小公务员切尔维亚科夫在剧院看戏，无意中打了一个喷嚏，唾沫星子溅到一个将军的秃头上，地位卑微而充满奴性心理的小公务员吓得诚惶诚恐地向将军道歉，尽管将军当时就说不要紧，但小公务员都断定将军决不会轻易原谅他，从此他就种下一块心病，认为大祸将要临头，因而多次寻找机会忐忑不安地为打喷嚏的事向将军认错，将军总是表示不必介意，而小公务员也总是疑神疑鬼，以至觉得将军的眼里露着凶光，于是陷于惶惶不可终日之中而不能自拔。他三番五次地向将军道歉，使将军对这些为打喷嚏而道歉的烦扰忍无可忍了，大发雷霆，喝令他“滚出去”，小公务员竟因此吓死了，以打喷嚏为线索的这个故事反映了等级森严的俄国官场社会践踏人的尊严而造成的人间悲剧。此外，充当线索的更可以是某个地点、某个时间、某种人物、某种精神……不胜枚举。

线索的具体安排有两种基本方式：

第一，纵贯式线索。所谓纵贯式线索就是沿着写进文章的事物本身发展进程安排线索，层层深入地将材料作纵向的贯串。杨朔的《荔枝蜜》就是一例。这篇作品以“我”对蜜蜂的感情为线索，借蜜蜂酿蜜的辛劳和荔枝蜜的甜香赞颂创造社会主义新生活的勤劳建设者。作品开头写“我”在孩童时期因上树掐海棠花而被小蜜蜂螫了一下，因而此后对小蜜蜂不大喜欢，感情一直“疙疙瘩瘩”的。接着写“我”在从化温泉因品尝鲜美甜香的荔枝蜜而“动了情”，想去看看一向不大喜欢的蜜蜂。继而写“我”到了荔枝林深处的养蜂场，看到蜜蜂的辛勤劳动，听到养蜂人老梁的介绍之后，体验到了蜜蜂是“多么可爱的小生灵”，“对人无所求，给人的却是极好的东西”，蜜蜂酿蜜不是为自己，而是为人类酿造最甜的生活。“我”为蜜蜂这种高尚的精神而深受感动。作品又富有诗意地将画面拓展到田野中辛勤插秧的劳动人民，于是在赞美蜜蜂的酿蜜精神之后，顺理成章地升华到颂扬亿万劳动人民的酿蜜精神。最后作品又宕开笔墨，写基于联想而产生的一个梦：梦见自己变成了一只小蜜蜂。综观全篇作品，就是一层比一层深入地写“我”对蜜蜂的感情的发展：不大喜欢——动了情——赞颂蜜蜂——梦见自己变成蜜蜂。这种以对蜜蜂的感情为线索，把材料作纵向的贯串就是纵贯式线索。

第二，横贯式线索。所谓横贯式线索，就是依据写进文章的事物本身若干方面的并列关系，在一个平面上，不是一层比一层深入，将材料作横向的贯串。部队作家陈广生、崔家骏写的《雷锋的故事·人民的勤务员》就是以雷锋利用一切机会为人民服务的精神做线索来将材料作横向的贯串的。这篇作品写了六个小故事。第一个小故事：雷锋在从抚顺开往沈阳的列车上，给老人找座位和让座，帮列车员扫地板、擦玻璃、收拾小桌子，替旅客拿东西。看到他累得满头大汗，人们招呼他歇歇，他总是说：“我不累。”第二个小故事：在沈阳站的检票口，雷锋发现一位带着孩子的妇女把车票和钱丢了，非常着急，就用自己不多的生活费替她补了一张火车票。这位妇女感动得热泪盈眶，便问：“大兄弟，你叫什么名字？是哪个单位的？”雷锋估计她是想还钱的，便笑着说：“大嫂，别问了，我叫解放军，就住在中国。”第三个故事：雷锋从丹东出差回来的途中，在换车时看见一位白发苍苍的老大娘，拄着拐杖，背个大包袱，走得很吃力。经过和她交谈，雷锋知道她是去抚顺看儿子，和自己是同路，便替她背包袱，扶她上车，一路上都在老人身边照顾她。老人是第一次到抚顺，去看儿子不知道路该怎么走，下车以后，雷锋又帮老人背起包袱，扶着她走路；经过东打听，西打听，花了两个多小时，终于帮助老人找到了儿子，老人很感谢他，他说：“谢什么，这是我应该做的。”第四个小故事：一个大雨滂沱的傍晚，雷锋刚刚完成了自己的任务，发现有个妇女带着两个孩子，怀里抱着个小的，手里拉着个大的，冒着雨淋要赶回远在十多里外的家，雨中又迷了路，雷锋便送她回家；雷锋把自己的雨衣披在那位大嫂身上，又抱起那个大一点的孩子，看到那孩子被雨水淋着冻得打哆嗦，便脱下军衣披在孩子身上，让雨水把自己淋得全身湿透；走了将近两小时才把那位大嫂送到了家。大嫂说一辈子都忘不了他的帮助，雷锋说："咱们军民是一家嘛。"第五个小故事：雷锋乘车回沈阳，照样扶老携幼，帮助列车员忙这忙那，帮助装卸工人盖站台上的行李，他的高尚风格引起列车员的关注，有人觉得眼前这位浓眉大眼的同志很像报上报道的雷锋，于是问道："如果我没猜错的话，你就是雷锋同志。"雷锋谦虚地笑着说："雷锋也很平常。"人们都称赞说："雷锋出差一千里，好事做一火车。"第六个小故事：有一年的春节期间，雷锋正在和大家一起参加文娱活动，他心里隐隐约约地觉得好像有什么要做的事还没有做，原来他想到每逢年节就是各种服务部门和运输部门最忙的时候，于是便赶到火车站，帮助打扫候车室，给旅客倒水，扶老携幼地帮旅客上车下车。大家看见他在春节期间也在这里做好事，都感动地说："你辛苦了，休息休息吧。"雷锋回答说："做这点事累不着。"作品写的这六个小故事，不是因果关系，也不是递进关系，更不是铺垫关系，而是在一个平面上的并列关系。这篇作品就是依据六个小故事在一个平面上的并列关系，以雷锋利用一切机会为人民服务的精神这条线索，将材料作横向的贯串，这就是横贯式线索。

从上面所举的各个例子我们还可以知道线索有两大类型，一是显性线索，即明线。这种线索用文字集中地加以显示，因而是显露出来的，如《白杨礼赞》以白杨树为线索就是显性线索；二是隐性线索，即暗线，这种线索没有文字加以集中显示，而蕴含于文章的各种材料里面，所以是隐藏着的，如《人民的勤务员》以雷锋利用一切机会为人民服务的精神做线索就是隐性线索。

二、写作故事

星　星

在晨光中学教初三（3）班语文的任弘文老师在一堂作文课上讲了"线索在构成篇章的作用"的专题知识，引起同学们的浓厚兴趣。一向坚持练笔的同学纷纷进行线索安排的练笔，有些没有练笔习惯的同学也开始了练笔，而且大都以线索安排作为练笔的内容。

任老师对同学们的练笔进行抽查和指导，发现线索安排的练笔大体思路顺畅，写法多样，但也存在若干毛病，主要是未能做到将线索一以贯之地写进文章的相关材料，在优缺点上较有代表性的是江泳萍同学题为《星星》的一篇文章，因此任老师决定找她进行个别指导。

星期五下午的自习课，江泳萍按照任老师的通知来到了他的年级组办公室。任老师从抽屉里拿出了江泳萍的练笔册，找到她写星星的那篇文章，对她说道："你的文章用天上的大星星和小星星比拟你和你的奶奶，手法很新颖，你是怎样想到这样写的？"江泳萍说："我从小就跟着父母离开了故乡，离开了奶奶，而故乡和奶奶却一直留在我的心底，每当夜里仰望星空，就引起我对故乡和奶奶的深情思念，觉得天上的小星星依傍着大星星多像我偎依在奶奶身边！因此我就这样写了。您在作文课上讲的线索安排知识对我启发很大，所以我把这种比拟作为线索，把写进文章的材料连缀起来。"

任老师称赞江泳萍的文章构思巧妙，思路顺畅，接着指出："你的文章只在开头和结尾写到大星星和小星星，中间就没有大星星和小星星出现了。这是一个欠缺。我在作文课上讲过：线索要首尾一贯地贯串整篇文章。请你认真思考你的文章是否做到了？对了，茅盾先生有一篇题为《天窗》的文章，在线索安排的写法上也堪称典范，你应该学习借鉴。"任老师从抽屉里拿出一本《茅盾散文选》，对江泳萍说道："茅盾先生的这本著作里面有那篇文章，你拿去看吧。"

江泳萍满心欢喜地接过任老师的《茅盾散文选》，谢过老师就回去了。当天夜里，江泳萍伏案展读茅盾的《天窗》：

乡下的房子只有前面一排木板窗。暖和的晴天，木板窗扇扇开直，光线和空气都有了。

碰着大风大雨，或者北风虎虎地叫的冬天，木板窗只好关起来，屋子里就黑得地洞里似的。

于是乡下人在屋里开一个小方洞，装一块玻璃，叫做天窗。

夏天阵雨来了时，孩子们顶喜欢在雨里跑跳，仰着脸看闪电，然而大人们偏就不许，"到屋里来呀！"孩子们跟着木板窗的关闭也就被关在地洞似的屋里了；这时候，小小的天窗是唯一的慰藉。

从那小小的玻璃，你会看见雨脚在那里卜落卜落跳，你会看见带子似的闪电一瞥；你想象到这雨，这风，这雷，这电，怎样猛厉地扫荡了这世界，你想象它们的威力比你在露天真实感到的要大这么十倍百倍。小小的天窗会使你的想象锐利起来！

晚上，当你被逼着上床去"休息"的时候，也许你还忘不了月光下的草地河滩。你偷偷地从帐子里伸出头来，你仰起了脸，这时候，小小的天窗又是你唯一的慰藉！

你会从那小玻璃上面的一粒星，一朵云，想象到无数闪闪烁烁可爱的星，无数像山似的，马似的，巨人似的，奇幻的云彩；你会从那小玻璃上面掠过一条黑影想象到这也许是灰色的蝙蝠，也许是会唱的夜莺，也许是恶霸似的猫头鹰——总之，美丽的神奇的夜的世界的一切，立刻会在你的想象中展开。

啊唷唷！这小小一方的空白是神奇的！它会使你看见了若不是有了它你就想不起来的宇宙的秘密；它会使你想到了若不是有了它你就永远不会联想到的种种事件！

发明这"天窗"的大人们，是应得感谢的。因为活泼会想的孩子们会知道怎样从"无"中看出"有"，从"虚"中看出"实"，比任凭他看到的更真切，更阔达，更复杂，更确实！

江泳萍把茅盾先生的作品和任老师的指导结合起来思考，认识到《天窗》写天窗和孩子们的关系的发展进程有四个阶段：第一阶段，天窗的来历；第二阶段，雨天，天窗给孩子们带来的乐趣；第三阶段，晚上，天窗给孩子们带来的乐趣；第四阶段，天窗给孩子们的教益。作品写这四个发展阶段的每一个发展阶段都紧扣天窗，把"天窗"这条线索一以贯之地贯串作品的始终，把写进文章的材料连缀成一个艺术整体。这样，线索就十分鲜明。而自己的这篇文章以大星星和小星星比拟自己和奶奶作为线索，中间是主体部分，描述自己和奶奶在一起的往事，却没有大星星和小星星出现。大星星和小星星只在开头和结尾露面而中间却被隐去，线索有中断之嫌，更谈不上鲜明了。于是，江泳萍立即修改自己的文章，一直忙到深夜，才修改完成。全文如下：

我从小跟着父母到远方去，离开故乡和奶奶已经多年了，但是，故乡秀丽的山水，奶奶慈祥的面容早已经刻在我心中。每当幽静的夜晚我仰望空中闪闪发光的星星，就勾引起我对童年的回忆，对故乡的眷恋，对奶奶的思念。

我亲爱的故乡，慈爱的奶奶，是多么令人难忘啊！

夏夜，奶奶时常搬张小木凳，牵着我的小手坐在院中。那满天繁星自然常是我们的话题了。就是在故乡的夏夜里，我认识了牛郎、织女，认识了北斗星、勺柄儿星。我的两只眼睛忽闪忽闪，望望空中的一颗最大、最明亮的星，瞧瞧奶奶的眼睛，发现奶奶的眼睛也像星星一样，又亮又明，便突发奇想地搂住奶奶的脖子娇语："奶奶呀，那颗大的星就是你的眼睛。"奶奶眯着星星般的眼睛笑了："毛妮是那颗大星星旁的小星星，小星星不会离开大星星的。"我仔细一看，还是真的呢，大星星闪亮，小星星跟着闪亮，我不知道是小星星离不开大星星，还是大星星舍不得小星星。那时，两颗星星不曾分开过，可能大星星扯着一根细细的爱的线儿吧？

我是一颗调皮的小星，总是喜欢悄悄地去寻找可爱的蝴蝶、黄花儿，去和小伙伴们嬉戏，可奶奶那颤颤的声音总能捉住我的耳朵，"妮儿，小星星哎，快回家哦……"可也怪，这声音柔柔的、甜甜的，像有着巨大吸引力似的，我不得不乖乖地迎着这声音重新回到奶奶的身旁。奶奶星星般的眼睛总是闪着温柔慈爱的光。

曾经有一次，我真的在外玩野了，头上、身上全是金黄的野花儿，手中捏满了少腿断翅的蜻蜓，爬在树后小山上的一棵树上，悠悠荡荡，洋洋自得。可心里渐渐地不安起来，不由得支起耳朵，谛听着。果然，那熟悉的声音传来了："妮儿，小星星哎，快回来哦……"不知怎的，时间长了，这声音自然而然地就成了我幼小心灵中的需要，一旦离开，我就浑身的不自在。此时，这声音及时传来了，我高兴了，满足了，就像久渴之后喝到一掬甘甜的山泉水。但我没有立即下去，我想了一个好主意，想和奶奶开个玩笑，看看她的星星是怎么个急模样。

我便蜷起小小的身子躲在树上。近了，我已看到奶奶星星似的眼睛。那星星闪着怎样的光哟，是这般焦灼、不安，丛丛松枝钩散了她花白的头发，小脚儿磕磕绊绊，踉跄欲倒。我的心一下子被戳痛了，流着泪道："奶奶，小星星在这儿呢。"大星星又露出了失而复得、欣喜的光："哦，我的毛妮儿，小坏星星若丢失了，我拿什么还你娘、老子哎？"从此，小星星再也不敢远离大星星一步。

幽静的夜晚，我倚窗南望，哦，我望见那颗孤独的大星星了，奶奶，你寂寞吗？想念你的小星星吗？星光闪闪，故乡的星星哟，我多么想回到你的身边。

任弘文老师看了江泳萍同学修改后的文章甚感欣慰。任老师除了在班上表扬江泳萍之外，还鼓励她以此文参加全国中学生创新作文大赛，最终，此文荣获一等奖（这个故事系根据孔永平《故乡的星》改写）。

三、写作示例

睡美人

佚　名

清丽、优美的芭蕾舞剧《睡美人》序曲奏响了。可是扮演公主奥罗拉的A角却“失踪”了。

“嘭”，化妆间的小门开了，一名女演员朝回过头来的导演一耸肩：“找遍了，哪儿也没有。”导演阴沉着脸，心中紧扣着的一线希望也随着这声响给绷断了。突然，他的手指向了端坐在一边的B角：“你上!”

B角激动地站直身，双手抚摸着短裙，眼里闪着倔强和自信的光。只见她，踮起脚尖，一个优雅的旋转，轻盈地提着舞裙，飘然来到台上……

导演余怒未息。A角有丰富的舞台经验，和扮演王子菲利浦的男A角又是老搭档，今天的汇报演出正是胜败定局的关键时刻，万一B角腿一软……他不禁打了个冷战。

B角在追光下独舞。多么典雅雍容的舞步，多么飘洒翩翩的舞姿，她巧妙地把音乐的颤动和光芒融汇在一整套的芭蕾舞的语言里了……

英俊的王子出现了，两人在月光如水的舞台上跳起了双人舞。导演紧张地眯起了眼。这是最令人担心的，B角和男A角是第一次同台演出。奇怪，导演的眼前，B角分明已被爱情拥托而起，漂浮在浪花之上，乘着白色双翼；她手臂的姿势犹如玫瑰花瓣的开放；她的双脚和着音乐在踩踏，犹如树叶飘然落地。她和男A角的搭档真是天衣无缝!

导演的拳头松开了，他暗暗惊讶，我平时怎么会没有发现呢？是由于她的倔强和顶撞？是由于她的执着、自信大于技巧？是由于我对女A角的偏爱所形成的偏见？还是……

B角弯曲着双腿，柔软的身子在向地面上倾倒。

哀怨、激昂的主题乐如泣如诉在轻叩观众的心扉。一个个音符，飘坠在导演的心湖上，泛起圈圈涟漪。B角不是曾经要求和男A角搭档吗？而我却有“A”“B”角这道坚固的厚墙将一对“情人”隔开，导演了一出“悲剧”。唉!

醒了，奥罗拉醒了！安睡了一百年后，由于菲利浦纯真的爱情，她，死而复苏了！而B角，这位现实生活中的“睡美人”，恰似许多沉睡着的美，她，春花怒放了!

“哗”，忽然，剧场里响起了激烈的掌声。B角噙着泪，微笑着向观众躬身回礼；可是，她的目光在某一观众席上凝滞了——

A角正微笑着坐在那儿鼓着掌……

（原载《解放日报》，日期佚。）

这是以一出舞剧中的女主人公睡美人做线索的一篇作品。

作品写的是这样一个故事：B角在台上饰演睡美人成功，她超人的表演才智被发现；那个“躲”在台下，原本演睡美人的A角让人才脱颖而出的超人才智也被发现了。我们在作品中看到，舞剧《睡美人》的汇报演出正待开始，饰演该剧的女主人公睡美人的A

角演员突然“失踪”。在这样的关键时刻碰到这样意外的难题，对于导演来说真是一个沉重的打击，他既恼怒又伤透脑筋。他对睡美人的B角演员是很不放心的，因此她从来就没有登台表演的机会，这时也只好让她顶上去了。B角演得非常成功，让导演喜出望外。当向观众谢幕时，B角看见A角“躲”在台下充当观众，和大家一道热烈地鼓掌。

作品依据事物本身的发展进程，对线索作纵贯式的安排。作品的故事情节发展，分成四个阶段。第一阶段：演出即将开始，A角“失踪”，临时很难找到与演男主人公——王子的演员登台配合得很好的女演员来演女主人公——睡美人。这时，导演既恼怒，又犯愁。第二阶段：在无可奈何的情况下，导演只好让B角上场了。她能演好睡美人吗？导演心中的弦绷得很紧。第三阶段：B角充满倔强和自信走上舞台，她以雍容的舞步，翩翩的舞姿，和演王子的男演员配合得天衣无缝。B角饰演睡美人的成功，使导演心上绷紧的弦松开，同时，导演为此感到惊讶和自责。第四阶段：演出结束，A角“亮相”，原来是A角有意推B角出台的，此举既能保证台上的睡美人演出成功，又使台下的“睡美人”被导演发现。在这样的发展进程中，“睡美人”就充当线索，像一条纽带一样把故事情节连缀成为一个浑然的整体：第一阶段，由于A角“失踪”，联结着睡美人由谁来饰演；第二阶段，导演的决定，联结着睡美人由B角饰演；第三阶段，B角显露才华，联结着睡美人饰演的成功；第四阶段，A角的亮相，联结着台上睡美人饰演成功和台下睡美人被发现的因由。整个故事情节都围绕着“睡美人”展开矛盾冲突并得到解决。因此，“睡美人”是把故事情节四个发展阶段连缀成为一个整体的线索。这条线索是显露出来的，属于显性线索。

第五节　选择最佳表现事物的坐标

一、写作知识

“坐标”作为显示某种位置的标志物，在这里，指的是写作主体为表现客观事物而在一定的空间中选择所站的位置，也就是所选择的角度。要表现客观事物，总得站在某一位置或从某一个角度去表现，角度不同，视野所及也就不同，随之表现出来的事物必定迥然各异，苏东坡诗云：“横看成岭侧成峰，远近高低各不同”，此之谓也。据此可知，为了实现写作主体表现客观事物的目的，选择最佳的坐标或角度是很重要的。

写作上的角度，并不是说写作时要按照几何学原理，用度与弧表示角的大小的方法去衡量所描述的事物，而是指表现事物的着眼点并依据这个着眼点截取相应的空间。世界上各种各样的事物，大至一个太阳，小至一粒砂子，都是一个大千世界，写作时以它为对象，绝不可能也无必要无所不包地什么都写到，更不应当随随便便地想到什么就写什么，看到什么就写什么，而必须按照作者的写作意图、思想情操、知识积累、审美趣味，抓准一个着眼点截取一个相应的空间，也即用相应的角度去着笔。因为最佳的角度，可以让这个事物得到最佳的表现。以摄影为例，一个摄影工作者拍一幅表现春光烂漫的作品，如果角度选得好，拍出来的无论是好鸟枝头、花团锦簇，或者是柳絮飘拂、燕子翻飞，都可以表现春光烂漫的主题；如果不选角度，任意乱拍，那么进入镜头的很可能是斜阳衰草、枯枝败叶，或者是残花朵朵，落红片片，这就和春光烂漫大相径庭了。摄影上选择角度的问题，写作上也常常会遇到的。

写作上如果善于选择角度，写出来的文章就总是有新意的。前面说过，写作上的角度就是表现事物的着眼点和依据这个着眼点截取下来的空间，这个着眼点当然是作者自己的着眼点而不是抄袭别人的着眼点，也即作者通过自己带有个性的眼睛发现的着眼点。据此，用这样的着眼点截取的空间——角度去表现事物，写出新意就是水到渠成的事情了。因为有了自己的着眼点就绝不会与别人重复。这就是善于选择角度的问题。所谓善于选择角度就是选择自己的眼睛发现的角度。这也是属于自己的最佳角度。例如故乡的小河，不知有多少人写过，但善于选择角度的人总是能够别出心裁地写出自己眼睛中的故乡的小河而表现出新意。有一位作者通过自己的眼睛，把小河的美丽景色截取下来：小河的清波映着早晨的彩霞欢快地流淌；小河一边弹琴一边歌唱，时而绕过一块大青石，时而穿过一个淘空的老树根匆匆地向前奔涌；野菊花、马兰花、铃铛花笑吟吟地站在小河边照镜子；鲫鱼、鲤鱼、花果鱼在碧绿的水面上跳舞……小河的美景凝聚起来，形成了哺育“我”的营养剂，点拨“我”在宁静中发现热烈而豪情奔放，启迪“我”长出幻想的翅膀去浮想联翩，鼓舞“我”长出理想的羽翼走向远方。这就是作者自己的着眼点所产生的角度。另一位作者笔下的故乡的小河截取了动静交错、声色并茂的画面：故乡的小河像一方缎子般的平静，衬以蝴蝶翩跹、燕子飞掠、白鹅戏水的动景，是那么和谐协调；而水草的绿茵茵，河畔山峦青翠、河水映照着的野果的鲜红，在清晨玫瑰色的阳光衬托下，和那河水的嬉笑，掠水燕子的呢喃细语，洗衣姑娘的棒槌声融合在一起，更给小河增添了艳丽的姿彩和欢乐的氛围……这种动与静、声与色交织成的一幅幅生意盎然的故乡小河的生动画图，激发了“我”热爱家乡、建设家乡的高尚情怀。这也是属于作者自己的着眼点，属于作者自己的角度。这两个例子证明了善于选择角度来表现事物就可以层出不穷地产生新意。

那么，怎样才可以做到善于选择角度呢?

第一，要根据自己对事物的独特感受去选择角度。由于独特的感受是作者个性化的对事物的外表和内蕴的感觉和领悟，所以总能够看到别人看不到的东西，所以根据这种独特的感受去选择角度就必能做到善于选择角度。以写天上的繁星来说吧，在许多作者的笔下，繁星像无数碎银撒在蓝绸下，像无数天真的儿童忽闪忽闪的眼睛，像无数闪亮的宝石缀在天幕上。而巴金先生凭他对繁星的独特感受，产生新的着眼点并截取相应的空间，选择一个最佳的角度，在《繁星》一文中写出了与众人眼中不同的繁星：

我爱月夜，但我也爱星天。从前在家乡，六七月间的夜晚，在庭院中纳凉时，我最爱看天空中密密麻麻的繁星。看着那星天，我就会忘掉一切，仿佛回到母亲的怀里。

在南京时，我住的地方有一道后门，每晚上一打开后门，我便会起一种特别的感觉。是静寂的夜，下面是一片菜园，上面是星群密布的蓝天。星的亮光在我们的肉眼里虽然微小，然而它使我们觉得它的光明是无处不在的。那时候，我正在读一点关于天文学的书，也认得一些星，就好像它们是我的朋友，它们在和我谈话。

如今在海上，每晚我和繁星相对，我把它们一个个认得很熟了。我躺在舱面上，仰望着天空，深蓝色的天空里，正悬着无数半明半昧的星。船在动，星也在动，它们挂得那么低，真是摇摇欲坠呢！渐渐地我的眼睛模糊了，我就像看见无数的萤火虫在我周围飞舞。海上的夜是柔和的，是静寂的，是梦幻的。我望着那许多认识的星，我仿佛看见它们在眨眼，我仿佛听见它们在低声说话。这时候，我真忘掉了一切。在星的怀抱中，我微笑着，我沉睡着。我觉得自己是一个小孩子，现在睡在母亲的怀里了。

（选自《海行杂记》）

巴金先生基于自己对繁星的独特感受而产生的新的着眼点是：密密麻麻缀在蓝天上的繁星，在哪里都可以看到它的光芒。沿着这个着眼点，作品截取了三次观看繁星的空间从而形成新的角度：第一次，从前在家乡，夏夜在庭院中纳凉，看天空中的繁星，感到会忘掉一切，仿佛回到母亲的怀里；第二次，在南京，静寂的夜，群星密布的蓝天下的菜园，使自己觉得繁星的光明无处不在，好像它们是“我”的朋友，在和“我”谈话；第三次，在海上的轮船，每晚“我”和繁星相对，“我”躺在舱面上，觉得星空很低，就像看见无数萤火虫在“我”周围飞舞，在星的怀抱中，“我”觉得自己是小孩子，睡在母亲的怀里。作品三次写“我”看繁星，三次的时间地点都不同，但都感受到繁星的光照和爱抚，感受到繁星对人的亲和，繁星是自己的母亲和朋友，繁星的光芒无处不在。作者选择的这一角度，表现出人和自然和谐地融为一体。这一新意发前人所未发，就是善于选择角度的结果。

第二，要根据自己对表现手法的独特追求去选择角度。所谓对表现手法的独特追求，指的是在表现手法上独辟蹊径，不落窠臼，避免雷同和模式化。如果写老师聚精会神地备课，就写老师手上拿着的香烟烧到手指也没有感觉到；写课室里的肃静就写连一根针掉到地下也能听见；写一个人愤怒至极就写风雨大作、雷电轰鸣来衬托，第一个这样写当然是好的，若群起而效之，就落入窠臼，变成公式化和雷同了。因此，善于选择角度的作者，就总是根据自己对表现手法的独特追求去选择角度。举例来说，怎样表现茶山姑娘的美呢？这里就有选择一定的角度而采取一定的表现手法的问题。如果不善于选择角度，就是一般地写采茶姑娘辛勤劳动建设茶山的心灵美，貌若天仙的形体美……这样写来就必然落入窠臼而导致雷同、模式化了。翟峰先生发表在《人民日报》上的《茶山飘来的歌》一文，根据自己对表现手法的独特追求选择了一个最佳的角度表现采茶姑娘的美。作者把着眼点放在采茶姑娘的善良、勤劳和智慧上，截取了三个空间挥洒笔墨：①作品先是写父亲从茶山来，给“我”带来一包云雾山茶，“我”捏一撮放入杯中，将开水冲进去，顷刻间闻到一股浓郁的芳香，“我”不禁赞叹道：“色、香、味俱臻上乘。美！太美了！”②接着作品写父亲说要亲临茶山才会觉得真美。于是在一个莺飞草长的谷雨天，“我”随父亲来到采茶姑娘培育出来的碧绿簇拥，有如仙境的茶山，使人享受到沁人心脾的清纯。在这里，伴着茶园里采茶姑娘飘来的悠扬歌声，父亲给“我”讲了一个采茶姑娘的美丽的神话：有位善良的采茶姑娘，在那瘟疫流行的年月，为了拯救山民，历尽艰险在仙山找到一种能治疫病的茶籽，不但医好了山民的疾病，还播绿了荒山。这神话里的采茶姑娘不就是现实中的采茶姑娘的真实写照吗？这仙境般的茶山不就是现实中的采茶姑娘的智慧创造的象征吗？③经过这样的层层铺垫，作品才推出一个特写镜头显露采茶姑娘的风采：

在碧翠的茶丛里，采茶姑娘穿红着绿，双手不停地挥曳采点着。她们时而被骤然腾起的云雾所遮掩，时而又用欢快的歌声驱散云雾，露出了健美而又轻盈的身姿，特别当清风把采茶姑娘们的歌声笑语和春茶的芳馨一齐悠悠地给你送来之时，更令人心旷神怡。

这是一篇颂扬采茶姑娘的美的作品，可是直接显露采茶姑娘的美的篇幅还不到全文的六分之一。而人们读了这篇作品，却能真切地感觉到：采茶姑娘的劳动环境是美的，采茶姑娘的心灵是美的，采茶姑娘的容貌是美的。这就是作者对表现手法的独特追求的角度，这就是作者选择的最佳角度，这就是产生新意，不落窠臼的角度。当然，这也说明作者善于选择角度。

从一定程度上说，选择什么角度，决定了文章的面貌，这是不可忽视的。

二、写作故事

寻找角度

新风中学初三（3）班的张思遐同学的作文以善于把普通的事物写得新意迭出而名扬全校，同学们都很羡慕他。常常借他的作文本去学习、借鉴。

在一个星期三下午，初三（3）班的研究性学习活动课上，许多同学争相传阅张思遐的作文本和练笔册，要学习他的好文笔和好经验。正当大家看得聚精会神的时候，李真珠突然以清脆的嗓音打破了课室的宁静："太棒了！真是太棒了！"正当有同学要责怪她干扰大家学习的时候，李真珠又继续发出银铃般的声音继续说：奇文共欣赏，让我把张思遐练笔册中的一些佳句念给大家听吧：

河水潺潺地流，晚风把河岸边的芦苇吹得沙沙作响。

夕阳给河水送来了一个深情的告别的吻，把河水羞得满脸通红，她忸怩地躲进芦苇丛中，在近旁的一块大石绕了一个弯子，然后悄悄地向东流去。

接着又一个同学站起来说道："李真珠的话不假，张思遐的佳句多多，我也念一段他在作文本中的佳句吧：

春雨飘飘。

春雨是春姑娘的尖尖玉指，拨动了大地的琴弦，弹出了一首首动人的歌曲，瞧，小燕子停在枝头上谛听，画眉鸟情不自禁地叽叽喳喳唱着春之歌来应和。

春雨是春姑娘手中绣花的针线，绣出了桃红柳绿，绣出了锦簇花团，绣出了遍地的美丽风光……

“我这里也有张思遐的佳句!”再一个同学发话了。于是他念道:

春天来了!

在隆冬掉了叶的紫荆树承受着春天的雨露长出了一片一片娇嫩的叶子。春风吹来,叶子不停地摇摇晃晃。啊呀,那娇嫩的叶子,多像妈妈怀里不安静的小娃娃,又是摇头晃脑,又是挠手踢脚,兴许它要投身到大自然中去拥抱春天吧!

这段佳句刚念完,课室里发出了一片欢叫:

“我这里也有张思遐的佳句!”

“我这里也有!”

“张思遐的佳句我这里有的是!”

这时正从课室窗口走过的语文老师停在窗口看到了这一切,使她走进课室来了:

“什么事大家这么热烈,这么畅快呀?”

老师的心也同样热烈,同样畅快,但她明知故问。

“张思遐的文章写得这么棒,这么漂亮,真让人羡慕死了!”大家争着说。

“是呀,张思遐的文章是写得好,那大家就学习他嘛,学他的什么呢?这是要首先明确的。”老师乘机因势利导,启发大家。

于是大家你一言,我一语,发表了很多意见,后来有一位同学在发言中提出一个新的话题:“张思遐为什么总是能够把人们看了都无动于衷的平凡事物写得那么灵动,那么富有情趣呢?”这个话题让同学心灵中求知的火苗燃烧得更旺了,大家都有更多的话争着要说。

“是呀,夕阳照着河水,恐怕谁都见过,如果让我来写,一句话就打发掉了:夕阳快要下山,它的余晖把岸边长着芦苇丛的河水映照得通红通红的。这是多么干巴无味啊!而张思遐却能够比人们高出一筹,写出了情味浓郁的人性美,煞是难得!”一位同学抢着发言说。

“我也有同感!春雨丝丝没什么稀奇,我也写过,可我只是就物写物,写春雨下个不停,画眉在雨中鸣叫,燕子在雨中接受淋洒,在春雨的润泽下,青草长出来了,花木蓓蕾了,鲜花开放了。就如此而已!但张思遐却把春雨写成给大地弹琴,为大地绣花的春姑娘,令人耳目一新!”另一位同学接住话茬说。

这时一位同学站了起来,他生怕发言的机会被别人抢去,他提高嗓音说道:“我也有话要说,紫荆树在春天长出新叶子,这是简单平凡的不能再简单平凡了,有什么好写的?原原本本地写出来有谁爱看?可张思遐却把这么简单平凡的紫荆树长出的新叶写成有动作状貌的小娃娃要去拥抱春天!妙啊,写得真妙啊!”

语文老师听了同学们的精彩发言,心中欣喜,她觉得同学们的求知欲这么旺盛,而又这么虚心地向他人吸取长处,更能把自己摆进去进行写作方法的比较,这既是同学们的健康人格的表现,也是学业长进的表现。这一株株幼苗在茁壮成长了,祖国有希望啊!她又不失时机地把同学们的学习热情引向更高的一个层级:“同学们的发言都讲到点子上,都很有水平,更喜人的是带有写作学的学术色彩。那么,何不请张思遐同学给大家讲一讲他学习写作的经验呢!”

顿时，同学们响起了热烈的掌声，请张思遐介绍写作经验。

张思遐这时腼腆而谦恭地站了起来，向老师和全班同学作了一个深深的鞠躬，然后说道：“感谢老师循循善诱教我学作文，感谢同学们对我的作文的关注。其实，我也只是在作文方面刚刚起步。现在，大家要我讲经验，我就讲吧，不过这也只能算是点滴体会。我觉得，写什么事物都要有对表现手法的独特追求。为此就不要把着眼点固定地盯着这个事物，而要在恰当的想象和联想的基础上抓准着眼点和转移着眼点，寻找新的角度，这样写出来就有新意了。以写紫荆树的新叶来说，如果只是固定地把着眼点盯住它，写出来的就是人人都能看到的紫荆树新叶，就没有人爱看了；我经过想象，把着眼点转移到小娃娃上，有了新的角度，就把紫荆树新叶写成不安静的要拥抱春天的小娃娃，人们就觉得有新意了。写夕阳河水，写春雨，都是同样的道理。”

张思遐带着求教的表情，又说他近来正在作一次写窗口的练笔，而写从窗口看到外面的风景，很多人都写过了，若再这样写就落套了，经过联想，他把着眼点转移到窗口和人的心灵的联系上，希图通过一个新的角度写出新意，他要乘此机会请大家对他的练笔初稿提意见：

人要在住宅里诗意地栖居，必须与外界沟通，以吸纳外界的清新气息和亮丽风景，而沟通的要道就是窗口。

这个事实给我们提出了一个重要课题：必须善于打开窗口。

把窗口打开了，就可以挹进晨曦早霞、艳阳喷薄、清风明月、鸟语花香，于是室内变得光线充足、空气新鲜、色彩丰富、芬芳弥漫。这真是一种诗意。

把窗口打开了，可以仰望蓝天白云、星辰虹霓；远观青山秀水，翠野苍林；近看红花绿树，彩蝶飞舞。于是人变得视野广阔，胸怀开朗，眼睛明亮。这又是一种诗意。

假若一旦把窗口封闭了，那么栖居在住宅里就与外界隔绝，诗意就被昏暗和死寂取代，住宅里的人就等于被禁锢在活地狱里。这是多么可怕的情景啊!

由此我想到人的躯体和灵魂。人的躯体也是住宅，栖居在里面的是人的灵魂。

灵魂要在躯体里诗意地栖居，同样必须与外界沟通，以吸纳外界的精神美餐和知识养料。而沟通的要道就是心灵这个窗口。

这个事实也给我们提出一个重要课题：必须善于打开心灵之窗。

把心灵之窗打开了，就可以感受民风的淳朴，体味人间的真情，触摸群体的温暖，领受亲朋的挚爱，让灵魂的生存得到滋养，变得仁厚、纯正、高洁。这也真是一种诗意。

把心灵之窗打开了，就可以体验书香墨宝的熏陶，接受艺坛文苑的教益，领略山川风物的美景，认知祖国建设的日新月异，让灵魂的成长有源头活水，从而生机勃勃，充满魅力。这确实也是一种诗意。

假若一旦把心灵之窗封闭了，那么，栖居在躯体里的灵魂就与外界隔绝，诗意就被贫乏和僵化取代，躯体里的灵魂就等于被囚禁在活棺材里，因不堪窒息而变成一具活僵尸，那是多么可怕的人生的悲哀啊!

人啊，要把住宅的窗口打开！要把心灵这个窗口打开！

把住宅的窗口打开是不难的，可要把心灵这个窗口打开就非要经过一番修炼，最重要的是打造一个与外界的真善美引起共振的频道，达到心灵与外界的真善美“灵犀一点通”。

在响过一阵雷鸣般的掌声之后，班里又掀起了讨论张思遐练笔作品新一轮的热潮。语文老师最后总结道：“同学们这次活动，实际上是一次成功的写作研讨会，也是一次极好的研究性学习。张思遐同学给大家介绍的经验很有价值。他写作进步很快，标志之一是善于写出新意，而要写出新意，就要善于寻找新的角度，这是很值得大家学习的。”

三、写作示例

白马湖之冬

夏丏尊

在我过去40余年的生涯中，冬的情味尝得最深刻的要算十年前初移居白马湖的时候了。10年以来，白马湖已成了一个小村落，当我移居的时候，还是一片荒野。春晖中学的新建筑巍然矗立于湖的那一面，湖的这一面山脚下是小小的几间新平屋，住着我和刘君心如两家。此外两三里内没有人烟。一家人于阴历11月下旬从热闹的杭州移居于这荒凉的山野，宛如投身于极带中。

那里的风，差不多日日有的，呼呼作响，好像虎吼。屋宇虽系新建，构造却极粗率，风从门窗隙缝中来，分外尖削。把门缝窗隙厚厚地用纸糊了，椽中却仍有透入，风刮得厉害的时候，天未夜就把大门关上，全家吃完夜饭即睡入被窝里，静听寒风的怒号，湖水的澎湃。靠山的小后轩，算是我的书斋，在全屋子中是风最少的一间，我常常把头上的罗宋帽拉得低低地在洋灯下工作至深夜。松涛如吼，霜月当窗，饥鼠吱吱在承尘上奔窜，我于这种时候，深感到萧瑟的诗趣，常独独自拨划着炉灰，不肯就睡，把自己拟诸山水画中的人物，作种种幽邈的遐想。

现在白马湖到处都是树木了，当时尚一株树木都未种，月亮与太阳都是整个儿的。从上山起直要照到下山为止。在太阳好的时候，只要不刮风，那真暖和得不像冬天。一家人都坐在庭间曝日，甚至于吃午饭也在屋外，像夏天的晚饭一样。日光晒到哪里，就把椅凳移到哪里。忽然寒风来了，只好逃难似地各自带了椅凳逃入室中，急急把门关上。在平常的日子，风来大概在下午快到傍晚的时候，半夜即息。至于大风寒，那是整日夜狂吼，要二三日才止的。最严寒的几天，泥地看去惨白如水门汀，山色冻得发紫而暗，湖波泛深蓝色。

下雪原是我所不憎厌的。下雪的日子，室内分外明亮，晚上差不多不用燃灯，远山积雪，足供半个月观看，举头即可从窗中望见。可是毕竟是南方，每冬天下雪不过一二次，我在那里所日常领略的冬的情味，几乎都从风来。白马湖之所以多风，可以说是有着地理上的原因的：那里环湖原都是山，而北首却有一个半里阔的空隙，好似故意张了袋口欢迎风来的样子。白马湖的山水，和普通的风景地相差不远，唯有风却与别的地方不同。风的多和大，凡是到过那里的人都知道的。风在冬季的感觉中，自古占着重要的因素，而白马湖的风尤其特别。

现在，一家就居上海多日了，偶然于夜深人静时听到风声的时候，大家就要提起白马湖来，说“白马湖不知今夜又刮得怎样厉害哩！”

（选自《平屋杂文》）

夏丏尊先生的这篇文章为了写出自己感受到的白马湖冬天恬淡、幽远的情味，不写寒冷，不写冰雪，而把着眼点放在白马湖冬天的“风”。这是选择了一个最佳的角度。

风是无形无影，看不见、摸不着的，怎么写风来表现白马湖冬天恬淡幽远的情味呢？作者根据着眼点的需要，截取了相应的空间通过一定的场景来运笔。例如写两三里内没有人烟的荒凉的山野上，风，“呼呼作响，好像虎吼”，这是用山野上风的声音来表现风的威猛；再如，写“天未夜就把大门关上，全家吃完夜饭即睡入被窝里，静听寒风的怒号和湖水的澎湃”，这是用安静地卧在床上的人对寒风搅动湖水的反应来表现风的强劲；又如写“松涛如吼，霜月当窗”的深夜，“我”常在“书斋”里把头上的罗宋帽拉得低低地在洋灯下工作，这是用深夜在书斋里工作对寒风吹起松涛的感受来表现风的凛冽；还有就是写无风的晴空的日，一家人常常坐在庭间晒太阳，“忽然寒风来了，只好逃难似地各自带了椅凳逃入室中，急急把门关上。”这是晴空丽日和寒风对在庭间晒太阳的一家人的突然袭击的对比来表现风的狂暴。此外，作者更以精练的、色彩鲜明的文笔描绘出在寒风中的山、湖、大地的瑟瑟发抖来表现风的凌厉。作者就这样以独特的着眼点来选择最佳的角度，截取相应的空间表现出无形无影的白马湖冬天的风，酣畅淋漓而又朴实自然地写出白马湖之冬的恬淡、幽远的情味，表现了一种萧瑟的诗趣，令人咀嚼那苦涩和冷清中带着种种的温馨和美感，散发着引人遐想、悠悠不尽的余韵。

第六节 展现丰富浩瀚博大的世界

一、写作知识

文章总是要写生活的，但生活广阔无垠，文章的篇幅有限，以有限的篇幅去表现广阔无垠的生活不是那么容易的。不懂写作门道的人拿起笔来往往是就事论事，就物写物，在一个小圈圈内兜来兜去，这必然无法面对广阔无垠的生活去展现丰富浩瀚的博大世界。

那么，怎样写才可以用有限的篇幅去书写广阔无垠的生活，展现丰富浩瀚的博大世界呢？这就要运用“开合”的功夫。

开合，是在文章的结构中多方面地展现事物的特征和内蕴的一种手法。“开”，即放开、发散；“合”，即收拢、聚合。“开”是“合”的展现，“合”是“开”的强化，二者相辅相成。宇宙中的事物，大至星球，小至芥粒，描述它的时候，只要善于开合，散得开，收得拢，就可以展现出一个丰富浩瀚的博大世界，从而衍生、铺排成为一篇文章。请看小作者严茂写绿叶的一篇作品：

叶，一瓣，两瓣，而后就是一大片，铺开了一个绿色的天地。冰河刚刚解冻，严寒尚未退尽，绿叶——春的信使，就争先恐后地回到了大地，把一封封充满着希望的信件撒向人间。

绿叶，生机勃勃，象征着青春的活力。瞧，随着它的到来，小动物们蹦蹦跳跳地跑出来了，孩子们笑着奔来了，五彩的风筝飞上天了，劳动大军扛着锄头坚定地走来了……

吹拂过绿叶的风，变得格外温柔了，太阳也变得暖洋洋的，绿叶们托出了一个个娇嫩欲滴的花骨朵。微风中她们轻轻摇曳着，害羞地露出了笑脸。人们在辛勤劳动之余，前来观赏她们。花儿的脸笑得越发红了。周围的绿叶为她们感到高兴，纷纷挺直了身子，把她们托举得更高更美了。

啊，绿叶，这是一种多么高尚的风格啊！

夏日，雷雨唰唰地打落在枝叶上，可怜的花儿们枯萎了，凋谢了，可她们没有忘记绿叶们，给绿叶留下了甜蜜的果实。于是，绿叶又忠实地担当起看护果实的任务。当果实渐渐成熟之际，绿叶也渐渐老了。一阵秋风吹来，他们悄悄离开了自己曾经欢唱过的枝头，把甜美的果实留给了人们，自己悠悠地飘下来，融入了大地，那么安详，那么坦然，嘴角带着微笑……他们毫不为自己惋惜，因为他们知道，当他们默默地融进生养自己的大地后，一旦春风吹来，他们的后世子孙将呈现出更旺盛的生命活力，又将铺开一个更新更美的绿色大地，报告春天的到来。

绿叶的世界，是一个充满旺盛生命力的世界。

（选自《中学生作文组合大观》。有改动）

如果是就物写物，孤立地就绿叶写绿叶，无非是写绿叶的苍翠，绿叶的繁茂，绿叶的婆娑等等，且不说这样写陈旧俗套，容易和前人写的重复，更糟糕的是，这样写就把展现绿叶的丰富性的路子堵死，这当然无法构成一篇展现丰富浩瀚博大世界的文章了。而聪明的小作者却能把绿叶的丰富含义散发开来描述绿叶，又能把散发出来的绿叶丰富含义收拢聚合表现绿叶，于是写出了绿叶世界的博大丰富、多姿多彩。在小作者笔下，绿叶，作为一个春天的信使来到人间，铺开了一个万象更新的缤纷世界：先是发散出一个绿色的天地，报告春天到来的信息，接着发散到绿叶催发了鲜花，继而发散到绿叶培育出果实，然后又发散到绿叶脱离树枝融入大地，最后发散到绿叶为后世子孙孕育旺盛的生命力，报告新的春天到来。这一系列的发散并不是脱缰的野马，盲目狂奔，而是收拢到一点上：绿叶的世界是一个充满旺盛生命力的世界。经过这样的散得开、收得拢，绿叶蕴含丰富的缤纷世界就展现出来，鲜明地得到强化了。这样有开有合地写绿叶，和孤立地就绿叶写绿叶是不可同日而语的。

开合，要掌握两个要领：

第一，要确定一个聚合点。聚合点是放开的基础，给放开定下基调，而且最终把放开的种种收拢起来加以强化。描述某一个事物可以放得很开，可以发散到天南地北，古往今来，但必须受到聚合点的制约，被聚合点加以收拢和强化，因此，决不能漫无边际地东拉西扯。这就是聚合点的重要性。今以秦牧先生题为《社稷坛抒情》的一篇作品为例。这篇作品写了社稷坛。社稷坛是古代帝王为祈求土地肥沃、五谷丰登而祭地的一座祭坛，用五色土砌成。这坛后有飞檐、斗拱、琉璃瓦、白石阶的华丽宫殿，坛却很荒凉，只有五色的泥土。人们从这种鲜明对比中可以认识到：土地以及和土地联系着的劳动人民是人类文明的基础。这篇作品就从五色土出发扩散开去，对种种与五色土相关的事物浮想联翩，抒发感情。让我们赏读这篇作品的三个片段。

一个片段是，作品从五色土想起祖国肥沃土地的来历和世世代代流血流汗用生命创造历史的劳动人民：

想一想这些肥沃土地的来历，你会不由得涌起一种遥接万代的感情。我们居住的这个星球在最古老时代原是一个寂寞的大石球，上面没有一株草，一只虫，也没有一层土壤。经过了多少亿万年，太阳风雨的力量，原始生物的尸骸，才给地球造成了一层层的土壤，每经历千万年，土壤才增加薄薄的一层。想一想我们那土壤厚达50米的华北黄土高原吧！那该是大自然在多长的时间里的杰作！但这还不算，劳动者开辟这些土地，是和大自然进行过多么剧烈的斗争呀！这种斗争一代连一代继续着，我们仿佛又会见了古代的唱着《诗经》里怨忿之歌的农民，像敦煌壁画上面描绘的辛勤劳苦的农民，驾着那种古墓里挖掘出来的陶制高轮牛车相似的车子，奔驰在原野上，辛苦开辟着田地。然而他们一代代穿着破絮似的衣服，吃着极端粗劣的食物。你仿佛看到他们在田野里仰天叹息，他们一家老小围着幽幽的灯光在饮泣。看到他们画红了眉毛，或者在头上包一块黄布揭竿起义，看到他们大批地陈尸在那吸尽了他们的汗水然后又吸尽了他们鲜血的土地。想一想在原始社会中他们怎样匍匐在鬼神脚下，在阶级社会中他们又怎样挣扎在重重枷锁之中。啊，这些给荒凉的大地铺上了锦绣花巾的人们，这些从狗尾草、蟋蟀草中给我们选出了稻麦来的人们，我们该多么感念他们！想象的羽翼可以把我们带到古代去，在一家家的门口清清楚楚看到他们在劳动，在饮食，在希望，在叹息，可惜隔着一道历史的门限，我们却不能和他们作半句的交谈！但怀古思今，想起了我们这个时代的农民是几千年历史中第一次真正挣脱了枷锁，逐渐离开了鬼神天帝的羁绊的农民，我们又仿佛走出了黑暗的历史的隧洞，突然见到耀眼的阳光了。

再一个片断是，从五色土想起宇宙的变迁和生命的起源，想起对万物生死现象抱头苦思的思想家，和具有雏形的唯物主义“五行观”：

你在这个五色土坛上面走着走着，仿佛又回到公元前几千年去，会见了古代的思想家。他们白发苍苍，正对着天上的星辰，海里的潮汐，陶窑的火花，大地的泥土沉思。那时的思想家没有什么书籍可以阅读参考，日月经天，江河行地，四时代谢，万物死生的现象，都使他们抱头苦思。他们还远不能给世界的现象写出一个较完整的答案。但是他们终究也看出一点道理来了，世间的万物万事，有因有果，有主有从，它们互相错综地关联着……正是由于古代有这样的思想家在这样地思想过，才给后来的历史创造了这样一些五色的土坛。

“五行”的观念和我们这个民族一样地古老，东、南、西、北是人很早就知道的，人们总以为自己所处是大地的中间，于是在四方之外又加上了一个“中心”，东、南、西、北、中凑成了五方五土的观念，直到今天我们还看到好些人家的屋角有“五方五土龙神”的牌位。烧陶方法和冶铜技术发明了，人在熊熊火光旁边，看到火把泥土变成了陶器，把矿石烧成溶液，木头燃烧发出了火光，水又能够把火熄灭。这种现象使古代的思想家想到木、火、金、水、土（依照《左传》的排列次序）是万物的本源。于是木、火、金、水、土把五行的观念充实起来了。

又一个片段是，从“五行观”想起关于泥土的故事，想到国家的统一，抒发做一个中华儿女的自豪感：

把世界万物的本源看作是木、火、金、水、土五种元素相互作用产生出来的，这和古代印度哲学家把万物说成是由地、火、水、风所构成，古代希腊哲学家说万物的本源是水或者火……那思想的脉络是多么地近似啊。

尽管这种说法在几千年后的今天看来是奇特甚至好笑的，然而那里面不也包含着光辉的真理吗：万物的本源都是物质，物质彼此起着错综的作用……哦！我们遇见的对着泥土沉思的思想家，他们正是古代的略具雏形的唯物主义者！

没有这些古代思想家，我们就不会有这个五色的土坛。审视这五种颜色吧，端详这个根据“天圆地方”的古代观念筑起来的四方坛吧！它和我们民族的古代文化发生多么密切的关系啊！

我们汉民族的摇篮在黄河的中上游，那里绵亘的是一望无垠的黄土高原。因此，黄色被用来配“土”，用来配“中心”，成为我们民族传统中高贵的颜色。中心是不同于四方的，能够生长五谷的土地是不同于其他东西的，黄色是不同于其他颜色的。在这个土坛的中心，黄土被特别砌成了一个圆形，审视这个黄色的圆圈吧！它使我们想起奔腾澎湃的黄河，想起在地层下不断被发掘出来的古代村落，也想起那古木参天的黄帝的陵墓。

我多么想去抱一抱那些古代的思想家，没有他们的艰苦探索，就没有今天人类的智慧。正像没有勇敢走下树来的猿人，就不会有人类一样。多少万年的劳动经验和生活智慧积累起来，才有了今天的人类文明。每一个人在人类智慧的长河旁边，都不过像一只饮河鼹鼠。在知识的大森林里面，都不过像一只栖于一枝的鹪鹩。这河是多少亿万滴水汇成的啊，这森林是多少亿万株草木构成的啊！

瞧着这个社稷坛，你会想起中国的泥土，那黄河流域的黄土，四川盆地的红壤，肥沃的黑土，洁白的垩土……你会想起文学里许许多多关于泥土的故事：有人包起一包祖国的泥土藏在身旁到国外去；有人临死遗嘱必须用祖国的泥土撒到自己胸上；有人远适异国归来俯身去吻一吻自己国门的土地，这些动人的关于泥土的故事，使人对五色土发生奇异的感情，仿佛它们是童话里的角色，每一粒土壤都可以叙述一段奇特的故事或者唱一首美好的诗歌一样。

瞧着这个紧紧拼合起来的五色土坛，一个人也会想起了国土的统一，在我们的土地上为了统一而发生的战争该有多少万次呀！……中国历史上没有一个时期像今天这样高度统一过，等我们解放了台湾和一些沿海岛屿以后，这种统一的规模就更加空前了。古代思想家的预言："不嗜杀人者能一之"。由于不剥削人的无产阶级登上了历史舞台，竟使这一句话在两千年后空前地应验了。

我在这个土坛上低徊漫步，想起了许许多多的事情。我们未必"前不见古人，后不见来者"，凭着思想和感情的羽翼，我们尽可去会一会古人，见一见来者。我仿佛曾经上溯历史的河流，看见了古代的诗人、农民、思想家、志士，看他们的举动，听他们的声音，然后又穿过历史的隧洞，回到阳光灿烂的现实。啊，做一个历史悠久的民族的子孙是多么值得自豪的一回事！做今天的一个中国的儿女是多么值得快慰的一回事！回溯过去，瞻望未来，你会觉得激动，很想深深呼吸一口新鲜的空气，想好好地学习和劳动，好好地安排在无穷的时间之中一个人仅有一次，而我们又恰恰生逢其时的宝贵的生命。

从上面三个片断中可以看出，这篇作品以五色土作为抒情依托，放得很开，从五色土想到祖国的千里沃野和世世代代生息在这块土地上的人民，想到几千年来劳动人民所创造的无与伦比的物质文明和精神文明，想到古代的农民、诗人、思想家、志士，想到朴素的唯物主义的五行观念，想到我国各族人民对国土的热爱，想到旧中国的四分五裂和今天的真正统一……这些貌似忽东忽西，时断时续的思绪，既有时间上的久远，也有地域的辽阔，更有事物的广泛。在时间上，从上古以来的几千年想到未来的遥远的多少年；在地域上，从巍巍泰山想到滔滔黄河；在事物上，从祖国的土地想到历代人们的创造……作者忽而谈古说今，忽而评诗论世，忽而指点江山，忽而臧否人物，真是海阔天空，八方四面，上下纵横都涌现于笔底。作者这样抒发思想感情，有如一泻千里的潮水，滚滚滔滔，奔腾不息。但是这种思想感情的潮水又并非像缺了堤似的任意泛滥，而是归拢到一个聚合点上：五色土。作品在抒发思想感情所联系到的不同地域、不同时间的种种事物都与五色土有关，而且作者正是凭此阐发五色土的丰厚含义，讴歌祖国神圣的土地，赞美祖国的神圣土地孕育出来的优秀中华文化，颂扬在祖国的神圣土地上生生不息，进行劳动、创造的中华民族优秀子孙，酣畅淋漓地表达作者的爱国主义情怀。

第二，要进行纵横拓展。如前所述，按照开合的要求，文章可以放开来写，那么就可以在"开"中运笔如风，延伸到汪洋万里、悠悠千载、瀚海广宇、天上人间。"开"的方式也不拘一格，或环形辐射，或错综其势，或回旋曲折……但最常见的是纵横拓展。

纵的拓展指的是在聚合点的统率下对有关事物作层层相贯或节节递进的纵向时间过程的拓展。著名作家孙犁先生的《黄鹂》就是这样进行拓展的。这篇作品在作者对大自然生灵的仁爱之心这个聚合点的统率下，写了四次见到黄鹂时的感觉和思绪。第一次见到黄鹂是在阜平县的一个山村。大清早，黄鹂在茂密的树枝里忽隐忽现，发出啼叫，那叫声，清亮而尖利，富有召唤性和启发性。黄鹂跳跃着，飞翔着，常常在作者眼前一闪而过，它的"金黄的羽毛上映照着阳光，美丽极了。"在革命战争年代，作者过着紧张而动荡的生活，黄鹂的鸣叫，唤起了人们对胜利与和平的渴望。这就种下了作者喜爱黄鹂的因子。第二次见到黄鹂是在疗养院里，在疗养的日子里，"观赏黄鹂，竟成了我的日课。"作者觉得，黄鹂给自己以莫大的慰藉。第三次见到黄鹂是在鸟市上，作者以一种悲悯的心情"望着黄鹂，忽然觉得它焦黄的羽毛，它的嘴眼和爪子，都带有一种凄惨的神气。"第四次见到黄鹂是在第二年作者到了江南的时候，江南那山明水秀之乡，正是黄鹂的理想栖息地，作者在湖光柳影、绿树长堤、茂林修竹中看到了黄鹂的全部美丽，产生了由衷的欣喜，作者写道：

它们的啼叫，是要伴着春雨、宿露，它们的飞翔，是要伴着朝露和彩虹的。这里才是它们真正的家乡，安居乐业的所在。

对四次见到黄鹂的描述，表达了作者喜爱的黄鹂绵绵不尽的情思，写到这里，似乎可以收束了，然而，作者却宕开一笔，写了丑陋的一幕：

有一次，在东海岸的长堤上，一位穿皮大衣戴皮帽的中年人，只是为了讨取身边女朋友的一笑，就开枪射死了一只回翔在天空的海鸥。一群海鸥受惊远飏，被射死的海鸥落在海面上，被怒涛拍击漂卷。胜利品无法取到，那位女人请在海面上操作的海带培育工人帮助打捞，工人们愤怒地掉头划船而去。这给我留下了深刻的印象。

这样写两个恶作剧的青年残害鸟类的野蛮行为，对作者先前描绘出来的黄鹂在秀丽的湖光山色中诗意地栖居的氛围岂不是一个极大的破坏？是的，作者正是用这种美与丑的对比来凸显作者对大自然的生灵的仁爱之心。

《黄鹂》这篇作品在对大自然的生灵充满爱心这一聚合点的统率下，写作者四次见到黄鹂以及无辜的海鸥被射杀，是按照时间过程层层相贯地放开来写的。这就是纵的拓展。

横的拓展指的是没有明显的纵向时间过程，在并列的层面上放开来写在一个聚合点统率的有关事物。著名作家金马先生的《蝼蚁壮歌》就是这样进行拓展的。在“壮歌”这个聚合点的统率下，作品写了并列的几个场景。首先写作者陪友人游香山见到蝼蚁搬家，它们面临巢穴被毁的威胁，聚成一条长长的黑线蠕动着，背负着种种食物到安全的地方去，紧张地备战，镇静而不惊。其次写从朋友听来的关于蝼蚁的故事：在南美洲一个森林的边缘，临河的一片草丛起火，一群蚂蚁被火包围了，眼看可怜的蚂蚁就要葬身火海，可是，它们团结一致，沉着坚定，不惜个体牺牲以求种族生存。文章写道：

这躯体渺小的弱者并没有束手待毙，竟开始迅速地扭作一团，突然向河岩的方向突围滚去。蚁团在火舌舐动的草丛间越来越迅速地滚动着，并不断发出外层蚂蚁被烧焦后身体爆裂的声响，但蚁团却不断缩小，显然，这外层被烧焦的蚁国英雄们至死也不松动丝毫，肝胆俱裂也不放弃自己的岗位。

作品继续叙述来自墨西哥热带森林的新闻：渺小孱弱的蝼蚁，因为能够万众一心，居然不畏庞然大物，叱咤森林，所向无敌。文章描述浩浩荡荡的蝼蚁们，向森林的动物发起夜袭：

当它们夜袭时，则全体出动，铺排开宽达五米的横队，由体大剽悍的大腭兵蚁护卫，浩浩荡荡地威武行进。一路之上，只要是避之不及的大小动物，均属劫蚁大军围攻，消灭之列。不论是兔、鼠、鸡、犬，抑或是熟睡的牛、羊、犬、蟒蛇，都难免于难。

这些浩浩荡荡的蝼蚁大军，还胆敢在太岁头上动土，向人这个万物之灵开刀。作品写了这么一件事："著名西德旅行家爱华斯，在墨西哥一家乡村旅店里，就曾经遭受劫蚁大军的夜袭，虽未丧生，却吓得几乎灵魂出窍。"

作品放开来写一向被人们认为微不足道的蝼蚁的活动场景，揭示出蝼蚁世界的奇观。这几个场景中蝼蚁的行为，有的勇敢，有的悲壮，有的凶悍，时间、地点、内容个个不同，各个场景之间也没有时间过程的连续，而是一种聚合在"壮歌"上的同一个层面的并列关系。这就是横的拓展。

写作实践启示我们：写文章能开能合，就可以把所描述的事物的特质和内蕴充分地展现出来，就可以在有限的篇幅中去写广阔无垠的生活，展现一个丰富浩瀚的博大世界。

二、写作故事

朝阳无限好

谢昭瑛是阳光中学初三（1）班一位品学兼优的写作尖子生。她因为勤于练笔，写作进步飞快，上中学以来，每年都能在报刊上发表几篇文章。

谢昭英写作有一个特点，就是文思广阔，无论什么大大小小的事物，一到了她的笔下，都能展现出一个浩瀚丰富的世界。她写小溪，从小溪延伸到大河名川以至湖、泽、海、洋，进而写出与江河湖海有联系的历史人物、历史故事，纵情泼墨，指点江山，叙说屈子行吟泽畔，魏武观海挥鞭，陶公问津桃源，东坡赤壁作赋，范蠡五湖泛舟……最后归结到"智者乐水，仁者乐山"，唯有仁者，才能像水那样的包容，才能有海那样的胸怀。她写竹，从破土而出、茁壮生长的竹笋写到拔节吐翠、绿影摇曳的竹株，从山涧奇石中竹的枝横云梦、叶拍苍天的雅韵高洁写到板桥绘画中竹的清森映目、滴沥潇湘的绵邈多姿，从王维吟啸竹林写到李白纵酒竹溪，苏东坡作诗咏竹，从竹成为"岁寒三友"中的一员写到竹集天地、日月、山川的精华秀气于一身，最后聚拢到对竹的咏赞：此君品格天然好，傲雪长青重节操。谢昭瑛写作就是这样挥笔泼墨，构思成篇的。她的突出成绩使同学们甚为称羡，可能一半是出于赞扬，一半是出于玩笑，大家常常说她写作上有"神助"。

谢昭瑛发表的文章越来越多，引起一些有关杂志的关注，《新世纪青年》杂志编辑部派了专门联系中学生的特约小记者岳奇对她进行采访，要她介绍写作经验。

岳奇也是一位中学生。最近他因出了一本书（书名《我的学习经验》）而被聘为特约小记者。他们原来就是互相认识的。

岳奇说明来意之后，谢昭瑛谦虚地说："我在写作上只不过是刚刚学步的小丫头，好像没什么好谈的，不像你已经出了书，可以把你的学习经验头头是道地说出一大套来。"

岳奇说："我们都是中学生，也是同龄人，你就像聊天那样有什么谈什么好了。对了，你是不是谈谈你在写作中最得意的体会是什么？"

谢昭瑛低头沉思了一会儿，若有所悟，说道："我看了很多书，越看越有滋味，越有滋味也就越爱看。不知怎的，书看得多了却产生出一种写作冲动，就拿起笔来尝试着写，于是练起笔来，起初只是断断续续地练笔，并不经常，后来，越练笔就越有兴趣，现在我是天天练笔了。”

岳奇插话道：“同学们都说功课很紧张，你有那么多时间练笔吗？”

谢昭瑛继续说下去：“这正是我要说的。如果把练笔当作功课的一部分就有时间了。练笔当然属于语文课，但练笔是一种语言智能，可以使自己的脑筋开窍，对学好数理化也很有帮助。再说我的练笔并非一练就长篇大论，花不了多少时间，我常常是对看到的、想到的，觉得有话要说，就提起笔来写，多是三言两语，点点滴滴，当然也有上千字的。我觉得最重要的是有话要说，有话要说就一吐为快，不用多少时间就写出来了。”

“你考虑过用什么写作方法来写吗？”岳奇问道。

“写作方法？起初我连想都没想过。”谢昭瑛对岳奇提出的问题很有体会，就兴致勃勃地侃侃而谈：“我的文章往往是提起笔来在不知不觉中写成的。因为我有话要说，我把要说的用笔说出来，于是形成了一种主导性的文思：根据我要说的，应当这样说，不应当那样说，写着写着，文章就出来了。特别值得提一提的是，读书对写作很有帮助，书读得多了，一提起笔来写作，我读过的书里面那些人、事、物、景，以至词语、句式往往是不请自来，涌到我的笔端，比如我写小溪，拓展到江河湖海，这时我的眼前就出现了我在书中读过的与江河湖海有联系的屈子行吟泽畔，魏武观海挥鞭，陶公问津桃源……我就把这些都写进文章里去；又如我写竹，我读过的书里面的郑板桥画竹，苏东坡咏竹，王维幽篁长啸，李白竹林纵酒……种种人物场景一齐萦回于我的脑际，让我写进文章里去。凡此种种都让我的文思开阔了，文章内容也丰富了。同学们说我写文章有‘神助’，其实不是‘神助’而是‘书助’。这种情况说明我写文章时没有想过写作方法。”

“你的经验很精彩！这么说来，你认为写作方法并不重要？”岳奇问道。

“不，不，我不是那样的意思。”谢昭瑛赶忙申辩。

谢昭瑛想了一想又继续往下说：“起初我写文章时虽然没有想过写作方法，但是我所读过的书里面都有隐藏着的写作方法，只要细心地读就可以体会出来。书里隐藏着的写作方法对我在写作过程中产生无形的影响，但不是自觉运用。有的人以为只要背熟了写作方法就会写文章，没有那么回事。有的写作书空对空地讲写作方法，是误人子弟，我也读过那样的书，只是读了几页就扔了。最近语文老师让我看了一本《用心灵去写作》，这本讲写作方法的书妙极了！这本书结合人对生活的体验、感受，结合人的思想感情和读写实践讲写作方法真顶用。我一口气读完这本书之后，觉得自己起初写作是不自觉地运用写作方法，以后我要自觉运用写作方法，使自己的写作更上一层楼。”

岳奇不失时机地说：“你的这个经验很重要，你能不能举些例子谈谈？”

谢昭瑛越谈越投入，于是说道：“读了《用心灵去写作》，我才知道过去我写竹，写小溪，都运用了‘开合’的写作方法，只是那时我并不知道‘开合’这个概念和有关道理，可知道了以后，有了自觉性，就能得心应手地写作了。最近我要写家里的阳台，怎么写才可以放得开，拓展意境呢？原先我的构思是妈妈在阳台养鸡，奶奶改变为在阳台养鸟，爸爸又在阳台上增加了养花的项目；因为觉得这样拓展不算高明，又进行第二次构思，写我在阳台上所见的近景、中景和远景，又觉得这样拓展不能代表我的水平，很快就否定了。特别两次构思都收拢不起来，境界也不高，就更不可取了。正当我陷入困境的时候，《用心灵去写作》这本书讲的‘开合’的写作要领使我豁然开朗，于是我欣然命笔，写出新的一篇。”谢昭瑛说着，从书包里掏出练笔本交给岳奇。

岳奇打开练笔本，这新的一篇题目是《朝阳无限好》，全文如下：

我曾经多次向朋友炫耀，每逢晴天，我能不迈出家门便看到壮观的日出。您也许怀疑：在楼群林立的上海，会在家里看到日出？是的，几年前，我们搬入引翔港北面的一幢多层建筑。从我家往南一直到黄浦江边的一大片大都是平房。青灰色的，房屋与房屋间犬牙交错。位于五楼的我家成为这一带的制高点，我幸运地获得了观赏日出的机会。

每当早起，揉着惺忪的睡眼，站在阳台上，起初面前还是迷迷茫茫的，不多时东方的天际泛起红光。接着一轮旭日喷薄而出，随着天边红色逐渐消退，太阳便发射出无数道金光。好一派令人心旷神怡的壮景。更妙的是，同在东方的杨树浦发电厂的烟囱，升起股股白烟，白烟在空中渐渐消散，一团团、一簇簇缓缓地飘向朝阳。这时的我，沐浴着轻风，舒松一下筋骨，神采奕奕地迎来一个光辉灿烂的早晨。这，怎不叫我感叹“朝阳无限好”呢？

但近几年来，前面平房区的住房陆续迁出。施工队的大吊车、起重机、打桩机，雄赳赳气昂昂地开进引翔港。嚯嚯的指挥哨子声、锵锵的斧凿声、隆隆的打桩声，汇成雄壮的交响乐，但声音有点刺耳。我天真地巴望着工程进度会慢些、再慢些，企望南面的楼房造得低些、再低些。可每天我去看，它们都在节节上升。没多久，我又发现某处在破土兴建另一栋楼房。我希望留下一个空隙，哪怕仅仅是一道狭缝，好留住旭日东升的景象，但这个愿望终于化为泡影。二十余层的高楼拔地而起，宛如一幅巨大的屏障挡在东南方，几十幢多层建筑簇拥在它的周围。噢！别了，我的朝阳！今后只有飘到海上或登临山顶才能瞻仰你。为此我难过好久，也经常在友人面前抱怨：我的晴日早晨被夺走了。

一天，一位原先住在引翔港私房的熟人，突然来我家借凳子，他们搬回了老地段的新居，来祝贺乔迁之喜的人多，家里的凳子不够坐了。我看他，人虽上了年纪，但满面红光，比前几年精神多了。你听他唠叨个不停：“这回可好了，我们家三代人，再也不用挤在一间房子里喽！嗨！你是不知道，以前一下雨，我家里就漏，成天忙着用面盆接水，现在不用遭那罪了。每年春节，为了图吉利，得放爆竹啊，过去又怕炸坏别人家的屋子，今天搬新房子，我一下放了16个高升，个个响，真开心！”他还絮絮叨叨，可我却已陷入沉思，过去我光顾欣赏美妙的旭日，就不曾想到在阳光照耀时，青灰色的屋檐下，居然还有那么多的生活辛酸。如今，好日子如芝麻开花节节高，难怪老人笑得合不拢嘴。有朝一日，他也会在高楼中领略到旭日的风采。

又一天，有幸去杨浦区住宅办走访。据统计，杨浦区是全市造房面积最多、解决居民住房困难速度最快的地区。无意中，我瞥见了橱窗中的两张照片。一张名为“昔日引翔港”，同我的记忆相符，一副拥挤不堪、残破不全的样子，红日下的油毡房顶，更显得沉重简陋。另一张是今日建设中的引翔港，到处是挺拔的楼房，新颖别致，色彩和谐。再找昔日制高点的我们家，已经不见踪迹。我猛地意识到，朝阳固然美妙、壮观，但生活中的“朝阳”能改变落后面貌，绝不是自然界的朝阳所能比拟的。

我家所住的五楼，如今虽然已是我们这一带的低谷，可我仍喜欢趴在阳台上，观看日益改观的引翔新港，看着它每日送往迎来千百忙碌的人们。我默默地在心晨呼唤着更美的朝阳。

岳奇读完了谢昭瑛的新作，对她称赞了一番之后，又提出了一个新的问题，请她谈谈这篇新作和原来的两次构思相比，好在哪里，又是怎样受益于《用心灵去写作》这本书，讲“开合”的写作方法的。

谢昭瑛笑着回答：“有没有运用方法的自觉性是不可同日而语的。《用心灵去写作》告诉我：按照‘开合’的要求，放开来写，可以跨越时空，拓展到天南地北，古往今来，于是我写阳台就拉开了时空跨距幅度，既不局限于阳台本身的变化，也不局限于在同一个时间内站在阳台看到近、中、远景的变化，而是写了在阳台上看到过去的情境、现在的情境以及憧憬将来的情境的巨大差异，反映出一个城市的发展风貌和祖国飞速前进的脚步。同时，原来的构思很难归拢到一个聚合点上，写阳台的种种，没有得到升华；而我受到《用心灵去写作》中‘开合’方法知识的启发，用‘朝阳无限好’作聚合点，象征我们的城市和伟大祖国的欣欣向荣和蓬勃生机，这就把在阳台的所见升华到一个内涵深厚、诗意浓郁的新境界了。这就是在对事物有自己独特感受的基础上自觉运用写作方法的结果。真感谢语文老师让我看了《用心灵去写作》，领我走出困境！”说到这里，谢昭瑛又开心地笑了。

岳奇也笑逐颜开地说：“我们今天的对话很成功，你的谈话内容丰富，含金量高，多谢你了！”

两个月后，《新世纪青年》在显著版面发表了谢昭瑛的《朝阳无限好》，还在“中学生访谈录”栏目内发表了岳奇写的题为：《她是这样学习写作的》的文章，用访谈的形式介绍了谢昭瑛的写作经验。

（本故事系据赵鹰的《生活的呼唤》和《朝阳无限好》扩写而成。）

三、写作示例

这思考的窑洞

梁　衡

我从延安回来，印象最深的是那里的窑洞。

照理说我对窑洞并不陌生，我是在窑洞里生，窑洞里长的。我对窑洞的熟悉，就像对一件穿旧了的衣服，已经忘记了它的存在。但是，当三年前，我初访延安时，这熟悉的土窑洞却让我的心猛然一颤，以至于三年来如魔在身，萦绕不绝。因为这普通的窑洞里曾住过一位伟大的人，而那些伟大的思想也就像生产土豆、小米一样在这黄土坡上的土洞洞里奇迹般地产生了出来。

延安是中国共产党领导全国人民进行民族革命和民主革命斗争的心脏，是艰苦岁月的代名词。在多数人的脑海里，延安的形象是战争，是大生产，是生死存亡的一种苦挣。但是当我见到延安时，历史的硝烟已经退去，眼前只有几排静静的窑洞，而每个窑洞门口又都钉有一块木牌，上面写明某年某月，毛泽东同志居住于此，著有哪几本著作。有的只有几十天，可仍然有著作产生。这时仿佛墙上的钉子不是钉着了木牌，而是钉住了我的双脚，我久久伫立，不能移步。院子里扫得干干净净，几棵柳树轻轻地垂着枝条，不远处延水在静静地流。我几乎不能想象，当年边区敌伪封锁，无衣无食，每天都在流血牺牲，每天都十万火急，毛泽东同志却稳稳地在这里思考、写作，酿造他的思想，他的与中国实际相结合的马克思主义。

我看着这一排排敞开的窑洞，突然觉得它就是一排思考的机器。在中国，有两种窑洞，一种是给人住的，一种是给神住的。你看敦煌、云冈、龙门、大同石窟存了多少佛祖，北岳恒山上的石洞里甚至还并供着孔子、老子和释迦牟尼。这实际上是老百姓在假托一个神贮存自己的思想，自己的信仰。彻底的唯物主义者不需要偶像，眼前这土窑洞里甚至连一张毛泽东的画像也没有，但是五十多年了，来这里的人络绎不绝，因为这窑洞里的每一粒空气分子中都充满着思想。我仿佛看见每个窑门上都刻着“实事求是”，耳边总是响着毛泽东同志那句话：“‘实事’就是客观存在着的一切事物，‘事’就是客观事物的内部联系，即规律性，‘求’就是我们去研究。”

自党中央从1938年1月由保安迁到延安，毛泽东同志在延安先后住过四处窑洞。这窑洞首先是一个指挥部，毛泽东和他的战友在这里运筹帷幄，决胜千里。但为了这些决策的正确，为了能给宏伟的战略找到科学的理论根据，毛泽东在这里于敌机的轰炸声中，于会议的缝隙中，拼命地读书写作。所以更确切点说这窑洞是毛泽东的书房。当我在窑洞前漫步时我无法掂量，是从这里发出的电报、文件作用大，还是从这里写出的文章、著作作用大。马克思当年献身工人运动，当他看到由于理论准备不足，工人运动裹足不前时，就宣布要退出会议，走进书斋，终于写出了《资本论》这本远远超出具体决定，跨越时空，震撼地球，推动历史的名著。但是，当时毛泽东无法退出会议，甚至无法退出战斗和生产，他在延安期间每年还有三百斤公粮的任务。他的房子里也不能如马克思一样有一张旧沙发，他只有一张旧木床，也没有咖啡，只有一杯苦茶。他只能将自己分身为二，用右手批文件，左手写文章。他是一个中国式的民族英雄，像古代小说里的那种武林高手，挥刀逼住对面的敌人，又侧耳辨听着背后射来的飞箭，再准备着下一步怎么出手。当我们与对手扭打在一起，急得用手去撕，用脚去踢，用嘴去咬时，他却暗暗凝神，调动内功，然后轻轻吹一口气，就把对手卷到九霄云外。他是比一般人更深一层，更早一步的人。他是领袖，更是思想家。随着时间的推移，他这些文章的力量已经大超过了当时的文件、决定。像达摩面壁一样，这些窑洞确实是毛泽东和他的战友修炼真功的地方，是蒋介石把他们从秀丽的南方逼到这些土窑洞里。四壁黄土，一盏油灯，这里已经简陋到不能再简陋。但正是这种中国民众最简陋的生活激励着共产党的领袖们以最大的热忱，最坚韧的毅力，最谦虚的作风，去作最切实际的思考。毛泽东从小就博览群书，但是为了救国救民，他还在不停地武装自己。对艾思奇这个比他小十六岁的一介书生，毛泽东写信说：“你的《哲学与生活》是你的著作中更深刻的书，我读了得益很多，抄录一些，送请一看是否有抄错的。其中有一个问题略有疑点（不是基本的不同），请你再考虑一下，详情当面告诉。今日何时有暇，我来看你。”记得在艾思奇同志逝世二十周年时，在中央党校的展柜里我还见到过毛泽东同志的另一封亲笔信，上有“与您晤谈，受益匪浅，现整理好笔记送上，请改”等字样。这不是对哪个人的谦虚，是对规律、对真理的投降。中国历史上曾有许多礼贤下士的故事，刘备三顾茅庐；刘邦正在洗脚听见有人来访，就急得倒拖着鞋出迎。他们只不过是为了成自己的大事。而毛泽东这时是真正的在穷究社会历史的规律，他将一切有志者引为同志，把一切有识者奉为老师。蒋介石，这个中国历史上最后一个地主阶级的最高统治者，他何曾想到现时延安窑洞里这一批人的厉害。他以为这又是陈胜揭竿，刘邦斩蛇，朱元璋起事，他万没有想到毛泽东早就跳出了那个旧圈子而直取历史唯物主义和辩证唯物主义。

我在窑洞里徘徊，看着这些绵软的黄土，感受着这暖融融、湿润润的空气，不觉勾起一种遥远的回忆。我想起小时躺在家乡的窑洞里，身下是暖乎乎的土炕，仰脸是厚墩墩的穹顶，炕边坐着做针线的母亲，一种说不出的安全和温馨。窑洞在给神住以前，首先是给人住的，它体现着人与大地的联系。希腊神话里的英雄安泰只要脚不离地就力大无穷，任何敌人休想战胜他，而在一次搏斗中他的敌人就先设法使他脱离地面，然后击败他。斯大林曾用这故事来比喻党与人民的关系。延安岁月是毛泽东及我们党与土地、与人民联系最紧密的时期。毛泽东住在窑洞里，上下左右都是淳厚的黄土，大地紧紧地抱着他，四壁上下随时都在源源不断地向他输送力量。他眼观六路，成竹在胸。在一孔窑洞前的木牌上注明毛泽东在这里完成了《论持久战》。依稀在孩童时我就听父亲讲过这本书的传奇，那时他们在边区，眼见河山沦陷，寇焰嚣张，愁云压心。一天，发下了几本麻纸本的《论持久战》，几天后村内外便到处是歌声笑声，有如春风解冻一般。这个小册子在我家一直珍藏到“文化大革命”。后来读党史才知道当时连蒋介石都喜得如获至宝，发至全军每个军官一本。同时这本书很快又在美国出版。毛泽东为写这篇文章在窑洞里伏案工作九个日夜，连炭火烧了棉鞋也全然不知。第九天早晨，当他推开窑门，让警卫员把稿子送往清凉山印刷厂时，我猜想他的心情就像罗斯福签署了原子弹生产批准书一样激动。以后战局的发展果然都在他的书本之中。一个伟人的思想是什么，是客观存在的规律，是事物间本来的联系，所以真理最朴素，伟人其实与我们最接近。一次，在延安雷电击死一头毛驴，驴主人说：“老天无眼，咋不打死毛泽东。”有人要逮捕这个农民，消息传到窑洞里，毛泽东说骂必有因，一了解，是群众公粮负担太重。他下令每年由二十万担减到十六万担，又听从李鼎铭的建议精兵简政。毛泽东在这窑洞里领导了著名的延安整风，他的许多深刻的论述挽救了党，挽救了不少干部，但是当他知道有人被伤害时，就到党校礼堂作报告，说“今天我是特意来向大家检讨错误的，向大家赔个礼”，并恭恭敬敬地把手举到帽檐下。1942年，华侨领袖陈嘉庚访问延安，他刚在重庆吃过八百元一桌的宴席，这时却在毛泽东的窑洞里吃两毛钱的客饭，但他回去后写文章说中国的希望在延安。1945年黄炎培访问延安，他看到边区的兴旺，想到以后的中国，问一个政权怎样才能永葆活力。毛泽东说，办法就是讲民主，就是让人民来监督。我想他说这话时一定仰头环视了一下四周厚实的墙土。“七大”前后很多人主张提毛泽东思想，他坚决不同意。他说：“这不是我个人的思想，是千百万先烈用鲜血写出来的，是党和人民的智慧。”“我这个人思想是发展的，我也会犯错误。”作家萧三要为他写传，他说还是去多写群众。他是何等的清醒啊。政局、形势、作风、对策，都装在他清澈如水的思想里。胡宗南进犯，他搬出了曾工作九年的延安窑洞，到米脂县的另一孔窑洞里设了一个沙家店战役指挥部。古今中外有哪一孔窑洞配得上这份殊荣啊，土墙上挂满地图，缸盖上摊着电报，土炕上几包烟，一个大茶缸，地上一把水壶还有一把夜壶。中外军事史上哪有这样的司令部，哪有这样的统帅。毛泽东三天两夜不出屋，不睡觉，不停地抽烟、喝茶、吃茶叶、撒尿、签发电报，一仗俘敌六千余。他是有神助啊，这神就是默默的黄土，就是拱起高高的穹庐、瞪着眼睛思考的窑洞。大胜之后他别无奢求，推开窑门对警卫说，只要吃一碗红烧肉。

当你在窑洞前徘徊默想时，耳边会响起黄河的怒吼，眼前会飘过往日的硝烟。但是你一眨眼，面前仍只有这一排静静的窑洞。自古都是心胜于兵，智胜于力。中国革命的胜利实在是一种思想的胜利，是毛泽东思想的胜利，是毛泽东那几篇文章的胜利。延安的这些窑洞真不愧为毛泽东思想的生产车间。延安时期是毛泽东展示才华思考写作的辉煌时期，收入《毛泽东选集》（四卷本）的一百五十六篇文章，有一百十一篇是在这个时期写成的。毛泽东离开延安在陕北又转战了一年，胡宗南丢盔卸甲，哪里是他的对手。1947年12月的一天，毛泽东在陕北米脂的一个窑洞里展纸研墨，他说："我好久没有写文章了，写完这一篇就要等打败蒋介石再写了。"他大笔一挥，写了《目前形势和我们的任务》，说我们要打正规战，要进攻大城市了。这是他在陕北窑洞里写的最后一篇文章，写罢掷笔，便挥师东渡黄河，直捣黄龙，为人民政权定都北京了。他再没有回延安，只是在宝塔山下留下了这一排永远思考的窑洞。思想这面铜镜总是靠岁月的擦磨来现其光亮，半个世纪过去了，作为政治家、军事家的毛泽东离我们渐走渐远，而作为思想家的毛泽东却离我们越来越近。

（选自《把栏杆拍遍》）

著名作家梁衡先生的作品，素以雄浑豪迈、大气磅礴的魅力而震撼读者的心灵，《这思考的窑洞》同样体现了这种风格。

这篇作品写的是延安的几排窑洞。这几排窑洞当然是很普通的，但和北方人们习见的一般窑洞却有很大的不同，其不同之处文题中"思考"二字已经凸显出来了：这是伟人思考的窑洞，"这普通的窑洞里住过一位伟大的人"，那些伟大的思想就在这里"奇迹般地产生了出来"。伟大的人就是毛泽东，伟大的思想就是毛泽东思想，就这样，作品以普通的窑洞诞生出伟大的毛泽东思想作为聚合点，铺排出雄浑豪迈、大气磅礴的大开大合。

作品对窑洞作了富于哲理性的描述：这窑洞是思想的窑洞，"这窑洞里的每一粒空气分子中都充满着思想"。这就为全文的大开大合定下了基调，作品正是沿着伟大的毛泽东思想在窑洞里形成的过程挥毫泼墨，浓施重彩的，既放得开，又合得拢。

毛泽东思想是以毛泽东著作为载体表述出来的，作品中有一个统计数字："收入《毛泽东选集》的156篇文章，有110篇是在这个时期写成的。"这就是延安的思考的窑洞形成毛泽东思想的确证。为此，作品描述毛泽东思想在思想的窑洞里的形成，就不是作抽象的描述，而是依托于毛泽东挥动如椽巨笔，撰写出光照日月、震撼世界的雄文来描述。而这种描述是放得很开的。

作品先是揭示出毛泽东著作是基于领导革命、指挥革命战争的需要而撰写的。当时，中国共产党领导全国人民进行民族革命和民主革命的斗争，这是关系到中国向何处去，关系到中国的前途和命运的生死大拼搏。毛泽东在这思考的窑洞里，运筹帷幄，决胜千里。

“为了这些决策的正确，为了能给宏伟的战略找到科学的理论根据”，毛泽东紧密结合革命实践，拼命读马列，拼命写作，产生了一系列光辉著作。这是形成毛泽东思想的基础。

作品继而展现出毛泽东在极为艰苦的生活条件下，在极为严峻的战争环境中撰写出彪炳史册的革命文献的。他只有四壁黄土，一盏油灯，一张旧木床，一杯苦茶，还有就是土坑上的几包烟。当时的中国，正在进行真理与邪恶，革命和反动的殊死决战，敌机在头上轰炸，四周是战火纷飞，硝烟弥漫。毛泽东和他的战友们在简陋的生活条件下，在瞬息万变的战争环境中，修炼出真功，打造出最坚韧的毅力。他，千难万险何所惧，不向恶魔让分寸；他，用右手批文件指挥革命战争，用左手写文章指导革命战争。他是一位充满传奇色彩的英雄，作品写道：

他是一个中国式的民族英雄，像古代小说里的那种武林高手，挥刀逼住对面的敌人，又侧耳辨听着背后射来的飞箭，再准备着下一步怎么出手。当我们与对手扭打在一起，急得用手去撕，用脚去踢，用嘴去咬时，他却暗暗凝神，调动内功，然后轻轻吹一口气，就把对手吹到九霄云外。

真是出神入化、武艺超群啊！当然，这是思想的武艺，智慧的武艺，真理与正义凝聚起来的武艺！

作品还用事实说明了毛泽东的科学著作指导革命战争取得了一系列的光辉战果，例如一部《论持久战》，扫尽甚嚣尘上的“亡国论”阴霾，指导抗日战争取得了伟大的胜利；延安保卫战，遵循着体现了毛泽东思想的毛泽东签发的电报，一仗俘敌六千余，打了漂亮的大胜仗。

作品更阐明了毛泽东所写的一系列光辉著作是不断地吸取人民群众的智慧，从人民群众中获取滋养的。他接受了群众的尖锐批评，减轻群众的公粮负担；他听从了开明绅士李鼎铭的建议，精兵简政；他回答爱国人士黄炎培的询问，要讲民主，让人民来监督，永葆人民政权的活力；他虚怀若谷地学习比他小 16 岁的一介书生艾思奇的哲学著作；“他将一切有志者引为同志，把一切有识者奉为老师。来自人民群众的声音都装在他清澈如水的思想里。”无疑，这些都可以成为毛泽东著作的精神资源。

作品就这样放开来铺排出延安这几排思想的窑洞里壮丽的革命风云，毛泽东和他的战友日夜为革命操劳的崇高风范，于是我们看到了这思想的窑洞的风貌和内涵。这几排窑洞就是诞生毛泽东思想的中国革命历程上的伟大丰碑！它有如日月经天，江河行地，永远照耀史册！于是作品最后水到渠成地把铺排开来的历史画面合拢到毛泽东思想的永恒上：

思想这面铜镜总是靠岁月的擦磨来现其光亮，半个世纪过去了，作为政治家、军事家离我们渐走渐远，而作为思想家的毛泽东却离我们越来越近。

综观全文，《这思想的窑洞》展现出一个丰富浩瀚的美妙世界，确是一篇善于开合的典范之作。

参考文献

1. 段建军，李伟．写作思维学导论．北京：中国社会科学出版社，2004.
2. 白嶷岐，张学军．写作智慧论．济南：山东教育出版社，1994.
3. 侯民治．文章中的情感世界．长春：吉林文史出版社，1991.
4. 邢煦寰．艺术掌握论．北京：中国青年出版社，1996.
5. 谢冕．北京书简．北京：人民文学出版社，1981.
6. 吴战垒．文艺欣赏漫谈．杭州：浙江古籍出版社，2003.
7. 金健人，郑广宣．中外写作技法大观．上海：上海教育出版社，1994.
8. 路德庆，施亚西，范培松．写作艺术示例．上海：华东师范大学出版社，1983.
9. 龙协涛．艺苑趣谈录．北京：北京大学出版社，1984.
10. 周旋，肖源锦，周子瑜，蒋亚魁．中外文艺家创作轶事．贵阳：贵州人民出版社，1982.
11. 葛乃福．刘延陵诗文集．上海：复旦大学出版社，2002.
12. 白岩．描写美学．北京：金城出版社，1998.
13. 冉欲达．文学描写技巧．北京：中国青年出版社，1988.
14. 冉欲达．细节描写技巧．北京：中国青年出版社，1999.
15. 冯中一．新诗品．济南：山东教育出版社，1995.
16. 郑远汉．艺术语言辞典．武汉：湖北人民出版社，2001.
17. 常青．叩开想象之门．北京：教育科学出版社，1993.
18. 方言．新闻初探．北京：新华出版社，1982.
19. 蔡宗周．五彩的花束．广州：花城出版社，1982.
20. 孙光萱．作文组合大观．上海：上海教育出版社，2002.
21. 黄玉峰，刘谋，姜乃振．文病诊疗所．上海：复旦大学出版社，1998.
22. 郑克鲁，郭家申，黄宝生，文美惠．外国文学作品提要（第四册）．上海：上海文艺出版社，1993.
23. 张俊山．古今中外散文诗鉴赏辞典．郑州：中州古籍出版社，1994.
24. 公木．新诗鉴赏辞典．郑州：中州古籍出版社，1994.
25. 辛笛．20 世纪中国新诗辞典．上海：汉语大词典出版社，1997.
26. 赵丽宏，陈刚．中华少儿作文全书（初中卷）．天津：天津出版社，1994.
27. 杨振中．初中作文十八法．上海：华东理工大学出版社，2003.

初版后记

给书稿打上最后一个句号，松了一口气，掩卷长思，回望这本书的写作过程，觉得其中很重要的一点，就是依据写作的生态过程，探索对青少年进行写作指导的途径，终于写成了这本书。

所谓写作生态就是写作的生命运动形态。写作主体进行写作，是源于客观事物引起的所思、所感而激发生命的冲动，便产生了表达情意的欲求，于是融汇到语言文字中去，挥笔构篇。这个过程就是写作的生态过程。一本面向青少年的写作指导书如果离开写作的生态过程去写，要取得效果就无异于缘木求鱼，因此我紧紧围绕写作的生态过程去构思运笔。要搞清楚写作的生态过程，要从认识文章入手，因为写作就是写文章。文章是什么呢？文章呈现出来的状貌是组字成词，缀词成句，连句成段，构段成篇，但说到底，文章就是写作主体在写作时同步融合于语言手段的情感形态和思索方式。写作的生态过程就是写作主体伴随着语言手段从肺腑流泻出思想情感构成文章的过程。《诗·毛氏传》说的“情动于中而形于言”正是写作生态过程的精辟概括。这里说的“情”，自然包含思想，离开思想的情是不可思议的。据此，我写这本书就一定要给学习写作者以写作生态过程的正确导向，让作为写作主体的学习写作者在伴随语言手段流泻思想情感中走笔成篇。为了落实这个导向，我较系统地讲了许多写作理念，并且力求把这些理念阐述得生动活泼，新鲜有趣，像谈天说地那样娓娓道来。然而，需要注意的是这些理念只是体现了写作生态过程的共性，而写作主体各有各的个性，众多写作主体的禀赋气质、生活环境、经历遭际、文化素养是千差万别的，思想情感自然就各有不同，其写作生态的过程因而具有各自的个性。为此，只能把这些理念作为一种指导原则而不能被这些理念框住，这就是说，不要把这些理念当作教条死记硬背，而要放飞自己独具个性的心灵，根据面对不同题材产生的个性化的悟性去施展神通。由是之故，本书不惜篇幅，沿着这些理念的导向，用充实感性的材料，即每讲一个理念都用充满情趣而又富于个性化的实例去阐明，再配以有头有尾、引人入胜的写作故事去强化，还作出运用这些理念的示范，以某一篇佳作为例，评述佳作怎样运用这些理念而取得成功。这样做，可以让学习写作者在阅读这本书的过程中，潜移默化地进行浸泡而培养出个性化的悟性来。有了这种个性化的悟性就会觉得到处都有可写的材料，可以做到信手拈来，皆成文章，左右逢源，笔底生花。如果说写作有“秘诀”的话，“秘诀”就是个性化的悟性而不是离开个体写作的生命运动的文章作法。鲁迅先生告诫人们不要相信那些文章作法之类的书，其真谛就在这里！我们遵循鲁迅先生的教诲，不孤立追求文章作法，通过自己的个性化悟性，自然而然地把积蓄于生命之中的所见、所历而悟出来的情思和美感，同步运用相应的写法来表达，就可以使自己的写作生态过程活跃、奔涌而写出好文章。这样的写作生态过程，用著名作家冯骥才的话来说，是“倾诉、是絮语、是呼喊，又是多么快意的创造!”这种快意的创造就是生命的快乐，也是快乐写作!

有几个具体问题，谨作如下说明：

一、本书融进我多年来在语文教学中探索写作指导的体会，书中许多原创性的理念就是我的探索所得。我的探索颇有效果，其中有的写进了本书的写作故事，这些故事中的青少年，有的就是我的学生。写成故事时有些作了理想化的加工，人物也没有用真姓名。

二、本书的写作故事，有许多是中外文化名人的故事。写这些故事大都有所本，凡是涉及重大创作原则问题都持严谨态度，不违背历史的真实，但在细节上则有艺术加工，作为写故事，这是允许的。写这些故事参考了有关著作，谨在此向作者致以谢意。有些取材于稗官野史的写作故事，我大胆地进行虚构，这是加强趣味性和生动性的需要。

三、本书引用和编进许多佳作，大大地增强了本书的感染力和说服力，我应当衷心感谢这些佳作的作者。对于这些佳作，我大都作了改动和润饰，个别的改动较大，但不论怎么改动都不违背原作精神。这样做是为了使读者学起来方便，并不见得我的改动一定比原作高明，恳请原谅。

四、本书的体例架构是独创的，书中的许多学术观点也是我率先提出来。但是，众所周知，任何成果的取得都是在巨人的肩膀上起步的，因此本书也借鉴了前辈和时贤的若干成果，通过自己的语言融化进自己的论述中，前辈和时贤对我的启迪，令我感激不尽。

本书的写作得到暨南大学出版社的领导和专家的重视与支持，因而得以顺利出版。特别令我感到幸运的是，著名学者、北京大学教授钱理群先生奖掖后进，在繁忙的著书立说中拨冗赐序于本书，为本书增光篇幅。这不仅是对我的鼓励和鞭策，更是对本书读者的指导和关爱。这一切都令我铭感五内。

还该写上一笔的是，我的妻子承担了所有家务，让我得以集中全部时间和精力写成了这本书，她也是功不可没的。

李寰英

2005 年 10 月

作者简介

李寰英先生，暨南大学中文系毕业，湛江市中学高级教师，广东省人民政府颁授特级教师，历任广东省教育科学研究所特约研究员，广东省中学语文教学研究会常务理事，湛江市教育学会顾问。长期从事语文教学实践，积极倡导快乐写作法，提升学生作文水平，提高语文教学质量，致力于培养学生的健康个性和健全人格。其事迹被载入《中国特级教师大辞典》（湖北科学技术出版社）和《中国专家大辞典》（中国人事出版社）。

主要著述有《鉴赏性阅读》（海南出版社）和《启智趣味读写》（教育科学出版社）等。主编的《情理知能连环导引初中语文课本（实验本）》，由教育科学出版社出版，在中学教育界产生了积极影响，被国家教育部机关刊物《人民教育》评为“一部强化素质教育的好教材”。结合教学实践撰写的学术论文《构建教师教学生学语文的基本范型》、《语文课发展学生想象力的尝试》、《引导学生强化学习内驱力学好语文》、《论语文教材的更新换代》、《〈变色龙〉教学研究》等，被《教育研究》、《中学语文教学》、《新中国中学语文教育大典》、《中国新时期社会科学成果荟萃》、《名师授课录》、中国人民大学报刊复印资料等多家报刊（书籍）采用、转载，并获全国语文教学论文竞赛一等奖、全国突破性语文教学改革成果二等奖、广东省教育科学研究所优秀成果进步奖、广东省教育学会论文一等奖等。